Klaus Berger

Glaubensspaltung ist Gottesverrat

Klaus Berger

Glaubensspaltung ist Gottesverrat

Wege aus der zerrissenen Christenheit

PATTLOCH

Bibliografische Information der Deutschen Bibliothek

Die Deutsche Bibliothek verzeichnet diese Publikation in der Deutschen Nationalbibliografie; detaillierte bibliografische Daten sind im Internet über http://dnb.ddb.de abrufbar

Umschlaggestaltung: Atelier Lehmacher, Friedberg (Bay.)
Satz, Layout und Herstellung: Hartmut Czauderna
Druck und Bindung: GGP Media GmbH, Pößneck
Printed in Germany

ISBN-13: 978-3-629-02135-9
ISBN-10: 3-629-02135-2

Bitte besuchen Sie uns im Internet:
www.pattloch.de

2 4 5 3 1

Inhalt

KAPITEL 1

Vorwort

Ökumene ist in aller Munde. Man diskutiert über den neuen Papst – ob er nun Fluch oder Segen für ein ökumenisches Miteinander sei, ob eine neue Eiszeit anbreche oder ob wider alle Erwartung gerade von ihm ein konkretes Zeichen der Annäherung zu erwarten sei. Man redet sich die Köpfe heiß, was das denn wohl war, dass dem im August 2005 ermordeten evangelischen Prior von Taizé wenige Monate zuvor in Rom die Eucharistie gereicht wurde – und ausgerechnet von Kardinal Ratzinger! Man schaut auf die Hasenhüttl & Co, die meinen, am Tisch des Herrn endlich ökumenische Fakten setzen zu müssen. Man nimmt zur Kenntnis, dass nicht einmal die Bibliker auf einen grünen Zweig zu kommen scheinen, da die evangelische Kirche die Zusammenarbeit bei der Erstellung einer neuen Einheitsübersetzung aufgekündigt hat. Die Verwirrung könnte nicht größer sein. Noch eine Stimme im allgemeinen Durcheinander?

Bernhard Meuser, der Verleger von Pattloch, schrieb mir 2004: »Sie gelten als Pessimist und Hardliner in Sachen Ökumene. Ich halte das für eine Fehleinschätzung. Sagen Sie den Menschen, dass Sie ein Leben lang mit Herz und Verstand für eine ehrliche Ökumene kämpfen, und dies mit recht viel Erfolg.« Und weiter: »Wissen Sie, was ich denke? Ökumene ist nur durch Entfachen der Glut möglich. Schon heute gibt es eine reale Ökumene der spirituell Engagierten in allen Konfessionen. Ich persönlich mache – etwa in Taizé – immer wieder die Erfahrung, dass Ökumene bei denen, die nicht nur diskutieren, sondern beten (und miteinander beten), bei solchen, die also am Mystischen dran sind, nahezu gelöst erscheint. Ökumene also als Frage der Betriebstemperatur, der Liebe und des Wollens ... Sie müssten quasi den Vorreiter spielen – einen mutigen Neueinsatz wagen.« Nach Jahresfrist entschloss ich mich, der Bitte stattzugeben. In einem Brief zum 25.11.2000 hatte übrigens auch der Heidelberger Kollege Gerd Theißen den Wunsch geäußert, ich möge etwas zur Ökumene beitragen. Ich komme mit dem vorliegenden Buch also auch diesem Wunsch nach, auch wenn das Ergebnis – wie üblich – vielleicht ganz anders ist, als Herr Theißen sich dieses gewünscht oder auch nur vorgestellt haben mag.

Als Probelauf für einige Thesen veröffentlichte ich im Juli 2005 einen Artikel in der FAZ mit dem weckaminhaltigen Titel »Unterwerfung tut wohl«. Danach zog ich mich warm an. Und wirklich: Es wurde kühl. Der Artikel rief im Vorfeld des Papstbesuches und danach für etliche Wochen eine heftige Debatte hervor. Äußerte sich hier ein Agent Provocateur? Sollte hier wer zu Kreuze kriechen? Die Polemik zeigte, dass man dem Verfasser des Artikels zwei Ansichten unterstellte, die mir völlig fern lagen und liegen. Denn erstens ist es weder meine Forderung noch meine Erwartung, alle Protestanten sollten oder müssten einfach nur römisch-katholisch werden oder sich einseitig dem Papst unterwerfen. Wer so etwas meint, muss kein Buch dazu schreiben. Dazu genügt ein Telegramm. In meinem Artikel hatte ich von einer wechselseitigen Unterwerfung geschrieben (die Oberbischöfe der getrennten Christenheit unterwerfen sich dem Papst, und dieser sich ihnen). Fast alle wütende Polemik übersah schlicht die zweite Hälfte des Satzes »und der Papst sich ihnen«. Der Papst hat meines Wissens noch nicht gegen diese Zumutung protestiert, wohl aber eine Reihe evangelischer Theologen. Zweitens verfechte ich nicht die Diskriminierung von Frauen in Gesellschaft oder Kirche, was man mir zur Vervollständigung meiner Abseitigkeit gleich noch mit unterschob. Jedenfalls habe ich mich bislang in meiner Fakultät in Heidelberg jahrelang (und lange vergeblich) für die Berufung auch nur einer einzigen Frau engagiert. Inzwischen können wir glücklicherweise wieder eine (!) Frau im Lehrkörper aufweisen.

Aufgrund meiner Biographie ist mir das Leiden an einer in Konfessionen zerrissenen Christenheit elementar vertraut. Und eben deshalb hoffe ich, einen kleinen Beitrag zu leisten zu diesem großen Thema. Ich schreibe dieses Buch als Neutestamentler und als Mitglied der Zisterzienserfamilie. Ich widme es unseren evangelischen Freunden, besonders den zisterziensischen in den deutschen evangelischen zisterziensischen Frauenklöstern von Börstel,

Heiligengrabe, Isenhagen, Itzehoe, Hamburg St. Johannis, Marienfließ, Mariensee, Medingen, Uetersen und Wienhausen und in den deutschen evangelischen zisterziensischen Männerklöstern in Amelungsborn, Doberan und Loccum.

Heidelberg, am Fest
der heiligen Theresa von Avila 2005 Klaus Berger

KAPITEL 2

Autobiographisches: Eine ökumenische Existenz, oder: Wie das Trojanische Pferd in die Heilige Stadt kam

Seit vierunddreißig Jahren lebe ich eine »ökumenische Existenz«. Denn ich lehre – in der Wolle katholisch gefärbt – an protestantischen Fakultäten, zuerst an der reformierten in Leiden/Holland, seit 1974 an der evangelischen in Heidelberg. So bin ich ein konfessionskundliches Wundertier – freilich nicht aus Jux und Tollerei, denn unter dem Etikett der »ökumenischen Existenz« verbirgt sich auch ein erhebliches Quäntchen Leidensgeschichte eines Exilkatholiken, der gewissenhaft bedachte, jedoch freie Wege beschritt, die in der Phantasie des Kirchenrechts beider Konfessionen nicht vorgesehen sind. Ich stehe dazu.

Juristisch bin ich Mitglied der evangelischen Kirche, und dies nicht ohne einen elementaren, mein Herz grundsätzlich berührenden Grund: wegen der Auslegung der Schrift. Kaum Geringeres als ein Berufsverbot hatte 1967 die katholische Kirche in Gestalt der Münchener Katholisch-Theologischen Fakultät gegen mich verhängt. War nicht die Auslegung der Schrift zu Beginn des 16. Jahrhunderts der Ansatzpunkt der Reformation?

Die Begründung für meinen Weg? Liebe macht verrückte Sachen. Auch die Liebe zur Heiligen Schrift, zum Neuen Testament. Diese Liebe ist mir über alles kostbar. Oft denke ich an Rabbiner-Erzählungen, an Bilder von Chagall, in denen ein Jude, die Tora fest umklammernd, durch Himmel und Hölle geht. Und das ist sie, meine Geschichte: Ich wollte Priester werden und durfte es nicht, weil ich wissenschaftliche Positionen vertreten habe, die die katholische Kirche nicht hören wollte. Der Dekan der Münchener Fakultät riet mir, Klempner zu werden. Und traf damit meine Liebe ins Herz. So begann ein Weg, den vielleicht nur Menschen verstehen, die schon einmal erfahren haben, was das heißt: ohne Wenn und Aber lieben. Hätte ich die »formelle Mitgliedschaft« in der katholischen Kirche bewahrt, ich hätte mein Leben nicht leben können, meiner Liebe nicht die Treue halten können. Nein, es gibt auch Männer, die zu sehr lieben. Das ist keine Ironie. Wer an dieser Stelle die Mundwinkel verzieht, soll sich fragen, ob er Herz und Kopf beieinander hat bei dem, was er betreibt. Jeder, der einmal so etwas wie eine Doktorarbeit geschrieben hat, wird ahnen, was es bedeutet, wenn man am Ende hören muss: Sie bekommen zwar die beste Note, aber schreiben Sie bitte eine ganz andere Arbeit, eine katholischere. Im Vorwort zu dieser völligen Neufassung habe ich dann gesagt, was ich davon hielt, nämlich gar nichts. Datiert habe ich diese Fassung auf den Aschermittwoch 1968 in der Hoffnung, die Kirche werde irgendwann ein Einsehen haben. Sie hatte es – tragischerweise ein bisschen zu spät für mich – 1991 im Weltkatechismus. Auch die Kirche ist ihren dramatischen Weg gegangen zwischen 1967 und 1991. Das Verhältnis zum Judentum war anders geworden, und § 1968 des Weltkatechismus kann meine These nur bestätigen. Dass Jesus Jude war und nie etwas anderes wollte, als das jüdische Gesetz zu erfüllen, ist mittlerweile ein Gemeinplatz im theologischen Proseminar. Inzwischen hat sich auch der am 8. 12. 2005 verstorbene Kardinal Scheffczyk, persönlich bei mir entschuldigt.

Zwischen 1967 und 1991 war ich heimatlos geworden. Zum Klempner tauge ich nicht. Verhungern wollte ich nicht. Meine Liebe aufgeben konnte ich nicht. Ich konnte nicht als zusätzliche Strafe für meine angebliche Häresie außer dem Verfassen einer neuen Dissertation auch noch meinen Beruf überhaupt wechseln. Das konnte und durfte ich nicht. So habe ich ein schützendes Dach aufgesucht. Das schützende Dach waren die protestantischen Fakultäten in Leiden und Heidelberg, die evangelische Kirche, die eine mir erst lebensgeschichtlich kostbar gewordene Tradition im Asylgewähren hat. Die Mitgliedschaft in der evangelischen Kirche zu beantragen, war schmerzlich. Denn wer Priester werden will, liebt seine Kirche, auch wenn sie ihn diffamiert und misshandelt. Aber für einen Katholiken, dem sein Glaube zur zweiten Natur geworden ist, ist Evangelisches nichts wirklich Fremdes; Evangelischen geht es da mit der Integration des Katholischen vielleicht oft anders. Die katholische Kirche erscheint als eine eigene Welt, als fremd, exotisch, unverständlich.

Dass ich die allgemeine, Katholischen und Evangelischen gemeinsame Taufe empfangen habe, dass ich evangeliumsgemäß lehren kann und die unverhoffte Chance erhielt, die Liebe zur Schrift weitergeben zu können, tröstet mich in der evangelischen Kirche. Wenn fromme Laien meinen, mich über den katholischen Glauben belehren zu müssen, oder wenn wackere Stadtpfarrer ihren Schäfchen erklären, ich sei nicht katholisch, dann sind das neue Stiche ins Herz. Dann schreit etwas in mir: Nein, ich wollte immer katholisch sein, und ihr verweigert es mir aufs Neue. Ich nenne mich mit Freuden katholisch, wenn es um Heimat, Herz und Spiritualität geht. Keine Schande, meine ich, solange evangelische Pastoren bei Jesuiten Spiritualität erlernen. Und ich konnte, auch um meiner geistlichen Identität willen, nie einen wirklichen Gegensatz sehen zur evangelischen Kirchenmitgliedschaft; alles andere wäre für mich provinziell, »kleindeutsch«, kurz: ein bisschen von gestern. Es sind Quisquilien, für die man jenseits verfasster Kirchlichkeit mit Recht kein Ohr mehr hat. Im Übrigen darf ich mich sehr wohl »katholischer Theologe« nennen, denn diesen Beruf habe ich erlernt, bin darin examiniert und promoviert worden.

Aber offenkundig hatten interessierte Kreise ein Interesse, daraus einen »Fall Berger« zu machen und auf die EC – die ecclesiastical correctness – zu pochen. Von gewohnt toleranter Seite vorgetragen und mit einigem inquisitorischen Scharfsinn betrieben, erfahre ich mein »Outing«: Ich bin, höre ich, eine Art Kryptokatholik im Wohnzimmer der Reformation, ein katholischer Wolf im evangelischen Schafspelz, ein Kuckucksei im Nest der Badischen Landeskirche. Es geschieht dies zeitgerecht zur Stunde, in der dieser römische Undercoveragent die Unverfrorenheit besitzt, in dem zu rühren, was gefälligst in Genfer, notfalls römischen Konferenzzimmern zu verhandeln und verwalten ist. Dieser Meinung bin ich allerdings – ganz evangelisch, ganz »Protestant« – *nicht*. Also reden wir einen Moment lang von mir. Ja, ich bin konvertiert, und zwar zu einer ökumenischen Existenz. Das war das Äußerste, was ich konnte: alles auf Versöhnung setzen. Was die Dokumentation meiner Konversion angeht, so liegt sie überreich vor. Jeder Satz aus meinen Büchern ist auch gut evangelisch. Und das hat mich keine Verkrümmung gekostet. Die eigentliche Conversio kann nur die zu Jesus Christus sein. Darum bin ich täglich bemüht.

Dafür, dass ökumenische Biographien in unbeschrittenes Land geraten können, gibt es viele Beispiele – und mindestens ein namhaftes. Ohne den Eindruck erwecken zu wollen, ich würde mich hier in irgendeiner anderen als in formaler Hinsicht mit Roger Schutz, dem kürzlich ermordeten Prior von Taizé, vergleichen, kam mir doch die Beschreibung seines Status merkwürdig bekannt vor: »Ich fand meine Identität als Christ darin, in mir den Glauben meiner Ursprünge mit dem Geheimnis des katholischen Glaubens zu versöhnen, ohne mit irgendjemandem zu brechen.« Mit Recht blicken viele Menschen mit Sympathie und höchstem Interesse auf die fragile Existenz der mutigen Brüder von Taizé und erblicken darin ein Laboratorium gelebter Einheit – auch wenn es noch zwischen allen Stühlen geschieht, gehalten allein vom Glauben an das Wort. »Ohne mit irgendjemandem zu brechen«, das bezog sich bei Roger Schutz auf seinen reformierten Glauben, bei mir auf den katholischen.

Ich begreife meine Tätigkeit in Heidelberg als gelebte Versöhnung. Ja, man kann das – man kann als Mensch mit katholischer Prägung 31 Jahre lang erfolgreich für evangelische Christen Neues Testament theologisch lehren. Man kann das ohne Verdrehung. Lest doch meine Bücher, dann habt ihr einen Hauch der ökumenischen Versöhnung, die ihr doch wohl wollt? Wenn man so etwas beabsichtigt, muss man es freilich in Kauf nehmen, unangenehme Dinge zu sagen, die einmal Kardinal Lehmann, einmal Bischof Huber, öfter aber auch beiden nicht passen. Ich habe mein Leben keine Sekunde lang als Spagat empfunden. Ich habe das gelehrt, was ich im Neuen Testament gefunden und auch systematisch weitergedacht habe. Ich habe mich dabei immer tiefer eingewurzelt in der Frömmigkeit des Mittelalters, deren einer Arm die Basis der Reformation war.

Nicht nur die Kirche hat sich weiterentwickelt. Wie sollte es mir anders ergehen? In der Mitte der neunziger Jahre lernte ich die Zisterzienser kennen, den Orden, aus dem Luthers Frau stammt und dessen Mitbegründer, den heiligen Bernhard, Luther über alles schätzte. Er sei, so sagt Luther, der größte Prediger. Das eröffnete mir neue Wege zum Verständnis Martin Luthers. Ich lernte ihn als Mönch verstehen, mit seinen monastischen Nöten und seiner mönchischen Radikalität. Das war eine neue, eine wirklich geistliche Brücke. Denn Freunde Bernhards sprachen ähnlich über Gnade und Glaube wie Luther. Ich verweise gerne – als Beleg, als Symbol und als Wunschtraum – auf die neuzeitliche Plastik im Altenberger Dom, in der der Gekreuzigte im Stil zisterziensischer Kunst die eine Hand auf Bernhard, die andere auf Luther legt. So habe ich mich nicht nur als den Gebenden verstanden, sondern als den Nehmenden.

Das Studium Luthers zeigt mir jeden Tag, wie nahe wir uns eigentlich sind oder einmal waren oder wieder sein könnten. Zum Beispiel in seiner großartigen Auslegung des Magnificat. Die monastische Grundtendenz ist für mich ein Schlüssel für die Lösung der ökumenischen Frage geworden. Was der Prior von Taizé in heroischer Weise *gelebt* hat, das versuche ich mit meinen weitaus bescheideneren menschlichen Möglichkeiten zu *lehren*. Als der Generalabt der Zisterzienser mich, wiewohl glücklich verheiratet, in die Familie des Ordens aufnahm, habe ich mir vorgestellt, was Martin Luther dazu sagen würde. Vielleicht hätte er gesagt: »Lieber Bruder Klaus, du hast mich ganz gut verstanden. Auf dieser Basis können wir uns wirklich treffen.« Ich kann übrigens nur deshalb mit Freuden evangelische Theologen ausbilden, weil ich mit meiner Vergangenheit versöhnt bin. Es war ein langer Weg. Aber wie anders könnte denn Ökumene werden?

*

Ein paar Einzelheiten sind nachzutragen: Das Urteil der Münchener Fakultät von 1967 hatte zunächst drei Konsequenzen: Trotz der Bestnote musste ich eine neue Doktorarbeit schreiben, und zwar, wie es hieß, mit katholischerem und konservativerem Ergebnis. Die zweite Konsequenz: Ich durfte nicht Priester werden, was ich bis dahin vorhatte. Die Fakultät schrieb an den zuständigen Bischof, dass ich ein zu hohes Risiko für den Bestand der Kirche sei. Die dritte Konsequenz: Die ursprüngliche Arbeit konnte nicht in einer katholischen Reihe publiziert werden. Josef Schmid, angesehener neutestamentlicher Emeritus der Fakultät, schrieb mir im Ablehnungsbescheid noch im Juli 1967: »Was werden die Dogmatiker sagen?«

Die Häresie der Arbeit bestand wie gesagt darin, dass ich behauptet hatte, Jesus habe das jüdische Gesetz nicht aufgelöst oder abgeschafft. Er habe es vielmehr erfüllt und im Sinne seiner Zeit ausgelegt. So sah man die Konturen des Christentums gegenüber dem Judentum schwinden, die man – auf neuprotestantische Manier – in der Gesetzesfrage ansetzte. Zwei Tübinger Urteile aus derselben Zeit hätten die Fakultät, hätte sie diese gekannt, in ihrem Urteil bestätigen können. Meine Mitdoktorandin Andrea van Dülmen scheiterte an der Tübinger katholischen Fakultät mit einer ähnlichen These, Paulus betreffend. Und in einer von Martin Hengel betreuten Dissertation (Andreas Nissen) konnte ich 1974 lesen, dass ich mit meiner These im Besonderen und als Theologe im Allgemeinen »eine Gefahr für das Christentum« sei.

Die Abfassung einer neuen Dissertation 1967/68 war weiter kein Problem; ich absolvierte diese Aufgabe innerhalb von drei Wochen. Diese Fassung der Arbeit erschien als Rotaprintdruck 1968. Betreffs der Priesterweihe zeigte sich der zuständige Bischof einigermaßen ratlos. Der Druck der Originalfassung gelang schließlich in der von Günter Bornkamm betreuten Reihe der WMANT (Wissensch. Monographien zum Alten und Neuen Testament) in Neukirchen (1972). Meine nicht formelle Zugehörigkeit zur katholischen Kirche wurde 1974 vor dem *Forum internum* positiv entschieden, das betraf die Zulassung zur Eucharistie. Als Mitglied der Zisterzienserfamilie gehöre ich einer Territorialgemeinschaft an.

Man kann allerdings Mitglied der evangelischen Kirche werden, ohne aus der katholischen Kirche auszutreten. Auch Martin Luther ist nie aus der katholischen Kirche ausgetreten. Wer zum Beispiel nur »übertritt«, vermeidet es, der Mutter(kirche) den Stuhl vor die Türe zu setzen. Mit einem Bruch kann man keine ökumenische Existenz beginnen. Der ältere Stil der Großkirchen brachte es mit sich, dass es an ihren Rändern oder im Niemandsland zwischen den Konfessionen eine ganze Menge gebrochener Lebensläufe gab. Wer richten will, kann es sich leicht machen. Ich habe den Skandal von 1967 nie von mir aus publik gemacht, sondern ich habe – außer vor den Menschen, die meinen Weg später direkt mitverantwortet haben – davon geschwiegen, um die Kirche, die Fakultät und meinen eigenen Weg nicht durch einen Riesenskandal zu beschädigen. Erst die Ereignisse im Herbst 2005 zwangen mich zur Offenlegung. Wem mag sie wirklich nützen?

In großer Liebe zur Schrift habe ich mich ein Leben lang bemüht, Jesus Christus und den dreieinigen Gott der kommenden Theologengeneration zu verkündigen. Dass das kirchliche Konsequenzen haben muss, habe ich in meinem Buch »Kann man auch ohne Kirche glauben?« aus dem Jahr 2000 dargestellt. In jeder Zeile dieses Buches habe ich selbstverständlich darauf geachtet, dass Katholiken und Protestanten es unbeschadet lesen können. Und ich habe es der Heidelberger theologischen Fakultät stets gedankt, dass ich in ihrem Schoß 34 Jahre lehren durfte.

Sowohl die Schrift als auch die kirchliche Tradition, auf die ich mich berufe, sind so reich, dass ein Leben gar nicht ausreicht, sie auszuschöpfen. Proselytenmacherei ist meine Sache nicht. Wie sollte ich Interesse an der Einverleibung und offensiven Propaganda konfessioneller Sondermeinungen haben? Denn diese sind in der Regel weder genial, noch schön, noch erbaulich, wenn dieses Urteil aus der Froschperspektive eines Professors nicht zu überheblich ist.

Ich habe mich stets ohne jede Furcht dem Neuen Testament gestellt, und zwar jedem einzelnen Text so, als wäre er das einzige Dokument des frühen Christentums. Anders als der oben erwähnte Josef Schmid habe ich – zum Leidwesen von Dogmatikern wie Exegeten – nie vor irgendeiner Dogmatik Angst gehabt. Natürlich sind mir Unterschiede in der Auslegung des Neuen Testaments zwischen den Konfessionen nicht ganz unbekannt. Aber ich habe stets meine Hörerinnen und Hörer auf beide Wege – von »Möglichkeiten« möchte ich lieber nicht sprechen, oftmals waren es ohnehin mehr als zwei – aufmerksam gemacht. Zu den dogmatischen Entwürfen ergab sich ohnehin oft eine Art Äquidistanz. Bisweilen sind alle späteren Auslegungen – sowohl die evangelische als auch die katholische – inhaltlich gleich weit vom Neuen Testament entfernt. Die Eintragung der Entwürfe über »Erlösung« in die Auslegung der Evangelien ist dafür ein gutes Beispiel, und das betrifft sowohl die Frage der Rechtfertigung wie die Frage der Erlösung durch Jesu Tod. Oder nehmen wir das Thema »Realpräsenz« beim Abendmahl, also die Frage der leibhaftigen Gegenwart Jesu unter den Gestalten von Brot und Wein. Das Wort »Realpräsenz« ist neuzeitlich, das Wort »Transsubstantiation« entstammt dem 13. Jahrhundert. Aber ist deswegen Jesu wirkliche Gegenwart in den Elementen des Mahles etwa für 1 Korinther 10–11 als »anachronistisch« auszuschließen? Wo doch nach Paulus das Essen des Brotes und das Trinken des Bechers direkte, leibhaftige Anteilnahme am Leib Jesu Christi bedeuten – denn bei missbräuchlichem Essen werden doch Menschen krank und sterben sogar manche (1 Kor 11).

Für mich als Exegeten ist es hier ausgesprochen reizvoll, den Dissens der Konfessionen zu überwinden und sorgsam, viel sorgsamer, als es bisher geschah, zu rekonstruieren, wie die Glaubensvorstellungen des Apostels Paulus und der Korinther in dieser Sache wirklich gewesen sein könnten. Dazu braucht man religionsgeschichtliche Kenntnis und große Einfühlungsgabe in antike Texte. Beides fehlt der Schriftauslegung oft gravierend. Und gewiss bin ich nach erfolgtem Rekonstruktionsversuch gesprächsbereit gegenüber den Vertretern der systematischen Positionen. Oft genug musste ich freilich die Wünsche von Systematikern enttäuschen. Ich gehe davon aus, dass man im 1. Jahrhundert anders gedacht hat als im 13., und ich gehe ebenso davon aus, dass viele, ja potentiell alle urchristlichen Anschauungen für moderne Menschen fremd sind. Aber ich habe nie die Furcht gehabt, mich damit außerhalb des Weges zur Wahrheit und jenseits der Möglichkeit des Bekennens befunden zu haben.

Man kann sehr wohl erheblichen theologischen Tiefgang gewinnen, wenn man das Verhältnis des Neuen Testaments zu späteren Auslegungen (inklusive der eigenen) mit der nötigen Gelassenheit betrachtet. Vielleicht kann ich aufgrund meiner katholischen Mentalität hier leichter Differenzen bestehen lassen als viele meiner protestantischen Hörer. Ich habe es nicht nötig, Paulus und Luther in eins zu setzen. Und ebenso wenig muss ich Paulus und katholische Dogmatik einfach identifizieren. Seit Jahrhunderten gibt es das Fach »Dogmengeschichte«, die doch das Verhältnis zwischen Schrift und Dogmatik im Ganzen entspannter sehen kann, als es je zuvor möglich war. So kann ich »dem Paulus geben, was des Paulus ist«. Und ich muss dieses nicht auf Kosten Luthers oder des hl. Thomas von Aquin tun. Ich habe die Schrift als einen großen, unergründlichen Schatz kennen gelernt. Und ich gehe aus Erfahrung davon aus, dass ich nie genug von jedem einzelnen Text lernen kann. Dabei bin ich durch systematische Traktate keineswegs unbelehrbar. Wenn sie geistvoll sind, ergeben sich immer wieder Anregungen auch für Beurteilungen neutestamentlicher Fragen. Die Leser einiger meiner Bücher (»Jesus«, »Was ist biblische Spiritualität?«, »Wozu ist Jesus am Kreuz gestorben?«, »Wer bestimmt unser Leben?«, »Ist mit dem Tod alles aus?« usw.) wissen, dass ich mit Leidenschaft neutestamentliche Theologie im strengen Sinne des Wortes betreiben will. Zusätzlich habe ich in Heidelberg in all den Jahrzehnten meines Lehrens auch dieses gelernt: Dass die Annahme mystischer Wirklichkeit ein genuin katholischer Beitrag zur hermeneutischen Frage nach der »Wirklichkeit« neutestamentlicher Aussagen sein könnte (vgl. dazu meine Publikation von 2002: »Sind die Berichte des Neuen Testaments wahr?«). Dass die neutestamentliche Zunft dieses unverhohlen als Fundamentalismus bezeichnet, halte ich für einen vorübergehenden Ohnmachtsanfall.

Fazit: Als akademischer Lehrer führe ich seit 1971 eine ökumenische Existenz. In der Wolle gefärbt katholisch habe ich tausende evangelischer Theologinnen und Theologen (mit) ausgebildet und sie im Glauben an den dreieinigen Gott bestärkt, 45 davon zur Promotion geführt und etliche habilitiert. Ich bilde mir daher ein, so intensiv wie nur ganz wenige in Deutschland beide Seiten zu kennen.

Der Leser mag sich anhand der Lektüre meiner Publikationen darüber orientieren, was ich denke. So bin ich katholisch der geistlichen Identität und der religiösen Heimat nach, nicht zuletzt auch als Mitglied der zisterziensischen Ordensfamilie. Sollte es noch erforderlich sein, so kann ich auch informieren, dass ich in Zweifelsfragen oftmals der *Confessio Augustana* und den übrigen Bekenntnisschriften näher gestanden habe als viele andere Mitglieder meiner Fakultät. Das galt besonders für die lockere Zugehörigkeit zu einer kleinen Gruppe von Lutheranern bis zum leider frühen Tod von Albrecht Peters. Als ich in den neunziger Jahren maßgeblich die Auseinandersetzung mit dem Göttinger evangelischen Theologen Gerd Lüdemann über die Auferstehung Jesu führte, die Lüdemann bestritt, hat meine Fakultät freilich, gewissermaßen als Ausgleich für mein dann doch mittlerweile ungeliebtes Tun, Gerd Lüdemann demonstrativ zur Gastvorlesung eingeladen. Der Leser mag daraus schon erkennen, dass die Frontlinien nicht immer so einfach verlaufen, wie man sich dieses im konfessionell orientierten Zeitalter dachte.

Nun wird gerade auch dieses Buch besonders heftige emotionale Reaktionen hervorbringen. Das war bereits die Folge bei Leserbriefen in der FAZ im Monat Juli 2005, nachdem ich einige Thesen dieses Buches als Testballon am 13. Juli 2005 hatte »aufsteigen« lassen. Emotionen behandle ich – durch diese Erfahrungen noch einmal bestärkt – als besonderes, unausweichliches Unterthema des großen Themas Ökumene in diesem Buch besonders.

Im Übrigen möchte ich sagen, dass ich nicht die Gewohnheit habe, Menschen verletzen zu wollen. Meine Mutter war evangelisch, meine Frau ist evangelisch. Die Nöte und Chancen von Mischehen sind mir daher gut vertraut. Aber sie sind nicht der Anlass für dieses Buch. Mit meiner Frau, Christiane Nord, habe ich zusammen »Das Neue Testament und frühchristliche Schriften« übersetzt und kommentiert. Meine Frau ist Professorin für Übersetzungswissenschaft. Die intensiven Diskussionen bei der Erstellung der Übersetzung berührten nie konfessionelle Differenzen. Aber die Dimension »Übersetzen« hat in dem jetzt hier vorgelegten Buch eine Bedeutung für die Ökumene bekommen.

Theologischen Tiefgang möchte ich also in diesem Buch erreichen. Die ökumenische Frage ist, um mit dem theologisch unverdächtigen Hartmut Mehdorn (Deutsche Bahn) zu sprechen, »ein besonders unangenehmer Sanierungsfall«. Jede Lektüre der ökumenischen Streitpapiere – inklusive Leserbriefe, Blättchen-Postillen und Hauspost – ist zutiefst belastend. Die einzige Möglichkeit, nicht immer nur noch mutloser zu werden, ist dabei, nach jedem einzelnen Abschnitt eine meditativ-kontemplative Besinnung zu versuchen. Nur so konnte ich dieses Buch überhaupt schreiben.

Ich möchte diese autobiographischen Notizen schließen mit zwei Anmerkungen. Die erste: Mit diesem Buch möchte ich allerdings die Berufsökumeniker seitwärts (sei es rechts, sei es links, das zu benennen, überlasse ich dem Betrachter) überholen. Übrigens finde ich, dass Hardliner (wenn ich denn schon als solcher gelten soll) nach der Erfahrung der Völker für tragfähige Friedensschlüsse stets geeigneter sind als Weichspüler. Die zweite Bemerkung betrifft die Rolle der Schrift in der ökumenischen Diskussion. Seit meinem 21. Lebensjahr betreibe ich von morgens bis abends Exegese mit Leidenschaft. Gerade das aber zwingt zu einer »bescheidenen« Einschätzung des eigenen Tuns und des parallelen Tuns der Kollegen. Das, was der Exeget herausfindet, bleibt in hohem Maße subjektiv, zeitbedingt und ist ganz abhängig von seiner Optik. Daher ist das, was er findet, nicht direkt überführbar in Dogmatik, oft auch nicht einmal in Predigt. Es bleibt fremd. Nur so kann es allerdings auch wirken. Aber mit offiziellen Aussagen der Kirche ist es nicht zu verwechseln. Das gilt grundsätzlich für alle Exegesen, und wenn sie quasi-objektivistisch daherkommen, muss man erst recht skeptisch sein. Die Konsequenzen dieser Einsicht sind jedenfalls für mich: Die Behauptung, »die Schrift« sei die Norm der Verständigung der Kirchen, ist unzureichend, einseitig, unrealistisch, zudem unhistorisch. Wenn jemand die Bibel liebt, dann bin ich es. Ich erwarte alles von ihr, nicht aber, dass sie in sich und aus sich auch schon die Auslegung ihrer selbst ist. Wer einfach von Exegese die Einheit der Christen erwartet, überfordert jede vorstellbare Exegese.

Vor 450 Jahren wurde der Augsburger Religionsfrieden geschlossen. Zu seinen tragischen Konsequenzen gehört, dass wir Christenmenschen mehr oder weniger alle derjenigen Konfession angehören, für die sich der damals zuständige Landesherr (oder Magistrat) entschied. Die Folge waren ungezählte Rechtfertigungsversuche für den Status, den man doch ererbt hatte, theologischer Überbau aus banalem Anlass. Diese Einsicht sollte bei den Lesern wie bei mir eigentlich zu einer gewissen Bescheidenheit Anlass geben.

*

Ich schreibe dieses Buch nicht als konfessionelles Zwitterwesen, auch nicht als Grenzgänger, auch nicht als Grenzschleicher. Alle diese wenig schmeichelhaften Attribute hat man mir in der öffentlichen Diskussion der vergangenen Monate (Herbst 2005) verliehen, und zwar kam das regelmäßig von Seiten derer, die nicht hauptberuflich theologische Exegese des Neuen Testaments betreiben. Angesehene Juristen haben entschieden, dass ich mich weiterhin »katholischer Theologe« nennen darf, da ich dieses Fach studiert habe. Mein Standpunkt ist theologisch ein katholischer, und das ist seit jeher für jeden erkennbar. Dass ich diesen nicht immerzu, wie manche erwarten, unter der Überschrift »Achtung! Katholisch!« geäußert habe, war durchaus meine Absicht. Denn ich habe stets darauf geachtet, dass ein bestimmtes lutherisches Spektrum meinen Ansichten sehr wohl zustimmt und bis heute nichts Gegenteiliges erklärt hat. Des Näheren ist mein Standpunkt katholisch-zisterziensisch.

Wenn Walter Kardinal Kasper in einem Leserbrief an die FAZ am 10.11.2005 erklärt hat, von Menschen wie mir sei keine Förderung der Ökumene zu erwarten, dann liest sich das wie eine Vorabverurteilung des hier vorgelegten Buches. Ich habe dieses wahrhaft zukunftsweisende Urteil als besondere Herausforderung angesehen, mein Buch um so sorgfältiger anzulegen. Denn das eine ist wohl wahr: Exegetische Kollegen von Rang haben schon öfter Beiträge zur Ökumene geleistet (Augustin Kardinal Bea, Oscar Cullmann, Ulrich Wilckens, Thomas Söding).

Darin liegt erneut die Chance auch meines Beitrages in diesem Buch. Denn offenbar ist dieses über den engeren Kreis der Neutestamentler noch nicht hinausgedrungen: In der Auslegung des Neuen Testaments sind die konfessionellen Differenzen denkbar gering. Das gilt gerade auch dann, wenn man es so auslegt wie ich – eben nicht konfessionalistisch, sondern in voller Hingabe an den Text.

Ich habe allerdings den Eindruck, dass die öffentliche Diskussion von Menschen angezettelt wurde, die wider bessere eigene Einsicht ein konfessionelles Schubladendenken bedienen möchten, das sich am Formalen (und sogar am Finanziellen: Pensionsverkürzung!) orientiert und übersieht, dass Ökumene sich quer zu den Konfessionen erstreckt. Es ist einfach nicht wahr, dass mit den formalen Etiketten »evangelisch« oder »katholisch« heute (in Deutschland) ein wirklicher theologischer Standpunkt beschrieben wäre. Die Karawane ist längst weitergezogen. Und das gilt gerade auch für Professoren der Theologie, besonders in der Bibelauslegung. »Rache der Provinz« hat daher ein verständnisvoller Rezensent die Debatte genannt.

KAPITEL 3

Das Ende des Konfessionalismus

Stellen wir uns einen Moment vor, dass wir in einem Flugzeug sitzen und unsere Erde einmal von ganz oben betrachten. Da werden die Menschen und die Häuser ganz klein, ja selbst Berge erscheinen nur als marginale Veränderung der Landschaft. Sollten wir uns nicht vor Augen halten, dass immer mehr Menschen unser christliches Getriebe aus ganz großer Ferne betrachten? Unsere Versuche, ihnen das Ganze des Christlichen als hochgradig differenziertes, in sich uneines Gebild zu erklären, quittieren sie mit einem »Kein Interesse an den Details!«

In einem Artikel »Katholisch/evangelisch – überholt? Zur Zukunftsfähigkeit der Konfessionen« stellt Hermann Häring im Jahr 2003 einiges Bedenkenswerte fest: Wir sind eingetreten in ein postkonfessionelles Zeitalter. Aber immer noch laute der unausgesprochene Konsens in den offiziellen ökumenischen Dialogen: »Die Identität der eigenen Kirche darf nicht angetastet werden. Man will die Quadratur des Kreises: zueinander finden und sich doch nicht ändern. Man fragt also nach dem gemeinsamen Zeugnis der Schrift, man ordnet die Antworten aber den je eigenen Geschichten und Bekenntnissen unter. Die Institution der je eigenen Kirche bildet das Nadelöhr, in dem die ökumenischen Diskussionen stecken geblieben sind.« Und weiter: »Wir sollten ... erkennen, wie sehr dieses Verhalten noch einem neuzeitlichen Denken verhaftet ist, das unsere Lehrgebäude und unser Verhältnis zur Institution Kirche prägt. Der Mythos der Institution als schützender, für ein humanes Zusammenleben unverzichtbarer Ordnungsmacht hat uns noch voll im Griff. So gesehen ist die katholische Kirche noch immer Vorkämpferin der großen neuzeitlichen Geschichten: der Aufklärung, des Idealismus, der Hermeneutik und des Glaubens an die Institutionen.« Häring weist auf Bewegungen, nach denen wir die »Wahrheit von der Praxis her verstehen müssen«. Und weiter:

»Das traditionelle Denken der Konfessionen sucht die Legitimität der eigenen Institution. Man schenkt der eigenen Theologie Glauben, weil und solange sie die eigene ›Kirche‹ repräsentiert.« Sein Resumée: »Ich behaupte, dass diese Meta-Erzählungen kein aktives Vertrauen mehr finden. Mit diesem Vertrauensverlust fängt postkonfessionelles Denken an.« Und er fährt fort: »Wir müssen begreifen, dass die Konfessionen ein Produkt der Moderne gewesen sind, also kann am Ende der Moderne das konfessionelle Selbstbewusstsein nicht mehr die zentrale Lebensader christlichen Lebens bilden.« Dann kommt Häring auf die Jugendlichen zu sprechen: »Deshalb glaube ich nicht an das Modell, dass wir die ›draußen‹ abholen und in der Kirche dann weiterführen können. Wir sollten uns endlich klar werden, dass zumal junge Leute nur unsere eigenen Unsicherheiten und Verwaschenheiten spiegeln. Dabei gelingt es uns mit großer Kunst, sie an den Rand der Gemeinden zu drängen und uns auf ihre Kosten zu stabilisieren. Dazu gehört auf der anderen Seite aber auch die große Unsicherheit gegenüber der Gesellschaft, die in den Kirchen inzwischen Platz gegriffen hat. Dabei kommt es nicht darauf an, welche Glaubensformeln wir zu berichten haben ... Klar und eindeutig werden sie durch ihre Bedeutung, durch die Verbindlichkeit, die sie ausstrahlen. Nicht was wir sagen, ist von Bedeutung, sondern was wir zu sagen haben, das Gefühl der Bedeutungslosigkeit, der Standpunktlosigkeit, der müden Diffusionen« (»Zur Debatte« 7/2003). So elementar wie noch nie frage die Welt nach der »Möglichkeit eines vorbehaltlosen Vertrauens, nach dem Grund des Glaubens, nach dem Sinn eines Lebenssinnes«. Das Ergebnis: »Die spezifischen konfessionellen Differenzen sind völlig abwesend«, selbst die klassischen dogmatischen Sprachregelungen tauchten nicht mehr auf. Die Jugend fragt nach Elementarem und wünscht sich authentische Repräsentanten des Glaubens. Im Augenblick komme »der Reichtum der Erfahrungen ... und unabgegoltenen Sehnsüchte nicht zum Tragen«.

So weit die Kritik Härings, dem viele zutreffende Beobachtungen zu danken sind. Bis hier bin ich mit ihm ganz einig, und auch noch im Vorschlag, dass eine neue gesamtkirchliche Identität aufgebaut werde oder werden müsse. Dass Häring dann selbst für einen einigermaßen formlosen Pluralismus plädiert, unterscheidet uns. Mit der Rekonstruktion von Erzählung meint er sicher Richtiges, wenn man auch die Geschichte der »Christentümer« einbezieht. Angesichts dieser aus meiner Sicht zutreffend erkannten Lage möchte ich in diesem Buch einen Vorgriff auf ein einiges Christentum der Zukunft leisten. Wie sein Innenleben konstruiert sein könnte, darüber habe ich konkrete Vorstellungen. Sie orientieren sich an den großen Schätzen jener christlichen Spiritualität, die in Klöstern und alten Liturgien oft zeitlos vor sich hin dämmern, aber an manchen Stellen von überraschender Vitalität sind.

Neben die Beobachtungen Härings möchte ich eigene zur »neuen Religiosität« in Deutschland stellen und fragen: Welches sind die Chancen von Ökumene in diesem unübersichtlichen Feld der »neuen Religiosität«? Die so genannte »neue Religiosität« ist ein vielschichtiges Phänomen. Hier ist zu fragen, was dieser vor allem außerhalb der Konfessionen angesiedelte gegenwärtige Trend mit Ökumene zu tun hat.

Die »neue Religiosität« äußert sich als eine diffuse Sehnsucht der Menschen – vor allem jugendlichen und mittleren Alters – nach etwas, das »mehr ist als nur der Mensch«. Typisch für diese neue Religiosität sind große Massenversammlungen (»Events«), zu denen vor allem Jugendliche zu zehntausenden strömen. Zu nennen sind vor allem evangelische Kirchentage und die Groß-Wallfahrten zum Tod von Johannes Paul II. und der Wahl seines Nachfolgers Benedikt XVI. Dabei waren die evangelischen Kirchentage erkennbar Vorreiter. Was Jugendliche dorthin trieb, war die Sehnsucht nach menschlich glaubwürdigen religiösen Leitfiguren und die typisch religiöse Sehnsucht nach dem Heiligen und dem Geheimnis.

Nun hat freilich diese »neue Religiosität« mindestens vier Ausprägungen, die sehr unterschiedlich und kaum alle begrüßenswert sind:

Erstens eine Richtung sinnlicher Spiritualität, erkennbar an »Frühschichten«, also Gebeten zu nächtlicher Stunde oder am frühen Morgen. Licht und Dunkel spielen dabei eine große Rolle. Kerzen und Lucernarien (Lichtfeiern) stehen für die Sehnsucht nach einer Mischung aus liturgischer Form und Geborgenheit im Licht. Dazu gehören auch nächtliche Führungen in Kathedralen. Zweitens eine evangelikale Richtung. Hier geht es um sehr wörtlich verstandenen Halt und entsprechende Auslegung der Bibel. »Du brauchst Jesus«,

»Ich liebe Jesus« sind typische Bekenntnisse. Drittens ergibt sich eine stark interreligiöse Mystik, die jede konkrete Festlegung meidet. Hierher gehört auch das weite Feld der »meditativen Tänze« und der verschiedenen bisweilen oberflächlich und oft nur leicht christianisierten asiatischen Methoden. Insgesamt wird hier eine körperbetonte »Spiritualität« gepflegt. Viertens gibt es beim Streben nach »höherem Bewusstsein« auch leider eine Affinität zur Drogenszene. Das »höhere Bewusstsein« wird hier durch Spritzen und Tabletten erreicht.

Kennzeichen dieser Art von Religiosität ist die Abwesenheit von kritischen Maßstäben und von politischen Interessen. Christlich wird sie wohl erst dort, wo die Spiritualität des Kindseins hinzukommt. Das heißt: Wenn Menschen sich von dem persönlichen Gott Jesu Christi ganz und gar abhängig und ihm gegenüber ganz und gar dankbar wissen.

Die Konfessionen können dann aus dieser neuen Religiosität etwas werden lassen, wenn sie sich die Frage stellen, warum zu Weihnachten so viele Menschen in die Kirche kommen – und sonst eben nicht. Denn die Spitzenaussagen von Weihnachten, wie sie in den alten Präfationen formuliert werden, gehen doch gerade von der Sehnsucht aus, »mehr zu sein als nur Mensch«, nämlich teilzuhaben am unsterblichen Leben Gottes. Wie es heißt: »Der an unserer Sterblichkeit Anteil genommen hat, um uns im neuen Licht seiner Unsterblichkeit wieder herzustellen.« Spektakuläre Film-Erfolge wie der des Films über die Karthäuser, »Die große Stille«, zeigen, was Christentum zu dieser neuen Religiosität beizutragen hat.

Aber was bedeutet diese reichlich vom Zeitgeist angefüllte Mentalität für die Frage nach Ökumene? Aus meiner Sicht lassen sich sechs Thesen formulieren: Erstens steht diese neue Religiosität auch in ihren positiven Ausprägungen dem traditionellen Ökumenismus seltsam fremd gegenüber. Glaubensstreitigkeiten aus den letzten fünf Jahrhunderten haben hier keinen Platz, auch nicht eine friedliche Fortführung der Diskussion über Kirchentrennendes.

Zweitens stört die starke Erfahrungsbezogenheit der neuen Religiosität alle Bemühungen um klare Abgrenzungen, wie sie gerade in der letzten Zeit wieder hervortreten. Die neue Religiosität ist zwar an Ritualen orientiert (auch an unverständlichen), aber nicht an juristischen Einzelheiten. Die Liebe zu ritueller Form bedeutet nicht schon Liebe zu juristischer Klarheit.

Drittens gibt es in der Geschichte des Ökumenismus bei Nathan Söderblom und bei Friedrich Heiler (mit dem ich übrigens außer katholischem Getauftsein nichts gemeinsam habe) bereits Tendenzen zum interreligiösen Dialog. Dieser wurde sehr sanft und undogmatisch aufgefaßt. Der Ökumenismus hat daher in diese Richtung eine traditionelle Schlagseite.

Viertens ist die neue Religiosität konfessionell desinteressiert, um so mehr aber auf glaubwürdige Leitbilder ausgerichtet. Die Liebe zu Johannes Paul II. zeigt das. Das bedeutet eine Chance für eine ganz neue Art von Ökumene, nämlich eine, die nicht an kontroverstheologischen Fragen ausgerichtet ist – die nur immer im Rechthaben enden können, sondern positiv an gemeinsamen lebenden Vorbildern und ihrer »Ausstrahlung«. Um solche »lebenden Heiligen« herum scharen sich Liebhaber-Gemeinden. Unchristlich kann ich das nicht nennen. Neben die Heiligen treten glaubwürdige Kommunitäten.

Von da aus ergibt sich fünftens: An die Stelle des klassischen religiösen Disputs treten ganz andere Gestalten christlicher Einheit. Sie realisieren sich als zunächst noch formlose Sympathisanten-Szene ohne Vereinsstrukturen.

Sechstens: Der schon erwähnte Film »Die große Stille«, ähnlich auch der Film »Die Passion Christi« von Mel Gibson zeigen, dass durchaus eine Neigung zu extremer religiöser Erfahrung besteht. Freilich wird – und das ist sehr kritisch gemeint – diese extreme religiöse Erfahrung im Wesentlichen nur konsumiert, von Zuschauern aus der modernen Medienwelt nur angeschaut. Ob daraufhin irgendjemand in das dargestellte Kloster eintritt, bleibt völlig offen. Ähnlich sind auch neuere Erfahrungen mit der Bindekraft zum Beispiel der Passionsspiele von Oberammergau. Selbst kritische Medien haben darüber einhellig sprachlos vor Begeisterung berichtet. Nur zu traditionellen Gemeindegottesdiensten passt das nicht.

Die traditionelle Debatte im Rahmen der Ökumene geht zumeist davon aus, dass der Hauptunterschied in der Amtsfrage liegt. Das ist aus meiner Sicht eine Fehleinschätzung. Denn der »gemeine Mann« hat mit dem geistlichen Amt nichts zu tun, und die Bischöfe unterscheiden sich hauptsächlich im Habit, und zwar mit abnehmender Tendenz, seitdem der anglikanisch-römische Kollar auch von protestantischen Pfarrern und Bischöfen getragen wird und diese auch immer öfter zur Stola greifen. Für den Laien ist es auch gleich, ob ein Landesbischof oder ein Kardinal gegen ihn einschreitet. Die Differenz liegt auch überhaupt nicht in der Freiheit, die dem Laien gelassen wird, denn er nimmt sie sich, wie er sie braucht. Die Differenz liegt vielmehr in einer Summe von Kleinigkeiten, die zumeist dogmatisch überhaupt nicht zu Buche schlagen. Das reicht vom Kreuzzeichen bis zum Messgewand, vom Rosenkranz bis zum Weihwasser, von der Kniebeuge bis zum Kruzifix ohne Corpus, das katholisch nicht leicht denkbar ist, vom Weihrauch bis zum »Engel des Herrn«. Alles das ist dogmatisch fast völlig unerheblich. Aber es ist für die Mentalität höchst wichtig, wahrscheinlich – angesichts des Verlusts anderer Milieus – in steigendem Maße. Angesichts des »gemäßigten Joachitismus« (von Joachim v. Fiore, gest. 1202; schon Joachim ging von einem Verblassen der Hierarchie aus), der in diesem Buch vertreten wird, sind hierarchische Strukturen zunehmend unwichtig. Es mag auch sein, dass deshalb die Ämterfrage so hochgehalten wurde, weil die Betreiber der Ökumene fast alle selbst höhere Amtsträger waren.

Fazit: Die von Medien gesteuerte Welt der Gegenwart gibt viele Anlässe, mit dem Christentum ganz von vorne zu beginnen. Von hier aus beginnen wir, auch die neutestamentliche Offenbarung als mediales Ereignis neu zu begreifen. Die Gleichnisse, die Zeichenhandlungen, die Wunder Jesu erscheinen als glücklich angewandte Darstellung in Medien. Wer mit dem Christentum ganz von vorne beginnt, wird auch neue Formen von Kirche finden. Ich denke dabei an Sympathisanten-Gemeinden. Auch die alte Synagoge zur neutestamentlichen Zeit hatte derartige »Förderkreise« um sich gebildet. Viele Fragen bleiben hier vorerst offen: Wird daraus wirkliche Gemeinschaft werden? – Einwand: Rund um orthodoxe Kirchen gibt es ganz ähnlich Kreise von Sympathisanten. Von Pfarreien mit entsprechendem Leben wird man im Bereich der Orthodoxie nur selten sprechen können. Dabei fehlt die Diakonie durchaus nicht.

KAPITEL 4

Vom gemeinsamen Nenner

Ich finde es unakzeptabel, Einheit auf soziologische Wünschbarkeiten, gar Marketingaspekte der Art zu gründen, dass eine gespaltene Christenheit heute nicht mehr zu verkaufen sei.

4.1 Glaubensspaltung ist Gottesverrat

»Der Herr, unser Gott, ist der eine, der einzige Herr«, so beginnt das Sch:ma Jisrael und so beginnt auch Jesu Antwort auf die Frage nach dem Wichtigsten. Jesu Verkündigung ist die radikale Intensivierung und Verschärfung dieses Bekenntnisses. Und das gilt auch nicht trotz, sondern wegen des Bekenntnisses an den dreieinigen Gott, das ja Verschiedenheit bis zurück in den Kern des christlichen Gottesbegriffes zurückverfolgt. Genau hier fallen die Würfel für die Frage nach der Einheit der Christenheit.

Nun muss man freilich wissen, dass es in der neueren theologischen Diskussion um die Pluralismusfrage die verbreitete Neigung gibt, die Dreifaltigkeit so für den ökumenischen Status quo zu instrumentalisieren, als sei die Pluralität der christlichen Gemeinschaften bereits in der innergöttlichen Pluralität der drei Personen angelegt. Die Dreieinigkeit erscheint dann als etwas, das einer Kommune oder Wohngemeinschaft vergleichbar ist, in der sehr verschiedene Leute unter dem gleichen Klingelknopf schiedlich-friedlich zusammenleben. An dieser grundlegenden Weggabelung bereits ist entschiedener theologische Protest anzubringen: Es ist einfach nicht wahr, dass die gespaltene Christenheit eine Legitimation in der Dreieinigkeit fände. Als Neutestamentler stelle ich fest: In Jesus wie im Wirken des Heiligen Geistes nehmen wir Christen den einen Gott Abrahams wahr, der die Welt erschaffen und zu Mose und den Propheten geredet hat. Die Formulierung vom

Wahrnehmen des einen Gottes in Jesus Christus und im Heiligen Geist bringt aus meiner Sicht das Verständnis des Urchristentums am genauesten zur Sprache. Der eine und einzige Gott ist in Jesus und im Heiligen Geist ganz und für immer gegenwärtig.

Der eine und einzige Gott bleibt nicht »auf dem Thron im Himmel«, sondern wohnt ganz und ungeteilt in Jesus Christus und dann in den Herzen derer, die glauben. So will Gott durch sich selbst, durch sein Wohnen in Jesus und durch den Heiligen Geist in jedem, der glaubt, die Welt beieinander halten und wieder zusammenbringen. Sein Ziel ist daher die Versöhnung der Welt mit sich. Durch Menschwerdung und Innewohnen als Heiliger Geist eint Gott die Welt. Er tut es durch sich selbst. Er ist immer und überall strikt der Eine und Einzige. Es lässt sich dies leicht – um ein Beispiel zu nehmen – an der Wirksamkeit des Heiligen Geistes in Korinth dartun. Der eine Heilige Geist ist es, der die verschiedenen Gaben an unterschiedliche Menschen vermittelt. Weil es aber der eine Geist ist, der die Gaben mitgeteilt hat, können und dürfen sie nicht Ursache des Auseinanderfallens der Gemeinde sein. Sie sind das genaue Gegenteil, nämlich der *Grund der Einheit* unter den verschiedenen Menschen. Diese Einheit kann nicht konkret und innig genug gedacht werden. Paulus kämpft genau darum.

Der eine Gott führt durch Menschwerdung und Innewohnen als Geist die Menschen wirklich zusammen, indem er sie sich selbst ähnlich macht, ihren Zustand umwandelt und »vergöttlicht«. Durch Verwandlung und Verähnlichung wird daher die Versöhnung zu Ende geführt. So wird Gott alles mit der Fülle seiner vitalen Gegenwart erfüllen, ohne auch nur ein Ding, nur eine Individualität aufzuheben.

Das Ziel der Versöhnung ist nach 1 Kor 15,28: »… damit dann in allen Menschen und in allen Dingen nur Gott ist, so dass nichts ihm fremd ist.« (Übers. Berger/Nord). Wenn also das Handeln Gottes, das der Erschaffung der Welt gegenüberliegt, darin besteht, dass er alles in seine Einheit hineinzieht und mit sich selbst erfüllt, dann spielt das Problem von Einheit und Vielfalt nicht auf einer sekundären, gar tertiären Ebene. Dann ist Einheit konstitutiv für Christsein, das Problem mithin grundlegend. In der Ökumene wird es greifbar in der Frage: Wie viel Verschiedenheit verträgt die Einheit?

4.1.1 Kirchenspaltende Politik

Eben hatten wir gesehen: Die Frage von *Einheit* und *Verschiedenheit* erweist sich als systematisches Grundproblem der Ökumene. Das gilt auch von der Geschichtstheologie, also dem Grenzbereich zwischen Theologie und Deutung der Weltgeschichte.

Judentum und Christentum haben innerhalb dieses Horizonts die Spannung zwischen der Einheit und Einzigkeit Gottes und der Vielfalt der Völker ausdiskutiert. Im Judentum wurde diese Frage im Wesentlichen so gelöst: Für Israel gibt es den *einen* Gott, das *eine* Volk, das *eine* Gesetz und das *eine* Land. In etwa so hat es der jüdische Historiker Flavius Josephus im 1. Jahrhundert zusammengefasst.

Im Christentum ändert sich gerade diese Perspektive. Denn mit einem Male wird der nationale Rahmen gesprengt. Den Nichtjuden = Heiden, die zum Heil drängen, wird die Hürde der Beschneidung erlassen (womit sie Juden geworden wären). Der Gott der Väter wird auf die vielen Völker bezogen. In der christlichen Kirche entsteht sofort ein ungeheurer »Appetit« auf die Aufnahme der unterschiedlichsten Völker der Erde. Der Beginn der Heidenmission ist gleichzeitig der Start eines permanenten Ringens, das die Verkündigung des Heils bis ans Ende der Kirche begleiten wird: Wie kann Einheit des Glaubens in der Unterschiedlichkeit der Kulturen und der politischen Systeme stattfinden?

Im Blick auf das Ziel der Heilsgeschichte hatte Paulus noch formuliert: Der eine Gott wird alles in allem sein, aber alle Dinge bleiben bestehen. Paulus hatte damit ein Gleichgewicht gefunden. Aber nach Paulus äußert sich das angedeutete Problem der Einheit der vielen Völker massiv als Frage, welche die gesamte Missionsgeschichte begleitet und die darüber hinaus auch bei jeder Kirchenspaltung eine Rolle spielt.

Natürlich brachten die Spaltungen der Alten Kirche, zum Beispiel die arianische, unmittelbar auch politische Verwerfungen mit sich. Das gilt genauso von Byzanz und Rom; es gilt von den Kreuzzügen und von Moskau als dem »Dritten Rom«. In der Frage der ökumenischen Beziehungen zur Orthodoxie ist das politische Element sogar das entscheidende; man verfolge nur die Rolle der serbischen Orthodoxie in den letzten 20 Jahren. Und die deutsche Reformation wäre nie das geworden, was sie ist, hätten die Landesherren nicht die Gelegenheit beim Schopf ergriffen, sich im Gestus des Beschützers endlich die Kirche (und ihre Besitztümer) anzueignen. Auch der Augsburger Religionsfrieden von 1555, der die Konfessionszugehörigkeit nach der des Landesherrn festlegt, ist eine rein politische Maßnahme.

Die politischen Aspekte der Kirchenspaltungen sind unübersehbar. Als Gegensätze zwischen Machtblöcken wirkten sie stets verschärfend, nie beruhigend oder friedensstiftend. Das wichtigste politische Movens ist dabei der Nationalismus. Bevor man dieses Element in der heutigen Orthodoxie Osteuropas nachweist, sollte man sich an den deutschen Nationalismus des 19. und 20. Jahrhunderts erinnern. Der Vorwurf gegen die Katholiken, ultramontan, d. h. nicht national, sondern romhörig orientiert zu sein, hat die Kirchenspaltungen enorm vertieft. Das Phänomen der »Deutschen Christen« war eine der letzten Früchte dieser Art von christlicher Leidensgeschichte. Oder man denke an Nordirland: Die Öffentlichkeit erfährt immer nur etwas vom Streit zwischen Katholiken und Protestanten. Dass das konfessionelle Problem nicht zentral ist, sondern die Frage des nationalen Ausgleichs zwischen Engländern und Iren, ist kaum bekannt.

Im Blick auf die christlichen Anfänge könnte man sagen: Die Christen haben in der Kirchengeschichte das Problem der Einheit der vielen Völker von der Politik geerbt. Es erwies sich als Spaltpilz im Bereich der christlichen Religion selbst.

Nun kann man kritisch nachfragen: War der Appetit auf die vielen Völker nicht zu groß? Hat sich das Christentum als Friedensmacht hier einfach übernommen? Oder umgekehrt: Besteht nicht jetzt, da weltweit zu beobachten ist, wie der Nationalismus ausblutet, erstmals seit dem 4. Jahrhundert die Chance, die Frage der Einheit der Christenheit wirklich genuin religiös zu lösen? Eines ist klar: Wo immer der Nationalismus neu sein Haupt erhebt, wird Religion und religiöse Spaltung stets dankbar dafür genutzt, um die Spaltungen der Christen künstlich zu vertiefen. Nicht Christen stehen gegen Christen, sondern national instrumentalisierte Christen werden gegen national instrumentalisierte Christen in Stellung gebracht. Es geht nicht um den Glauben, sondern um die Macht, die durch das Tiefste im Menschen, die Religion, gesichert oder ausgeweitet werden soll. Und umgekehrt: Nur wenn der Nationalismus in jeder Form ausblutet, ist auch innerhalb der Christenheit Frieden zu gewinnen. Oder auch so: Der Augsburger Religionsfrieden von 1555 war ein politischer. Der *Religions*frieden ist noch nicht gemacht. Wann sind Theologen in der Lage, dazu das theologische Seitenstück zu liefern?

4.1.2 Kirchenspaltende Kirche

Wie angedeutet, besteht nach christlicher Auffassung Gottes Heilswerk darin, dass er seine eigene Einheit und Einzigkeit an die Menschen weitergibt. Angesichts des einen Gottes kann es nur das eine Gottesvolk geben. Verschiedene um das Heil rivalisierende Völker sind ebenso undenkbar wie Christen, bei denen sich Christen wie in Nordirland unter ideologischer Ausnutzung ihrer Religion bekriegen. Jeder trennende Streit ist dem Grundanliegen des Christentums – nur zur Erinnerung: das ist Versöhnung – total entgegengesetzt.

Wer auch immer haftbar dafür zu machen ist, dass ein Streit zwischen Christen trennend wird – wir werden das noch genauer untersuchen –, entscheidend ist die Feststellung, dass *eine getrennte Christenheit ein tief greifender Verstoß gegen die Einheit Gottes selbst ist.* Wer Kirche spaltet, vergeht sich geradezu physisch an Gott selbst. Denn nichts ist dem, was Gott mit den Menschen erreichen will, so diametral entgegengesetzt wie trennender Streit. So sieht es Paulus nach 1 Kor 3,16f.: »Weil ihr Gottes Tempel seid, wohnt Gottes Geist in euch. Wer Gottes Tempel zerstört, den wird Gott zerstören. Denn der Tempel Gottes, also ihr selbst, ist heilig.« Wer Gottes Tempel etwas antut, der tut ihm selbst etwas an. Im Kontext von 1 Kor 3 geht es um Spaltungen in der Gemeinde. Paulus muss sie vehement abwehren, denn durch Spaltung wäre sein Werk im Herzen getroffen. Gott reagiert nach der Talio (= dem Prinzip der Vergeltung): »Wer den Tempel zerstört, den wird Gott zerstören«, weil er selbst in seiner Einheit betroffen ist. Wer Gottes Tempel teilt, ist wie ein Metzger, der Gott selbst zerteilt. Nichts ist dem einen und einzigen Gott widerwärtiger und mehr »gegen die Natur«, als wenn Menschen das, worin er sich wiedererkennt, zerstören. Er ist dann selbst physisch zerstört und schlägt um sich in seinem Überlebenskampf. Daher könnte Paulus auch sagen: Wer die Gemeinde spaltet, tötet Gott, will Gott töten.

Vom Neuen Testament her kann man es nicht klar genug sagen: Kirchenspaltung ist kein Kavaliersdelikt, dagegen zu protestieren keine Scharfmacherei. Kirchenspaltung ist absolut unverzeihlich, in Kirchenspaltung zu verharren ein permanenter Angriff auf Gott selbst. Wo Gott selbst direkt getroffen ist, gibt es kein Zurück. Nicht zufällig ist in 1 Kor 3,17 vom Heiligen Geist die Rede. Und zwar geht es um die paulinische Form der *unvergebbaren Sünde gegen den Heiligen Geist.* Diese Sünde ist nach neutestamentlicher Logik deshalb unverzeihlich, weil der Heilige Geist einmalig, unwiederholbar und endgültig geschenkt wird. Wenn es im Neuen Testament ein striktes Tabu gibt, dann hier. Denn näher als mit seinem Heiligen Geist kann Gott den Menschen nicht kommen.

Wäre Christus noch nicht Mensch geworden, gäbe es noch nicht die Gabe des Geistes Gottes an die Menschen, dann wäre z. B. Unglaube und Ungehorsam vergebbar. Nur jetzt, da Gott unvergleichlich nahe ist und sich definitiv mit den Menschen eingelassen hat, kann er auch verletzt werden.

Das kennen wir von Menschen her: Wenn sich jemand uns erst einmal anvertraut hat, sich damit in unsere Hand gegeben hat, wächst unsere Verantwortung im Quantensprung.

4.1.3 Gottesverrat und kirchlicher Pragmatismus

Nicht gerade selten wird die vielfältige Zerrissenheit und Spaltung der Christenheit aus pragmatischen Gründen uminterpretiert und mit Jubel als segensreich begrüßt. Denn so sei wunderbare Vielfalt und Möglichkeit gegenseitiger Bereicherung entstanden. Dem ist fundamental zu begegnen:

1. *Was ist Gottes Ziel?* Gottes Offenbarung hat nach dem Zeugnis der Bibel dieses Ziel: Gott will, dass Menschen ihm ähnlich werden. Das geschieht, indem sie seine Einheit nachahmen. Gott gibt seine Einheit an die Menschen weiter. Daher kann Eph 4 das

Ziel der Offenbarung so beschreiben: »Ein Gott, ein Glaube, eine Taufe«. Bereits das vorchristliche Judentum sieht den Vorteil des Glaubens an den einen Gott darin, dass der eine Gott ein einziges Gesetz, die Tora des Mose, gegeben habe. Das eine und einheitliche Gesetz aber kann Einheit und Frieden in Gottes Volk stiften, weil es eines ist. Wo viele Götter regieren, kann keine Einheit unter Menschen wachsen. Und wenn Gott schon durch das eine Gesetz eine Verfassung für sein eines und einziges Volk zum Frieden schaffen wollte, wie sehr wird er erst in der Kirche die Einheit verwirklicht sehen wollen.

2. *Was macht Gott mit denen, die Gott spalten?* Der Herr wird, so sagen es Schrift und Alte Kirche, jene richten, die Spaltungen hervorrufen. »Aus fehlender Gottesliebe schauen sie auf den eigenen Nutzen, aber nicht auf die Einsicht der Kirche. Wegen kleiner und nichtiger Ursachen zerschneiden sie den großen und herrlichen Leib Christi in Stücke und möchten ihn, soviel an ihnen liegt, töten. Sie sagen Friede und machen Krieg, sie seihen die Mücken und verschlingen das Kamel. Denn keinesfalls können sie irgendeine Besserung zustande bringen, die so groß ist wie der Schaden eines Schismas (= Kirchenspaltung)« – so sagt es Irenäus von Lyon Ende des 2. Jahrhunderts in seiner Schrift »Gegen die Häresien«, 4,33,7. Der Gedankengang in diesem Text: Wer die Kirche spaltet, liebt Gott nicht. Denn eigener Vorteil ist ihm wichtiger als die Hingabe des Glaubens. Das spalterische Tun besteht darin, dass man auf die Weisheit und Einsicht der Kirche nichts gibt. – In einem zweiten Gedankengang geht Irenäus statt vom »eigenen Vorteil« nun von »kleinen und nichtigen Ursachen« aus. Um ihretwillen wird der Leib Christi zerstört. Das Bild »Leib Christi« für die christliche Kirche hat Irenäus aus 1 Kor 12; Eph 1f.4. Überdies ist »Leib« ein gebräuchliches Bild für einen Staat oder eine Volksgemeinschaft. Irenäus belegt die Spalter mit dem neutestamentlichen Verdikt gegen Scheinheilige. Er attackiert damit die übliche ideologisierende Einkleidung von Spaltungstendenzen.

3. *Was bedeutet das in der Konkretion unseres Alltags?* Keiner derer, die über den Segen der Glaubensspaltung jubeln, hat sich offenbar je von den Mechanismen berichten lassen, die in Mischehen,

die – aus welchen Gründen auch immer – in Schwierigkeiten geraten, zur Rechtfertigung der eigenen und Abwertung der anderen Position benutzt werden. Denn es liegt oft nahe, die Wurzel des Übels in der anderen konfessionellen Ausrichtung des Partners zu suchen und zu finden. Die Versuchung ist groß, Konfession zu ideologisieren. Damit wird das Leid in der Regel größer. Eine Übersicht über Segen und Fluch der Glaubensspaltung im Alltag einer konkreten Mischehe ergibt folgendes Bild. Unter »gut« nenne ich in dieser Übersicht das, was jeweils als anregend und positiv wahrgenommen werden kann, unter »nicht gut« das, was störend und hinderlich ist. Beides bezieht sich auf die Selbstwahrnehmung konfessionell verschiedener Ehen.

Gut: Vielfalt – nicht gut: Christentum wird unübersichtlich und unklar.

Gut: Bereicherung – nicht gut: Anlass zu Streit und Ideologisierung.

Gut: Toleranz und Weite des Denkens werden eingeübt – nicht gut: Konfliktvermeidung aus Bequemlichkeit liegt nahe.

Gut: die Kinder können das eine wie das andere ausprobieren – nicht gut: Gemeinsames konsequentes Handeln der Eltern fehlt. Dieses allein wäre von verlässlicher Wirkung.

4.1.4 Mittelalterliche Meditation aus gegebenem Anlass

Das Ziel der im Neuen Testament aufscheinenden Wege Gottes ist die Verähnlichung des Menschen und aller Kreatur mit Gott. Bernhard von Clairvaux begreift dieses als Wiederherstellung der paradiesischen Ähnlichkeit mit Gott. Statt *lost paradise* als Menschenschicksal beklagen zu müssen, kommt das Verlorene als greifbare Möglichkeit wieder auf uns zu. Wenn wir Gott wieder ähnlich werden, nennt man das Frieden.

Das Phänomen, alles zu durchdringen und mit sich selbst zu erfüllen, kennen wir auch von Feuer, Wasser und Luft. Doch weil Gott nicht einfach ein Stoff ist, der sich ausbreiten will, sondern mindestens so etwas wie eine Person, kann diese Ausbreitung der Herrschaft Gottes nur geschehen durch personale Interaktion, durch Frage und Antwort, durch Gebot und Gehorsam, durch die Erfahrung von Wunderwerk und verstehendem Lobpreis, letztlich durch Liebe. Der Zusammenhang von Monotheismus und Liebesgebot wird schon in Dtn 6,4f. (»Gott, der Herr, ist einer ... und du sollst ihn lieben aus ganzem Herzen«) angedeutet und in der Kombination der beiden Hauptgebote bei Jesus nach Mk 12,28–34 ausdrücklich bestätigt. Bei dem mittelalterlichen Franziskaner-Theologen Bonaventura stoßen wir auf den Satz: »Die Liebe ist unter allen theologischen Tugenden die einendste, weil es ihr Akt ist, der den Menschen am gottförmigsten macht.« (Sentenzenkommentar III d 27a). Bonaventura liefert uns die Stichworte »Liebe«, »Einheit« und »Gottförmigkeit«, d. h. intensive Ähnlichkeit mit Gott. Er macht darauf aufmerksam, dass jeder Verlust der Einheit auch ein Verlust der Liebe ist. Die Geschichte der Kirchenspaltungen hat das hinreichend gezeigt. Weil aber Gottes ganze Offenbarung darauf zielt, dass wir ihm ähnlich werden, ist eine Zerstörung der Einheit Verrat an Gott, wie und weil es Verrat an der Liebe ist. Das, was Adam und Eva sich widerrechtlich aneignen wollten, die Gottähnlichkeit, will Gott im Neuen Bund von sich aus schenken: Liebe macht den ersten Schritt. Diese Gottähnlichkeit kann aber nur in der Angleichung an seine Einheit bestehen. Daher verletzt jede Spaltung unter Menschen nicht nur irgendwie die zwischenmenschliche Liebe. Sie verletzt den liebenden Gott direkt und im Herzen.

Systematisch gesehen bedeutet dieser Zusammenhang Folgendes: Die Modelle von Ökumene, die im Augenblick diskutiert werden, richten sich in erstaunlichem (und zugleich erschreckendem) Maße nach dem tendenziell darin wirksamen Gottesbild. Da gibt es auf der einen Seite das Modell der »versöhnten Verschiedenheit« – und dieses ist meines Erachtens eindeutig einem deistischen Gottesbild (= Gott ist eine ferne Größe) zuzuordnen. Diesem Modell steht ein anderes gegenüber, das ich hier als trinitarisch verteidigen möchte.

4.2 Sehnt sich wer nach Einheit?

Wo gibt es das denn, Sehnsucht nach Einheit der gespaltenen Christenheit? Wer sehnt sich danach? Sehnsucht nach Einheit haben alle diejenigen, die sich Tag für Tag darüber ärgern, dass Gottes Wille an zentraler Stelle verletzt wird – und zwar kirchenamtlich.

Wann wird Gottes Willen endlich erfüllt? Wann nimmt man das ernst?

- Diese Sehnsucht teilen besonders diejenigen, die die Vorurteile übereinander, die Unkenntnis voneinander, die gefühlsmäßigen Abneigungen und das institutionalisierte Misstrauen endlich überwinden möchten.
- Nach der Einheit sehnen sich alle, die darunter leiden müssen, dass die Christenheit gespalten ist. Dazu gehören alle, die ein eindeutiges und klares Zeugnis für den Frieden unter Christen dringend herbeiwünschen, weil die Spaltung das größte Hindernis für jede Mission ist.
- Dazu gehören alle, die die Sinnlosigkeit des doppelten Aufwands für Organisation und Verwaltung beleidigt. Wie viel von diesem Geld könnte man in Caritas oder Diakonie sinnvoll investieren!
- Dazu gehören alle, die sich danach sehnen, dass die »Einheit« nicht bei diplomatischer und kirchenpolitischer *correctness* stehen bleibt. Das artige Händeschütteln der jeweiligen Oberen steht in krassem Gegensatz zur Unkenntnis der Gläubigen über die (eigene und) jeweils andere Konfession.
- Nach Einheit sehnen sich alle, die nicht dem Grundsatz folgen möchten, dass dann alles gleich ist, wenn man nur nicht so genau hinschaut. Dazu gehören alle, die wünschen, dass die viel gelobte »Ehrlichkeit« sich nicht auf die Betonung der Unterschiede, sondern intensiv auf die Gemeinsamkeiten beziehen möge. Jeder Theologe weiß, dass man stets das eine oder das andere kultivieren kann. Besonders in Zeiten der Existenzangst jeder Art von Christentum wird die Betonung des Gemeinsamen oft als Schritt in den Abgrund betrachtet. Könnte es nicht so sein: Für den, der am Abgrund steht, ist jeder Schritt zurück ein Fortschritt?

- Dazu gehören alle, die es schmerzt, dass religiöse Identität so leicht mit Rechthaberei und dem Misstrauen, über den Tisch gezogen zu werden, verwechselt wird.
- Dazu gehören alle, die es schmerzt zu hören, wenn evangelische Professoren behaupten, Katholiken beten Maria an, oder wenn Pastoren sagen, Katholiken »fühlten sich auserwählter als die anderen Christen«.
- Dazu gehören auch die, denen es wehtut, dass es – wie auch immer – dazu kam, dass viele Protestanten sich nicht als Christen anerkannt fühlen.
- Diese Sehnsucht hat auch derjenige, der seinen Augen nicht traut, als er 2005 in einer frommen Zeitschrift lesen muss, der Papst sei der Antichrist.
- Dazu gehören auch alle die, die Glaubensspaltung nicht für einen Segen halten können.
- Dazu gehören auch Millionen von Partnern in Mischehen, die es kaum aushalten können, ihren Kindern das Christentum nur in Gestalt von zwei Trümmerhaufen vorstellen zu können.
- Dazu gehören auch alle, die sich empören, wie die Spaltung der Christen von den politischen Machthabern schamlos ausgenutzt wurde und wird. Nach dem Grundsatz »Teile und herrsche« kann jeder, der die Kirche beerben möchte, die Spaltung bis zur völligen Erosion der geteilten Christenheit fortsetzen. Auch der kollektive Egoismus unserer Tage beerbt triumphierend eine gespaltene Christenheit.
- Dazu gehören alle, die sich darüber empören, dass »Ökumene« zum folgenlosen Händeschütteln oder zur freundschaftlichen Gemütlichkeit ohne jeden religiösen Charakter verkommen ist. Damit ist sie – völlig jenseits derer, die unter der Spaltung leiden müssen – erstarrt, verbürgerlicht und zur reinen Nettigkeit herabgesunken. Sätze wie »Wir verstehen uns vor Ort doch prima, wir Pfarrer duzen uns selbstverständlich« höre ich täglich. Mich stören Freundschaften nicht im Mindesten (vgl. die Widmung dieses Buches). Aber ich muss allzu oft ahnen, dass dieses alles in theologiefreier Zone blüht. Denn sie bedeutet Indentitätsvergessenheit und Geschichtsverlust. Die Folge ist der Verlust der globalen Dimension von Kirche.

4.3 Bilder der Zerstörung

4.3.1 Die heilige Stadt

Die Kirche zu spalten bedeutet eine Stadt zu zerstören. Also: Menschen ihre Heimat zu nehmen, in der sie seit unvordenklicher Zeit wohnen. Gemeinsame Feste zu sprengen, große Orientierungszeichen zu demolieren, unkenntlich zu machen.

»Manchmal kam das Ende der großen Städte langsam«, die Bewohner stahlen sich davon, »auch die letzten gingen irgendwann, sie nahmen die Namen ihrer Städte mit und die Erinnerung: Troja, Karthago, Persepolis … Städte endeten grausam oder verfielen still.« Städte folgen einem ewigen Kreislauf: Sie sind »Orte der Macht, der Aggression und des Aufstiegs, in dem jedoch der Untergang bereits angelegt ist: Die Stadt führt durch ihre Hybris ihre eigene Zerstörung herbei.« Städte sind voll »Freiheit und Kreativität und zugleich real verkommen«. … »Die Sehnsucht nach der Stadt und die nach ihrer Vernichtung liegen nahe beieinander. So nimmt die Stadt die Wesenszüge der jeweils für schuldig Gehaltenen an: als Stadt der Händler, als Stadt der Sünder, als Stadt der Kriminellen, der Faulen« (P. Steinberger, SZ 9. 9. 2005). Diese Zeilen entstanden nach dem Untergang von New Orleans im September 2005. Mühelos erkennt man Kirchengeschichte darin wieder.

Vordem konnte die Kirche sagen, sie sei wenigstens ein Abglanz des himmlischen Jerusalem. Jetzt ist sie gespalten wie das irdische Jerusalem, zerstückelt. War es nicht das Merkmal der im Werden begriffenen Stadt Gottes *(civitas dei)*, vor allen Dingen *eins* zu sein, während das Merkmal der Stadt Satans *(civitas diaboli)* schon immer ihr Zerteiltsein war? Indem ein Kirchenführer dem anderen Lüge vorwirft und man sich gegenseitig des wahren Verrats und Abfallens beschuldigt, lässt man die Jahrhunderte verstreichen. Kann die Kirche so zum Teufelsstaat *(civitas diaboli)* werden?

4.3.2 Die endlose Schlange der Hybris

»Hybris« meint den Aufstand des Menschen gegen Gott, ein hochmütiges Verhalten, das mit dem Fall bestraft zu werden pflegt. »Ihr werdet sein wie Gott« ist die biblische Variante der Hybris, der maßlosen Selbsteinschätzung gegenüber dem »Himmel«. Das Gegenteil von Hybris ist das Maß, und weil Hybris so gefährlich ist, wird das Maß zum Inbegriff aller Tugenden.

Hybris ist heidnisch, und eigentlich sollte es diese Untugend im Christentum gar nicht mehr geben. Doch im Zweifelsfalle bleibt die Summe aller Laster konstant, und es wäre ganz unwahrscheinlich, wenn das damit gemeinte Verhalten im Christentum ohne Analogie wäre. Nicht mehr das Maß, sondern die Demut ist der Hybris jetzt entgegengesetzt, und die Hybris heißt lateinisch jetzt »Arroganz«.

Sie ist der Stoff, aus dem Kirchenspaltungen geformt werden. Und genügend Arrogante finden sich stets auf beiden Seiten der Parteilinie. Freilich bemerkt man die Existenz von Hybris in der Regel vor allem beim anderen und beansprucht blind die Demut für sich. Beide Kategorien eignen sich daher nicht zur Geschichtsbeurteilung, wohl aber eignet sich entsprechende Demut für den Neuanfang bei sich selbst. So sollte man auch klugerweise voraussetzen, dass einem selbst diese Tugend fehlt. Viele brechen freilich vorzeitig diese Suche ab und behaupten, im Besitz der Wahrheit zu sein; sie glauben, man müsse just um der Wahrheit willen dem anderen mit Stolz und erhobenem Haupt begegnen. Man »behauptet« sich vor ihm.

Gegenüber der gewöhnlichen Einschätzung von Demut ist das Problem mithin doppelt kompliziert: Zum einen ist es nicht einfach eine Frage »moralischer Anständigkeit«, sondern ein theologisches Problem. Zum anderen ist es verbunden mit der Wahrheits- und Identitätsfrage. Kann man demütig gegenüber Widersachern sein, wenn es um die Wahrheit geht? Hätte Martin Luther das »Hier stehe ich, ich kann nicht anders, Gott helfe mir« auf dem Reichstag zu Worms wirklich gesagt (was nicht der Fall war), so hätte er dieses problematische Exempel statuiert. Das Gemälde über diesen Vorgang, vom Hofmaler Wislicenus in der Goslarer Kaiserpfalz (um 1890) gestaltet, zeigt jedenfalls Luther in der selbstbewussten Pose germanischen Trotzes gegen Rom, und die Gegenseite wird entsprechend mit verbohrter Eitelkeit bedacht. Jedenfalls verabschieden wir uns stets von der Demut zuerst. Denn sie ist die mit Abstand lästigste christliche Tugend.

4.3.3 Das ungenähte Gewand Christi

In Joh 19,23f. heißt es: »Nachdem die Soldaten Jesus gekreuzigt hatten, nahmen sie seine Gewänder und teilten sie durch vier, für jeden Soldaten ein Stück. Das Untergewand war ohne Naht, von oben an in einem Stück gewebt. Da sagten die Soldaten zueinander: ›Lasst es uns nicht zerschneiden, sondern auslosen, wer es bekommt.‹ So sollte das Schriftwort erfüllt werden, in dem es heißt: ›Sie teilten meine Kleider unter sich auf. Und über mein Gewand warfen sie das Los.‹« Genau das taten die Soldaten. Seit ältesten Zeiten der Auslegung ist Jesu ungenähtes Gewand ein Bild für die Einheit der Christen in einer Kirche.

Für Feste gibt es Festgewänder. Die Gewandschneider waren eine ehrenvolle Zunft. Ein ungenähtes Gewand aber, eines ohne Naht, in einem Stück gewebt, nicht zusammengesetzt, ist wie ein Wunderding. So sind die Regeln der antiken Allegorie: Alles, was vom Normalen, Alltäglichen abweicht, ist auf etwas anderes zu beziehen als auf das wörtlich Beschriebene; es ist *allegorisch* (= sinnbildlich) auszulegen.

Das ungenähte Gewand Christi bei Johannes hat eine göttliche Aura; es ist, als sei uns ein Himmelsbrief geschickt oder ein von Engeln gemaltes Bild Jesu anvertraut. Wenn die ungeteilte, unteilbare Christenheit in dem Bild des Gewandes sich erkennt, meint sie damit etwas überirdisch Geheimnisvolles. Denn wer wüsste nicht, wie normal Streit ist, wo auch nur zwei oder drei für länger zusammen sind. Entsprechend wird auch vom Brautkleid der Braut des Lammes in der Offenbarung des Johannes gesagt, dass es nicht zerteilt werden dürfe.

In der Kraft der biblischen Gewand-Metaphorik bildet das Gewand stets die Person selbst ab, die es trägt. Ein zerrissenes Gewand ist dann umgekehrt stets Zeichen der Trennung. Deshalb wird im Neuen Testament öfter berichtet, Zeugen rissen sich das Gewand vom Leib oder zerrissen gar ihr Gewand, wenn unheilbarer Konflikt eine Gemeinschaft heimsucht, wenn der Dialog abbricht. Nach anagogischem (= aufsteigendem) Schriftsinn ist das unteilbare Gewand Christi Ausdruck der Hoffnung, dass es einst so sein möge, eine geheimnisvoll göttliche Einheit der Christen. Wer das Gewand Christi zerreißt, der zerteilt seinen Leib. Denn alles, was geheimnisvoll *eines* ist, ist Gottes Abbild und der Ort, an dem er real gegenwärtig ist.

Cyprian von Karthago (gest. 258) bemerkt in seiner Schrift »Über die Einheit der katholischen Kirche«: »Wer nicht an dieser Einheit festhält, hält nicht fest an Gottes Gesetz, hält nicht fest am Glauben an den Vater und den Sohn, hält nicht fest am Leben und am Heil. Dieses heilige Geheimnis der Einheit, dieses Band unzertrennlich verbundener Eintracht ist gemeint, wenn im Evangelium der Rock des Herrn Jesus Christus keineswegs etwa geteilt oder zerrissen, sondern das Kleid unversehrt in Empfang und der Rock unverletzt und ungeteilt in Besitz genommen wurde, als man damals um das Kleid Christi loste, wer nun eigentlich Christus anziehen dürfe. Die göttliche Schrift spricht und sagt: ›Wegen des Rockes aber, weil er von oben herab nicht zusammengenäht, sondern im Ganzen gewoben war, sagten sie zueinander: Wir wollen ihn nicht zerreißen, sondern um ihn losen, wem er gehören soll.‹« Dieser Rock trug (bildlich) die Einheit an sich, die von oben, das heißt vom Himmel und vom Vater, herabkam und die vom Empfänger und Besitzer auf keinen Fall zerrissen werden konnte, sondern ein für allemal die ganze und volle Festigkeit unzertrennlich bewahrte. »Das Gewand Christi kann nicht besitzen, wer die Kirche Christi zerreißt und spaltet.« In dieser »Anwendung« belässt es Cyprian nicht bei dem Bild von Joh 19, sondern verbindet es mit der biblischen Rede von »Christus anziehen« aus Gal 3,26. Die Gedankenführung wird dadurch etwas komplizierter: Es geht jetzt nicht um das Gewand selbst, sondern um die Frage: Wer darf das Gewand anziehen? Wer darf es haben und tragen? Ein Kirchenspalter aber passt nicht zu einem gespaltenen Rock.

KAPITEL 5

Soll man Einheit überhaupt wollen?

5.1 Wozu überhaupt Kirche?

Noch der lutherische Propst in Kiel, Klaus Harms (1778–1855), hatte erklärt: »Wer die Kirche nicht zur Mutter haben will, kann Gott nicht zum Vater haben; wer keine Kirche hat, der hat auch keinen Glauben.« Heute würde man diesen Satz nur mehr im Munde konservativer Katholiken vermuten. Mein Wunsch ist, dass es sich nicht nur um eine vergangene Gemeinsamkeit handeln möchte. Doch seit den Zeiten von Harms, nicht seit den Zeiten der Reformation, ist etliches »den Bach hinuntergegangen.«

Die strittige Frage, ob Protestanten »Kirche« sind, würde ich wie folgt beantworten: Sie sollten selbst beantworten, ob und in welchem Sinne sie Kirche zu sein wünschen. Das ist allemal die sinnvollste Möglichkeit und besser als eine Beurteilung von außen her.

5.1.1 Jesus und die Kirche

Hat Jesus überhaupt eine Kirche gewollt? Oder war er der geborene Rebell gegen Judentum, Gesetz, Kult, Priestertum, Dogma und jede Institution? Etliche Neutestamentler haben kräftig an einem Jesusbild gearbeitet und einen rebellischen Jesus inszeniert, den man wunderbar gegen die Kirche ausspielen konnte und wider besseres Wissen immer noch kann. Wie oft ist der Satz des unglücklichen Franzosen Alfred Loisy zitiert worden: »Jesus hat das Reich Gottes gepredigt, gekommen ist die Kirche« – und man hat ihn meist im Sinne zweier unversöhnlicher Gegensätze interpretiert. Wer sich näher mit Loisy befasst, wird verstehen, wie er es meinte: im Sinn einer rein zeitlichen Abfolge.

Nun muss man, wenn man den rebellischen Jesus kultiviert, der keine Kirche gewollt habe, schon einiges aus dem Neuen Testament streichen. Denn Jesus hat die Zwölf gegründet, jenen Kreis von Männern, die das erneuerte Israel darstellten. Dass es sich um eine Institution handelte, bezeugt die fällig gewordene Nachwahl des Matthias anstelle von Judas. Mehr noch: Jesus hat bei seinem letzten Mahl ebenso zweifelsfrei den »Neuen Bund« gestiftet und seine Jünger zu dessen Trägern erklärt. »Bund« ist eine juristische Institution, in diesem Falle eine Selbstverpflichtung Gottes, die Verheißung und auch Bindung für die Jünger bedeutet. Und noch einmal weiter: Jesus hat nach Matthäus 16 und 18 von einer Gemeinde oder Kirche gesprochen, die er auf das Bekenntnis und Zeugnis des Petrus gegründet hat und der er die Vollmacht zu binden und zu lösen, d. h. in die Gemeinde aufzunehmen und aus ihr auszuschließen, verliehen hat.

Natürlich kann man alle diese Stellen inklusive der zwölf Apostel für eine sekundäre Erfindung der Urgemeinde halten, was auch prompt geschehen ist. Aber zwingend war das in keinem Fall. Vor allem sind solche Behauptungen denkbar unjüdisch. Das Judentum ist keine Religion des religiösen Individualismus, sondern kennt stets das Gegenüber von Gott und seinem Volk. Dieses Volk hat man sich immer wieder als weibliche Einzelgestalt vorgestellt, sei es als Synagoge, sei es als »Ekklesia« (Kirche).

Nur im Christentum gibt es den einen Gott als den dreieinigen, und nur hier gibt es eine Kirche, die mehr ist als eine historische Folgeerscheinung Jesu, mehr auch als ein soziographisch zu definierender Haufen von Anhängern. Nein, die Kirche ist ebenfalls Gegenstand des Glaubensbekenntnisses. Beides hängt miteinander zusammen. Denn Gott will als Heiliger Geist unter uns und in unserer Mitte wohnen. Das betrifft genauso jeden Christen einzeln wie alle zusammen. Jeder Einzelne hat christlich gesehen nur einen Ort innerhalb des Tempels und alle miteinander sind wir Tempel des Heiligen Geistes, Ort der realen und wirkmächtigen Gegenwart Gottes unter den Menschen.

Zwei Dinge sind mir an dieser Stelle wichtig: Erstens ist Kirche nicht *gegen*, sondern *für* alle anderen Menschen da. Sie betet für alle, richtet die Botschaft an alle aus und lobt Gott stellvertretend für alle. Und zweitens: Es gibt keine unsichtbare Kirche. Es gibt nur die sichtbare, die Ärgernis ist in ihrer Korruptheit, aber gleichzeitig auch die »Stadt auf dem Berge«, zu der die Menschen aufschauen wollen und müssen. Deshalb sind wir unentschuldbar, wenn wir die Kirche leugnen und zu Gott gehören wollen.

5.1.2 Kann man auch ohne Kirche glauben?

Statistisch gesehen schon, denn die Frage, ob man auch ohne Kirche Christ sein kann, beantworten weit über 90 % der getauften Christen mit Ja. Und sie beweisen es auch noch mit den Schuhsohlen, indem sie dem sonn- und feiertäglichen Gottesdienst fernbleiben. Nicht wenige drehen diese gelebte Distanz ins Grundsätzliche. Der edle Humanist und tolerante Pazifist Jesus lässt sich gut gegen die Kirche ausspielen. »Jesus ja, Kirche nein« – hört man dann. Man ist aber für die Bergpredigt und für die »Werte«, was immer das sein mag. Die Institution Kirche, die man wahrnehmungstechnisch irgendwo in der Nähe von Standesamt, Friedhofsamt und Finanzamt ansiedelt, habe aus dem harmlosen jüdischen Menschenfreund Jesus den Sohn Gottes gemacht, habe ihn dogmatisiert und mit den Dogmen auch den Antijudaismus und den konfessionellen Streit geboren. Kirche? Ein von alten Herren gesteuerter, bürokratischer Riesentanker, so überflüssig wie ein Kropf. Natürlich kann »man« auch ohne Kirche glauben!

Ich bin da skeptisch. Menschen, die meinen, man könne »auch so« Christ sein, erinnern mich an Leute, die für die Überquerung des Meeres auf ein Schiff mit Seekarten verzichten. Worin besteht denn ihre See-Erfahrung? Dass sie mit hochgekrempelten Hosenbeinen am Ufer entlangwaten? Dass sie schon einmal ein Stück hinausgeschwommen sind in das Meer des Glaubens, an dessen anderem Ufer Gott wartet? Allein glauben? Sich auf seine private Intuition verlassen? Das wird schwierig, wenn man in Not gerät, denn es gibt dann keine Menschen rechts und links, die beherzt zur Seite stehen. Gewiss kann man ein eigenes Boot chartern und die Seekarten wegwerfen, aber draußen auf dem hohen Meer verliert man bald den Glauben an die individuell gefühlte Richtung.

Die Sehnsucht nach dem Meer ist übrigens ein Bild für die Sehnsucht nach der Weite und Größe des Geheimnisses Gottes. Obwohl Gottes Geheimnis unfassbar ist wie das Meer, liegt doch die Verheißung der Sehnsucht darin, dass wir das enge Alltagsleben hinter uns lassen können, wenn wir uns auf eine Fahrt einlassen, die unsere menschlichen Möglichkeiten übersteigt. Das Meer ist auch deshalb ein Bild für Gott, weil Licht nirgends intensiver erfahren wird. Und schließlich ist das Meer gefährlich, wie es Gottes Heiligkeit auch ist, der man nicht unberufen nahe treten kann.

Wären es nur einzelne Menschen in Ufernähe gewesen, die es unternahmen, sich dem Meer auszusetzen – das Christentum wäre sicher nie bis nach Germanien gelangt. Die ersten Christen verstanden die Einladung in den Glauben sehr wohl als die gemeinsame Einladung in ein Schiff, dessen Kurs sie – Gott sei Dank – nicht zu bestimmen hatten. So kann man auch heute noch die Kirche begreifen. Im Klartext gesprochen: Ohne die Kirche gäbe es keine Bibel; ohne sie wüssten wir nichts von Jesus. Vielleicht glaubten wir immer noch an Ziu und Wotan, an germanische Götter mit ihren Unheimlichkeiten und Launen. Wer freilich nie den Blick aus den Luken wagt, begreift am Ende nicht mehr, wozu das Schiff überhaupt da ist. Er wird betriebsblind. Nun gibt es seit längerer Zeit Klagen, das Schiff sei zu alt – gibt es nicht modernere Schiffe? – und vor allem zu eng. Und es sei unbequem, es miteinander aushalten zu müssen. Lästig sei, dass nur einer das Kommando führe. Warum nicht abstimmen über jede Maßnahme? Warum überhaupt Regeln auf dem Schiff?

Wer ein Schiff bauen will, tut es, um sicher an ein Ziel zu gelangen, nebenbei auch, um die Weite des Meeres, Aufgang und Untergang der Sonne zu erleben und sich vom Wind treiben zu lassen. Wer eine Kirche bauen will, tut dieses nicht um der Kirche willen, sie ist nicht Selbstzweck. Das Schiff wurde nicht zum Trockenschwimmen gebaut. Es ist dazu da, um Menschen, die sich der Weite Gottes aussetzen, das Abenteuer ihres Lebens bestehen zu lassen. Die Kirche ist das Schiff auf dem Ozean der Gotteserfahrung. Dieser Ozean ist nicht berechenbar und nicht erfassbar. Aber einige auf dem Schiff besitzen vielleicht die erprobten Seekarten, mit deren Hilfe man sicher sein kann, nicht überhaupt in die falsche Richtung zu fahren. Gewiss besteht da ein bleibender Kontrast zwischen der Weite des Meeres und der Enge des Schiffes sowie dem limitierten Format der Seeleute – oft recht abenteuerlichen Gesellen, denen man ihren Wissensvorsprung nicht auf den ersten Blick ansieht. Gewiss gelten auf dem Schiff strenge Regeln für das Miteinander. Die Weite dagegen scheint ohne Grenzen und Regeln zu sein. Die Grenzenlosigkeit und das Licht, die Freiheit und den offenen Horizont zu erfahren, ist Sinn der Reise auf dem Schiff. Aber wie will man die Weite bestehen ohne die auf dem Schiff gesammelte Weisheit und Erfahrung?

Und doch bleibt ein Einwand: Gibt es nicht andere Religionen, die auf ihrer Reise zu Gott sehr wohl auf eine »Kirche« verzichten können? Das ist richtig. Nur im Christentum gibt es die Kirche. Daher kann die Kirche keine sekundäre Hinzufügung zum Eigentlichen des Glaubens sein; es muss ein Zusammenhang bestehen mit ihrem Herzstück, dem dreifaltigen Gott – dem einen Gott in drei Personen –, denn den gibt es auch nur im Christentum.

Nur im Christentum ist Gott den Menschen ganz nahe gekommen, so dass wir ihn nicht nur wie von ferne als den einen Gott erkennen. Nur im Christentum ist die absolute Opposition Gott/Mensch aufgehoben. Nur im Christentum kann einer wie Augustinus sagen, Gott sei ihm *interior intimo meo* – innerlicher, als ich selbst es mir bin, ohne dass es zu einer platten Identifikation von Gott und Ich kommt. Nein, Gott bleibt der ganz Andere – und trotzdem wird in nächster Nähe seine übersprudelnde Fülle erkennbar, so dass er uns von drei Seiten umgibt, als der Vater, der Sohn und der Heilige Geist.

Er ist vor uns, unter uns, neben uns, in uns – alles zugleich. Nur nach hinten, rücklings, können wir noch herausfallen aus dieser Geborgenheit. Dieser Gott will uns als sein Volk, und das heißt: Er will wirklich mit uns zusammenleben, in unlöslicher Verbindung mit bleibend unvollkommenen Menschen. Das ist seine Sehnsucht. Im Rahmen eben dieser Sehnsucht Gottes ist auch das größte Mysterium, die eigentlich christliche Neuigkeit, zu verstehen: der Heilige Geist *in uns*. Er wohnt zugleich in uns allen wie in jedem einzeln. So macht er jeden und die Gemeinde und Kirche insgesamt zu seinem Tempel, zum Ort seiner heiligen Gegenwart. So kommt Kirche auch von innen her zustande. Auf diese Weise begründet Gottes reale Präsenz die Heiligkeit der Einzelnen wie die der Kirche. Als Sünder sind wir nicht der Rede wert, als Objekte der Sehnsucht Gottes haben wir unendliche Würde, unverlierbaren Wert. Als rein menschliche, also sündige Institution wäre die Kirche ein Witz – als Ort der realen Gegenwart Gottes in der Welt ist sie etwas unendlich Liebenswertes – im wahrsten Sinne des Wortes.

Aber wozu ist Kirche sachlich nötig – abgesehen von der praktischen Rolle der Überlieferung der Schrift? Sie ist nötig, weil keiner sich selbst die Sünden vergeben kann. Von Anfang an gibt es das Gegenüber zwischen dem Verkündiger oder Propheten, zwischen dem, der auch Sünden vergeben kann, und dem Adressaten der Botschaft. Man kann sich nicht selbst Sünden vergeben, weil man sich nicht am Schopf aus dem Sumpf ziehen kann. Kirche besteht seit Johannes dem Täufer in diesem Gegenüber von Zusprechen der vergebenden Gnade und Hören. Man hat oft dagegen protestiert, dass sich hier ein Mittler zwischen Gott und Mensch drängt. Aber das umfasst dann gleich Johannes den Täufer und Jesus Christus mit. Nein, wesentlich für das Christentum ist gerade dieses, dass der Mitmensch für mein Verhältnis zu Gott wichtig wird. Und zwar in zweifacher Hinsicht: Der Mitmensch als der, der für mich Christus repräsentiert, zum Beispiel als Bischof, als Religionslehrerin. Oder als der Mitmensch, von dem gilt: »Hast du deinen Bruder gesehen, so hast du den Herrn gesehen.«

Das Gegenüber der Kirche als einer glaubwürdigen Instanz brauche ich vor allem, weil ich mich gerade in unsichtbaren Dingen so sehr leicht täusche. Immerzu möchte ich mir doch etwas vormachen, mich täglich selbst ins rechte Licht rücken. Dazu gehört auch, dass sich der Einzelne gerne einredet, in ihm spreche der Heilige Geist. Deshalb hält besonders die katholische Kirche daran fest, dass der Heilige Geist dem Einzelnen nie zur freien Auslegung gegeben ist, sondern nur allen miteinander. Deshalb spricht die katholische Kirche vom Lehramt und meint damit etwas Ähnliches, wie es bei der Zusammenstellung der Schriften des Neuen Testaments geschehen ist: Dass alle Kirchenchristen gemeinsam diese durch das Leben der Kirche erprobten Schriften als diejenigen anerkennen, in denen sich der Glaube widerspiegelt, in denen man auch den eigenen Glauben wieder erkennen kann. Weil der Glaube durch den Heiligen Geist gewirkt ist – bei jedem einzeln und bei allen zusammen zugleich –, haben Inspiration der Schrift und Lehramt nach katholischer Auffassung dieselbe Wurzel. Das ändert nichts daran, dass auch nach katholischer Auffassung die Erstgestalt dieses Zeugnisses normativ bleibt.

5.1.3 Die Kirche wird man verstehen, wenn man sie zu lieben sucht

Es reicht heute nicht mehr, den Glauben verbindlich und gemeinsam darzustellen. Die entscheidende Frage wird sein: Können wir die Kirche lieben? Am leichtesten fällt es, die Kirche zu lieben, wenn sie als verfolgte mit dem Rücken zur Wand steht. Deshalb hat man schon in der Alten Kirche das Blutzeugnis der Märtyrer als den Samen für neue Christen bezeichnet. Für mich waren die großen Kardinäle der Staaten Osteuropas in der 2. Hälfte des 20. Jh. die wichtigsten Zeugen meines Glaubens, von Mindszenty über Tomášek bis hin zu Kardinal König in Wien – Gestalten, vor denen die Diktatoren sich fürchten mussten, weil sich diese Zeugen nicht brechen ließen, obwohl sie oft jahrelang in Gefängnissen saßen. Die Kirche kann ich lieben, weil sie die Kirche der großen Heiligen ist, denn ich brauche lebende Orientierung vor Augen, kann mir nicht alles selbst zurechtlegen. Ich kann sogar gewisse Menschen verstehen, wenn sie sagen: Wie soll ich an Gott glauben können, wenn ich an den Herrn Pfarrer nicht glauben kann? Hat nicht Jesus die Jünger »Licht der Welt« und »Salz der Erde« genannt? So ernst stehen die Dinge. Jesus bezeichnet die Gemeinschaft der Jünger als »Stadt auf dem Berg«, die von allen gesehen wird. Da ist sie wieder, die Kirche. Das entlastet den Einzelnen wieder, nimmt aber die Gemeinschaft umso tiefer in die Pflicht. Denn nicht der Einzelne soll sich sehen lassen, aber die Stadt auf dem Berge sieht man zwangsläufig.

Daher verletzt und enttäuscht es mit Recht, wenn die Kirche unglaubwürdig wird. Freilich ist sie auch in ihrer Verdorbenheit immer nur ein Spiegel meiner selbst, im Spiel um die Macht, in all den Rechthabereien und kleinlichen Streitigkeiten. Wer nur auf die menschliche Seite der Kirche blickt, wird wenig Tröstliches finden. Aber deshalb gibt es ja das Evangelium. Und es ist vielleicht das größte Wunder der Kirchengeschichte, dass sich die Kirche nie den Stachel ausgerissen und die Evangelien weggesperrt hat. Immer noch ist es Höhepunkt des Gottesdienstes, wenn die Priester das Evangelium – und damit das Urteil über sie selbst und ihre Mediokrität verlesen.

Ich kann die Kirche lieben, wenn Christen ihren Glauben feiern, im feierlichen Stundengebet, in den festlichen Liturgien und vor allem in der Osternacht. Ich kann die Kirche lieben als die Instanz, die den Kleinen und Armen die letzte Hoffnung ist. Ein mittelalterliches Gebet unbekannter Herkunft sagt das so: »Wir bitten dich, Herr, für deine Kirche. Lass sie heilig sein in ihren Dienern, tapfer in ihren Märtyrern, reich in den Armen, mächtig in den Kleinen, geduldig in den Gefangenen und Gefesselten, lass sie Erleichterung sein in den Unterdrückten, Tröstung in den Traurigen, Zügelung in den Lockeren, freigebig in denen, die im Luxus leben, in den Widerspenstigen Zähmung, in den Verzweifelten Halt, in den Lebendigen Lehrerin, in den verstorbenen Christen die ersehnte Ruhe.«

5.2 Ist die Spaltung nicht ein Segen?

Die Spaltung der Christenheit wird neuerdings von nicht wenigen Kirchenvertretern und einer bestimmten Theologenphalanx schöngeredet. Es wird schlicht behauptet, sie sei ein Segen. Sie passe gut in die Welt pluraler Reichtümer. Es sind diese Gruppen und Protagonisten, die eine ernsthafte Überwindung der Spaltung gar nicht mehr intendieren. Sie haben sich eine neue Parole aufs Panier geschrieben: Lasst uns die Spaltung anerkennen, den Status quo nicht nur hinnehmen, sondern *wollen*. Natürlich führen sie, das Evangelium im Nacken, das Wort »Einheit« noch im Mund. Ökumenische Nominalisten, die sie sind, betreiben sie – unterhalb des schönen Etiketts – Schwindel. Sie verschieben einfach die Bedeutung des Begriffs und versehen ihn mit einem konveniablen Inhalt. Das Ergebnis ist verführerisch: Alles darf bleiben, wie es ist, bis auf den noch ausstehenden farbenfrohen konkordialen Anstrich. Sie meinen, das sei dann die mögliche und sofort herstellbare Einheit. Und so soll das konkret aussehen: Durch einen Federstrich aus Rom würden alle (?) bestehenden Konfessionen als gleichberechtigt anerkannt und Abendmahlsgemeinschaft zugelassen. Der

Zeitgeist, mantelt man sich auf, habe die Spaltung satt. Konfessionelle Differenzierung sei Schnee von gestern, der Streit um Wahrheit ein gewaltsamer Uniformitätsdruck. Mit etwas Goodwill und einem runderneuerten christlichen Corporate Design sei Einheit doch günstig und allerorten, vor allem an der Basis, zu haben.

Menschen, die die Spaltung, wie sie ist, als Segen betrachten, begründen dies häufig so: Die frühe Kirche sei durch den reichen Schatz der neutestamentlichen theologischen Entwürfe ausgezeichnet. Das Neue Testament beherbergt in der Tat etwa dreizehn verschiedene theologische Ansätze. Gegenüber späteren Versuchen (etwa gegenüber Tatian), die eine »Evangelienharmonie« herstellen wollten, sei diese Unterschiedlichkeit ein großer Reichtum. Außerdem bedeute die Verschiedenheit Konkurrenz und entsprechenden Anreiz.

Nicht zuletzt im Blick auf den neuzeitlichen Pluralismus findet man eine Einheitsdoktrin abwegig. Mit der Fülle der möglichen Standpunkte spiegele sich einfach nur der »Markt der Möglichkeiten«, unbegrenzt in Angebot und möglicher Nachfrage. Aus der dramatischen Tragödie der Kirchenspaltung macht man ein Lob des Pluralismus. Dieser Pluralismus sei gewissermaßen die Morgengabe, die der Protestantismus in die künftige Einheit der Kirche einbringen könne und werde. Denn in einem solchen Pluralismus sei »für jeden etwas dabei«. Da man also schon die Spaltung weder verhindern noch beheben noch gar heilen kann, macht man sichtlich »aus der Not eine Tugend«. Zusätzlich verbindet man diesen Standpunkt mit dem neuzeitlichen Begriff von Gewissen und Freiheit.

Nennen wir es eine *Einheit der Oberflächlichkeit*. Hier soll etwas übertüncht werden, was tiefes Zerwürfnis über Jahrhunderte war. Die Tünche freilich wird nicht halten. Auf der Basis des Überdrusses an Streit bildet sich eine neue Correctness heraus, bei der die Vertiefung der Spaltung als ihr Ende deklariert und die Anerkennung der Spaltung als der große Akt des Friedensschlusses zwischen den Konfessionen bezeichnet wird. Also sagt man: Streiten wir nicht, feiern wir! Alles Erdenkliche kann dann vage »ökumenisch« gestaltet werden, vom Gottesdienst für Schulanfänger über den Gottesdienst für Schützen bis hin zum ökumenischen Gottesdienst für Motorradfahrer. Wenn die Konfessionen für sich nicht mehr genug Leute auf die Beine bringen, versucht man es durch Zusammenschluss. Es ist wie bei der Fusion maroder Firmen: Aus 1 + 1 wird nicht automatisch 2. Meist ergibt sich aus kernlos + kernlos nur etwas Hohles, das mit Recht langweilt. Statt dass jede Firma versucht, selbst schwarze Zahlen zu erzielen, macht man den »allgemeinen Untergang« auch noch zu einem ökumenischen Event und reißt sich tendenziell gegenseitig in den Abgrund.

Aus meiner Sicht ist es reiner Zynismus zu sagen, Spaltung sei ein Segen Gottes. Was damit erkauft wird, ist nur ein oberflächlicher Scheinfrieden. Und es ist gerade dieser Scheinfriede, der die wirkliche Selbstbesinnung und den Weg zu einer neuen, begeisternden Theologie verbaut. Die Spaltung zu loben und das objektiv Spaltende faktisch zu negieren ist deshalb reiner Zynismus, weil nach Auskunft des Neuen Testaments Wischi-Waschi jedenfalls definitiv nicht Ziel des Weges Jesu waren. Dieses geschieht aber durch …

- … das Unter-den-Tisch-Kehren einer Fülle von Missverständnissen und gegenseitigen Fehldeutungen, die sich jahrhundertelang gehalten haben,
- … die subkutane Fortschreibung der typischen Vorurteile, dass Katholiken »falsch« und »bigott«, Protestanten areligiös seien und die Kirche verraten hätten,
- … die De-facto-Anerkennung der wechselseitigen Hybris auf Seiten der Spalter und derer, die die Spaltung weiterhin fördern,
- … den fortbestehenden gegenseitigen Ausschluss von wichtigen kirchlichen Lebensvollzügen, wie auch immer er sich gestaltet,
- … die Resignation vor dem scheinbar unausrottbaren Gefühl, vom anderen über den Tisch gezogen zu werden, wenn es um das ernsthafte Bemühen zu echten ökumenischen Vereinbarungen geht,
- … die Unterstellung niederer Motive, wo Standfestigkeit auf dem Weg zu einer wahren Einheit gefordert ist – dass der Partner manches nicht übers Herz bringt, wird gar nicht akzeptiert,
- … die noch immer auftretende Identifikation des Papstes mit dem Antichrist, jetzt gerade (2005!) wieder erneuert von protestantischer Seite,
- … die heimlichen Konflikte in den vielen Mischehen, die nichts

davon haben, wenn das objektiv Trennende zur Tabuzone erklärt und weggedrückt wird.

Die *Einheit der Oberflächlichkeit* deckt das alles unter Nettigkeiten und einem Mantel von »Wir-können-doch-miteinander« zu. Wenn man wieder unter sich ist, wird weiter gehetzt. Dieser Erhalt der Unversöhntheit spielt letztendlich denen in die Hand, die sehr real etwas davon haben, dass Ökumene nicht beherzt angegriffen wird. Schließlich ist bekannt, dass von 1054 und der frühesten Reformationsgeschichte an die Spaltung unter Christen stets ein Signal für den umfassenden ausbeuterischen Zugriff der Kaiser und Fürsten gewesen ist. Wo Christen sich streiten, kann keiner gewinnen. Der Sieg ist stets auf der Seite der staatlichen Obrigkeit, seien es das oströmische Kaisertum und die nachfolgenden Regierungen, seien es die Zaren, seien es die Landesfürsten zur Zeit der Reformation, sei es die dänische Landeskirche zur Zeit Kierkegaards, wo man die Kirche zum verlängerten Arm bürgerlichen Ordnungsstrebens derangierte. Der unglückliche Augsburger Religionsfrieden von 1555 hat diese unselige Linie nur zu seinem konsequenten Ende geführt. Ausgerechnet die Kirchenspaltung der lateinischen Kirche, die im Zeichen der Gewissensnot und Gewissensfreiheit begonnen wurde, endete so im Grundsatz, dass der Landesherr den Glauben seiner Untertanen bestimmen müsse. Neben der Hoheit über die Gewissen stand vor allem die Aneignung des Kirchengutes im Focus der Machthaber.

Jede Beruhigung über die Spaltung, jedes Geltenlassen des Status quo, alles Verwischte als Prinzip, hat fatale innerkirchliche Folgen für alle Konfessionen: Entschiedenheit – die berühmte *determinada determinacion* (sehr konkrete Bestimmtheit) der Teresa von Avila – ist doch das lebendige Innerste des Glaubenszeugnisses! Wie soll man das Wort verkünden, wenn es nicht »scharf wie ein Schwert« ist? Wie soll man missionieren, wenn inhaltliche Positionen irrelevant und klare Konturen vom Bösen sind? Wie soll jemand in der katholischen Kirche den Zölibat auf sich nehmen, wenn nicht in Klarheit und aus klarem Amtsverständnis heraus?

Auffallend ist, dass jeder intensivere ökumenische »Kompromiss« der letzten Jahre dazu geführt hat, dass jeweils eine neue Eiszeit hereinbrach. Das betrifft sowohl die Situation nach der Gemeinsamen Erklärung als insbesondere die Lage nach dem »Ökumenischen Kirchentag« von 2003. Nach beiden Ereignissen, die groß gefeiert wurden, verschärfte sich der Zank der Theologen erheblich. Nach der Gemeinsamen Erklärung waren es vor allem die Professoren und Fakultäten, die sich in ökumenischer Ausgewogenheit über den Tisch gezogen fühlten. Ausgerechnet nach den öffentlichen Umarmungen von 2003 gab es wieder Themen und Tonlagen, die man längst vergessen glaubte. Angesichts dieser Situation ist es die Aufgabe dieses Buches zu zeigen, dass jede Beruhigung über die Spaltung der Christenheit nur dem schönen Schein dient. Er hat ein rasches Verfallsdatum.

Dieses Buch ist ferner von der Absicht geleitet, eine spezifisch deutsche Art von Wohlfühl-Ökumene zu stören, und die sieht so aus: Manche Kirchengemeinden sind die große Ökumene leid; sie haben vor Ort ihre Form von Einheit schon gefunden. Das gestaltet sich auf sehr unterschiedliche Weise. Manche belassen es bei ökumenischen Gottesdiensten; andere feiern bereits regelmäßig die Sonntagsgottesdienste zusammen. Einige gehen noch einen Schritt weiter: Sie praktizieren die volle Abendmahlsgemeinschaft inklusive Interzelebration (Beteiligung der Pfarrer am Altar), hüten sich aber davor, dass ihr Tun publik wird. Den – pastoral sicherlich richtigen – Grundsatz »An der Kommunionbank ist niemand zurückzuweisen« höhlt man dadurch aus, dass man inoffiziell gemeinsame Gottesdienste vereinbart. Alle diese Lösungen werden vehement verteidigt mit dem Argument: »Wir haben es doch so schön bei uns! Warum wollen Sie uns stören? Wir sind doch schon viel weiter als Sie, Herr Professor!« – Diese provinzielle Gemütlichkeit leidet darunter, dass sie die Kirche nach einem Modell denkt, das auch im Protestantismus längst überwunden ist: Kirche nur als Gemeinde vor Ort zu denken und den gesamten »Rest« hinter den sieben Bergen verschwinden zu lassen, also die weltweite Kirche, die Bischöfe und theologischen Zentren. Auch dieser eigenwillige Lokalpatriotismus hat gewiss nur begrenzte Haltbarkeit. Er lebt vom Flair der Gemeinsamkeit unter Verschwörern nach dem Motto: »Unser Dorf gegen den Rest der Welt«. Eine solche Praxis befördert auf gedankenlose Weise die ohnehin vorhandene Theologieferne. Keine ökumenische Bestrebung kann das wollen.

Dieses Buch will mehr Ehrlichkeit einfordern und selbst darstellen. Wenn wir es bei der Frage der Einheit der Christen wirklich mit dem Gegenüber des lebendigen Gottes zu tun haben, wird kein Trick standhalten, der den Herrgott hintergeht. Wenn die Vernebelungen schon von uns Menschen so schnell durchschaut werden, wie kurz und flatterhaft wird dann erst ihre Nachhaltigkeit vor dem Angesicht Gottes ausfallen. Diese Ehrlichkeit soll nicht das Ziel haben, Spaltungen zu vertiefen, vielmehr soll sie dazu helfen, dieses Ziel radikal anzustreben. Zum Thema Ehrlichkeit gehören auch grundsätzliche Überlegungen zur Frage: Wie verhält sich das ungeschminkte, ungeschönte Wahrnehmen der Realität zur Grundsatztreue?

Die Spaltung der Christenheit hat zu unsäglich viel Leid geführt, und sie bewirkt dieses Leid noch heute in Gestalt vieler Familientragödien. Die Spaltung hat schließlich vor allem das Zeugnis selbst verdunkelt. Wie sollen Menschen zum Glauben finden, wenn an der Stelle verwirklichter Einheit ein Haufen aufeinander schlagender Christen übrig bleibt? Ich bin skeptisch in der Frage, ob es so etwas wie eine »strukturelle Sünde« bei individuellen Christen gibt. Ganz gewiss allerdings bin ich, dass die verweigerte Einheit die strukturelle Todsünde der Kirche ist. Wie können wir noch Jahre, Jahrzehnte, ja für immer darin verharren wollen?

5.3 Muss Einheit sichtbar sein?

Was ist das Ziel? Kann es so etwas geben wie eine unsichtbare Einheit der Kirche, eine Einheit jenseits offenkundiger Pluralität? Bisher ging man davon aus, dass Sichtbarkeit zu den Merkmalen der Kirche gehört. Aber die Bandbreite der Vorstellungen ist auch hier erheblich. Man denkt unter Christen zumindest an folgende Modelle:

5.3.1 Unsichtbare Kirche

Die wahre Kirche ist unsichtbar. Sie ist noch nie mit der sichtbar verfassten Kirche identisch gewesen. Sie war oft eine Minderheit in der Kirche, sie geht aber weit darüber hinaus. Hat nicht schon

Augustinus gesagt: »Viele sind drinnen, die draußen sind – und viele sind draußen, die drinnen sind«? Viele halten es daher für einen »ökumenischen Sündenfall«, überhaupt von sichtbarer Kirche zu reden.

Die »anonymen Christen« Karl Rahners – könnten nicht auch sie zur unsichtbaren Kirche gehören, zur unsichtbaren Kirche der wirklich Frommen und derer, die das leben, was sie glauben? Diese Vorstellung ist alt; sie ist bereits vor der Reformation anzutreffen; man nannte diese unsichtbare Kirche »ecclesia spiritualis«. Zu den wesentlichen Anstößen für diese Auffassung gehörte historisch gesehen das Problem des Reichtums, die Verweigerung des Teilenwollens. Nun gibt es zweifellos den Unterschied von Sein und Schein. Viele Christen sind es nur dem Namen nach, und viele Heiden leben glaubwürdiger als Christen.

Ich halte es für theologischen Etikettenschwindel, wenn man diese guten Menschen gleich »Kirche« nennt – radikalisiert noch in der Vorstellung, die eigentliche Kirche seien nicht die mediokren Amtsträger, sondern eine anonyme Kaste von »Gutmenschen« quer zu aller verfassten Religion. Hier wird eine Deckungsgleichheit von Kirche und Erlösten vorausgesetzt, die nie Lehre der Kirche war. Mich wundert das zähe Fortleben dieser Konzeption von der wahren Kirche gerade unter reformatorischen Christen. Denn wenn es zutrifft, dass vor seinem Tod niemand für vollkommen zu halten ist, sondern jeder jeden Tag erneut gegen die Sünde kämpfen muss und ihr erliegen kann, dann ist eine Kirche der Vollkommenen immer Illusion – oder Häresie. Immer wieder in der Geschichte der Kirche hat es schismatische Gemeinschaften von vermeintlich Vollkommenen gegeben, die sich polemisch von der realen Kirche absetzten. Die Kirche besteht aber – und das finde ich tröstlich – ausschließlich aus defizienten Gestalten, wie du und ich es sind; sie ist und bleibt »corpus permixtum«, d. h. eine Mischung von Menschen mit mehr oder weniger großen Unvollkommenheiten. Deren Existenz schließt das Kirchesein nicht aus.

Nun findet sich freilich die Variante, dass es nicht auf die Abwesenheit von Sünden ankomme, sondern auf den rechten Glauben. Die Kirche, heißt es dann, sei da, wo der rechte Glaube sei. Aber wenn die Aussage der Reformatoren zutrifft, dass der Mensch zwischen Anfechtung und Glaube hin- und hergeworfen wird, so dass Martin Luther bekennen kann, er habe vielleicht vier Augenblicke lang in seinem Leben so geglaubt, wie es sein sollte, dann wird auch unter dieser Prämisse Kirche ungreifbar. Das gilt auch, wenn man mit den beschriebenen Zuständen von Glaube und Anfechtung für sich selbst rechnet. Dann müsste man sich beständig fragen: Bin ich nun gerade »Kirche« oder bin ich es nicht?

In einer evangelischen Zeitschrift lese ich den Grundsatz: »Die Wahrheit des Glaubens ist wichtiger als die organisierte Einheit der Kirche.« Dieser Satz meint: Auch wenn Christen in ganz verschiedenen Organisationen leben, so sind doch die gemeinsamen Glaubensinhalte entscheidend. Hier ist zweifellos ein Teil dessen lebendig, was man traditionell die »unsichtbare Kirche« nannte. Denn der zitierte Satz besagt: Der wahre Glaube kann sich in allen oder wenigstens in verschiedenen Organisationen (»Kirchen«) finden. Und weiter: Der rechte Glaube steht nicht in einer wirklichen Beziehung zur Form, in der sich Christen organisieren. Dann liegt die Folgerung nahe: Kirche ist für den Glauben überflüssig. Sie gehört nicht wesentlich dazu. Sie ist ein sekundäres Seitenphänomen zur wahren, unsichtbaren Kirche. Nach meinem Eindruck stehen wir mit einem solchen Satz nahe an der »civitas platonica« (= reiner Ideenstaat), die Melanchthon als Form der Christenheit ausdrücklich ablehnte.

Aus sachlichem Grund habe ich große Zweifel an der Richtigkeit dieses Programms: Der Glaube wird hier zur abstrakten Dogmatik. Gerade das hat man so oft beklagt. Nikolaus von Kues hat in seiner Schrift »Über den Frieden zwischen den Religionen« (deutsch u. a. 2003 von Klaus Berger und Christiane Nord) eine derartige platonische Einheit sogar zwischen den Religionen herstellen wollen. Das ist möglich – dafür hat Nikolaus den Beweis versucht. Und es kann auch der Weg zum Frieden sein. Und das ist allemal besser als Krieg. Aber es kann nur der Anfang eines langen Weges zur Konkretion sein.

5.3.2 Durchgeführte organisierte Einheit

Die römisch-katholische Kirche schlägt ein anderes Modell vor, das stark kirchenrechtlich ausgerichtet ist. Es besagt, dass zur verwirklichten kirchlichen Einheit aller Getauften gehört, dass kein Hindernis für die Teilnahme an der Eucharistie besteht und dass sie unter Führung der Bischöfe in der Gemeinschaft der Bischöfe mit dem Nachfolger Petri geeint sind. Diese Vorstellung ist ebenso sakramental wie juristisch orientiert.

Dieses Modell ist das Gegenbild zu dem zuerst genannten Modell.

5.3.3 Teilweise realisierte Einheit

Gegen das Modell von der gänzlich unsichtbaren Kirche hat schon, wie wir hörten, Philipp Melanchthon eingewandt, die Kirche sei kein ideales Gedankengebilde. Eine große Fraktion unter den Protestanten stimmt daher dem Modell zu, nach dem es überhaupt eine sichtbare Einheit geben soll. Die Kriterien freilich sind umstritten. Im Grundansatz sind alle reformatorischen Vertreter darin eins, dass sich die Einheit auf »Lehre und Sakramentsverständnis« beziehen muss. Während aber zum Beispiel die SELK (Selbstständige Evangelisch-Lutherische Kirche) wie auch konservative Lutheraner auf der Identität der Formulierungen beharren, spricht man in liberaleren Kreisen von einer »hinreichenden Übereinstimmung« in Lehre und Sakramentsverständnis. Dieses führte zu der bekannten Praxis, dass in den liberaleren Landeskirchen alle Getauften ohne Unterschied zum Abendmahl eingeladen werden, obwohl es eklatante Unterschiede in der Frage gibt, was das denn nun sei, dass wir Christi Fleisch und Blut zu uns nehmen.

Die »hinreichende Übereinstimmung« ist gewiss Interpretationssache. Die Praxis zeigt, dass dieses in weitestmöglicher Weise geschieht. Damit ist nun freilich das lutherische Verständnis des »rechten Glaubens« und eigentlich tatsächlich jedes Wahrheitskriterium aufgegeben. Am Ende handelt es sich sogar häufig um ein reduziertes juristisches Verständnis – wenn nämlich die Taufe ausreicht und es auf die inhaltliche Füllung des Glaubens gar nicht mehr ankommt. Freilich hat man faktisch auch das einzig noch verbliebene Kriterium in den Wind geschrieben. Auch die Taufe hat man – vor allem unter Einfluss der Baptisten – auf dem »Ökumenischen Kirchentag« 2003 fallen gelassen – und erklärt, jeder sei zum Abendmahl zugelassen, der »Jesus liebt«. Damit ist man nun bei einer völlig ungreifbaren und im Grunde unsichtbaren Kirche angekommen. Es triumphiert das Verwischte als Prinzip.

Es ergibt sich daher, dass – jenseits des römischen Modells – eigentlich nur das konservativ-lutherische Modell von Kirche konkrete Kriterien zu nennen in der Lage ist. Alle anderen Kriterien sind Interpretationssache oder sie bewegen sich auf der Ebene »rein persönlicher Haltung«.

Wir sind ins Herz der Problemlage vorgedrungen: Die Uneinigkeit der reformatorischen Kirchen rührt letztlich daher, dass es in der evangelischen Kirche nach wie vor umstritten ist, ob nach dem Willen Gottes Sichtbarkeit der Kirche sein soll oder ob die Kirche nicht doch unter die »von Menschen eingesetzten Zeremonien« (nach der Confessio Augustana VII) gehört. Vielleicht kann ein Blick auf das Neue Testament hier Anregungen geben.

5.3.4 Sichtbare Kircheneinheit in der ältesten Christenheit

Eine erste Überlegung betrifft den Kanon des Neuen Testaments. In der Ausgabe Berger/Nord »Das Neue Testament und frühchristliche Schriften« sind sowohl kanonisch gewordene als auch außerhalb des Kanons gebliebene frühchristliche Schriften zusammengestellt. Wann, wo, wie, nach welchen Kriterien und von wem der Kanon in den ersten Jahrhunderten zusammengestellt wurde, ist unbekannt. Nur eines wissen wir verlässlich: Dass es diesen Kanon gibt, dass er in einem längeren Prozess entstanden ist und dass viele Schriften nicht dazugehören, die ihrer Entstehungszeit und ihrem Anspruch nach sehr wohl hätten dazugehören können. Ein Drittel der entstandenen Schriften wurde für kanonisch erklärt, zwei Drittel nicht.

Der Weg der Kanonbildung fand offensichtlich parallel zur Erreichung verfasster Kirchengemeinschaft Anfang des dritten Jahrhunderts statt. Gemeinden haben ihre Schriften ausgetauscht und sich damit gegenseitig als christlich anerkannt. Zeitlich und sachlich parallel zu diesem sammelnden »Ja« bildete sich das ausschließende, gemeinsame »Nein« heraus. So gab es unter den »aussortierten« Schriften zum Beispiel Bücher des Elkesai, eines »anthroposophischen« Propheten um 107 n. Chr. in Rom, und später die Schriften des Apostels »Mani«, es gab den Kanon des Markion (Anfang 2. Jh.) und dann recht ehefeindliche Apostelakten, die die Kirche entweder formal ausgeschlossen oder einfach ignoriert hat. Meine These lautet daher: Die Existenz des neutestamentlichen Kanons ist der sichtbare Beweis einer sichtbaren Kirchengemeinschaft. Insbesondere durch das »Nein« gegenüber den nichtkanonischen Schriften wurde eine sichtbare Grenze gezogen, auch und insbesondere gegenüber gnostisierenden Gruppen. Der Kanon ist daher die geronnene Form gelebter Einheit, das Dokument fixierter Gemeinsamkeiten. Die nicht in den Kanon aufgenommenen Schriften bezeugen, dass die frühe Kirche die Fähigkeit zum gemeinschaftlichen Nein hatte. So steht eine begrenzte Vielfalt (innerhalb des Neuen Testaments) neben der Abwehr von Meinungen und Schriften, in denen die Gemeinde ihren Glauben nicht wieder erkannte.

Zwei Dinge sind hier zusätzlich zu beachten: Einmal, dass die Anerkennung der Schriften einer Gemeinde parallel geht zur Anerkennung der Legitimität der betreffenden Gemeinde. Denn sonst wäre ein Austausch gar nicht möglich gewesen. Und zum anderen spielt die Christengemeinde von Rom eine besondere, übergemeindliche Rolle. Sie ist die »Vorsitzende in der christlichen Solidarität« (»Liebe«), und sie finanziert christliche Gemeinden in der Osthälfte des Reiches. Beides hat deutlich finanzielle Aspekte. Ergebnis: Kanonbildung und Kircheneinung sind parallele Phänomene.

Ebenso erhellend ist vielleicht eine zweite Überlegung: Paulus veranstaltet eine Kollekte unter Heidenchristen. Er will mit dieser Kollekte die Anerkennung der Legitimität seiner Gemeindegründungen erreichen. Für ihn liegt alles daran, dass die heidenchristlichen Gemeinden von der »Muttergemeinde« in Jerusalem anerkannt werden. Ohne diese Verbindung hingen sie theologisch in der Luft. Um Missverständnisse zu vermeiden: Es handelt sich zweifellos nicht um eine Aktion purer Nächstenliebe und rein diakonischen Charakters. Schließlich gab es überall in der damaligen Welt Notleidende, nicht zuletzt vor den Türen der jeweiligen Ortsgemeinden. Vielmehr nennt Paulus die Kollekte bewusst im Zusammenhang des Apostelkonvents in Jerusalem (Gal 2,10), bei dem es um Anerkennung der beschneidungsfreien Heidenmission ging. Und weil die Annahme der Kollekte durch die Jerusalemer die Anerkennung der Heidenmission bedeutet, bittet Paulus die Christen in Rom nach Röm 15, sie möchten den Himmel bestürmen, dass seine Kollekte akzeptiert würde. In Röm 11 stellt Paulus seine Vision von Einheit im Bild des Ölbaums dar: Der Zweig vom wilden Ölbaum soll in den edlen Ölbaum eingepfropft werden, damit er »Anteil erhält an der Kraft seiner Wurzel«.

Paulus geht es demnach explizit um die *sichtbare Einheit der Christen*. Dies artikuliert sich hier in der Frage um Spenden und das Akzeptieren von Geld. Paulus war auch in dieser Hinsicht ein pragmatischer Kirchenpolitiker. Für alle irgendwie gearteten Bestrebungen, die Christen zu einen, kann daher als Anregung gelten: Einheit wird dort ernst, wo es eine gemeinsame Kasse gibt. Dieses geht jeder eucharistischen Gemeinschaft voraus.

Die Christenheit, die Paulus mit dem Bild des einen Ölbaums im Blick hat, besteht zumindest aus zwei unterschiedlichen Gruppierungen, den Judenchristen und den Heidenchristen. Dabei gesteht Paulus den Judenchristen (nicht den Heidenchristen in Galatien) zu, dass sie ihre männlichen Kinder beschneiden (Röm 4,11f.). Wie verschieden die Gottesdienste in Jerusalem, in Korinth und Rom waren, wissen wir nicht. Trotz dieser erwartbaren Verschiedenheiten kennt Paulus die Konzeption einer »Verschiedenheit in der Einheit« nicht. Mit keinem Wort nimmt er dieses auch nur zur Kenntnis. Alles liegt ihm an der Einheit. Für eine Theorie der Verschiedenheiten ist er gerade nicht zu haben.

Was Paulus mit seiner Kollekte für den zwischengemeindlichen Verbund im Sinne hat, wiederholt sich auf der Ebene der konkreten Gemeinde noch viel strikter. Das betrifft sowohl die Gemeinde in Galatien als auch die in Korinth. In Galatien mögen es harmlose Heidenchristen gewesen sein, die – aus damals im Prinzip vertretbaren Gründen – meinten, sich zusätzlich beschneiden lassen zu müssen. Gegen diese gutwilligen Frommen führt Paulus das schärfste Geschütz ins Feld: Er spricht vom Verfluchtsein (Gal 1,8). Wer in dieser Frage anders lehrt als Paulus, also ein anderes, von seinem eigenen abweichendes Evangelium, den trifft der paulinische Fluch. In Korinth unterbindet Paulus selbst Ansätze einer Gruppenbildung. Man redet von den »Parteien« in Korinth, obwohl es nicht mehr als Freundeskreise, Bekanntenkreise, Klüngel oder schlimmstenfalls Fraktionen gewesen sein mögen. Noch weit unterhalb einer sichtbaren Spaltung unterbindet er in der »Kirche von Korinth« selbst die kleinsten Ansätze der Differenzierung in der Gemeinde.

Paulus zeigt sich daher eindeutig als vehementen Verfechter einer sehr strikt gedachten Einheit. Und er setzt alle rhetorischen Fähigkeiten des Briefschreibers ein, um die Gemeinde dabei zu halten. Paulus redet im Römerbrief dezidiert von dem einen Ölbaum, nicht von zwei Ölbäumen (einem jüdisch-christlichen und einem heidenchristlichen), schon gar nicht von einem ganzen Hain nebeneinander wachsender Ölbäume. Denn Gottes Volk ist eines, und der Gedanke von zwei Gottesvölkern wäre absurd. Der eine und einzige Gott hat nur ein Volk – oder eben gar keines. Jede Pluralität an dieser Stelle wäre Verrat an Gott. »Ein Herr, ein Glaube, eine Taufe«, wird deshalb der Verfasser des Epheserbriefes (4,5) verkünden.

Es ist daher eine gewisse Schwierigkeit, Paulus als Hauptgaranten der Lehren der Reformation anzusehen, wo er doch gleichzeitig der Apostel ist, der mit apostolischer Vollmacht für die strikteste Einheit kämpft, die es je gegeben haben könnte. Gegenüber seinem Umgang mit dem Anathema (Gal 1,8: »Wer euch aber ein anderes Evangelium verkündet, als wir euch verkündet haben, der sei verflucht, auch wenn wir selbst es wären oder ein Engel vom Himmel«) sind auch mittelalterliche Päpste Waisenknaben.

5.3.5 Wie viel sichtbare Einheit?

Folgen wir den Beobachtungen zur Kanonbildung und zur paulinischen Theorie von Volk Gottes und Gemeinde, so ergibt sich:

Eine unsichtbare Einheit des sichtbar Verschiedenen gibt es im frühen Christentum nicht. Und bei der Frage, wieweit die Einheit der Christen sichtbar sein soll, kann nur gelten: Sie kann nicht sichtbar genug sein. Das Bestreben, die Einheit immer sichtbarer werden zu lassen, darf nicht aufhören, was immer ihr im Wege steht.

5.4 *Welche Merkmale soll die eine Kirche haben?*

Nachdem wir erfahren haben, wie deutlich das neutestamentliche Zeugnis allen Phantasien widerspricht, es könne so etwas geben wie eine unsichtbare Kirche jenseits pluraler Unterschiede, wollen wir uns nun mit der Frage befassen, welche Merkmale die *sichtbare eine* Kirche denn notwendig haben muss.

5.4.1 Die Kirche der Zukunft

Ich wage einen Blick nach vorne: Die Kirche der Zukunft wird sich um geistliche, charismatische, asketische oder intellektuelle Eliten herum bilden. Sie wird nicht daraus *bestehen*, aber sie wird sich um diese Punkte herum neu aufstellen. Die bisherigen Strukturen werden nicht abgeschafft sein, sondern sie werden sich als hilfreich erweisen, damit es nicht ein konturenloses Gebilde wird. Dieser Ausrichtung auf Zentren (wie vor 1000 Jahren die Klöster) wird auch der zentripetale Stil der Mission entsprechen.

Inspiriert wurde ich zu diesem Kirchenbild durch den kalabrischen Zisterzienser-Abt Joachim von Fiore (gest.1202), dessen erwartetes »Drittes Zeitalter« darin besteht, dass die institutionellen Aspekte nicht mehr im Vordergrund stehen, sondern in ihrer dienenden Funktion erkennbar werden.

Mit der Orientierung an Mittelpunkten wird auch vielerlei teures und eigentlich sympathisches Beiwerk verschwinden. Das wäre die »Konzentration auf das Kerngeschäft«.

5.4.2 Gebaut auf Glauben allein?

Kern und Stern evangelischen Selbstverständnisses ist die so genannte Rechtfertigungslehre. Zur Sachdefinition: Rechtfertigung meint das, was den Menschen vor Gott akzeptabel macht. Das ist allein der Glaube an Jesus Christus. Darin stimmen übrigens prinzipiell beide Seiten überein. Wenn wir über die Zukunft der Kir-che nachdenken, ergibt sich automatisch die Frage, ob man al-lein auf den Grundsatz der Rechtfertigungslehre – dass es eben allein der *Glaube* ist, auf den es ankommt – die »Kirche« bauen kann.

Nun ist Rechtfertigung eine Kategorie, die sich auf den Einzelnen bezieht. Das Christentum ist – besonders in den Anfängen und in der Mission – eine Bekehrungsreligion. Von Johannes dem Täufer an wird die Taufe jedem Einzelnen gespendet; entsprechend ist auch Glauben von jedem Einzelnen gefordert. Was ist nun Glaube? Ich verstehe ihn nicht als eine Art Leistung, eher als eine Sehnsucht nach Angenommensein von Gott. Diese Sehnsucht ist gefordert, das individuelle Eingeständnis des Angewiesenseins auf Gott! Glaube, Hoffnung und Liebe werden jedem einzeln geschenkt. Weil mir Glaube, Hoffnung und Liebe zuteil werden und ich dies erfahren kann, darf auch ein missionarisches Zeugnis von mir erwartet werden.

Doch wie gelangt man von da aus zur Kirche? Bei evangelischen Christen besteht eine Tendenz zur Konzentration auf den Punkt des Gläubigwerdens. Luther spricht von der geistlichen »Rückkehr zur Taufe«. Dabei denkt er nicht zuletzt an seine Bekehrung zum Mönchtum, die sich ihm als eine »zweite Taufe« darstellte. Das »sola fide« (allein der Glaube!) Luthers wurde zur beherrschenden Denkform evangelischer Existenz. Im Glauben erwacht man zur Taufe; deshalb gab und gibt es nicht ohne Grund immer wieder Erweckungsbewegungen im evangelischen Raum. Die ganz auf den Glauben gründende Kirche ist dann der Verbund von sich im gleichen Glauben wieder erkennenden, aber je punktuell Erweckten. Allerdings, so fragten bald die Katholiken: Treten dann nicht die »Werke« (= guten Taten) über Gebühr in den Hintergrund? Muss man nicht auch ein anständiger Mensch werden, wenn man zum Glauben findet? Denn was hilft ein Glaube, der alsbald verwelkt und nicht Früchte bringt? Nun hat man sich inzwischen in dem etwas abstrakt anmutenden interkonfessionellen Streit darauf geeinigt, dass die Taufgnade auch die Kraft zu guten Werken geben kann.

Rechtfertigung – heißt es – macht »gerecht«, d. h. akzeptabel vor Gott. »Gerechtigkeit« ist also eine Folge der Rechtfertigung. Man hat sich das häufig so vorgestellt, als ob der sündige Mensch vor Gericht stehe und aufgrund seines Glaubens freigesprochen und gerecht gemacht werde. Wenn man Gerechtigkeit aber, im Bild der Gerichtsszene verbleibend, als unverdienten individuellen Freispruch begreift, sind wir wiederum nur beim Individuum. Von wo aber geht der Weg vom Einzelnen in die Gemeinschaft? Wie kommen wir vom Individuum zur Kirche? Der Schlüssel ist das Wort »Gerechtigkeit«. Betrachtet man seinen ganzen biblischen Gehalt, löst sich die individualistische Engführung sofort auf. Denn in der Heiligen Schrift ist dieses Wort – etwas anders als in unserem Sprachgebrauch – auf Zusammenleben und Gemeinschaft hin orientiert. Man kann dieses auch »Konvivenz« nennen. Gerechtigkeit ist demnach der von jedem Mitglied der Gemeinschaft erwartete Beitrag zum Zusammenleben.

Um ein Beispiel zu nennen: Ich bin im Rahmen einer Wohngemeinschaft »gerecht«, wenn ich meinen Anteil an der Miete zahle, die anderen nicht ständig störe und nicht heimlich den Kühlschrank leer esse. Der Sinn der von jedem erwarteten Gerechtigkeit ist blühendes Miteinanderleben. Im Verhältnis von Gott und Mensch erweist Gott seine Gerechtigkeit dadurch, dass er dem Menschen die Chance gibt, von seiner Schuld freizukommen und mit dem Heiligen Geist die Kraft zum Glauben überhaupt erst zu empfangen. Und die vom Menschen erwartete Gerechtigkeit besteht zunächst in seinem Glauben. So gehört er überhaupt dazu. Dieser Glaube aber ist nur lebendig, wenn aus ihm – schon allein aus überfließender Freude und Dankbarkeit heraus – auch ein Verhalten kommt, das zumindest diese Gemeinschaft nicht zerstört. Das heißt: Sowohl das alttestamentliche wie das griechische Verständnis von Gerechtigkeit ist stark gemeinschaftsbezogen. Das bedeutet: Wichtig ist eben nicht nur die Taufe und Glaube, sondern auch die Verwirklichung der sozialen Dimension in der Diakonie (= Dienst aneinander) und die Feier diese Gemeinsamkeit in der Eucharistie (= Danksagung).

Nun kann man in diesem Punkt eine Bewegung innerhalb der evangelischen Landeskirchen feststellen, die in den letzten 50 Jahren dazu geführt hat, dass man das Abendmahl stärker gewichtet hat. Insofern tritt auch hier der kirchliche Bezug deutlicher hervor. Denn es wären ja Menschen vorstellbar, die sagen könnten: Glaube und Taufe genügen mir. Wozu noch Eucharistie? Nach katholischem Verständnis wäre ein solcher Standpunkt fragwürdig. Denn das bloß Heilsnotwendige macht noch kein Christentum aus.

Der evangelische Kirchenbegriff ist stark orientiert an der Versammlung der Gläubigen (Confessio Augustana 7: »Kirche ist die Versammlung aller Gläubigen, wo das Evangelium rein gepredigt und die Sakramente laut des Evangelii gereicht werden ... nach reinem Verstand, dem göttlichen Wort gemäß«). Dieser Kirchenbegriff ist aus der Sicht der Katholiken sowohl richtig als auch unzureichend. Richtig ist er, wenn man innerhalb der einen Kirche steht und das Resultat in den Blick nimmt. Doch im Zweifelsfall und am »Rande« der Kirche reicht das nicht: Denn es fehlt die Benennung des Weges, auf dem die Reinheit des Evangeliums und die evangeliumsgemäße Spendung der Sakramente »bestätigt« wird. Der einzelne Laie wird das kaum leisten können. Ich verweise hier auf die (unten zu führende) Diskussion über das Lehramt.

Als Ergebnis kann man festhalten: Religiösen Individualismus kennt weder das Judentum noch das frühe Christentum. Glaube ereignet sich immer in einer Gemeinschaft und auf eine Gemeinschaft hin, in einem Gottesvolk und auf ein Gottesvolk hin.

Wenn Luther im Bekenntnis von 1528 von der Kirche als »Braut Christi« spricht, steht er dem katholischen Verständnis sehr viel näher. Denn Braut Christi bedeutet eben nicht, dass der Messias einen ganzen Harem von Bräuten (mehrere Kirchen nebeneinander) haben kann. Das Bild der Frau als Symbol für das Gottesvolk in Offenbarung 12 legt Luther gleichfalls auf die Kirche hin aus. Wenn man die Kirche in einer weiblichen Gestalt symbolisch zusammenfasst, ergibt sich auch eine Querverbindung zu Maria. Auch diese wird von Luther bejaht.

5.4.3 Erinnerung an ein vergessenes Lied

Schließlich sei es gestattet, zu diesem Punkt auf die »Hymnen an die Kirche« der Dichterin Gertrud von Le Fort zu verweisen, die 1924 – noch als Protestantin – von der Kirche sagen konnte:

> »Deine Stimme spricht:
> Ich habe noch Blumen aus der Wildnis im Arme, ich habe noch Tau in meinen Haaren aus Tälern der Menschenfrühe,
> Ich habe noch Gebete, denen die Flur lauscht, ich weiß noch, wie man die Gewitter fromm macht und das Wasser segnet.

Ich trage noch im Schoß die Geheimnisse der Wüste, ich trage noch auf meinem Haupt das edle Gespinst grauer Denker. …

Ich war heimlich in den Tempeln ihrer Götter, ich war dunkel in den Sprüchen aller ihrer Weisen.

Ich war auf den Türmen ihrer Sternsucher, ich war bei den einsamen Frauen, auf die der Geist fiel.«

»Ich war die Sehnsucht aller Zeiten, ich war das Licht aller Zeiten, ich bin die Fülle der Zeiten.

Ich bin die Straße aller ihrer Straßen: auf mir ziehen die Jahrtausende zu Gott.«

Sie spricht zur Kirche:

»Aber dein Sieg reicht vom Morgen bis zum Abend, und deine Flügel wachsen über alle Meere …

Du baust [deine Gebete] wie Brücken ins Uferlose, du lässt sie wie Adler ins Schwindelnde steigen …

Du … kommst als eine Geschmückte aus der Wüste wieder und als eine Erleuchtete aus den Flügeln der Nacht! …

Du kommst aus der Vernichtung wieder als eine, die Kraft fand, und kommst aus dem Unsichtbaren wieder als Gestalt.

Wenn die Städte noch auf ihrem Fieberbett schlafen und die dumpfen Dörfer im Brodem der Felder versinken,

Wenn die Tiere sich noch nicht regen und die Einsamkeit des Herrn auf der Welt lagert,

Dann erhebst du deine Stimme … wäschst das Angesicht der Erde in deinen Liedern.«

Hier wird noch einmal ein ganz anderer Aspekt deutlich: *Kirche soll den Segen, die Fähigkeit, zu segnen, und das Heilige hüten.* Unsere Sprache, auch die der Theologen, ist abstrakt, nur noch beschreibend. Die Kirche bewahrt eine Sprache von Urzeiten her, die zu allen Religionen gehört, nämlich zu segnen, zu fluchen, zu beten, zu loben, zu danken, dem Heiligen in Worten zu begegnen. Und »das Heilige« heißt, einen Ort oder eine Zeit auszusondern, an denen sich die übrige Wirklichkeit unseres Lebens bricht. Das kann kaum der Einzelne, das kann nur in einem größeren Raum geschehen. Wenn man die Kirche als Hüterin des Heiligen begreift, dann denkt man nicht an eine funktionale Verwaltungsaufgabe, sondern an etwas ganz Wichtiges – so wie früher das heilige Feuer bewahrt wurde: Dass auf Erden sich jemand »hauptamtlich« darum kümmert, dass die Dimension des Segens nicht untergeht.

Es könnte ja sein, dass viele emotionale Barrieren gegenüber der »Kirche« nicht theologisch argumentativ oder nur apologetisch aufgelöst werden können, sondern in der langsamen Wahrnehmung des mystisch-realen Gehalts einer Hymne.

5.5 Darf sich die Kirche zwischen Gott und den Menschen schieben?

Im reformierten Christentum bestehen noch immer erhebliche Zweifel an einer Art Mittlerstellung der Kirche zwischen Gott und dem Menschen. Die Kirche legt Fürsprache ein. Die Kirche verteilt die Sakramente (und verweigert sie). Die Kirche nimmt auf und schließt aus. Ist das nicht ein ungeheurer Affront gegen die von niemand zu bestreitende einzigartige Mittlerschaft Jesu Christi? Nach verbreitetem protestantischem Verständnis hat sich die katholische Kirche in einer Mischung von Machtgelüsten und kreatürlicher Selbstüberschätzung geradezu an die Stelle Christi gesetzt. Und es sind nicht nur die theologischen Vorbehalte – es geht evangelischen Christen auch emotional an die Substanz, wenn Katholiken von der »Mutter Kirche« sprechen. »Mutter Kirche« ist die potentielle Gouvernante im ökumenischen Gespräch. Wenn schon Kirche, dann bitte funktional und nicht als bevormundende Übermutter! Das Mütterliche riecht nach Umarmung und erstickender Liebe. Von Mama und ihren Sorgeinstinkten macht man sich frei, wenn man als aufgeklärter Mensch ins Leben tritt – im Ausgang aus der fremdverschuldeten Unmündigkeit.

Hier ist zunächst etwas zu sagen zum protestantischen Missvergnügen an katholischen Mutterfiguren. Das betrifft sowohl Maria als Mutter der Kirche wie die »Mutter Kirche« selbst. Besonders im Neuen Testament finden wir das Phänomen häufiger, dass eine weibliche Gestalt sowohl Repräsentationsfigur als auch gleichzeitig Mutter der Repräsentierten ist. Ein Vergleich: Man sprach von Bundespräsident Theodor Heuss als von »Papa Heuss«, ähnlich wie man (leider auch de facto) vom Väterchen Stalin redete. Beide waren – auf unterschiedliche Weise – Repräsentant und Vaterfigur in einem. Die Universität, an der ich lehre, führt im Logo die Figur der Pallas Athene, denn sie versteht sich als Palatina. Und sie nennt sich – wie jede Universität – eine Alma Mater (»Nährende Mutter«). Im Neuen Testament finden wir Entsprechendes bei der Weisheit. Sie ist eine personifizierte Größe, nämlich eine Frau, und sie hat Kinder (z. B. Lk 7,35).

Darf die Kirche sich denn nun dazwischenschieben? Die Antwort muss hier ganz klar sein: Nein. »Die Kirche« »schiebt« sich nirgendwo dazwischen. Das wäre eine merkwürdige Art von Person bzw. Personifikation, die man der Kirche zuschreiben müsste. Wir sahen gerade: In derartigen weiblichen Figuren fasst man seit alters unübersehbare Vielheiten in einer symbolischen Figur zusammen. Diese hat für sich selbst keine personalen Merkmale. Auch der Papst ist nach katholischem Verständnis kein Mittler zwischen Gott und Mensch. Da gibt es nur zwei Personen, und das ist Jesus Christus, weil in ihm Gott selbst wohnt, und das ist der Heilige Geist, der neben Jesus unser »zweiter Anwalt« beim Vater ist. Denn das Wort »Mittler« bedeutet hier: heilsnotwendige personale Instanz.

Nun kann und muss man das theologisch sehr strenge Wort »Mittler« auch deuten im Sinne historisch-tatsächlicher Vermittlung. Niemand kann bestreiten, dass Glaube, Sakramente und Schrift durch andere Menschen an den Einzelnen gelangt sind. Im Allgemeinen nennt man das auch Vermittlung. Diese Vermittlung greift in allen genannten Punkten über das rein Zufällige und Historische hinaus. Denn, wie gezeigt, Sakramente spendet man sich nicht selbst. Der Mitmensch wird bei der Spendung aller Sakramente zum Gegenüber, selbst bei der Ehe gilt das. Ähnliches gilt auch bei der Fürbitte. Wenn einer für den anderen betet, tut er vor Gott etwas für ihn, das der, für den er etwas tut, gerade nicht selbst leistet oder im Augenblick leisten könnte. Auch in der Fürbitte der Heiligen geht es um genau dasselbe: Ein Christ tritt für den anderen ein. Das ist nicht abwegig oder gefährlich – aber es ist auch nicht heilsnotwendig. Ich denke, dass der Herrgott es gerne sieht, wenn ein Christ für den anderen vor ihn tritt, um etwas Gutes für ihn zu tun. Denn er will doch Einheit der Menschen und besonders der Christen. Und Fürbitte ist eine Form der Einheit.

Ich hatte gesagt: Der Mitmensch wird bei der Spendung aller Sakramente zum Gegenüber. Kann man hier irgendwo auch das kirchliche Amt einordnen? Liegen hier nicht die hauptsächlichen Differenzen? – Im Matthäus-Evangelium wird sowohl Petrus als auch der Gemeinde im Ganzen die Vollmacht zum Binden und Lösen zugesprochen (Mt 16,18 und Mt 18,18). Aus meiner Sicht bezieht sich diese Vollmacht auf die Zulassung zur Gemeinde (Binden) und auf den Ausschluss aus der Gemeinde (Lösen). Petrus wie der Gemeinde wird zugesichert, dass diese Maßnahmen auch im Himmel Bestand haben. Nach 1 Kor 5,3.4 gilt dasselbe auch bei Paulus: Sowohl der Apostel als auch die Gemeinde vor Ort (parallel unabhängig vom Apostel) haben die Vollmacht zum Ausschluss aus der Gemeinde.

Sind Apostel (Petrus, Paulus) oder Gemeinde dadurch Mittler zwischen Gott und Mensch geworden? Gewiss nicht, denn das, zu dem ein Mensch zugelassen wird beim Eintritt in die Gemeinde, ist ausdrücklich die Vergebung der Sünden durch den Tod Jesu am Kreuz (für Matthäus: Mt 26,28). Jesus Christus bleibt auch hier der Mittler, und zwar der einzige.

Aber in welcher Rolle stehen Apostel oder Gemeinde?

In jedem Fall üben Apostel oder Gemeinde eine von Jesus selbst verliehene Vollmacht aus. Man sollte nicht bezweifeln, dass sie weitergegeben wurde. Wann und wie der Apostel oder die Gemeinde diese Vollmacht ausübt das ist ihrer Prüfung und ihrem Ermessen überlassen. Entsprechend wurde es denn auch missbraucht.

Dass diese Vollmacht nach Mt 16,18 und nach 1 Kor 5 sowohl dem Apostel als auch der Gemeinde gleichermaßen jeweils zu hundert Prozent zukommt, dass also die Vollmacht in ihrer Wahrnehmung die Gestalt eine Ellipse mit zwei Mittelpunkten hat, ist im Blick auf das Amt grundsätzlich interessant, aber hier nicht zu diskutieren. Denn jedenfalls geht es hier um eine dem Einzelnen gegenüber wahrzunehmende Vollmacht. Das betrifft den Sünder, der auszuschließen ist, als auch den Sünder, dem zu vergeben ist. Aber nie und nimmer hat die Kirche aus eigener Vollmacht Sünden vergeben, sondern nur aus verliehener.

Dass damit niemandem abgenommen ist, sich den Glauben persönlich anzueignen, und dass »kein Priester es einem Menschen abnehmen kann, mit Gott ins Reine zu kommen«, gilt für alle

Christen. Auch die Ohrenbeichte wurde von den Protestanten nie abgeschafft. Dass sie kaum geübt wird, steht auf einem anderen Blatt. Ich halte es für betrüblich.

Die »Kammer der evangelischen Kirche in Deutschland (EKD)« hat schließlich behauptet, die katholische Kirche erachte sich als »priesterliche Mittlerinstanz zwischen Christus und den Glaubenden«. Dagegen betont schon das Dialogdokument »Kirche und Rechtfertigung« von 1994 für die katholische Seite: »Die Kirche vermittelt das Evangelium; aber Jesus Christus allein ist der Mittler. Er ist der einzig wahre Priester der Welt« (H. Schütte, in: Ziel: Kirchengemeinschaft, 143). Nach dem bisher Erörterten ist diese katholische Selbsteinschätzung rechtens. Es geht noch nicht einmal um einen Streit um Worte; es ist ein Streit um fast nichts.

An dieser Stelle wird freilich noch ein weiterer Einwand von evangelischer Seite zu erwarten sein: Inwiefern ist die Messe Opfer und erfordert sie einen Opferpriester? – Ich möchte darauf diese Antwort geben: Die Messe ist Opfer. Aber die Rolle des neutestamentlichen geweihten Presbyters (daraus kommt das deutsche Wort Priester) entspricht weder dem jüdischen noch dem heidnischen Priester. Mögen die jüdischen Hohepriester oder heidnische Priester das Heil »bewirkt haben« (lassen wir das einmal thesenhaft stehen), der christliche Bischof und der geweihte Presbyter bewirken es nicht. Sie haben auch nicht einfach völlig undifferenziert Anteil am Hohepriestertum Jesu Christi. Jesus hat als Hohepriester auf strikt einmalige Weise genug getan.

Dennoch ist die Messe Opfer in mehrfacher Hinsicht (s. dazu unten). Schon im Alten Testament setzt das Opfer gar nicht notwendig auch einen Opferpriester voraus. Opfern kann jeder, der Gott ein sichtbares Zeichen der Anerkennung schenkt.

Schließlich sei nochmals der lutherische Propst Harms zitiert: »Wer die Kirche nicht zur Mutter haben will, kann Gott nicht zum Vater haben.«

5.6 Kirche der Sünder

Auf dem Marienfeld bei Köln hat Papst Benedikt XVI. im August 2005 zu den Jugendlichen gesagt: »Die Kirche ist wie eine menschliche Familie, und sie ist doch zugleich die große Familie Gottes …«

In den Sätzen zuvor hatte der Papst vom Bösen in der Kirche geredet, auf das Schuldbekenntnis seines Vorgängers und auf das Bild vom Unkraut unter dem Weizen nach Mt 13 Bezug genommen: »In all unseren Fehlern dürfen wir hoffen, doch noch in der Nachfolge Jesu zu sein, der gerade die Sünder berufen hat.« Beide Formulierungen, das »zugleich« und das »doch noch« können auf eine Beschäftigung mit der reformatorischen Lehre von der sündigen Kirche hinweisen. Sind diese Äußerungen Benedikts ein Brückenschlag?

Die protestantische Lehre von der sündigen Kirche hat drei Aspekte; der eine liegt in der Kirchengeschichte des 16. Jahrhunderts begründet, der zweite in der deutschen Geschichte des 20. Jahrhunderts, der dritte in der gegenwärtigen Problematik des Elends in der Welt. Im 16. Jh. hat Luthers Lehre vom Menschen, der zugleich gerecht und Sünder sei, eine genaue Entsprechung in der Lehre von der Kirche: Die wahre Kirche ist heilig und kann nicht irren. Zugleich ist die Kirche, insbesondere die römische der »Papisten«, schmutzig und sündig. Es ist nicht ganz abwegig, den Ursprung dieser dualistischen, auf eigentlich unvereinbaren Gegensätzen von heilig und sündig aufbauenden Position nicht in der Lehre von der Rechtfertigung (Röm 7), sondern zumindest im gleichen Maße im Kirchenbild Luthers zu suchen. Denn hier hat Luther besonders prominente Vorgänger: Die Auffassung von der wahren, eigentlichen Kirche kommt aus demselben Milieu, das auch die Auffassung von der (römischen) Kirche als der großen Sünderin hervorgebracht hat. Der Ursprung dieser Unterscheidung liegt in einem Buch, das Luther gar nicht besonders schätzte, nämlich in der Offenbarung des Sehers Johannes.

Aber Luther importiert dieses Bild nicht mehr direkt aus der Offenbarung, sondern aus der Kirchenkritik des hohen und späten Mittelalters. Diese hatte besonders bei den Fraticellen und Franziskaner-Spiritualen folgende Ausprägung gefunden: Die Hymnen der Apokalypse sind Zeugnisse der reinen, himmlischen (Märtyrer-) Kirche, die heilig und jetzt und hier unsichtbar ist. Aber die Kirche Roms ist die »große Hure« von Apk 17. Lange vor der Reformation bereits las man daher die Offenbarung des Johannes apokalyptisch und antirömisch-kirchenkritisch. In Luthers Predigt vom 9. April 1531 lesen wir: »Es gibt keine größere Sünderin als die Kirche.« Und dann fragt er: »Wie kann die Kirche heilig sein und doch Sünderin?« Und weiter: »Der Christ und die Kirche sind deshalb die wahren Sünder, weil sie die Sünden wahrhaft anerkennen.«

Bevor wir diese typisch lutherische Wendung des Gedankens verfolgen, sind noch Texte Luthers kurz zu nennen, die mit den Fraticellen die römische Kirche nicht für die wahre halten. Luther argumentiert: Eben weil die wahre Kirche heilig ist, können die Papisten nicht die wahre Kirche sein. Dass Luther hier aus der Apokalypse schöpft, zeigt er dadurch, dass er sie »Synagoge Satans« nennt und »Grundsuppe der Sünde«. Und weiter: »Das Aussehen der Kirche ist das einer Sünderin, einer Geplagten, Verlassenen, Sterbenden und Betrübten. Denn alles, was Satan nur ist und hat, das erleidet die Kirche … Mit dem Fleische wogt die Kirche hin und her in allen Übeln, aber im Herzen regiert Christus.« Nicht eben selten stellt Luther diesen Doppelcharakter der Kirche fest. Sie soll sagen: »Ich bin in Sünden und dennoch heilig.« Und an anderer Stelle: »Die Kirche weiß wohl, dass sie fehlen und irren kann und solche Fehler und Irrtümer nach dem Wort Gottes bessern muss, welches allein nicht irren kann.« Die Kirche kann nicht irren, und ist doch nach dem Leben nicht ohne Sünde. Denn sie »hat böse Buben bei sich, auch im öffentlichen Amt«.

Die zweite historische Linie, die aus dem 20. Jh., betrifft die Verstrickung der Kirche in den Nationalsozialismus. Hier geht es besonders um die Schuldbekenntnisse nach dem Zweiten Weltkrieg. Deren ältestes ist die »Stuttgarter Schulderklärung« vom Oktober 1945. Hier lesen wir unter anderem: »Mit großem Schmerz sagen wir: Durch uns ist unendliches Leid über viele Völker und Länder gebracht worden.« Umstritten war in der Folge, ob es sich hier um ein innerkirchliches Bußwort oder um ein politisches Schuldbekenntnis im weiteren Sinne handelte. Strittig war ebenso, ob die Vertreter der evangelischen Kirche hier für alle Evangelischen sprachen oder nur für sich selbst. Auch in der Diskussion um Kollektivschuld spielten Erklärungen dieser Art eine Rolle. Politisch jedenfalls kann man nur von gemeinsamer Haftung oder Scham oder Verantwortung sprechen. Dieselben Fragen bestimmten übrigens auch im katholischen Bereich die Diskussion um das Schuldbekenntnis Johannes Pauls II. Der Vorgänger unseres jetzigen Papstes sprach nicht von kirchlicher Kollektivschuld, vielmehr von einzelnen Kindern der Kirche, die gesündigt hätten, also nicht von der Kirche als Sünderin. Eben deshalb wohl, weil Kollektivschuld anzunehmen gedankliche Schwierigkeiten bereitet. Das Stuttgarter Schuldbekenntnis hat dann eine intensive Wirkungsgeschichte gehabt. 1947 folgte das Darmstädter Wort. Im Spätsommer 1977 erklärten evangelische Kirchenführer auf dem Höhepunkt der Welle des Terrorismus in Deutschland ihre Mitschuld, Ähnliches an Erklärung der Mitschuld erfolgte 1984 angesichts der Rassismusereignisse in Südafrika. Theologisch auffällig ist bei diesen Schulderklärungen, dass man in der Regel nicht von »der Kirche« spricht, sondern von »wir«. Daher dann die zahlreichen Querelen, wer hier eigentlich für wen spräche.

Auf einem dritten Feld schließlich hat man in den letzten 40 Jahren von »sündigen Strukturen« in- und außerhalb der Kirche gesprochen und auch von der ethischen Häresie geredet. Sie liegt z. B. vor, wenn Christen sich weigern, aus dem Evangelium die Konsequenz diakonischen Handelns zu ziehen, wenn sie sich dagegen sperren, Verantwortung für Bedürftige in der Welt zu übernehmen. Schließlich meinte man mit ethischer Häresie jede Art von Selbstzufriedenheit angesichts der Nöte der Welt. Als Kehrseite nahm man dann den *status confessionis* (= Notwendigkeit zum Bekenntnis) in politischen Dingen an. Das heißt: Zum Beispiel, beim Nachrüstungsbeschluss der Nato oder in der Rassismusfrage sah man den Fall als gegeben, dass Ja oder Nein dazu unmittelbar das Glaubensbekenntnis selbst berührten. Wenn einer ja sagt zum Rassismus, muss man fragen, ob er noch Christ sein kann. Auf katholischer Seite hat Johann Baptist Metz (Münster) eine Theologie der Compassio vorgeschlagen, die eine Brücke zu dem sein kann, was die Protestanten mit »ethischer Häresie« meinen. Eine Theologie nämlich, die nicht »im dritten Himmel« spielt, sondern die ihren Ausgangspunkt in der konkreten internationalen und auch interreligiösen Gemeinschaft der Leidenden hat.

Zurück zu Luther. Man kann seine Position nur dann nachvollziehen, wenn man bedenkt, dass die Konzeption einer restlos verderbten Gemeinschaft, einer sündigen Kirche, nur auf dem Boden der Apokalyptik wachsen konnte. Nur hier gibt es die »Synagoge Satans«, Rom als »die große Hure« und später bei Augustinus die »civitas diaboli«. Anders dagegen Mt 13, worauf Benedikt XVI. anspielt: Die Kirche ist hier als *corpus permixtum* (»gemischter Verein«) zu begreifen; in ihr gibt es alle Schattierungen moralischer Integrität.

Theologisch brisant ist die Frage, was das Neue Testament – unabhängig von Mt 13 – zu Heiligkeit und Sündersein der Kirche sagt. Für Paulus ist die Kirche heilig, freilich nicht primär im moralischen Sinne, sondern als Gottes geliebtes Volk und Eigentum. Nach 1 Kor 5 muss sich diese heilige Kirche aber von einem Menschen durch Exkommunikation trennen, der ihr Ansehen und damit auch ihre Heiligkeit befleckt. Einige Ausleger deuten den Satz »damit das Pneuma bewahrt bleibe« im Sinne der Heiligkeit der Gemeinde, die durch den Sünder offensichtlich gefährdet war.

Dass Luther dagegen für apokalyptische Theorien inklusive der Auffassung von der total sündigen Kirche offen war, erklärt sich aus der Jahrhunderte währenden Enttäuschung und schließlich Verzweiflung über die (Un-)Möglichkeit einer Kirchenreform. Die Kirche erscheint auch heute noch als das große Ärgernis. Und das stete Bemühen der Jesusforschung, Jesus gegen die Kirche auszuspielen, ist begleitet vom Cantus firmus des »Écrasez l'infâme …« (Zerschmettert die Schändliche!) Voltaires.

Doch den Kontrast zwischen eigentlicher und heiliger Kirche kennt das Neue Testament nicht. Im Mt 13, dem Gleichnis vom Unkraut unter dem Weizen, geht es gerade um die eine Kirche, die »gemischt« ist. Aus der Offenbarung des Johannes und aus Hebr 12,24 kann man nur eine »himmlische Abteilung« der Kirche herauslesen, nicht aber, dass die wahre Kirche unsichtbar sei. Melanchthon hat denn auch gegen Calvins Konzept eingewandt, die Kirche sei eben keine »civitas platonica«, kein platonischer Idealstaat, der so vollkommen sein müsse, dass es ihn auf Erden nicht geben könne.

Immerhin kennt die lateinische Liturgie das sündigende Gottesvolk, das der Vergebung bedarf. Doch die Kirche als Institution wäre dann »sündig«, wenn zum Beispiel das Kirchenrecht strukturell nicht nur in Einzelheiten, sondern im Ganzen ungerecht wäre. Eben das ist ja der Vorwurf bei der Frage der verweigerten Frauenordination. Im Hintergrund bleibt die Frage: Wie schwer wiegt die bleibende Sünde der Menschen bei der Frage nach der Konstitution der Kirche? Ist sie womöglich stärker als Jesu Verheißung nach Mt 16,18? Können Menschen sie an sich reißen und im Ganzen pervertieren?

5.7 Kleiner Exkurs: Von der Freiheit und Gottunmittelbarkeit eines Katholiken

Unvertretbar ist jeder Katholik spätestens ab Vernunftgebrauch dazu aufgefordert, dem Evangelium zu glauben, und zwar höchstpersönlich. Ebenso unvertretbar muss er sich vor dem richtenden Gott verantworten. Er darf durch die Kirche zu keinem Sakrament und erst recht nicht zum Glauben *gezwungen* werden. Wenn er als Christ ein geistliches Leben führt, sollte er ein persönliches und von ihm selbst gestaltetes Gebetsleben führen, damit den Direktkontakt zu Gott suchen. Ich möchte hier besonders an Theresa von Avila erinnern, auf deren Gedenktag dieses Buch nicht ohne Grund datiert ist; als Frau und auf dem charismatischen Flügel der Kirche stehend, gibt sie ein großes und leuchtendes Beispiel für das unersetzliche persönliche Gebet des einzelnen Christen. Die katholische spätmittelalterliche Laienmystik ist in jeder Hinsicht eine wichtige Voraussetzung der Moderne und damit auch der Rolle des Einzelnen in der Kirche. Die dort entwickelte Laienspiritualität geht über die Devotio moderna auch in die Reformation ein. In den fünfziger Jahren des vergangenen Jahrhunderts hat dieses Friedrich Heer stets betont.

Entsprechend den biblischen Aussagen wird ihm Freiheit von Sünde, Tod und Teufel verheißen. Verantwortlich ist er in allem für sich selbst. Nach Thomas von Aquin gilt sogar, dass er die Kirche verlassen *muss*, sollte ihm sein Gewissen einen solchen Schritt nahe legen. Allerdings hat er die Pflicht, sich gut zu unterrichten oder sich unterrichten zu lassen. Auch an kirchliche Weisungen ist er nur gebunden, sofern sein Gewissen als letzte Instanz dem nicht widerspricht.

Im letzten Jahrhundert ist viel über die Verantwortung des Laien gesprochen worden. Gemeint ist damit:

1. Die Pflicht, unvertretbar seinen Glauben zu vertreten und öffentlich dafür einzustehen, gilt für jeden Christen. Das, was in diesem Buch über das zweite Standbein der Kirche, das charismatische, gesagt wurde, gilt in vollem Umfang gerade für alle Christen, die nicht in der Weihehierarchie stehen.

2. Je mehr Verantwortung jemand für seinen Bereich trägt, umso größer ist auch seine unvertretbare Pflicht, hier für seinen Glauben und die Konsequenzen daraus einzustehen. Es gilt aber auch: Mit gewachsener Sachkompetenz nimmt der Umfang des Entscheidungsspielraums (»Freiheit«) zu, den jeder Christ hat.

Nach dem von mir zum Finden der Wahrheit vertretenen Stuhlbeinmodell (Schrift, Tradition, Sachkenntnis, absehbare Folgen) sind die beiden letztgenannten »Stuhlbeine« insbesondere von dem Urteil der wirklich Sachverständigen abhängig. Insoweit ist das Finden von Wahrheit, wenn es neu geschehen muss, stets ein Suchen mit offenem Ausgang.

So weit das Grundsätzliche. Jeder, der ein wenig Ahnung hat von der wirklichen Lage der Kirche (zum Beispiel in Deutschland), wird zu diesem Thema folgende Gesichtspunkte hinzufügen:

- Jeder Pfarrer kann schon froh sein, wenn die ihm Anvertrauten überhaupt die Position der Kirche zur Kenntnis nehmen. Und er wird es zumindest auch anerkennen, wenn er Gegengründe hört, falls jemand die kirchliche Position nicht übernimmt. Das eigentliche Problem ist die *Gleichgültigkeit*, nicht die Übernahme von Verbindlichkeit oder die Weigerung im Einzelfall.
- Der gewöhnliche Laie kommt bei dem heutigen Zustand der Christentümer in Deutschland persönlich mit seinem Pfarrer kaum in Berührung, geschweige denn mit Bischöfen und/oder kirchlichem Lehramt. Es hat keinen Sinn, über die angebliche Gehorsamspflicht zu diskutieren, wenn dieses ohne Realitätsbezug ist.
- Wenn ein Katholik seine Kirche als »geistliche Heimat« versteht – Ähnliches kenne ich auch von Protestanten, aber das ist jetzt nicht das Thema –, dann bedeutet das wie jede Zugehörigkeit zu einer Heimat eine Einschränkung gegenüber dem weiten Feld

der Möglichkeiten. Zugleich ist dadurch ein größerer geistlicher Spielraum ermöglicht, nämlich Freiheit von Angst und von der Furcht vor dem Fall ins Bodenlose.

- Das, was Luther mit dem »allgemeinen Priestertum der Gläubigen« tatsächlich praktisch wollte, ist, abgesehen von der fehlerhaften biblischen Grundlage, längst zu 90% erfüllt. Allein schon wegen Priestermangel ist die katholische Kirche in Deutschland oftmals in viel höherem Maße als die protestantische (die mancherorts, nicht nur in Hermannsburg, noch eine Pastorenkirche ist) auf dem Weg zu einer Laienkirche.

Diese Aussagen verlangen nach Abgrenzungen, um Missverständnisse zu vermeiden:

Eine neuzeitliche oder aufklärerische Autonomie des Menschen zu verkünden, ist nicht Sache der Kirche – so als wäre ein Jenseits der Kirche die natürliche Ausgangsposition des Menschen. Die Bibel kennt nur eine »Freiheit von ...« (nämlich von Sünde, Tod und Teufel), nicht aber die sittliche Autonomie des Menschen, der sich selbst aussuchen könnte, nach welchen Geboten er lebt, noch die religiöse Autonomie, die gegenüber dem Anspruch Gottes auf Anerkennung im Ersten Gebot und in Dtn 6,4 keinen Bestand haben kann.

Daher ist für Katholiken wohl *Freiheit in der Kirche* ein Ideal, nicht zuletzt auch ein Bildungsideal. Denn, wie gesagt, mit der Kompetenz wächst der Aktionsradius. Dagegen ist *Freiheit von der Kirche* nicht vorgesehen. Das heißt: Ein Katholik kann die Position der Kirche weder ignorieren noch sie für seine eigene Haltung einfach für irrelevant erklären.

Der Unterschied zu den meisten Formen des Protestantismus besteht hier darin, dass der »mittlere Bereich« zwischen Schrift und dem Einzelnen für einen Katholiken nicht leer ist. Er ist für Katholiken gefüllt mit Instruktionen der Kirche in Glaube und Moral. Es mag zu pauschal und nur teilweise richtig sein, aber im evangelischen Religionsunterricht, an dem ich in der Schulzeit stets aus Interesse als Gasthörer teilnahm, hörte ich immer wieder: »Das muss jeder mit seinem Gewissen alleine ausmachen.« Nun ist es glücklicherweise dabei nicht einfach geblieben. Insbesondere die Denkschriften der EKD und der Evangelische Erwachsenenkatechismus lassen deutliche Konturen erkennen. Doch die verpflichtende Kraft ist gering, denn die Autorität der kirchlichen Institutionen reicht hier nur so weit wie die unmittelbare Überzeugungskraft der Argumente. Auch habe ich in jüngerer Zeit von Denkschriften nicht mehr gehört. Allerdings mag es mittlerweile den vatikanischen Instruktionen nicht anders ergehen. Und dass die Autorität der Kirche nur so weit reicht, wie die Überzeugungskraft der Argumente, wird man heute kaum als protestantisches Privileg oder als protestantischen Mangel bezeichnen können. Es gilt einfach überall.

Im traditionellen Milieu-Katholizismus war es jedenfalls anders. Dieser war stark autoritär geprägt, und zwar vor allem unten an der Basis, nämlich gegenüber den Pfarrern. Das konkrete Instrument der Bindung waren nicht zuletzt die »Fünf Gebote der Kirche« und die Beichte. Alle diese Institutionen sind mehr oder weniger in erhebliche Krisen geraten. Auch viele Katholiken leben heute in einem luftleeren Raum und sind vom Megatrend der Säkularisierung erfasst. Dass man gerade diese neue Situation einer gelockerten Bindung von Katholiken im Verhältnis zu ihrer kirchlichen Autorität als eine Chance der Ökumene ansieht, wird überdeutlich. Ich sehe das anders.

Das katholische Milieu kann man nicht rekonstruieren. Aber der Verlust traditioneller Institutionen oder Strukturen ist keine wirkliche Chance der Ökumene. Denn die bloße Abwesenheit von Religion führt nicht zusammen. Immerhin gibt es Anzeichen für eine Erneuerung der Beichte, jedenfalls bei Katholiken. Denn die persönliche Beichte ist der einzige Ort, an dem der Katholik ein Echo, einen kritischen Reflex, auf sein Leben erhält. Die Beichte – ein Gespräch, kein Diktat – soll ja gerade den dialektischen Prozess der Gewissensbildung konkret befördern. Auch bei evangelischen Christen ist die persönliche Beichte nie wirklich abgeschafft worden. Bis ins 18. Jh. hinein war auch dort die Ohrenbeichte üblich. Dietrich Bonhoeffer versuchte, sie wieder im evangelischen Raum zu etablieren. Die Kluft zwischen den Konfessionen gerade in Bezug auf die Kirchenbindung ist erst nach der Aufklärung so groß geworden. Und sie wird jetzt im Lebensgefühl kleiner, da die Katholiken im Gefolge des Zweiten Vatikanums die Aufklärung in vollen Zügen nachholen.

Aufs Ganze gesehen kann von dem viel besprochenen Glaubenszwang bei Katholiken praktisch nicht die Rede sein. Auch katholische Laien glauben mittlerweile an Reinkarnation oder basteln sich ihre Religion nach dem Baukastenprinzip zusammen. Mit jedem Einzelnen könnte man tagelang verhandeln, um ihn überzeugend auf »die Bahn des rechten Glaubens« zu bringen. Aber es findet nicht statt. Aus verständlichen Gründen und um die Basis des Zeugnisses zu verbreitern, hat man in den letzten Jahrzehnten die Katechese weitgehend in die Hände von Laien gegeben, ohne bedacht zu haben, dass hier einzig und allein der dominikanische Wahlspruch »contemplari et contemplata aliis tradere« (= meditierend verinnerlichen und das Verinnerlichte weitergeben«) am Platz ist. Man kann nicht einfach aus dem Stand aktueller Kirchenmitgliedschaft zum Katecheten werden. Seitdem die Vorbereitung auf Erstkommunion und Firmung in den Händen von unvorbereiteten Laien liegt, werden öfter sehr eigenwillige Glaubensweisen als »katholisch« deklariert und an die Kinder weitergegeben. Kein Mensch hat Zeit, darauf wirklich einzugehen.

Wer in Sachen kirchlicher Gesinnungsdruck auf zeitgenössische Gestalten wie Hans Küng, Eugen Drewermann oder Willigis Jäger verweist, übersieht den Standesunterschied. Der Herr Professor oder der Herr Tagungsleiter steht in der Öffentlichkeit und ist – schon aufgrund des universitären und kirchlichen Intrigengeflechts, das umso intensiver wird, je höher man kommt – viel eher im Visier kirchlicher Kritik als der Laie XY, der an der Basis nach Gusto lehrt. Wer in dieser Hinsicht gut aufgestellt ist, wie etwa der Münchner Theologe Eugen Biser, den erwischt es weniger leicht. Die Kirche würde politisch manchmal geschickter operieren, würde sie solche Unfälle zu vermeiden suchen. Wenn Rebellen zu »Märtyrern« werden, erlangen sie eine Popularität, die ihnen sonst nicht zufiele. Es ist daher für eine Phänomenologie des Sachverhalts »Glaubenszwang« nötig, von diesen Einzelfällen abzusehen und festzuhalten, dass auch für den strenggläubigen Katholiken verhältnismäßig wenig wirklich kirchlich »definiert« ist. Ich habe noch keinen Katholiken getroffen, der den DENZINGER (= bekannte Sammlung kirchlicher Lehrsätze) glaubt. Selbst »gehorsamen» Katholiken ist nur wenig von dem bekannt, was wirklich festgelegt ist.

Fazit: Die Angleichungen der Konfessionen bezüglich des Nachlassens kirchlicher Bindung und des legendären Glaubenszwangs sind erheblich. Der zur kritischen Instanz erhobene Geist der Aufklärung ist stets das Ende der Beichte (Zumutung für das autonome Subjekt) und der Orthodoxie (Zumutung für die Freiheit des Denkens), damit aber im Ganzen der kirchlichen Bindung und der geistlichen Heimat. Die Angleichung der Konfessionen in diesen Punkten ist keineswegs zu begrüßen. Denn die Gleichheit in der Unkenntnis des eigenen Glaubens schafft nicht Frieden, sondern eine hochexplosive, weil von schwindender Sachkenntnis getrübte Stimmungslage.

Die Angleichung wird von den Laien völlig zu Recht festgestellt. Sie ist allerdings nicht, wie etliche meinen, die Basis einer ökumenischen Annäherung, sondern eine zusätzliche Belastung.

KAPITEL 6

Fremdes Denken verstehen

Niemand darf übersehen, dass der historische Parallelismus der Christentümer längst eigene Sprachwelten erzeugt hat. Eine christliche Lingua franca gibt es nicht, auch wenn wir dieselben Worte verwenden. Daher ist das ökumenische Problem auch ein Übersetzungsproblem, in dem das scheinbar Bekannte neu begriffen und erläutert werden muss. In Deutschland etwa hat der traditionelle Milieu-Katholizismus (nehmen wir den rheinischen Katholizismus Kölner Provenienz) eine ganz andere Kultur entwickelt als etwa das Luthertum in Dresden. Die Sprache ist jeweils nur die Spitze des kulturellen Eisbergs.

6.1 Übersetzen als ökumenisches Problem

Übersetzungen gibt es für die in diesem Buch erörterten Zusammenhänge in vielfachen Beziehungen: Die Bibel wird für eine bestimmte moderne Leserschaft in eine bestimmte Sprache übersetzt; kirchliche Lehren (Kirchenväter, Konzilien) werden zumeist im Rahmen einer bestimmten Konfession oder für ein religiös allgemein gebildetes Publikum übersetzt und kommentiert, man denke auf evangelischer Seite an Edmund Schlink: »Die Bekenntnisschriften« (München 1958). Oder aber es wird das katholische Christentum für Protestanten »verdolmetscht«, nämlich so erklärt, dass man es als Protestant begreifen kann, und umgekehrt. In allen Fällen geht es jeweils in unterschiedlicher Weise um einen Vermittlungsprozess zwischen Kulturen. Ich möchte dafür einige Beispiele nennen; sie beziehen sich nicht nur auf einzelne Vokabeln, die regional unterschiedlich dasselbe bezeichnen (wie Blaubeeren oder Bickbeeren für Heidelbeeren). Hier geht es um unverstandene, in ihren Abweichungen kaum verstehbare kulturelle Vollzüge.

Von weitem her sieht man das immer am besten: Jedem ist klar, dass der Gegensatz zwischen »Katholiken« und »Protestanten« in Nordirland ein Gegensatz zwischen der betont irischen und der betont angelsächsischen Welt ist. Die wenigen Ansätze, diesen Konflikt zu beheben, finden sich in Schulen, weil Kinder und Jugendliche in der je eigenen Kultur noch nicht verwurzelt sind. Was aber geschieht dann im Heranwachsen, wenn sich die betreffenden Jugendlichen ihrer Kultur stärker bewusst werden? Ihre Ausdifferenzierung geschieht durch Hineinwachsen in kulturell geprägtes Milieu.

Beispiel: Katholiken aus traditionellem Milieu wissen, was die Kirche am 8. Dezember feiert: die unbefleckte Empfängnis Mariens. Denn pünktlich neun Monate später wird am 8. September ihre Geburt gefeiert. Selbst evangelische Bischöfe meinen jedoch, es handle sich aber um die Entstehung Jesu ohne Mitwirkung des hl. Josef, also um das, was die Kirche am 25. 3. (Mariae Verkündigung) feiert. Sie verstehen »unbefleckt« im sexuellen Sinne und nicht bezogen auf Erbsünde und Sünde (noch Luther hat die Meinung vertreten, Maria sei ohne Sünde). Oder: »Ablass« wird verwechselt mit dem »Nachlass von Sünden«, also mit deren Vergebung – einfach weil es so ähnlich klingt. Oder das Wort »heilig« wird lediglich moralisch gedeutet und dann natürlich im Sinne unglaublicher menschlicher Anmaßung verstanden. So könnte man geradezu annehmen, ein »Heiliger Vater« stünde Gott näher als wir alle und sei dem Anspruch nach fast ein Halbgott. Selbst bei evangelischen Theologieprofessoren kann es geschehen, dass sie schreiben, die Katholiken würden Maria anbeten. Denn der Unterschied zwischen »beten zu« und »anbeten« ist im traditionellen katholischen Milieu selbst dem Firmling klar. Aber wie soll man sich da ohne ein interkonfessionelles Wörterbuch zurechtfinden, wenn man aus einer anderen religiösen Kultur kommt? Denn die Hände faltet der katholische Mensch auch beim »Beten zu ...«. Doch er muss es als Beleidigung, ja als Unterstellung von Götzendienst auffassen, wenn ihm gesagt wird, er bete Maria an. Jüngstes Beispiel: Wenn man dem Papst »Benedetto!« zuruft, wird das flugs als Personenkult gedeutet und als etwas, das dem Sinn und Gegenstand aller biblischen Religion geradezu teuflisch entgegenstehe.

Angesichts dieser kulturellen Unterschiede wären eigentlich

behutsame kulturelle Übersetzungsprozesse, etwa in Form von Volkshochschulkursen (»Einführung in protestantisches Denken und Argumentieren«, »Einführung in die katholische Lebenswelt«) wünschenswert. Stattdessen schlägt man vor, beide Konfessionen einfach zusammenzuwerfen. Das führt entweder zu verschärftem Streit (wie wir das seit der »Gemeinsamen Erklärung« verfolgen können) oder zum beiderseitigen Verlust der Kultur nach dem Motto: Wer wegsieht, nimmt auch keine Unterschiede mehr wahr.

Die moderne Übersetzungstheorie, insbesondere die an Christiane Nord (Magdeburg) international ausgerichtete, hat herausgefunden, dass es beim recht verstandenen Übersetzen nicht nur und nicht einmal hauptsächlich um die adäquate Wiedergabe von Vokabeln geht, sondern um das Vermitteln und Darstellen einer jeweils anderen Kultur. Dabei fallen dann die Missverständnisse umso gravierender aus (und die Reaktionen sind umso wütender), je näher sich die Kulturen – oberflächlich gesehen – zu stehen scheinen. Gerne werden dann Deutsche und Österreicher oder Deutsche und Holländer genannt. Dasselbe gilt aber auch zwischen deutschen Katholiken und deutschen Lutheranern. Die sich steigernde Wut der Kontrahenten in den letzten beiden Jahren ist darauf genau zurückzuführen, dass man sich ganz nahe zu stehen scheint und doch die kulturellen Gräben, die großenteils 450 Jahre und älter sind, einfach nur zudeckt oder kaschieren möchte.

Angesichts dieser Lage kann zwischen Lutheranern und Katholiken in Deutschland ein »Zusammenschmeißen« der beiden Christentümer nur ein völlig frustrierendes Unternehmen sein. Denn gerade weil es um Kultur geht und gerade weil Kultur von einem gewissen Niveau lebt und nach ihrer Vertiefung strebt, wo sie lebendig ist, kann ein Übersehenwollen der gegenseitigen Fremdheit nur zu bürgerkriegsähnlichen Zuständen führen.

Es führt vielmehr kein Weg darum herum, die jeweils andere Kultur in ihrer Fremdheit wenigstens annähernd verstehen zu wollen. Dass genau diese Fähigkeit – allem Einheitsgerede zum Trotz – systematisch abgebaut wurde, davon zeugen die entsprechenden Einladungen zum interkonfessionellen Abendmahl (»Christus lädt alle ein! Da kann die Kirche nicht irgendjemanden ausladen«) und zur Frauenordination (»Ungerechtigkeit gegen Frauen in der katholischen Kirche«). In beiden Fällen wurden tief gehende katholische Grundüberzeugungen ignoriert, ihr Standpunkt als unmoralisch abgewertet. Dabei waren freilich – Pisa lässt grüßen – auch katholische Theologen nicht mehr in der Lage, die Lehre ihrer eigenen Kirche zu kennen, geschweige denn zu verstehen oder zu verteidigen.

Kein Übersetzer in der ganzen Welt, der etwas auf sich hält, wird Verständnisschwierigkeiten zwischen Kulturen dadurch beheben wollen, dass er vorschlägt, die Kulturen kurzerhand zu vereinigen. Was würde er/sie vorschlagen?

- Weil gerade große Nähe enorme Potentiale an Sprengstoff bietet, empfiehlt es sich, klärende Einführungen in gerade die Gebiete zu unternehmen, die nahe beieinander zu liegen scheinen (z. B. Taufverständnis). Mit »Tagen der offenen Tür« und touristischem Sightseeing wird es nicht getan sein.
- Das Fremde im anderen ist auch wirklich als das Fremde darzustellen. Wenn man nach dem Grundsatz der »verstandenen Fremdheit« verfährt, kann das nur bedeuten, dass das Fremde nicht einfach verbal (und nach Lexikon übersetzt) wiederholt wird, sondern – mit Verstehenshilfen versehen – dem Gegenüber nahe gebracht wird. Diese »Verstehenshilfen« machen dabei nur Implizites (vorhandene Voraussetzungen) explizit. Verstandene Fremdheit bedeutet nicht deren Aufgabe oder Nivellierung, sondern deren liebevolle Verdeutlichung – nicht allgemein »für Außenstehende«, sondern speziell im Blick auf die Kultur des Empfängers der Übersetzung.
- Da der Übersetzer hier kultureller Brückenbauer ist, wird vorausgesetzt, dass er selbst, soweit es ihm irgend möglich ist, biographisch »mit einem Bein« in der Zielkultur lebt – und mit dem anderen in der Ausgangskultur.

Aber wie denn nun, wenn die Träger dieser unterschiedlichen Kulturen doch miteinander leben und Feste feiern wollen?

Eine historische Erinnerung: Nachdem 1870/71 das Deutsche Reich gegründet worden war, gingen die Christen der großen Volkskirchen daran, sich miteinander in einem Reich einzurichten. Das Verbindende war freilich nicht das Christentum, sondern der

Nationalismus, also etwas Drittes. So gab es rührende Versuche, katholisch-apologetische Geschichtsbetrachtung mit der preußischen nahtlos zu verbinden (Widmann, Fischer, Felten: »Illustrierte Weltgeschichte« I–IV, Mönchengladbach 1909). Ebenso war der Augsburger Religionsfrieden von 1555 ein staatliches Diktat, nicht Ergebnis einer theologischen Verständigung zwischen den Konfessionen. Diese steht aus.

Man sieht: Die Aufgabe ist verhältnismäßig neu, dass nicht Dritte die Konfessionen zwangsvereinigen, sondern dass sie selbst einen Weg zueinander finden müssen. Geht das? Und wie? Wir halten fest: In jedem Fall wird die Funktion des Übersetzers nicht entfallen, sondern an vielen Orten mit noch ganz anderer Energie betrieben werden müssen, als es bisher je geschah.

Dazu ist ein abschließender Hinweis auf das Verhältnis von Religion und Kultur im Zusammenhang der Kontroverstheologie angebracht: Religion und Kultur sind in jedem Falle eine sehr enge Einheit eingegangen. Diese wird nicht durch Subtraktion gelöst, so dass bei der Befreiung von umgebender Kultur »die Religion« herausdestilliert und isoliert werden könnte.

Als Beispiel möge die berühmte katholische Volksfrömmigkeit dienen. Noch zu Beginn meines Studiums in den 60er Jahren des 20. Jh. lernten wir, eine Einigung der Konfessionen sei am leichtesten zu erlangen über den Weg der Zerschlagung der katholischen Volksfrömmigkeit. Bis zu einem gewissen Grade ist dies in den nachkonziliaren Wirren gelungen. Doch mittlerweile zeigt sich, dass der Weg in den Keller (Heizung, Wasserpumpe, Versorgungsreserven) eines Hauses unpassierbar ist, wenn nur lauter Trümmer im Weg liegen. Nein, die nötige Vertiefung zur Erneuerung des Christentums führt nicht an der Volksfrömmigkeit vorbei, sondern durch sie hindurch. Sie ist der stellenweise überaus human gestaltete Zugang zu den Reserven; sie ist der Schlüssel zur Erneuerung. Denn eine formlose Erneuerung kann es nicht geben. Es gibt keinen Weg »pur«, keinen religionslosen Weg zu Gott, wie Bonhoeffer einst meinte. Er führt über die sehr menschelnden Formen der traditionellen Frömmigkeit, die alles andere ist als seelenlose mechanische Magie.

Evangelische Leser werden einwenden, dass nun gerade die katholische Frömmigkeit im interkonfessionellen Miteinander die größten Schwierigkeiten bereite. Beim Sprechen über das Wesentliche (z. B. im Bibelgespräch) sei das anders. Die volkstümliche Frömmigkeit sei ja bekanntermaßen ein Amalgam aus Heiden- und Christentum, wie überhaupt die katholische Kirche nach außen hin sich öfter heidnisch gebe (zum Beispiel im Personenkult um den Papst), während sie doch im Inneren, wenn man etwas näher hinschaue, überraschend christliche Züge trage. Doch das, was man für das Wesentliche hält, ist oft gegenüber dem konkreten Leben nur eine Abstraktion. Das Wesentliche muss man stets erst hinein- oder herausinterpretieren. Eine Verstehensleistung, die diesen Namen verdient, müsste sich dadurch auszeichnen, dass sie gerade die Kleinigkeiten vom Ganzen her interpretiert, nicht aber sie weglässt.

Jede Übersetzungsleistung gewinnt ihren Wert von ihrer genau bestimmten Funktion her. Was will – im Falle des ökumenischen Übersetzens – das Verstehen der Fremdheit leisten? Folgende Punkte sind dabei wichtig:

- Verstehen der Fremdheit will vorschnelles Gleichsetzen verhindern, damit es später nicht Magenschmerzen gibt, wenn eine Seite freiwillig ihre Kultur aufgegeben hat.
- Es will helfen, das Fremde im Eigenen zu entdecken. Man kann wohl erst dann das andere verstehen, wenn man zugeben kann, wie viel davon im eigenen Haus verborgen ist oder übersehen wurde.
- Es wird dankbar aufgegriffen werden, wenn es anhaltende Freude über wirklich Gemeinsames gibt.
- Es soll verhindern, dass man beim Gegenüber Form von Inhalt, Schale von Kern trennt. Derartige Schnitte sind künstlich und letztlich lebensfremd und auf bestimmte Weise »unmenschlich«. Derartige Subtraktionen müssen besonders in einer Religion misslingen, die ein so inniges Verhältnis zur bildenden Kunst eingegangen ist.

6.2 Fremde Denkwege (katholisch)

Ich behaupte an dieser Stelle: Viele kontroverse Einzelfragen und Probleme sind Auskristallisierungen einer jeweils anderen Denkform – mehr nicht. Das macht die Probleme einfacher, denn sie werden gewissermaßen auf einem neutraleren Feld behandelt, das noch nicht seit Jahrhunderten zerredet ist. Es gibt eine Reihe reichlich verschiedener Denkwege auf katholischer Seite, die religionsgeschichtlich gesehen älteren Ursprungs sind und in der Regel weder auf evangelischer noch auf neukatholischer Seite adäquat verstanden werden.

6.2.1 Das Prinzip der Überfülle

Wenn es um das geschenkte Heil geht, ist es unpassend, nur nach dem strikt Notwendigen zu fragen. Paulus spricht hier von »Überfülle« und meint damit etwas typisch Messianisches. Denen, die Gott erlösen will, schenkt er alles in Überfülle. Gott kommt nach dem Neuen Testament den Glaubenden auf einer Fülle von Wegen nahe. Da ist die zeitliche, persönliche, räumliche und physische Nähe. Sie äußert sich als Erwartung der Offenbarung des Reiches, im kindlichen Verhältnis zu Gott, in der Menschwerdung Gottes in Jesus, in den zahlreichen Wundern. Den Christen sind zahlreiche Fürsprecher geschenkt, nicht nur die beiden Anwälte, Jesus Christus und der Heilige Geist, sondern auch die vielen Gemeinden, die füreinander beten.

Aber auch von den Christen ihrerseits wird Überfülle erwartet, indem sie im Spenden nicht knauserig sind (2 Kor 8). Und schließlich, dass sie sich mit dem strikt Heilsnotwendigen (Glaube und Taufe) nicht zufrieden geben. Ihre Existenz soll im »überflüssigen« Fest münden, der Feier (!) der Eucharistie. »Fülle« und »Überfülle« kennt keinerlei Angst vor dem Zuviel. Gott hat diese Angst auch nicht. Der Grundsatz des bloß Notwendigen ist daher grundsätzlich überwunden. Das hat in etlichen Punkten auch ökumenische Bedeutung, und zwar bei der Eucharistie, bei den Werken und in der Anrufung der Heiligen als Patrone.

6.2.2 Bildworte werden liturgisch konkrete Wirklichkeit

An dieser Stelle müssen wir darüber sprechen, wie es in der katholischen Theologie dazu kam, dass aus biblischen Bildworten (nehmen wir einmal Jesu Bildwort »Brot«) Sakramente wurden (hier das Sakrament »Eucharistie«). Wie verhalten sich Sprache und die damit bezeichnete Realität zueinander? »Bildwort« bedeutet: Eine nicht leicht fassbare Realität (eine Person, etwas Unsichtbares, ein psychischer Zustand) wird durch eine leichter fassbare Realität angekündigt.

Das Verhältnis zwischen Gott und Israel wird im Bild der Ehe erfasst. Das Vergleichsglied: Die exklusive gegenseitige Treue von Personen. Auch das Verhältnis zwischen dem Messias und dem erneuerten Gottesvolk wird im Bild von Bräutigam und Hochzeit erfasst. – Dieses Bild wird ultra-real im wiederholten Verbot der Ehescheidung. Denn welchen Sinn macht es, von Gottes und Israels Treue zu reden, wenn das irdische Gegenbild nicht funktioniert?

Oder: Das Verhältnis des einzelnen Gläubigen zu Gott wird so gesehen, dass man sagt: »Ich gehöre dir!« »Ich bin Eigentum des Schöpfers«. Vergleichsglied ist die exklusive Nutzung durch den Besitzer. – Ultra-real wird dieses Bild in der geistlichen Ehelosigkeit, in der der Gläubige ganz real in allen Dingen Gott gehört.

Gott wird männlich vorgestellt. Das Vergleichsglied zwischen Mann und Gott ist die Fürsorge dessen, der nicht geboren hat. – Die ultra-reale Konsequenz: Nur Männer können nach orthodoxer und katholischer Auffassung den Gott der Bibel bildlich, und das heißt: in der Liturgie, darstellen.

Nach Auffassung der katholischen Liturgie ist der Altar wie Christus. Vergleichsglied: Der Ort der Versöhnung. Ultra-realistische Konsequenz: Zu Beginn und am Ende des Gottesdienstes küsst der Priester den Altar. Der Altar ist so weit und so kräftig Christus selbst, dass der Priester ihn *küsst*. Der Kuss gilt als leibhaftiges persönliches Zeichen *nicht dem Stein* – das wäre schlimmster Rückfall in Götzendienst – sondern dem hier »gegenwärtigen« Christus.

Gemeinsamkeit in allen Punkten: Das zunächst im freien Spiel bildlich Gedachte und Dargestellte wird konkrete, verbindliche, unübergehbare Realität. Es handelt sich um besondere Fälle der Anwendung des Grundsatzes »Wie im Himmel, so auf Erden«.

Dazu gehört auch dieses: Nach Dtn 8,3 lebt der Mensch nicht vom Brot allein, sondern von Gottes Wort, das aus seinem Munde kommt. Das Wort wird daher mit Brot verglichen. Vergleichspunkt: Leben durch etwas, das man zu sich nimmt. Ultra-realistische neutestamentliche Konsequenz: Gottes Logos ist Brot der Eucharistie. Schon nach Joh 6 nennt Jesus sich »Brot«. Jesus sagt »Brot«, weil er so anzeigt, dass er das Leben gibt. Brot ist »das« Lebensmittel schlechthin. Der Vergleichspunkt zwischen Jesus und Brot ist »Leben«. In dieser Funktion ist »Brot« ein Bildwort, eine Metapher. So weit besteht auch Einigkeit zwischen den Konfessionen.

Insbesondere die Anhänger Zwinglis bleiben an dieser Stelle stehen. Sie behaupten: Auch »Abendmahl« ist ein Bildwort, eine bloße Analogie. Jesus vergleicht sich mit dem Brot, und wer das Brot isst, erinnert sich an Jesus und seine Bedeutung. »Abendmahl« hat hier eine didaktische, rein belehrende Funktion; daran ist nichts mystisch oder geheimnisvoll. Wenn Christen Abendmahl feiern, stellen sie Implikationen von Jesu Brotrede sinnlich-theatralisch dar. Das ist wohltuend, weil es einen Effekt für das christliche Bewusstsein hat. Während des Abendmahles, mit dem Brot und den Essern geschieht nichts, es sei denn im Kopf der Beteiligten, denen eine besondere Einsicht zuteil werden kann.

Das Gegenteil davon ist die katholische Auffassung. Man kann sagen: Bestimmte Bildworte (Metaphern) besitzen hier einen *ultrarealistischen* Charakter. Das gilt nicht nur für die Eucharistie, sondern auch für andere Sakramente. *»Realistisch«* hieße: Wenn man das Abendmahl feiert, erinnert man sich nicht nur, sondern das Dargestellte ist akute Wirklichkeit. So weit geht auch Luther, der in diesem Zusammenhang Zwingli erklärt: »Ihr habt einen anderen Geist als wir.«

Das katholische Verständnis ist nun nicht nur realistisch, sondern ultra-realistisch. Es wird nicht lediglich angenommen, Jesus habe eine »Bedeutung«, auch nicht, er sei gegenwärtig, geistlich oder wie auch immer wirklich da. Nach katholischer Lehre ist er so konkret und leibhaftig da, dass es sich in gar keiner Hinsicht nur um ein Bild handelt, sondern dass seine Gegenwart hier auch Folgen und Konsequenzen hat. Um diese abgeleiteten Konsequenzen geht es. Dazu gehört z. B., dass man Jesus in der Hostie anbetet (nicht: die Hostie!); dass Jesu Gegenwart in der Hostie nicht einfach vergeht wie ein Schatten, sondern dass sie, solange sie existiert, Jesus in seiner Gegenwart birgt.

»Ultra-realistisch« heißt also: Das Bild ist so weit Realität, dass es eigene, neue Konsequenzen hervorbringt, erfordert oder nahe legt. Wir kennen etwas Vergleichbares von den Ikonen der Ostkirche. Sie bilden nicht nur den Heiligen (erinnernd an eine längst vergangene Realität) ab – vielmehr ist der Heilige so weit in den Ikonen gegenwärtig, dass man nicht nur »irgendwie« in seiner »geistigen« Gegenwart ist (darauf verweist das Heilige Licht in der Ampel), sondern dass man ihn in der Ikone auch leiblich berühren kann. Daher wird bloße Erinnerung weit überstiegen: Die Ikone setzt ein »Jetzt und Hier«. Sie fordert neue Konsequenzen konkreter und leibhaftiger Art: Sie wird von den Gläubigen *geküsst*. Dem Außenstehenden, der Religion mit dem Geistigen, Transmateriellen identifiziert, kommt das vielfach wie Fetisch vor, wie primitiver materialistischer Kult. Es handelt sich freilich um die ausgezogenen Linien dessen, dass Gott sich im Mysterium der Menschwerdung selbst radikal auf das Materielle eingelassen hat.

Nun ist freilich zwischen der Gegenwart Jesu im Altar bzw. der Gegenwart der Heiligen in den Ikonen und der eucharistischen Gegenwart zu unterscheiden. Die Eucharistie ist als äußerste Steigerung dessen zu begreifen, was die Ostkirche für Ikonen und die Westkirche für den Altar (und am Karfreitag auch für das Kreuz) annimmt.

Es erscheint legitim, hier von »äußerster Steigerung« zu sprechen. Denn man könnte eine ganze biblische Theologie schreiben unter dem Thema, in welcher Weise und Intensität Gott wo gegenwärtig ist. In der Welt ist er gegenwärtig nach dem Gespräch zwischen zwei Rabbinen: »Sage mir, wo ist Gott?« – Antwort: »Sage mir, wo er nicht ist!« Besonders ist er da gegenwärtig, wo sein Name angerufen ist. Daher redet Jesus auch davon, dass er dort gegenwärtig sei, wo zwei oder drei Jünger in seinem Namen versammelt sind. In unübertrefflicher Weise ist Gott dort, wo sein Heiliger Geist ist (in der Gemeinde des Neuen Bundes) oder wo Jesus beim Mahl der Gemeinde dynamisch gegenwärtig ist, und zwar unter Brot und Wein. Gegenüber der katholischen Auffassung hält auch jedenfalls die lutherische fest an der Gegenwart Jesu, doch ist diese mehr von der Art, dass man »seine Seele in die Sonne halten kann«.

Die äußerste Steigerung der Gegenwart des Bezeichneten kommt nach katholischer Auffassung durch die Worte der Sakramentsspendung zustande. Darin liegt gerade der Unterschied zur Gegenwart des Heiligen in der Ikone. Die Ikone wird unter Beten und Fasten gemalt, sie ist also »heilig«. Sie hat Anteil an dem, den sie darstellt. Wer die Ikone küsst, der küsst ihn. Aber ein Sakrament ist die Ikone nicht; der Ausdruck der Ostkirche für Sakrament (mysterion) wird nicht im technischen Sinn für sie gebraucht.

Dasselbe Phänomen der ultra-realistischen Metaphorik treffen wir auch bei mindestens drei anderen Sakramenten: bei der Taufe, bei der Eheschließung und bei der Beichte. Bei der Taufe liegt eine biblische Metapher zugrunde. Nach Ez 36,26 wird Gott seinen Heiligen Geist »wie Wasser« auf die Menschen senden und in ihr Herz legen, damit sie ohne Sünde sind und seine Gebote erfüllen können. Auch in den Texten von Qumran, also in nächster Nähe des Neuen Testaments, ist diese Verheißung geläufig. Im Sakrament der Taufe wird die biblische Metapher (Gott sendet seinen Geist »wie« Wasser) ritualisiert: Gott sendet seinen Geist in Gestalt des Wassers. – Entsprechend gibt es in den Weihegebeten für das Taufwasser auch Anzeichen einer Auffassung, der Heilige Geist sei im Taufwasser real gegenwärtig.

Resultat: »Ultra-realistisch« heißt: Weil es sich um Gottes wirksames Wort handelt, ist ein Sakrament nicht nur Symbol, sondern stets unüberbietbare reale Gegenwart Gottes.

Reale Gegenwart ist im Neuen Testament eine christologische und pneumatologische (in der Perspektive des Heiligen Geistes stehende) Kategorie. In Jesus Christus und im Heiligen Geist ist Gott selbst, der geheimnisvolle und unbegreifliche, wirklich gegenwärtig. Der Heilige Geist ist wiederum in den Christinnen und Christen je einzeln und in der Gemeinde im Ganzen gegenwärtig.

Die reale Gegenwart in Menschen wird – was die Person Jesu angeht – durch Brot und Wein vermittelt. Diese in seinem Namen im Herrenmahl zu sich zu nehmen bedeutet Feier seiner Gegenwart.

Angesichts dieser realen Gegenwart Gottes/Jesu in Menschen bedeutet es Versündigung gegen Gott/Jesus selbst, wenn man diese Menschen missachtet. Dann aber ergibt sich eine gute Entsprechung zu Mt 25,40.45: Gerade auch im Geringsten (seiner Brüder) trifft man auf den Herrn, hat man dem Herrn etwas angetan.

6.2.3 Aus Geschichte(n) werden bleibende Strukturen

Üblicherweise sind Geschichten vergangen, und dann kommt Neues. Vergangenheit überlebt sich. Nach der älteren katholischen Denkform ist eben dieses nicht der Fall. Denn der Ablauf der Geschichte (Martin Luther sagt: historia) ist die Vorlage für die Struktur des Weges zum Heil. Die Geschichte ist nicht vergangen, sie kristallisiert sich aus als bleibendes Gerüst der Wege Gottes mit den Menschen.

Dieses Schema kann man mühelos wieder erkennen im Petrusamt, in der Apostolizität der Kirche, in der Mariologie und in der eucharistischen Anbetung.

Beispiel *Petrusamt*: Die Struktur des Anfangs bleibt erhalten; es gibt nicht nur den historischen Petrus, es gibt ein bleibendes Petrusamt, in dem der jeweilige Träger die Rolle des Sprechers der Jünger fortsetzt, der das Bekenntnis formuliert.

Beispiel *Apostolizität der Kirche:* Die zwölf Apostel sind vergangen, kein Bischof nennt sich Apostel. Doch richtet sich das Credo auf die »apostolische« Kirche, die der Struktur nach den Chor der zwölf Jünger abbildet. Deshalb legt mindestens die katholische Kirche so großen Wert auf die ununterbrochene apostolische Sukzession (= Nachfolge der Apostel). Die Träger des Amtes wechseln, aber die Struktur bleibt erhalten.

Beispiel *Mariologie*: Mit dem »Ja« Marias (»Siehe, ich bin eine Sklavin des Herrn. Mir geschehe, wie du gesagt hast«) nahm die Erlösung ihren Gang. Maria war, mit Luther zu sprechen, eine »fröhliche Magd« und eine »willige Wirtin«. Jedenfalls ist durch ihr Ja das Heil in die Welt gekommen. Das Magnifikat nimmt auf diese Worte Marias Bezug, indem es von der »demütigen Ergebenheit« der Sklavin Gottes spricht. Diese mariologische Struktur bleibt aber erhalten. Das ist auch deswegen, aber nicht nur deswegen der Fall, weil Maria in den Himmel erhoben ist und dank Gottes Gnade lebt. So kann sie weiter Webstuhl des Heils sein. Ihr »Ja«

geschieht jetzt und immer und ist die Hohlform, in der sich jede Bereitschaft und jedes »Ja« zum Kommen Gottes ereignet. Mehr noch: Marias »Ja« und das »Ja« eines jeden Christen ist nicht nur Zusammenklang von etwas strukturell Ähnlichem, aber Zeitverschiedenem.

Beispiel *Eucharistie*: Auch dort, wo kein Wiederholungsbefehl steht, wird das Abendmahl, das Jesus mit seinen Jüngern gefeiert hat, fortgesetzt. Bekanntlich kennen nur Lukas und Paulus die Anweisung »Tut dies zu meinem Gedächtnis«.

Beispiel *Eucharistische Anbetung*: Erheblich ist nicht nur der Augenblick der Wandlung, das Punktuelle, sondern die Gegenwart Christi wird unter der Gestalt der Hostie »festgeschrieben«, wird dauerhaft.

Beispiel *Jünger, die zu Jesus hinführen*: Immer wurden neue Jünger auch dadurch gewonnen, dass sie durch schon ältere Jünger zu Jesus hingeführt wurden (Joh 1). Daneben hat Jesus auch Jünger und Jüngerinnen direkt berufen. Diese historische Gegebenheit setzt sich strukturell in der Kirche fort. Einer führt den anderen zu Christus. Deshalb heißt es im Hymnus »Salve Regina«: »Und nach diesem Exilsdasein zeige uns Jesus, die gesegnete Frucht deines Leibes.« Maria zeigt den Menschen Christus, sie weist auf ihn hin, führt zu ihm hin.

In jedem der genannten Fälle wird der Augenblick der Heilsgewinnung das Strukturmuster für das, was dauerhaft bleibt und gilt. Gottes Treue zeigt sich gerade darin, dass der entscheidende Augenblick (gr.: kairos) nicht leichthin einfach vergeht.

6.2.4 Jesus Christus ist der einzige Mittler, aber er ist nicht einsam

Im interkonfessionellen Gespräch kommt es immer wieder zum Dissens, wo es um die Rolle anderer Menschen geht, die zu Jesus hinführen. Wie kann es sein, dass Heilige verehrt und angerufen werden? Geschieht da nicht ein Abbruch an der Einzigartigkeit Jesu? Häufig lautet der Vorwurf an die Katholiken, die Mittlerschaft Jesu Christi werde verdunkelt durch Maria und die vielen Heiligen.

Katholiken betonen dann regelmäßig, das sei auch ihr Glaube: *Jesus Christus ist der einzige Mittler zwischen Gott und Mensch*. Doch es gibt, wie Joh 1 das schildert, andere Menschen, die zu Jesus hinführen. Hier sind es die ersten Jünger, die andere auf Jesus aufmerksam machen. Und so war es immer in der Geschichte der Kirche. Daher ist es überhaupt nicht zu bezweifeln, dass es – um mit Papst Leo XIII. zu sprechen – Mittler zum Mittler hin gab und gibt, ja geben muss. Um einen schlichten Vergleich zu gebrauchen: Früher gab es in den »Lichtspielhäusern« so genannte Platzanweiserinnen, welche die Menschen an ihren Platz im dunklen Kinoraum führten. Platzanweiser dieser Art sind die Heiligen. Sie helfen, dass jeder seinen Ort findet, von dem aus er dem entscheidenden Drama beiwohnt.

Die Reformatoren haben die massive Befürchtung geäußert, jeder Mensch, der auch nur irgendwie in der Nähe Jesu auftauche, sei eine Gefahr für dessen Monopolanspruch auf Vermittlung des Heils. Hier taucht eine Art von Konkurrenzdenken auf, das für die Bibel, würde es die Wirklichkeit widerspiegeln, schlechthin mörderisch wäre. Doch übertragen wir glücklicherweise nur eine moderne Vorstellung auf das Neue Testament. Wenn bei uns ein Professor neben einem anderen auftaucht, gilt er als Rivale und Konkurrent. Die Bibel operiert aber nicht mit der Kategorie »Konkurrenz«, sondern mit »Verstärkung«. Denken wir nur an die Beziehung von Johannes dem Täufer und Jesus. Es gilt als Markenzeichen kritischer Forschung, ein gespanntes Verhältnis zwischen den beiden anzunehmen. Dass Täuferjünger sich nach Joh 1 Jesus anschließen, wird betrachtet, als hätte ein Professor dem anderen die Doktoranden abspenstig gemacht. Jesus als Schüler des Täufers, der sich dann über seinen Lehrer erhebt – ist das nicht das klassische Verhältnis von einem, der als Assistent klein angefangen hat und sich dann als weitaus bedeutender entpuppt, als es sein Lehrer je war? Ausdrücke wie »Rivalität«, »kritische Auseinandersetzung«, »sich absetzen von«, »Spannungen«, »Konkurrenz«, »Aufholjagd« sind hier typische Einschätzungsmuster der Forschung. Dass es schlicht so gewesen sein könnte, wie es das Neue Testament entwirft, dass also einer den anderen bejaht, mit Freude den anderen ehrt und begrüßt, dass beide Figuren sich gegenseitig verstärken und damit ihre jeweilige Botschaft erheblich an Plausibilität gewinnt – das gilt als »harmonistisch«, als langweilig, als unproduktiver frommer Gedanke. Nein, so darf es nicht gewesen sein.

Dasselbe Konkurrenzdenken wendet man nun auf die Verehrung Mariens an, aber auch auf die gesamte Heiligenverehrung – all das soll es neben der Anbetung Christi nicht geben dürfen. Es wird unterstellt, man würde Jesus vergessen vor lauter Marienverehrung, und die Heiligen würden Jesus den Rang ablaufen in puncto Beachtung. Das Denkschema, nach dem man hier die Personen des Himmels auseinander dividiert, stammt aus den Autonomie- und Hegonomiebestrebungen der frühen Neuzeit. Wo jeder um seine Autonomie kämpft und ein Fürst gegen den anderen steht, da herrscht Konkurrenz am Markt. So wird das Denken des Marktes in den Himmel eingetragen.

Im Hintergrund steht hier auch die für dieses Denken unbewältigte Frage, in welchem Verhältnis eigentlich die Einzigkeit Gottes zur Pluralität steht. Bereits in der biblischen Engellehre gibt es dieses Problem. Sind die biblischen Engel jeder für sich kleine Konkurrenten Gottes – oder sind sie zu seiner Ehre da? Wird nicht Gottes Herrlichkeit in der Pluralität der Engel erst fassbar? Gottes Einzigkeit und Herrlichkeit ist für den einzelnen Menschen unfassbar. In der Herrlichkeit der Engel wird wenigstens im vielfältigen Widerschein erahnbar, wie groß und ausgedehnt die Herrlichkeit Gottes ist.

Gewiss hat man auch – allerdings erst in neutestamentlicher oder in nachbiblischer Zeit – nachgedacht über die Frage, wie sich das Ehren und Verehren der Engel zur Ehre verhält, die man Gott schuldet. Der Engel erweist sich jedenfalls nach der Ansicht frühjüdischer Apokalypsen dadurch als legitim, dass er jede Anbetung (im strengen Sinne des Wortes) verweigert (vgl. Offb 22,8f.); umgekehrt verlangt der Teufel angebetet zu werden (Mt 4,9) und erweist sich dadurch als abgefallener, illegitimer Engel, der göttliche Rechte in Anspruch nehmen will. Die Grenze ist daher die *Anbetung*. Andererseits ist die Rolle der Engel als Offenbarer und Dialogpartner unbestritten, dazu gehört auch ihre Anrede als »Herr!«, denn in ihnen wird der eine und einzige Herr repräsentiert, sie tragen seinen Namen (Ex 23,20).

Müsste im Konkurrenzdenken nicht auch das Verhältnis zwischen Jesus Christus und dem Heiligen Geist höchst problematisch sein? Beide werden doch in Röm 8 kurz hintereinander Anwälte genannt, die für uns eintreten (Röm 8,27.29).

Die Reformation versucht, das Problem der Einheit Gottes in der Vielfalt des Widerscheins seiner Heiligen radikal zu lösen, indem sie de facto jede Bezugnahme auf die Heiligen beendet; das gilt besonders für die Bilderstürmer und den Calvinismus.

Martin Luther spricht zwar von der Ehrung der Heiligen, insbesondere Mariens, lehnt aber deren Anrufung ab. Hier kommt ein fremder Gesichtspunkt, nämlich der der Rechtfertigung »aus Werken« hinzu, denn Anrufung geschieht angeblich unter Bezug auf die Werke und Verdienste des Angerufenen. Letzteres erscheint ein wenig konstruiert. Mit der »Erlaubnis« des Ehrens sind die Würfel gefallen.

Nun spielen im Alten Testament weder Engel noch Dämonen eine große Rolle. Denn man ist kämpferisch und ängstlich zugleich darauf bedacht, die Einzigkeit Jahwes zu bewahren und auch nur den leisesten Verdacht des Polytheismus abzuwehren. Die Propheten insgesamt, insbesondere Elias, sind leuchtende Beispiele für diesen Kampf. In der späteren Zeit des Frühjudentums dagegen haben sich die Verhältnisse geändert. Monotheismus ist längst philosophisch »salonfähig« geworden. Nun kommt es vielmehr darauf an zu zeigen, dass der Gott des Judentums Person ist und nicht Prinzip (wie bei den Philosophen). Daher wird Gott jetzt bildlich wie ein Großkönig gedacht. Liturgie und Mystik bestätigen dieses Bild; man denke nur an die Hymnen von Qumran und die Rolle, die liturgische Engel und Geister darin spielen.

Wir halten fest: In der Frage, ob durch die Verehrung der Heiligen, insbesondere Mariens, nicht die Ehre Gottes verdunkelt wird, tritt ein älteres religionsgeschichtliches Problem, nämlich das des Monotheismus, zutage. Daneben finden sich hier auch sehr neuzeitliche, dem Denken der Bibel nicht gemäße Quereinschüsse.

6.3 Fremde Denkwege (evangelisch)

Ein weites Feld des Sichabhebens vom Katholischen hat sich auf dem Gebiet der Moral ergeben. Während die katholische Kirche nach wie vor strenge Haltungen einnimmt, loten evangelische Denominationen verstärkt die Grenzen der Toleranz aus. Wo führt das hin? Denn: »Ohne verbindliche Definition des Rahmens, innerhalb dessen Individuen und Gruppen sich als Christen verstehen dürfen, kann es keine geeinte christliche Kirche geben. Für die Ökumene reicht es nicht aus, sich als Protestant in Abgrenzung zum Katholischen zu definieren oder immer weitere Proteste und Trennungen in Kauf zu nehmen, damit schließlich jeder sein eigener Papst wird.« (Wolfgang Ockenfels, in: SZ, 28. 4. 2003)

Auf zwei sehr unterschiedlichen Feldern haben sich wichtige Differenzpunkte entwickelt. Das eine Feld betrifft die konkreten Fragen von Sexualität, Ehe und Schutz des Lebens (im Entstehen und Vergehen). Hier steht der Protestantismus auf der Seite der Emanzipation dieses Bereiches aus jeder klerikalen Bevormundung. Die katholische Auffassung dagegen scheint rückwärtsgewandt, unkonziliant und lebensfern. – Die Beurteilung der Rolle des Gewissens dagegen betrifft die grundsätzlichere moralische Theorie. Protestanten pflegen die Rolle des freien Gewissens stark zu betonen, Katholiken dagegen heben hervor, das Gewissen müsse sich auch kirchlich formen lassen und die völlig freie Entscheidungskompetenz des Gewissens anzunehmen sei illusionär. – Dem Exegeten will es scheinen, als seien Protestanten hier tendenziell neuzeitlich und emanzipatorisch, Katholiken dagegen eher biblisch und »konservativ« orientiert.

Zunächst zum Bereich der Sexualität und zum Schutz des Lebens. Die Hauptprobleme in diesem Bereich sind schnell genannt: Den Protestanten wirft man vor, mit der freizügig gehandhabten Erlaubnis der Ehescheidung, ja mit Gottesdiensten zur Ehescheidung, mit der Segnung homosexueller Lebensgemeinschaften, mit »sanften« Positionen in den Fragen von Verhütung, Abtreibung und Euthanasie würden grundlegende katholische Positionen abgelehnt, und das in steigendem Maße. Alle diese protestantischen Positionen prägten sich erst innerhalb der letzten fünfzig Jahre aus.

Den Katholiken wirft man eine im Ganzen menschenverachtende Sexualmoral vor. Das bezieht sich bereits auf »Sex vor der Ehe«, dann auf Verhütung, Abtreibung, Scheidung und die Stellung zur Homosexualität. Auch in der Frage der Forschung an embryonalen Stammzellen gehen katholische Moraltheologen auf klare Distanz. Die katholische Kirche erscheint in jeder Hinsicht als restriktiv, was sich aktuell in Fragen der Euthanasie noch einmal zeigt. Die katholische Kirche betreibt dies in einer Hartnäckigkeit, dass sie oft in Gefahr gerät, dass man ihr in den genannten Fragen gar nicht mehr zuhört. Die Öffentlichkeit hat den Eindruck, dass die katholische Kirche hier keine Dialogfähigkeit besitzt. Sie hat scheinbar auf diesem Feld »nichts mehr zu sagen«. In den Diskussionen schließt sich dann alsbald öfter ein Kapitel über das »Elend des Zölibats« an.

Für den durchschnittlichen »aufgeklärten« Bürger sind diese Positionen häufig der eigentliche Grund, Katholisches überhaupt als indiskutabel abzulehnen. Seit Jahrzehnten ist das Verbot von Kondomen hier ein wichtiges Argument. Dieses Verbot, so argumentiert man, begünstige die Ausbreitung von Aids. Ist »der Papst« am Ende der eigentlich Schuldige in der gesamten Aids-Katastrophe? Das scheint schon fast linker Konsens zu sein. Wenn man einwendet, das eigentliche Problem sei aber doch die unverantwortliche sexuelle Freizügigkeit, wird geantwortet, das müsse man nun einmal als Faktum hinnehmen. Keuschheit oder gar »keinen Sex außerhalb der Ehe« zu fordern, sei wirklichkeitsfremd, frauenfeindlich und letztlich »von gestern«. Der »Papst« müsse hier einfach der gewandelten Auffassung von Sexualität Rechnung tragen.

Diese Fragen sind nicht im Handumdrehen zu lösen. Aber es gibt eine Reihe von Entscheidungen im Vorfeld, die zu dieser Problemlage geführt haben. Diese Fragen im Vorfeld sind:

- Mit welcher Autorität darf die Kirche hier überhaupt reden und entscheiden?
- Wie hätte man sich klugerweise den Weg einer Entscheidungsfindung vorzustellen?
- Wie kommt es, dass alle diese brennenden Differenzen ausgerechnet bei der Sexualität bzw. Entstehen und Vergehen des Lebens auftreten? Handelt es sich um die psychopathologische Fixierung einer zölibatären Kirche auf das, was sie gewaltsam wegdrückt, oder finden wir eine Sexual- und Lebensethik auch im Rahmen einer systematischen neutestamentlichen Ethik?
- Welche Bedeutung hat die Freiheit des Gewissens? Denn darauf pflegt man sich zu berufen, wenn man evangelischerseits die katholische Kirche mit ihren strengen Einstellungen im Regen

stehen lässt. Gibt es hier einen nennenswerten Beitrag aus Luthers Auffassung von der »Freiheit eines Christenmenschen«?

Gehen wir der Reihe nach vor:

6.3.1 Gibt es eine moralische Autorität der Kirche?

Alles nimmt seinen Ausgang bei der Textkritik von Röm 6,15. Paulus schreibt im Zusammenhang der Diskussion um die Befreiung der Christen vom Zustand »unter dem Gesetz« vom neuen Gehorsam der Christen. Dieser gilt nach dem Apostel der »Gestalt der apostolischen Lehre«. Textgeschichtlich besteht an der Integrität der Stelle kein Zweifel, keine Variante stützt eine andere Lesart. Doch der neuzeitlichen Exegese gefiel das nicht. Deshalb bezeichnete schon Rudolf Bultmann den ganzen Satz als »Glosse«, und Ulrich Wilckens folgte ihm darin. Die neue Freiheit durch »apostolischen Gehorsam« zu verlieren, das schien inhaltlich unerträglich. Und die Einstufung als Glosse sollte besagen: Hier haben spätere kirchliche Abschreiber etwas hinzugesetzt, was gegen die Absicht des Paulus war.

Die Stelle ist darum so entscheidend, weil sich hier schon der große Spalt auftut: Freiheit des Gewissens, Freiheit vom Gesetz, Autonomie des Einzelnen auf der einen Seite – und neuer Gehorsam, kirchliche Weisungsbefugnis auf der anderen Seite.

Nun heißt die spätere Kirche aber deshalb im Credo »apostolisch«, weil sie sich nicht lediglich formal auf die Schrift beruft – das tut jeder, der sie zitiert –, sondern weil sie dafür auch beansprucht, etwas von der Autorität der Apostel geerbt zu haben.

6.3.2 Über die Art der Entscheidungsfindung

Im Abschnitt über die »Schrift« werden wir zu der These gelangen, keine Kirche dürfe sich über explizite Verbote der Schrift hinwegsetzen. Damit ist keinem Biblizismus, gar Fundamentalismus das Wort geredet. Es ist nur das Minimum von Treue zur Schrift formuliert.

In Anlehnung an die 2000-jährige Praxis der Kirche stelle ich mir eine Entscheidungsfindung in späterer, also nach-neutestamentlicher Zeit so vor, dass man sich an das hält, was ich als das »Modell der vier Stuhlbeine« bezeichnet habe. Das erste, quasi natürliche Stuhlbein ist das *Zeugnis der Schrift*. Es reicht schon allein deshalb für keine Urteilsfindung aus, weil man sonst in der Tat anachronistisch und biblizistisch vorgehen müsste. Das zweite Stuhlbein ist daher der *Sachverstand*. Das bedeutet nicht Sachzwang. Das dritte Stuhlbein wäre die gesamte relevante *Tradition der Kirche*, also die Konzilien, die Bekenntnisschriften, die Kirchenväter und die Lehrer der Kirche. Das vierte Stuhlbein bezieht sich auf das »Ankommen« einer Entscheidung, auf ihre *Plausibilität* für die Adressaten und auf ihre möglichen *Folgewirkungen*, soweit sie absehbar sind.

Meine These ist, dass jede Instanz gut beraten ist, wenn sie sich für ihre Entscheidung auf diese vier Grundlinien berufen kann. Die Regel ist dann in der Kirche eine kollegiale oder synodale Entscheidung.

6.3.3 Warum vor allem Fragen von Sexualität, Geburt und Tod?

Ein knapper Vergleich der allgemeinen Handhabung von Geboten im Bereich des Eigentums im Unterschied zur Handhabung von Geboten im sexuellen Bereich lässt erkennen: Die Vorstellungen von Eigentum hat man gegenüber der Bibel ausnahmslos verschärft, und das genießt generelle Zustimmung (wenn es sich nicht gerade um globale Fragen wie die handelt, dass wir auf Kosten der Völker der dritten Welt leben). Nein, in Eigentumssachen ist schon die Entwendung einer Tageszeitung Diebstahl, und die Regeln für die Bestrafung von Ladendiebstahl werden laufend verschärft. Dem gegenüber fällt auf: Verstöße im sexuellen Bereich sind in ihrer Bedeutung innerhalb der letzten einhundert Jahre fortschreitend marginalisiert worden (Ehebruch, Kuppelei, Bedeutung des Verlobungs-versprechens, Kranzgeld, Folgen der Scheidung im evangelischen Pfarrerdienstrecht, Homosexualität). Man spricht von sexueller Emanzipation oder Revolution. Deren Ursachen sind vielfältig und hier nicht im Einzelnen zu erörtern. Allerdings kann der Hinweis nicht unterbleiben, dass sich die Gesellschaft durch den neuen Konsens in den genannten Fragen erheblich verändert hat. Man spricht von einer Auflösung von Großfamilie und Familie, man stellt eine stärkere Individualisierung, auch Entsolidarisierung fest. Gewiss ist diese revolutionäre Entwicklung auch mit der stärkeren Rolle der lebenslangen Berufstätigkeit der Frauen verbunden.

Die katholische Kirche hat diese Bewegung im Ganzen nicht nachvollzogen. Ehebruch ist weiterhin »Sünde« usw. Deshalb wirft man ihr gerade auch auf diesem Gebiet eine Missachtung der Rolle der Frau und ihres Rechts auf (sexuelle) Selbstbestimmung vor. Die katholische Kirche wolle die Frau auf die Rolle des Heimchens am Herd reduzieren; sie verweigere ihr sogar aus männerrechtlicher Überheblichkeit das Priesteramt. Spätestens an dieser Stelle ist jedoch erheblich zu differenzieren: Das Verbot der Priesterweihe für Frauen hat kultisch-metaphorische Wurzeln in den Tiefen der biblischen Religion. Mit Bekämpfung von Emanzipation hat das nichts zu tun. Diesen Punkt sind Protestanten in der Regel nicht zu verstehen bereit. Das hängt nicht zuletzt zusammen mit der weitgehenden Moralisierung auch des gesamten Bereichs des Kultischen.

Die Bekämpfung von Euthanasie und Abtreibung hat mit der Auslegung des Fünften Gebotes zu tun und nichts mit Sexualität. Katholische Moraltheologie hält sich nicht an den Grundsatz »Je schwächer, desto weniger Mensch«, sondern schreibt menschlichem Leben auch in den Stadien der Schwäche und Bedrohtheit absoluten Wert zu. Aus diesem Grund wird auch das Experimentieren mit Embryonen verboten. Der Einwand, Tötung von Embryonen diene doch der Heilung von Krankheiten, wird verworfen. Denn der Mensch hat nicht zu bestimmen, wann Leben für Leben geopfert wird.

Beim *Gebot* der Treue und *Verbot* der Ehescheidung hält sich die katholische Kirche an die Ablehnung der Scheidung durch Jesus. Das Scheidungsverbot Jesu ist das am häufigsten im Neuen Testament zitierte Jesuswort. Es ist der Predigt vom Reich Gottes direkt zugeordnet. Denn die menschliche eheliche Treue ist Abbild der in seiner absoluten Geltung erneuerten ehelichen Treue Gottes mit seinem Volk. Jesus ist der Bräutigam – eine alte, quer durch das Neue Testament belegte christologische Metapher. Zur Beziehung zwischen Christus als Bräutigam und der Ehe der Christen vergleiche man Eph 5. Die Treue Gottes wird gar nicht verständlich, wenn sie nicht anschaubar wird in der ehelichen Treue der Menschen. Das Verbot des Ehebruchs ist im Dekalog begründet.

Das Verbot homosexuellen Geschlechtsverkehrs bezieht sich auf Stellen wie 1 Kor 6,6f.; Röm 1,21f. – ganz abgesehen von den nicht wenigen alttestamentlichen Verboten.

An dieser Stelle ist nicht einfach zu beurteilen oder zu verurteilen. Denn die Schrift taugt nicht als Waffe gegen andere Christen. Aber was angesichts von 1 Kor 6,9f. unbedingt geklärt werden muss, ist die hermeneutische Frage: Wann und unter welchen Bedingungen »gilt« die Schrift – und wann ist sie »nur zeitbedingt«? Über diese Frage ist erneut nachzudenken.

Es bleibt daher bei der Fraglichkeit des Sexualverhaltens vor der Ehe und der umstrittenen Bewertung der Verhütung. In diesen beiden Punkten scheint es an der Basis einen Konsens zu geben, der sich in der katholischen Beichtstuhlpraxis in folgenden Konturen darstellt. Wenn Paare, die ohne Trauschein zusammenleben, zu einem Priester kommen, lässt die Praxis erkennen, dass hier, »wenn ihr es ernst meint«, ab einem bestimmten Alter nicht verurteilt wird. Das Gleiche gilt für die Verhütung. Benedikt XVI. hat 2005 davon gesprochen, dass eine »systematische« Verhütung von Nachwuchs Sünde sei. Wenn der Wille zu Kindern gegeben oder bereits erwiesen ist, gilt auch hier eine Sterilisierung nicht mehr als völlig abwegig.

Gerade an dieser Stelle jedoch setzt der protestantische Einspruch an. Was man nicht billigen kann, ist die angeblich »typisch katholische Doppelmoral«. Diese findet sich in zweifacher Form – einmal als Kontrast zwischen öffentlich Verkündetem und in der Beichtpraxis Geduldetem. Zum anderen als Kontrast im Verhalten des einzelnen Katholiken zwischen Religion und Moral. Beispiel: Man unterstellt einen katholischen Missbrauch der Beichte nach dem Motto »Ich darf ruhig Böses tun, denn ich kann ja alles beichten und dann ist es nicht mehr schlimm, sondern vergeben«. Dabei sei dann im Zweifelsfalle die Religion die barmherzigere Größe. Das Sakrament der Beichte weiche daher die Strenge der Moral auf.

6.3.4 Kleine Phänomenologie der katholischen Doppelmoral

Beklagt wird als notorische Unehrlichkeit, dass die Kirche öffentlich und offiziell voreheliche Enthaltsamkeit fordere und genauso auch das Verbot der Verhütung, dass sie andererseits im so genannten »Forum internum« der Beichtstuhlpraxis aber anders zu verfahren bereit sei. Diese Doppelmoral trete besonders unangenehm beim Zölibat in Erscheinung. Offiziell werde er geboten, inoffiziell werde ein Konkubinat aber (etwa bei geistlichen Professoren) gelegentlich toleriert; die bischöfliche Behörde finanziere sogar die Priesterkinder. Gerade das also, was seitens der Kirche als humane Nachgiebigkeit erscheint, wird zur Waffe gegen die Kirche, der man heuchlerische Inkonsequenz vorwirft. Ähnliches gilt auch für bischöflich organisierte Treffen verheirateter »Ex«-Priester samt Ehefrauen und Kindern, die dann die Gestalt von Ehemaligentreffen annehmen. Das Ärgernis besteht hier darin, dass die Kirche selbst den Sinn ihrer Gebote und Verbote weder darstellen kann noch existenziell-konkret ernst nimmt.

Der Neutestamentler kennt freilich das eben beschriebene Phänomen bereits vom Apostel Paulus her. Auch Paulus will stets vor allem das Ärgernis nach außen hin vermeiden. So wird auch in der Praxis katholischer Moraltheologie der intern verabredete Kompromiss gegenüber der strengeren Regel als Erleichterung erfahren. So ist bei Paulus der ganze 1. Korintherbrief geprägt durch die Kompromisse, die Paulus zugunsten des missionarischen Erscheinungsbildes der Gemeinde vorschlägt. Eigentlich sollten Christen Unrecht nur erleiden und nicht vergelten. Bevor sie jedoch vor ein heidnisches Gericht gehen und die Gemeinde dadurch blamieren, sollten sie lieber einen gemeindeinternen Prozess führen. Und eigentlich sollten die Christen in solidarischer Liebe teilen können. Bevor jedoch die Einheit des Abendmahles unter ihren Streitereien leidet, sollen sie das ausführliche Abendessen lieber jeder für sich zu Hause veranstalten (1 Kor 11). Von einem gemeinsamen Buffet spricht Paulus jedenfalls nicht. Und eigentlich sind die Christen ja frei von Ritualregeln. Doch bevor der ängstliche Bruder unter dieser Freiheit leiden könnte, soll man auf den Gebrauch dieser Freiheit verzichten, um ihm nicht Ärgernis zu geben und um zu vermeiden, dass Außenstehende hier christliche Unstimmigkeiten wahrnehmen. Und eigentlich sähe Paulus es gerne, wenn alle Christen zölibatär lebten (welcher Geistliche würde heute wagen, das einer Gemeinde zu sagen?), doch damit die Männer dann nicht zu Prostituierten gehen, gestattet er die Ehe. Gegenüber der hehren Norm schließt Paulus daher Kompromisse, die für die offizielle Verkündigung »das Gesicht wahren«.

Ähnliches finden wir übrigens auch in der Verkündigung Jesu. Die grenzenlose Bereitschaft zu vergeben gilt zwar im Verhalten jedes einzelnen Christen gegenüber seinen Mitchristen (Mt 18, 23f.), aber nicht im Verhalten der Gemeinde gegenüber Mitgliedern, die sie missachten und sie dadurch diskreditieren (Mt 18,15–19). Denn mit grenzenloser Barmherzigkeit kann man keine Gemeinde leiten. Die Gemeinde würde darüber zugrunde gehen. Der einzelne Christ ist in seinem Verhältnis zum Mitchristen weitaus belastbarer.

Nehmen wir noch einen besonders eklatanten Fall von Doppelmoral: »Morgens Hostie, abends Pille«, so charakterisierte am 22. 8. 2005 die SZ das Verhalten katholischer papstbegeisterter Jugendlicher. Der Papst werde zwar verehrt, was aber nicht bedeute, dass man sich an seine Weisungen hielte. Eine junge Italienerin äußerte in demselben Zusammenhang: »Der Papst ist wie meine Oma. Sie sagt immer dasselbe. Ich halte mich nicht daran, aber ich weiß, dass sie Recht hat.« Und selbst Mafiosi legen angeblich Wert auf ein traditionell gutes Verhältnis zur Kirche.

Drei Stufen harmloser, aber prinzipiell dasselbe ist das so genannte »Fringsen«, die Erlaubnis des Kardinals von Köln in der Nachkriegszeit, Lebensnotwendiges zu stehlen. Jeder ernsthafte Protestant muss hier sagen: Auch Mundraub ist Diebstahl. In der Tat leistet sich hier häufiger ein Katholik moralische Inkonsequenzen, die moralisch und theologisch nicht zu rechtfertigen sind. Dieser Versuch soll hier auch gar nicht unternommen werden. Man kann das Ganze nur phänomenologisch beschreiben.

6.3.5 Überkreuz-Ökumene

Das Bewusstsein, dass der Herrgott auch auf krummen Zeilen gerade schreibt, dass Christentum nicht zuerst eine Moralreligion ist, sondern eine Gnadenreligion, dass die Geborgenheit im Schoß der Kirche auch durch die Sakramente haltbar und unwiderruflich ist, alles dieses erzeugt ein Milieu des Vertrauens, das man sehr wohl als katholische Variante der lutherischen Erfahrung der Rechtfertigung bezeichnen könnte.

Die Differenz zur eher katholischen Wahrnehmung besteht bei Protestanten hier deshalb, weil der Protestantismus seine Mentalität gleichermaßen dem monastisch-strengen Lebensstil Luthers wie dem moralisch unnachgiebigen System kantianischer Aufklärung verdankt. Dass dieses zutreffen könnte, kann man exemplarisch an der traditionell katholischen Steuermoral in Differenz zu Confessio Augustana 21 erkennen.

Diese Differenzen im Lebensgefühl sind nicht theologisch-grundsätzlich, sie liegen eher quer zu den klassischen Lehrgegensätzen (Katholiken betonen hier die Gnade, Protestanten die Reinheit von Werk und Gesinnung). Aber sie bringen eine Fülle emotionaler Spannungen und Vorurteile hervor. Es ist schon eigenartig: Katholiken sind hier in der Lehre streng, in der Praxis eher locker, Protestanten dagegen sind in der Lehre hier weitherzig, in der Praxis dagegen auf Konsequenz und Ehrlichkeit erpicht. Es scheint, dass sich eine Barmherzigkeit, mit der sich leben lässt, in beiden Fällen Bahn bricht. Bei den Katholiken nennt man das augenzwinkernd »rheinischen Katholizismus«. Die Protestanten hingegen stört das Augenzwinkern maßlos.

Diese Beobachtungen sind für mich wichtig. Denn an dieser Stelle leuchtet auch etwas von möglicher Verständigung auf. Sie bestünde hier darin, dass die Protestanten wirklich protestantisch werden und an die Rechtfertigung aus Gnaden mit der Fröhlichkeit Martin Luthers glauben – und eben nicht dem Moralismus der Aufklärung folgen. Und umgekehrt wäre den Katholiken hier ins Stammbuch zu schreiben, dass sie nicht unbedingt so tun müssen, als seien die Gebote die eine – und das konkrete Handeln wieder eine andere Sache. Denn das Insistieren auf der Bewährung des Glaubens im Handeln gilt doch als typisch katholisch. Im Lebensgefühl, zumal im (angeblich) rheinischen und im brasilianischen, fehlt es dagegen fast vollständig.

Diese Überkreuz-Ökumene finde ich schon an sich bemerkenswert. Sie zeigt, dass in der gelebten Konkurrenz in einem ganz zentralen Thema jede Seite schon von sich aus einen Ausgleich von der Theorie zur Praxis geschaffen hat. Und sie zeigt auch, dass man in der ökumenischen Diskussion nicht allein auf Dogmen und Lehren achten sollte, sondern auch auf die Lebenspraxis. Letzteres ist viel zu wenig geschehen.

Doch kehren wir zu den Normen der reinen Lehre zurück. Wir fragen daher weiter:

6.3.6 Gibt es eine Sexualethik im Rahmen einer systematischen neutestamentlichen Ethik?

Die protestantische Weise zu denken orientiert sich häufig noch immer an dem gemeinsamen Kirchenvater Augustinus (gest. 430 n. Chr.), der formuliert hatte: *»Ama et fac quod vis«* – »Wenn es nur aus Liebe geschieht, darfst du alles tun, was du willst«. Heinz-Eduard Tödt hat in seinem Büchlein über Luthers Ethik (1964) dargestellt, dass sich dieser Grundsatz bei Martin Luther auch in einer gewissen Vernachlässigung einer systematischen Ethik, insbesondere Kasuistik, ausgewirkt hat.

Bei mir hat sich dieser Ansatz mit der Erinnerung an eine relativ schaurige Begebenheit verbunden. Im Juli 1977 lud die ESG (Evangelische Studentengemeinde Heidelberg) mich als biblischen Referenten zu einem Diskussionsabend über Pädophilie ein. Der Abend war sehr gut besucht, und zwar vorwiegend von Studierenden mit besonderen sexuellen Neigungen (Schwule, Lesben, Pädophile), und zwar in erster Linie Studierenden der Theologie. Ich sah mich nach meinem Referat alsbald einer wütenden Menge gegenüber, die einhellig dafür plädierte, sexuellen Umgang Erwachsener mit kleinen Kindern zu befürworten, da er ja »aus Liebe« geschehe. Man berief sich auf das Liebesgebot und auf Augustinus. Die Auseinandersetzung eskalierte, und ich wurde schließlich gefragt, welche Bischöfe mich denn für meine Meinung bezahlten. Wenigstens bei Bischöfen vermutete man demnach Ungutes gegenüber der gewünschten Position. Sexueller Missbrauch wurde als Zärtlichkeit erklärt, was die Kleinen doch brauchten, denen man doch nichts Besseres antun könne, als mit ihnen sexuell zu verkehren. Psychologisch verbrämte Zitate sollten ein Übriges tun. Nun schildere ich diese Begebenheit nicht aus Böswilligkeit, sondern um zu erklären, welcher Willkür bisweilen und in besonderen historischen Konstellationen unsere Vernunft ausgesetzt ist. Denn es waren natürlich die intelligenteren Studierenden, die gekonnt argumentierten. War es nicht »existenzielles Ringen mit dem Wort Gottes«, das die pädophil Orientierten hier versuchten? War ich nicht der große, schwarze Diskriminator?

So schön und befreiend der augustinische Grundsatz *»ama et fac quod vis«* ist, so leicht ist er auch zu pervertieren. Ein wenig Kasuistik hätte hier nicht geschadet. Anlässlich des katholischen Weltjugendtages in Köln erschien in einer Beilage einer Kölner Zeitung ein Artikel, in dem die Maxime verkündet wurde: »Sex ist heilig«.

Das klingt fast fromm. Es leitet uns zu einer neutestamentlichen Orientierung über. So möchte ich nun versuchen, die sexualethischen Fragen, die hier noch offen sind, in eine nicht allzu gewaltsam mit den Texten umgehende Übersicht einzuordnen. Ich ordne die nicht gerade systematisch platzierten Texte des Neuen Testaments hier nach einem Schema, das sich orientiert an der Betrachtungsweise des christlichen Verhaltens. Moral kann gesehen werden …

- *von außen her* (im Kontrast zu den anderen draußen): Heiligkeit und Reinheit (1 Thess 4; 1 Kor 6f.; Bergpredigt, Antithese I–V),
- *von innen her* (angesichts der Verschiedenheiten innerhalb einer Gemeinde): Gerechtigkeit, Nicht-Diskriminierung (1 Kor 8–12),
- *von der Schöpfung her*: Verbot der Scheidung, der praktizierten Homosexualität,
- *von der Vollendung her*: die sog. Einlass-Sprüche (ins Gottesreich) inklusive Apk 21,
- *von jetzt her im Blick auf die Zukunft* (Gericht): Niedrigkeit, Demut (Matthäusevangelium),
- *vom Gericht her*: Barmherzigkeit (Mt 25), Gewaltmonopol Gottes (Paulus und MtEv; Apk),

- *vom einzelnen Menschen her*: Klugheit und Maß (Röm 12),
- *vom anderen her*: Nächstenliebe; das Gewissen des Nächsten als Norm des eigenen Gewissens (1 Kor 8.10).

Es ist für die Auslegung und Anwendung wichtig, in welchem Themenfeld man zum Beispiel die Sexualethik einordnet. Nach Paulus gehört sie nicht in das Feld »Barmherzigkeit« oder »Nicht-Diskriminierung« oder »Gerechtigkeit« – das wäre eine emanzipatorische Perspektive. Alle Texte, in denen sich Paulus zur Sexualethik äußert, stehen im Zusammenhang mit Heiligkeit. Leitender Bezugspunkt sind demnach nicht die »Menschenrechte«, sondern Gottes Eigentumsrechte und Dinge, die eben deshalb »tabu« oder »heilig« sind. Im Bereich des Heiligen darf der Mensch nichts eingreifend verändern, sondern er muss sich eigentlich alles schenken lassen. So richtet er sich ganz strikt an die Hausordnung dessen, der hier allein zu bestimmen hat, nämlich an Gottes Hausordnung. Gott gehört das Leben; er schenkt und nimmt es. Wenn er es schenkt, darf man es weder verhüten noch abtreiben noch für eine Gen-Analyse herausoperieren. Und Zölibat heißt: Ohne Blick auf irgendeinen anderen Gott – Gott als den Eigentümer dieses Bereiches anerkennen, und zwar als Zeichen für das, was immer gilt, was aber nicht immer so sichtbar gemacht wird.

Weil meine Sexualität nicht mir gehört, sondern Gott, ist die Ehe heilig. Hier schränkt Gott sein Eigentumsrecht ein zugunsten von Mann und Frau, die in bleibender Verbindung und in seinem Auftrag (Gen 1,28; als zweite Schöpfer, wie das Judentum zur Zeit Jesu urteilte) die Erde mit Menschen füllen. Die Argumentation in 1 Kor 6,1–11 wird von hier aus verständlich. Sexualität außerhalb der Ehe ist Vergehen an Gottes Eigentum. Denn dann bestimmt der Mensch, was er mit Gottes Eigentum anfangen will. Heilig ist die Ehe – wir erwähnten es bereits – auch als Abbild der Verbindung des messianischen Bräutigams Christus mit der Kirche. Hier wird die Abbild-Metaphorik so ernst genommen wie in der Folge von der (orthodoxen und katholischen) Kirche.

Wenn schon die Erzeugung eines Menschen den Eltern so viel Freude bereitet, um wie viel mehr Freude muss Gott die Erschaffung der ganzen Welt gemacht haben. Also ist Freude der Sinn des Ganzen. Gott ist wie die strahlenden Augen einer Klasse von

Schulkindern. Durch die Macht der Liebe hindurch erahnen wir etwas von der Kraft des Schöpfers.

Nirgends kommen sich Gott und Mensch näher als bei der Weitergabe des Lebens an einen neuen Menschen. Denn Eltern, die Leben weitergeben, spüren: Leben gehört nicht uns. Aber es fließt auch nicht automatisch durch uns hindurch, sondern es ereignet sich nur mit dem höchsten Aufgebot von Liebe, Verantwortung und Umsicht. Gott und Mensch berühren sich bei der Zeugung auch deshalb, weil Gott dem neuen Menschenkind bei seiner Entstehung seine persönliche »Seele« schenkt. Deshalb besitzt jeder Mensch eine unverlierbare Würde. Glücklichsein der Eltern und Weitergabe des Lebens sind nicht gegeneinander auszuspielen. Sie möchten im Gleichgewicht stehen wie bei einer Waage. Genauso ist es mit der Existenz der Eltern und der Existenz der Nachkommen. Das Ziel liegt in beidem zusammen, denn das ganz allein zählt, weder Eltern für sich noch Kinder für sich.

6.3.7 Sex katholisch

Die katholische Vorstellung von der Entstehung eines jeden Menschenlebens ist archaisch. Denn hier und nur hier ist ein Stück Paradies bewahrt: Der Mensch ist als Mann und Frau zweiter Schöpfer. Angesichts dieser Würde und Herrlichkeit des Menschen muss allerdings auch alles dafür getan werden, dass Leben erhalten wird und kein Mensch verhungern muss.

Nun kann man sagen, diese Argumentationen seien zwar der Bibel nachempfunden, aber nicht mehr zeitgemäß. Denn wer begreift noch Sexualität bzw. Reproduktionsfähigkeit als ein Eigentum Gottes? Wie verdreht muss man sein, um sich daran ernstlich halten zu können? Ich habe hier zunächst einmal den katholischen Standpunkt begründen wollen. Denn ich kenne es gar nicht anders, als dass dieser Position seit vielen Jahrzehnten schlicht vorgeworfen wird, sie sei vorsintflutlich und »reaktionär«, frauenfeindlich und völlig indiskutabel. Ich fahre hier zunächst noch fort und werde dann eine Überbrückung der Gegensätze im Blick auf die biblischen und patristischen Wege suchen.

Aus alledem wird erkennbar: Die katholische Sexualethik argumentiert in der Hauptsache schöpfungstheologisch. Sexualität und Zeugung haben etwas mit Schöpfung zu tun. Sex ist nicht heilig, sondern kreatürlich. Aber weil es sich hier um Weitergabe des Lebens handelt, kommt Gottes Recht akut zur Geltung. Bevor man die katholische Sexualethik als menschenverachtend brandmarkt, sollte man bedenken, dass auch eine ganz gegenteilige Beurteilung möglich ist. Die Verantwortung des Menschen im Mitwirken mit Gott wird nirgends so betont wie dort, wo Sexualität im Willen des Schöpfers begründet ist.

Dass diese Ethik prinzipiell frauenfeindlich sei und die katholische Seite hier noch einen großen Nachholbedarf habe, kann ich freilich nicht sehen. Nach katholischem Verständnis ist allerdings der Wunsch, Kinder zu haben, wesentlich für eine Ehe. Und wenn dieser Wunsch von Erfolg gekrönt ist, bleibt es immer noch die Entscheidung der Eltern (und nicht der Kirche), wie viele Kinder sie haben wollen. Dass in der praktischen Regelung der Vereinbarkeit von Beruf und Kindern bei Frauen noch sehr viel im Argen liegt, ändert doch nichts am Schöpfungsauftrag. Ich kann mir z. B. vorstellen, dass es parallel zur Wehrpflicht auch ein Kindermädchen-Pflichtjahr geben könnte. Aber die Praxis müssen andere regeln.

Zur Problematik von Aids und Kondomen stellt Manfred Lütz einen interessanten Zusammenhang dar: Niemand kann erwarten, dass der Papst von seiner dringenden Empfehlung vor- und außerehelicher Keuschheit abgeht. Wenn man Sexualität und Ehe aber als wesentliche Verbindung ansieht, kann man schlecht sagen: Bitte beim vor- und außerehelichen Verkehr Kondome benutzen. Was allerdings Not tut, ist die Aufklärung über den Zusammenhang von Sexualität und Aids überhaupt.

Zum Stichwort »menschenverachtend« kann ich mir an dieser Stelle eine Bemerkung nicht verkneifen: Die katholische Kirche betrachtet den Menschen nicht als automatisches Triebgefüge; sie wagt es, ihn auf seine Freiheit und Entscheidungsfähigkeit anzusprechen. Wer, wie wir, die Menschen der Dritten Welt hauptsächlich als Kunden für unsere Industrieprodukte ansieht, sollte ihnen auch im Ganzen und im Allgemeinen verantwortliches Handeln zubilligen. Im Übrigen gibt es vermehrt Stimmen aus afrikanischen Ländern, und hier wiederum besonders Stimmen von Frauen, die beklagen, dass die Ausbreitung von Aids wesentlich mit der westlichen Ideologie zu tun habe, Sex sei ein Menschenrecht, sofern man ein Kondom benutzt. Faktisch wird es zu einem unbarmherzigen Männerrecht. Ihrer eigenen Kultur und deren Limitationen entfremdet, nehmen sich die Männer, worauf sie glauben ein Recht zu haben. Nahezu alle alten Kulturen und Stammesreligionen kannten und kennen übrigens teilweise sehr strenge Regeln, die den »flächendeckenden« Gebrauch der Sexualität verboten haben.

Dass Menschen sich nicht daran halten, ist sicher ein Zeichen kultureller Entwurzelung, die zu beklagen und möglichst tief greifend zu heilen ist. Im Übrigen wird, wer sexuell wildert, auch dann nicht auf den Papst hören, wenn er Kondome empfiehlt, wie es ihn auch nicht interessiert, wenn er sie verbietet.

Mir ist bewusst, dass an dieser Stelle der Lektüre Emotionen im Übermaß aufbrechen werden. Ich halte es indes für ungerecht, »den Papst« als Hauptschuldigen dieser Geißel der Menschheit anzusehen. »Der Papst« hat vielmehr das einzige wirklich hilfreiche Gegenmittel angegeben, nämlich »Keuschheit«, eine Zuordnung von Sexualität und Ehe. Dass er weiterhin beschuldigt wird, hängt freilich damit zusammen, dass man hier alte Papst-Klischees neu aufwärmen kann. Und es gilt auch das Wort Benedikts XVI. auf dem Weltjugendtag in Köln (2005): »Wer sich das Christentum als Bequemlichkeit vorstellt, ist hier fehl am Platze.«

Der eigentliche Konflikt ist das Autonomie-Problem. Meine Generation ist es gewohnt, alles tun zu dürfen, was möglich ist. Und ein weiterer Punkt sei nicht vergessen: Weltweit gibt es tausende katholischer Ordensschwestern, die sich der Aidskranken im Endstadium annehmen. Wer das freilich für Zynismus hält, der sollte einmal ein solches Heim besuchen.

6.3.8 Sex evangelisch

Die protestantischen Vorstellungen sind in diesem Bereich stark geprägt von der Betonung der Gewissensfreiheit. Die Folge ist, dass sich unter dem Mäntelchen maximaler Freiheit von Christenmenschen das breite Spektrum aller sexuellen Spielarten wieder findet – bis hin zur Frage, ob denn schwule Partnerschaften im Pfarrhaus zu tolerieren seien. Man hält sich vornehm zurück – und wo man es nicht tut, stecken die restriktiven Kirchenoberen postwendend Prügel ein. Ich möchte mich daher gar nicht auf eine nicht existente offiziell-evangelische Kasuistik in sexualibus einlassen, sondern hier nur nach dem biblischen Grund und der biblischen Auffassung von Gewissensfreiheit fragen. Das ist brisant genug.

Zu Wert und Rolle des freien Gewissens stelle ich zunächst drei Akzentuierungen unverbunden nebeneinander.

Erstens: »Der Protestantismus hat stets die Würde und Freiheit des Individuums verteidigt und mit der Unterscheidung zwischen dem Menschen und dem liebenden Gott verbunden … Früher hätte man von Ideologiekritik geredet« (K. Huizing).

Zweitens: Traditionell spielte das Thema »Freiheit des Gewissens« vor allem eine Rolle in Hinsicht auf den Einzelnen in Bezug zum Staat. Zur Erinnerung: Bis 1919 herrschte in Deutschland das Prinzip der Einheit von »Thron und Altar«. Röm 13,5 legten etliche so aus, als könne das Gewissen die Obrigkeit nur bestätigen.

Drittens: »Die Idee der Freiheit des religiösen Bekenntnisses ist im Blut der Märtyrer geboren« (Joseph Ratzinger). »Vom Leben und Martyrium des heiligen Thomas Morus geht eine Botschaft aus, welche die Jahrhunderte durchzieht und zu den Menschen aller Zeiten von der unveräußerlichen Würde des Gewissens spricht« (Johannes Paul II.). Zur Erinnerung: Thomas Morus wurde von Heinrich VIII. hingerichtet, der die Reformation in England einführte.

Die Zitatenlese zeigt, dass beide Konfessionen den Begriff des Gewissens mit Nachdruck für sich in Anspruch nehmen. Dabei zeichnen sich folgende Grundtendenzen ab. Protestanten nehmen die Entscheidung des Einzelgewissens »gegenüber jedermann« in Anspruch, auch und insbesondere *innerhalb* des christlichen Lebensvollzuges und innerhalb der Kirche. Die Basis dessen, was »die Schrift« im Einzelfall sei, also deren Umfang und verbindlicher Inhalt, ist das »innere Zeugnis des Heiligen Geistes«. Das Zeugnis des Heiligen Geistes konstituiert die eigentliche Kirche, kann daher durchaus zur sichtbaren (Papst-)Kirche in Widerspruch treten. Der Heilige Geist ist jedem Christen mit Glauben und Taufe verliehen und macht ihn zum Kind Gottes. Natürlich muss damit auch der Einzelne ganz allein für das einstehen, was er aus gewonnener innerer Gewissheit heraus vertritt. Hier ist er unvertretbar.

Vor allem konstituiert sich für den Protestanten durch die Befolgung des Gewissens das, was man »integre Persönlichkeit« nennt.

Auf der katholischen Seite dagegen tritt das Gewissen des Christen vor allem gegenüber den staatlichen Mächten auf den Plan. Thomas Morus etwa kann mit seinem katholischen Gewissen nicht vereinbaren, dass Heinrich VIII. sich als »Oberhaupt der Kirche von England« betrachtet. Denn nach dem Epheserbrief ist »Christus das Haupt« der Kirche. Auch der Papst ist keineswegs Oberhaupt der Kirche. Für Katholiken zählt daher das kirchlich geprägte, katholisch informierte Gewissen. Diese Prägung durch die Kirche findet sich bei Protestanten seltener. Freilich lernt jeder Katholik bereits im Religionsunterricht, dass nach Erfüllung der Pflicht, sich zu informieren, auch für den Katholiken das Gewissen die absolut letzte Instanz bildet – jedenfalls nach der Lehre des Thomas von Aquin. Doch bereits nach dem hl. Augustinus gilt: »Ich würde dem Evangelium nicht glauben, wenn mich nicht die Autorität der Kirche dazu bestimmte.«

Der Feind des Gewissens liegt für den Protestanten tendenziell in der sichtbaren Kirche, für den Katholiken wesentlich außerhalb. Entsprechend waren und sind Protestanten tendenziell obrigkeitsloyal, Katholiken eher loyal gegenüber der eigenen Kirche. Für die Protestanten spielt dabei Röm 13 eine wichtige Rolle.

Protestantisch ist tendenziell die Meinung, die Lehre der katholischen Kirche könne in ihrer Gesamtheit von der Schrift widerlegt werden. – Katholisch ist dagegen die Auffassung: Jesus hat kein Buch hinterlassen, sondern eine Kirche.

Für die Protestanten ist es zentral wichtig, dass der Einzelne beurteilen muss, was das Wesen des Christentums ausmacht.

Katholiken wenden gegenüber dem ganz auf sich gestellten Gewissen der Protestanten gewöhnlich ein: Die Erhebung des persönlichen Urteils über die Lehre der Kirche kann nur in einem doktrinellen Chaos und der Ausbreitung eines »Ich«-tums enden. Das Prinzip, »allein die Schrift« gelte, kann die fortdauernde endlose Zersplitterung nur fördern, aber nicht aufhalten. Katholisches Fazit: Das »Gewissen« als formale Instanz reicht nicht aus. Denn es ist korrumpierbar und wird oft als Ausrede zu Fehlverhalten geradezu »ideologisch« missbraucht.

*

In dieser seit Jahrhunderten verfahrenen Diskussion können vielleicht ein paar Gedanken weiterhelfen.

Im Neuen Testament gibt vor allem Paulus Auskünfte über das Gewissen, und zwar in den Korintherbriefen und im Römerbrief. Gegenüber der späteren (besonders der scholastischen) Entfaltung des Gewissensbegriffs ist das Gewissen bei ihm wesentlich bescheidener angelegt. Denn Paulus (und mit ihm das ganze Neue Testament) kennt Gewissen nur als eine nach der Tat kommentierende Größe, als eine beurteilende Instanz. Damit gibt es kein Gewissen, das zum Tun auffordert oder bestimmte Inhalte diktiert, bestimmte Entscheidungen nahe legt.

Dabei bezieht das individuelle Gewissen seine Maßstäbe gerade nicht von meinem, das heißt: dem Gewissen des einzelnen Menschen, her, sondern vom Gewissen des Mitchristen her. Meine Grenze ist die Verletzung der Freiheit des Nächsten, des Mitchristen. Damit ist einem Subjektivismus und einem »Ich«-tum von vornherein die Grenze gesetzt. Das Kriterium ist das Miteinanderleben in der Gemeinde. Das Gewissen ist von vornherein »kirchlich« orientiert – freilich noch nicht im katholischen Sinne, als wären damit bestimmte Inhalte vorgeprägt. Wohl aber ist dieser Gewissensbegriff in dem Sinne bereits kirchlich, dass der Ansatz a priori jedenfalls nicht darin besteht, dass »ich mit meiner Gewissensentscheidung wie mit dem Kopf durch die Wand brechen will«.

Nehmen wir die Gemeinde von Korinth als Beispiel: In ihr gibt es nach Auskunft des Paulus »Schwache« und »Starke«. Die »Starken« sind rational denkende, aufgeklärte Christen. Die »Schwachen« dagegen sind religiös-kultisch stärker gebunden und eher ängstlich auf Abgrenzung von allem Heidentum bedacht. Das Problem ist nun das Essen von gekauftem Fleisch. Denn vor der Schlachtung wurde über jedem Tier ein Gebet gesprochen, das im Namen der Götter die Erlaubnis zur Tierschlachtung erwirken sollte. Damit war aber das Fleisch heidnischen Göttern »geweiht«. Daher bekamen die Schwachen Bedenken. Paulus versucht, die Starken zu bewegen, auf die Schwachen Rücksicht zu nehmen und jedenfalls nicht in deren Dabeisein derart geweihtes Fleisch zu essen. Nach 1 Kor 8,7 wird das Gewissen der Schwachen »befleckt«, wenn sie Götzenopferfleisch essen. »Diejenigen, die aus alter Gewohnheit beim

Essen von gekauftem Fleisch denken, dass es fremden Göttern geweiht ist, haben dann Gewissensbisse und beschädigen damit ihr doch so empfindliches Gewissen.«

Paulus fährt dann in V.9 fort: »Den Aufgeklärten aber muss ich sagen: Achtet darauf, dass ihr mit eurem Verhalten nicht die Gefühle der Empfindlichen verletzt. (10) Wenn einer von den Empfindlichen mit ansehen muss, wie ein Aufgeklärter im Götzentempel eine Mahlzeit einnimmt, könnte er verführt werden, dasselbe zu tun, und dies würde sein empfindliches Gewissen auf den Plan bringen. (11) So wird durch aufgeklärtes Verhalten ein Empfindlicher, ein Bruder, um dessentwillen Christus gestorben ist, (12) in tödliche Verwirrung gebracht.« Vers 13 schließlich lautet: »Wenn also meine Essgewohnheiten meine Mitchristen verletzen, dann will ich aus Rücksicht auf sie lieber nie mehr Fleisch essen.«

Paulus macht daher nicht das *eigene* Gewissen der Starken zum Maßstab ihres Verhaltens, sondern das empfindliche Gewissen ihrer »schwachen« Mitchristen. Denn in einer Gemeinde, für deren Mitglieder Christus gestorben ist, steht keiner allein. Die Möglichkeit, das Gewissen des anderen zu verletzen, wiegt schwerer als der Gebrauch der eigenen rationalen Einsicht und »Freiheit«. Die Maxime des eigenen Handelns ist daher nicht das, was das eigene Gewissen sagt, sondern die (im vorliegenden Fall sogar abergläubische) Gewissensfurcht des Nächsten. Man könnte so sagen: Paulus versucht das Gewissen der Starken im Sinne von Rücksichtnahme auf die Nächsten zu erziehen; es geht ihm nicht um das Folgerichtige eigener Konsequenz. Das besagt: Nach biblischer Auffassung ist das Gewissen nicht autonom. Es hat die Wirkung zu beachten, es steht in sozialer Verantwortung. Gerade deswegen ist meine Gewissensentscheidung nicht isoliert nur »meine«, sondern eine Grundsatz-Entscheidung, die alle betrifft.

Die Urteilsfindung des Apostels Paulus an dieser Stelle ist ärgerlich. Denn sie betrifft doch religiöse Praktiken, die eher angstbesetzt und in durchaus kritisierbarem Sinne vorchristlich sind. Paulus erklärt sie auf diesem Wege zur geltenden Norm der Gemeinde – gesetzt den Fall, eine noch so kleine Minderheit achtet auf ihre Ängste und möchte nicht verletzt werden. Die Aufforderung, religiöse Gefühle zu achten, kann daher leicht zu einem irreführenden Bild der gesamten Gemeinde führen.

Diese Gemeindebezogenheit des Gewissens spiegelt sich nach Paulus auch auf anderer Ebene. Nach Röm 2,13 gibt es zwei Instanzen, die mit dem Gewissensurteil über meine Taten harmonieren müssen und werden: die Obrigkeit und Gottes Gericht. Diese drei Größen, Gewissen, Obrigkeit (Jurisdiktive) und Gottes Gericht bestätigen oder falsifizieren einander; an das Letztere denkt Paulus freilich auch noch nicht.

Paulus denkt das Gewissen als einen inneren Gerichtshof, vor dem sich anklagende und verteidigende Gedanken einfinden. Damit ist dieser Gerichtshof eine Form der geschaffenen Intelligenz. Im Rahmen des hellenistisch-jüdischen Denkens steht sie im Menschen an der Stelle, die bei den Tieren der Instinkt einnimmt, eben jene Art von Rationalität, die die Tiere ihre Rolle im organisierten Kosmos wahrnehmen lässt. Der Spielraum, den der Mensch hat, liegt eben darin, dass sein Gewissen im Unterschied zum tierischen Instinkt keine positiven Vorgaben liefert, sondern nur nachträglich beurteilt.

Damit aber ist deutlich geworden: Das Gewissen ist nicht die Stimme Gottes, seine Botschaft ist nicht das Wort Gottes. Das Gewissen ist geschaffene Vernunft. Das Ausmaß der Mythologisierung, die das Gewissen erfahren hat, wird an Folgendem erkennbar. Heute berufen sich viele, geht es um eine umstrittene persönliche Entscheidung, »auf das Gewissen« als letzte Instanz. Im Neuen Testament (und in seiner Umgebung) beruft man sich in Konfliktsituationen dagegen auf eine himmlische Thron-Vision (vgl. Klaus Berger, Formen und Gattungen, 2005, § 85,4; 87,2). Hier ist wirklich Gottes Thron die Instanz, auf die man sich beruft. Die Schwur-Ersatzformel des »Amen« bekräftigt die visionäre Einsicht. Das heißt: Während Menschen seit dem 13. Jahrhundert zunehmend in Konfliktsituationen auf ihr eigenes Inneres blicken, orientieren sich Christen des Neuen Testaments an Gottes Thron oder himmlischen Geheimnissen (Paulus, z. B. Röm 11,25). Die Thronvisionen oder Geheimnisse sind nicht schicksalhaft, sondern in der Praxis dürften sie durch Gebet und Fasten zugänglich gewesen sein, stets aber aus reiner Gnade.

Ich hielte es – auch gerade als Exeget – für einen entscheidenden Schritt zu mehr Ehrlichkeit in der Diskussion um die Grundlagen der Moral, wenn man das Gewissen (aus gut biblischen Gründen) entmythologisieren würde. Zu viele Einzeltäter aus vermeintlichen Gewissensgründen hat es gegeben. Jeder Terrorist verklärt seine Untat damit. Je weniger Marksteine kollektiver Bindung dem Menschen durch Gemeinschaft, Kirche und Großfamilie mit auf den Weg gegeben werden, desto zufälliger und kurioser werden die konkreten Ausprägungen des Gewissens. Insbesondere kann ich darauf keine Religion gründen; der biblische Begriff des Gewissens jedenfalls hat lediglich moralische und mein Handeln bloß im Urteil begleitende Funktion.

Umso mehr überrascht es, wenn immer wieder erklärt wird, die Protestanten bildeten sich »nicht ein, dass wir als Kirche für jede Person und für jede Lebenssituation eine Anweisung zu geben hätten«. Die »persönliche Verantwortung und die Gewissensbindung hätten eine weit höhere Bedeutung« (TP Nr. 103, 2005, S. 4). Auch aus diesen Äußerungen ist wieder emotionale Belastung zu erkennen. So erheben sich, zieht man das Emotionale ab, für mich folgende Anfragen:

Das einzige Forum, in dem die katholische Kirche »Anweisung für den Einzelnen« gibt, ist die Ohrenbeichte. Sie wurde offiziell auch im Protestantismus nie abgeschafft, ist aber praktisch tot. Traditionell geht es in der Beichte nicht nur um Sündenvergebung im Auftrag Christi, sondern auch um pastorale Beratung. Diese wird nur auf Anfrage oder Bitte, eben nicht ungefragt, erteilt. – Umgekehrt ist zu fragen: Wie will eine Kirche ihr Hirtenamt wahrnehmen, wenn sie nicht imstande ist, den Einzelnen in seinen Lebenssituationen zu beraten? Die eingeübte Praxis zum Beispiel der Telefonseelsorge dürfte sich zwischen den Konfessionen kaum unterscheiden. Jede Gemeinde ist zu beneiden, die kompetente Theologen hat, die Seelsorge und Beratung des Einzelnen mit den Normen des Evangeliums verbinden können.

Als Neutestamentler frage ich mich, ob die oben von Protestanten vorgetragene Abneigung gegenüber verbindlicher Einzelberatung im neutestamentlichen Kanon bei Paulus wiederzufinden ist. Sie ist mit Händen zu greifen. Abgesehen von den Briefen an Timotheus und Titus, deren »Echtheit« umstritten ist (Gegenfrage: Was trägt das hier zur Sache bei?), gibt es das unbezweifelte Schreiben an Philemon, in dem Paulus mit »apostolischem Briefkopf« freundlich aber bestimmt dem Mitchristen konkrete Ratschläge gibt. Man sollte vielleicht den Mangel an persönlicher Seelsorge und Beratung nicht unbedingt zur Tugend erklären.

Anders betrachtet: Die Tendenz zur Individualisierung im Protestantischen ist zweifelsfrei aus der Verbindung von Aufklärung und deutschem Idealismus inspiriert; mithin ist sie ein Produkt des 19. Jahrhunderts. Die Lehre vom Gewissen eignet sich in diesem Kontext als nachträglicher theoretischer Unterbau. Aber es gibt auch Gegenbewegungen, die sich in der lobenswerten Institution der Denkschriften der EKD und ihren Resultaten niedergeschlagen haben. Diese Denkschriften verharren nicht in der Neutralität; sie lassen ja keineswegs alle Urteile als moralisch gleichberechtigt vertretbar erscheinen. Sie regen zur Urteilsbildung an und erleichtern sie.

Im Übrigen ist auch nach katholischer Auffassung jeder einzelne Christ definitiv und ultimativ für das verantwortlich, was er entscheidet. Niemand kann ihm das abnehmen. So klar das ist, so ergibt sich doch für Vorurteile über katholische Priesterhörigkeit ein weites Feld. Mit dogmatischen Auffassungen, gar mit kirchentrennenden, hat dieses nichts zu tun. Aber die unausgeräumten Vorurteile bestimmen nach wie vor das praktische und emotionale Terrain.

Auf die Diskussion um Röm 6,15 wurde bereits verwiesen: Paulus verlangt Gehorsam gegenüber der apostolischen Lehrtradition. Man kann erklären: Das Zeitalter der Apostel ist vorbei, passé ebenso die Zeiten verbindlicher Auffassungen. Der Preis für diese Art des Verzichts auf Bindung scheint mir zu hoch. Den Einzelnen in Zweifelsfragen auf seine persönliche Verantwortung zu verweisen, hat etwas Richtiges und etwas Brandgefährliches. Das Richtige: Letztlich muss der Einzelne für sich einstehen. Das Gefährliche: Ihn auf dem Weg dahin allein zu lassen ist unchristlich.

Schauen wir nun auf die Verbindung von Schrift und Gewissen bei Martin Luther. Auf dem Reichstag zu Worms erklärt Luther, er glaube weder dem Papst noch den Konzilien, sondern lasse sich nur durch Schriftgründe überwinden, denn »mein Gewissen ist gefangen in Gottes Worten« (WA 7 838, Verhandlung mit Martin Luther auf dem Reichstag zu Worms). Was das heute bedeuten könnte, entfaltet Ulrich Luz wie folgt: Das Evangelium sei nicht eine Theorie, sondern eine schöpferische Kraft (vgl. Röm 1,16), »die in und durch die Menschen Wirkungen schafft, die nicht von vornherein legitimiert werden müssen, domestiziert werden können oder beurteilt werden dürfen«. Das Evangelium schaffe jedem einzelnen Menschen Freiheit, so dass er »als von Gott Geliebter die biblische Botschaft als sein eigenes Evangelium hören und von dieser Liebe her die für ihn selbst geltenden neuen Dekaloge bilden kann«. Die Formel von den neuen Dekalogen stammt von Luther (Thesen über den Glauben, 1535, Nr. 49 und 53). Im Übrigen betont Luz, Christentum sei eine offene Kommunikationsgemeinschaft mündiger Leser, die miteinander über die Wahrheit in offenem Gespräch sind. Diese Definition lässt, nebenbei bemerkt, einmal mehr die intensive momentane Verschwisterung der Frankfurter Schule und der protestantischen Bibelhermeneutik erkennen.

Etwas verständlicher gefasst: »Der Mensch regelt sein Leben aus dem persönlichen Glauben; er steht und lebt unmittelbar vor Gott, liest und interpretiert die Bibel unter dem Beistand des Heiligen Geistes, der ihn erleuchtet, und richtet danach sein Leben ein.«

Was ist von alledem zu halten?

Die starke Konzentration auf den Einzelnen kann ich in der Bibel beider Testamente nicht feststellen. Sie ist ein Phänomen der beginnenden Neuzeit und bereits in der Devotio moderna, z. B. bei Thomas a Kempis, gut ausgeprägt. Ganz gewiss ist diese soziologische Verschiebung nicht einfach zu verurteilen.

Die starke Konzentration auf den Einzelnen sollte sich vom Neuen Testament her korrigieren lassen. Nach Paulus ist der Heilige Geist gleichzeitig dem Einzelnen und der Gemeinde gegeben. Hier wird ein Gleichgewicht erkennbar, das sich je und je neu einpendeln muss. Eine autoritative Beschneidung des einen oder des anderen Elements ist nicht wünschenswert. Aber eben ein Gleichgewicht. Das heißt: Je stärker man den Einzelnen macht, umso mehr muss man auch der Stimme der Gemeinde Raum zu geben bereit sein. Zur Zeit der Devotio moderna war dieses Gleichgewicht gegeben. Heute liegt es ferner denn je.

Der merkwürdige Tatbestand, dass in der Moral die Katholiken tendenziell mehr auf die Gnade setzen, Protestanten mehr auf die ethische Konsequenz, sollte beide Seiten in der Wahrnehmung des jeweils anderen weiser machen.

KAPITEL 7

Neues Denken

7.1 Nicht ohne den Heiligen Geist

Der Heilige Geist ist für Christen und auch für Theologen in der Regel »das unbekannte Wesen«. Man hat zwar den diffusen Verdacht, der Heilige Geist könne etwas mit der Einheit der Gläubigen zu tun haben, aber in welcher Richtung – das weiß man nicht recht. Ist der Heilige Geist nicht in erster Linie der Geist der Wahrheit, so dass man nur der Wahrheit gewiss sein muss, um ihn für sich reklamieren zu können? Aber schon in der biblischen Wendung »Geist der Wahrheit« geht es nicht zuerst um die rechte Erkenntnis und Lehre, sondern »Geist der Wahrheit« (Joh 14,17; 15,26; 16,13) meint den Heiligen Geist des stabilen göttlichen Lebens, das dem Tod standhält. Daher ist eine erneute Prüfung der Aussagen des Neuen Testaments in dieser Hinsicht ratsam, und zwar speziell unter unserer Fragestellung.

Dabei ergibt sich, was auch mir bei der Abfassung des Artikels »Geist, Heiliger« für die Theologische Realenzyklopädie (TRE 12,1984) unbekannt war, dass der Heilige Geist für unser Thema eine wirklich fruchtbare Bedeutung hat. Es ergibt sich, dass der Heilige Geist weder einfach »Heiligung« bedeutet noch lediglich »wahre Erkenntnis« oder »Rechtgläubigkeit«.

Denn Heiliger Geist ist im Neuen Testament die Kraft, die die Unterschiede überwindet. Er ist der Überbrücker, der das zuvor Getrennte verbinden kann. Dabei werden die Getrennten nicht verschmolzen oder absorbiert, sondern sie bleiben in ihrer Eigenart erhalten, nur sind sie zu einer neuen Einheit verbunden.

So verbindet der Heilige Geist zwischen …

- jetzt und dann, etwa im Wort der Verheißung und in der Tat der Erfüllung,

- Angeld und Vollendung,
- menschlicher und himmlischer Sprache (Röm 8,26f.),
- Mensch und Gott, und zwar als Geist der Gotteskindschaft (bei der Verkündigung an Maria, bei der Taufe usw.),
- Tod und Leben, und zwar als Geist der Auferstehung,
- Jesu Verkündigung und nachösterlicher Verkündigung (Lk; Joh),
- menschlicher Urteilskraft und den »Tiefen Gottes« (1 Kor 2),
- Mann und Frau, Sklave und Freiem, Frau und Mann, Juden und Griechen (Gal 3,26–28),
- der Begabung des einen und der des anderen (1 Kor 12); sie sind »durch den einen Geist« gegeben,
- menschlicher Erkenntnis und Gottes Unendlichkeit, damit Mensch und Gott sozusagen nicht aneinander vorbeireden,
- menschlicher Mutterschaft Marias und göttlichem Ursprung,
- menschlicher Verschiedenheit und der Einheit der Wahrheit des Bekenntnisses in der Aussage »Jesus Christus ist der Herr« (1 Kor 12,1–3),
- den verschiedenen Begabungen und der Einheit des Ursprungs in Gott und des Ziels in der friedlichen (!) Gemeinde.

So bewirkt Gott die Einheit des Unterschiedlichen, und zwar durch den einen Geist.

Auf diese Weise ist der Heilige Geist in besonderer Weise der Vermittler zwischen der Einheit und Einzigkeit Gottes und der Vielheit, der Vielfalt (Pluralität) im Bereich des Geschöpflichen. Diese Vermittlung geschieht so, dass das Geschöpfliche geeint wird, soweit es unbeschadet seiner kreatürlichen Eigenart geeint zu werden vermag. Denn die Gnade zerstört nicht die Schöpfungsnatur, sondern heilt und vollendet sie. Das heißt: Nur das *Trennende* wird beseitigt, nicht die *Individualität*. Der Heilige Geist ist daher ebenso sehr der Sanfte wie der Heilende, der Bewahrende, der Behütende, wie der, von dem Neuordnung und Neuschöpfung ausgeht. Ich halte es für wichtig, diese Grundkriterien auf dem Monitor zu haben. Sie ergeben sich aus der Eigenart des Bekenntnisses des Glaubens an den dreifaltigen Gott.

Der Friede, der in solcher Art »geistliche« Zielvorstellung ist, ergibt sich eben nicht als *»pax romana«* – das wäre die Unterjochung und Zerstörung von Einzelkulturen. Die Versuchung dazu bestand zugegebenermaßen immer, wenn sich bei dem Repräsentanten der Einheit zu viel Macht angesammelt hatte. Auf der anderen Seite darf Zulassen der Vielheit eben nicht Chaos und Unordnung werden. Gott ist ein Gott der Ordnung und der Harmonie.

Beides ist Verrat an Gott: die Zerstörung der Ordnung durch Uniformität wie die Auflösung der Ordnung durch Chaos. Bloße Uniformität ist keine Ordnung mehr, sondern Friedhofsruhe. Und Chaos widerstreitet jeder Ordnung und Schönheit.

Daraus ergeben sich einige Konsequenzen:

- Die galoppierende Entfaltung der Verschiedenheit in ein unübersichtliches Chaos hinein ist nicht das Ziel der Gabe des Geistes, sondern gerade der zu bekämpfende Mangel. All den unübersehbar vielen amerikanischen christlichen Grüppchen, Konventikel und Gruppen haftet aus europäischer Sicht dieser Mangel an.
- Die Domestizierung der wuchernden Verschiedenheit ist allein schon Aufgabe der Gestaltung des Gottesdienstes vor Ort (1 Kor 14). Wenn das vor Ort nicht gelingt, wird es auch im Ganzen der Kirche nicht gelingen können. Das, was in der Ortsgemeinde geschieht, ist Maßstab und Krafterweis aller Vorstellungen von Einheit.
- Einheit ist also nichts Unsichtbares. Es gibt keine unsichtbare Einheit in der Kirche. Die Gaben sind nur dann Gaben des Heiligen Geistes, wenn sie sich sichtbar einen lassen. Denn sie sind dank ihrer Herkunft von Gott auf Einheit hin angelegt. Wären sie das nicht, so müsste man einen verkehrten, also in der Sprache des Urchristentums »vom Satan her« kommenden Geist annehmen. Paulus rechnet durchaus mit einer solchen Möglichkeit, deshalb fährt er in Gal 3,1 die Galater so harsch an: »Wer hat euch verhext ...?« Auch aus 2 Kor 11,13f. geht hervor, dass eine pure Störung der Einheit – ohne dass eine besondere Irrlehre (Häresie) erkennbar würde – bereits teuflisch ist. Man braucht noch nicht einmal ein anderes Evangelium; laut 2 Kor 10 ist das Problem manchmal auch ein Defizit an schlichtem Gehorsam. Paulus fragt nicht nach den mehr oder weniger frommen inneren Gründen. Die drohende oder beginnende Störung der Gemeinde ist ihm Grund genug. Das heißt: Die Einheit der Ge-

meinde, das Recht der Gemeinde auf Einheit und ihr Bestand in der Einheit zählen mehr als das Gewissen des Einzelnen (vgl. oben zu Gewissen in 1 Kor 8).

Ich gebe gerne zu: Paulus ist ein rigider Anwalt sichtbarer Einheit. Aber je länger ich hinschaue, umso mehr gewinne ich den Eindruck, dass die christliche Gemeinde in der »multiethnischen« und multireligiösen Vielvölkerstadt Korinth neuzeitlichen Vorstadtgemeinden recht ähnlich war. Paulus geht mit strengen Kriterien und mit harter Hand vor. Er ist, das kann man als Ausleger sicher sagen, kompromisslos. Unterwegs passiert ihm auch das, was jeder Pfarrer noch heute kennt: In prekären Situationen fühlen sich stets einige Individuen durch mangelnde *correctness* verletzt und verbreiten ins Persönliche gehende negative Gerüchte. Das ist der berühmte beleidigte Mensch aus dem 2. Korintherbrief 2,5f.

7.1.1 Das Ökumenische am Heiligen Geist

Der Heilige Geist steht nicht für Formlosigkeit oder eine in Beliebigkeiten auseinander fallende Gemeinde. Viele berufen sich für die herrschende Buntheit auf Joh 3: »Der Wind weht, wo er will.« Das griechische Wort an dieser Stelle heißt *pneuma*; man kann es auch mit Geist übersetzen. Aber im Zusammenhang handelt es sich um ein Gleichnis, nicht um direkte theologische Fachterminologie. Der Wind ist nämlich rätselhaft. Wie man bei ihm nach damaligen meteorologischen Kenntnissen nicht wusste, wo er herkommt und wohin er geht, so ist es auch mit dem Heiligen Geist, mit dem Menschensohn und mit allen, die durch die Taufe mit ihm Verbindung haben: Sie kommen »aus Gott«, von ihm her, »vom Himmel« und gehen dorthin.

Das ist für jeden durchschnittlichen Materialisten rätselhaft, unbegreiflich und anstößig. Das Bild (!) vom Wind soll diese Verständnisschwierigkeit überbrücken. Deshalb heißt es in der Übersetzung Berger/Nord: »Der Heilige Geist dagegen bringt Heiligen Geist hervor. (7) Wenn ich also gesagt habe: ›Ihr müsst von neuem geboren werden‹, dann ist das nicht widersinnig. Denn der aus Geist geboren wurde, ist wie der Wind. Der weht, wo er will; man kann ihn hören. Doch woher er kommt und wohin er geht, das weiß keiner« (Joh 3,7f.).

In Joh 3 ist nämlich der Geist nun gerade nichts Ungefähres oder Formloses. Denn Jesus weist ein bloßes Sympathisantentum des Nikodemus zurück. Es gilt allein die Taufe aus Wasser und Geist, und das heißt: die direkte Zugehörigkeit zur Gemeinde durch Taufe. Aber das ist ein »Zustand«, der in der innerlichen Dimension der Gotteskindschaft allen Außenstehenden rätselhaft ist.

Der Heilige Geist steht – wir sagten es – für das Zusammenbinden des Verschiedenen ohne dessen Aufhebung oder Zerstörung. Ausdruck des Wirkens des Heiligen Geistes ist die sichtbare Einheit der Gemeinde. Wie 1 Kor 8 und 14 zeigt, hat ihre Bewahrung den schlichten Vorrang vor jeder anderen Art seelsorgerlicher Bemühung. Daraus ergibt sich das ökumenische Ziel: Eine sichtbare Einheit unter größtmöglicher Bewahrung der Individualität nicht nur des Einzelnen, sondern auch der verschiedenen Gruppen. Ich sehe von der Schrift her keine andere Möglichkeit.

Einheit hat ihren Preis. Den zu zahlen, fällt vielen schwer. Weil Religion ein Konsumartikel geworden ist, dessen sich der Einzelne nach Vorteilskriterien bedient, will man nicht von der gedachten Autonomie herunter, will man nicht noch zusätzlich irgendetwas von der eigenen Identität opfern. Denn wie könnte das geschehen? Durch Abschleifen des Trennenden. Aber wäre das nicht ein Verlust an Wahrheit? Das wirklich Trennende sind nicht Traditionen und – zumeist als irrelevant wahrgenommene – Lehrunterschiede.

Das Trennende liegt häufig in dem Bereich des administrativen Umgangs mit Unterschieden oder differenzierten Biographien. Es wird eben nicht immer alles so sein, wie es in den kirchlichen Rechtsbüchern vorgesehen ist. Das heißt: Das Problem liegt in der direkten oder mehr oder weniger verwaltungsmäßigen Verurteilung von Menschen.

Vor allem liegt das Trennende in der mehr oder weniger großen Macht, die die geistige Strömung namens »europäische Aufklärung« in einzelnen Gemeinden und quer durch die Konfessionen gewonnen hat. Es ist allgemein bekannt, dass eben erst die Aufklärung auf Seiten der Lutheraner zur Abschaffung oder zum Nichtmehr-Beachten vieler katholischer Elemente geführt hat (Messgewänder, andere liturgische Gewänder, Beichtstühle und Ohrenbeichte, Heiligenfeste, besonders Marienfeste). Heute kann man sehen, wie auch katholische Gemeinden durch dieselben Haarrisse geteilt sind. Eine konstruktive Überwindung (nicht Abschaffung oder Verbot) der undifferenzierten Aufklärung ist aus meiner Sicht daher ein ganz wichtiger Schritt der ökumenischen Verständigung. Diesem Ziel dienten die meisten meiner publizistischen Beiträge (zusammengefasst in: Widerworte. Wie viel Modernisierung verträgt Religion?, 2005). Diese Bemerkungen gehören zum Abschnitt »Heiliger Geist«, denn auf keinem Gebiet hat die Selbst-Säkularisierung der christlichen Religion so intensiv gewirkt wie im Bereich der Theologie des Heiligen Geistes.

7.1.2 Klarheit für den Einzelnen?

Nach Eilert Herms (Einheit der Christen, 1984) ist die innere Klarheit das Wirken des Heiligen Geistes und damit Gegenstand des Glaubens. Dieses Lehren des Geistes im Herzen sei »unverfügbar« und ausschließliches Werk Gottes. Dieses Handeln Gottes kläre und bewähre das tradierte Zeugnis. Entscheidend ist für Herms dabei der Charakter der Wahrheit als Evidenz. Insofern sind alle Sätze nur durch Gott selbst wahr.

Sehr stark betont Herms in seiner Sicht der katholischen Seite die Hierarchie als Übermittlerin der Wahrheit. Evangelisch sei dagegen, dass alle Sätze nur durch Gottes eigenes Handeln, das zur inneren Evidenz führt, wahr sind. Das hätte auf evangelischer Seite die Konsequenz der »geistlichen Gleichheit aller Getauften«. Die Autorität des Handelns und Redens (d. h.: die kirchliche) sei eine »bloß menschliche«.

Aus katholischer Sicht sind die Gegensätze, die Herms nennt, zum großen Teil nicht gegeben: Das Wirken des Heiligen Geistes in der Kirche ist nach katholischem Verständnis nicht an die Existenz und Tätigkeit der Hierarchie gebunden. Erkennbar ist das daran, dass auch Laien (im Notfall) taufen dürfen und dass der Heilige Geist die Charismen gibt, wie er will. Es hat immer Zeiten und Distrikte in der katholischen Kirche gegeben und wird sie wohl auch wieder geben, in denen es keine Priester gab und die Gemeinden selbst ihre Kinder taufen und den Glauben vermitteln mussten. In dem berühmten Hirtenwort des Paderborner Bischofs Konrad Martin (1856–1879; von Preußen abgesetzt und verhaftet) während des »Kulturkampfes« werden solche Zeiten beschrieben. Der Erzbischof kündigt nach dem »Priesterausweisungsgesetz» vom 4. 5. 1874 an, dass es keine Priester mehr geben werde, und bittet die Gemeinden, selbst ihre Kinder zu taufen und den Glauben zu lehren.

Ferner ist es auch katholische Überzeugung, dass der Heilige Geist den Glauben in jedem einzelnen Christen bewirkt (1 Kor 2,1–3). Dass dieser Glaube nicht ohne kirchliche Lehre zustande kommt, weiß auch Eilert Herms. Kritisch ist gegen ihn einzuwenden, dass zwischen dem Bezeugen des Tradierten und seinem Übermitteln kein praktisch oder theologisch wichtiger Unterschied besteht.

Gegen Herms scheint es mir auch nicht sinnvoll, das Glaubenkönnen (oder das Gegenteil) Gott selbst in die Schuhe zu schieben. Herms spricht hier vom Providentiellen (= durch göttliche Vorsehung Verfügten) und meint damit offensichtlich, dass es an Gottes Absicht liege, ob jemand glauben könne oder nicht. Das klingt sehr calvinistisch und ist im Effekt trostlos. Wie das Neue Testament zu diesem Punkt denkt, kann man bei Günter Röhser (Prädestination und Verstockung, 1994) nachlesen. Der Grundansatz ist: Gott schafft den Rahmen bzw. den Raum, innerhalb dessen der Mensch zum Gehorsam verpflichtet ist und ihn dann leistet oder nicht.

Wenn sich schließlich E. Herms wiederholt auf Luthers Satz beruft: »Wider das Gewissen etwas zu tun, ist weder sicher noch heilsam«, dann gilt dieser Satz spätestens seit Thomas von Aquin auch für Katholiken. Dabei ist die Frage offen, wieweit die Praxis sich daran hielt. Der Faktor Macht hat diese Möglichkeit stets einschränken wollen, sei es kirchliche Macht auf katholischer Seite, sei es staatliche Macht auf katholischer und evangelischer Seite.

Im Sinne unseres Grundverständnisses von Wahrheit muss man sagen: Bei Herms ist viel zu stark Gewicht gelegt auf die Bedeutung des Heiligen Geistes für die Erkenntnis – zum Nachteil des universalen »geistlichen« Gehaltenseins der Kirche in der Wahrheit.

7.1.3 Einheit durch den Heiligen Geist

In 2 Kor 13,13 spricht Paulus von der Gemeinschaft, die durch den Heiligen Geist hergestellt wird. Wie ist das von Paulus her zu denken? Paulus hat eine zweifach gegliederte Vorstellung vom Tempel des Heiligen Geistes. Weil Gottes Geist heilig ist, braucht er heiligen Raum als Wohnung. Der Heilige Geist nimmt Wohnung in jedem einzelnen Christen und in der Gemeinde insgesamt. Er ist im einzelnen Gläubigen nur, sofern er in allen ist, und er ist in allen und zugleich im Einzelnen. Schon die Alte Kirche weiß: Die einzige wichtige Bitte ist das Beten um den Heiligen Geist. Wenn er im Herzen eines Christen wohnt, schließt das selbstverständlich ein, dass er in der ganzen Gemeinde wohnt. Beides verhält sich zueinander wie kommunizierende Röhren.

Konkret bedeutet das: Wenn man um den Heiligen Geist bittet für die eigene und für die andere Konfession, dann bittet man darum, es möge geschehen, dass man das Verbindende im Eigenen entdeckt. Das, was mit dem anderen verbindet, ist nicht das Fremde. Das Fremde ist nur abstoßend und bestenfalls interessant, oder es wird vergöttert. Alles das sind wohl nicht die richtigen Wege, mit dem Anderen umzugehen. Es käme darauf an, im eigenen Inneren das zu markieren, was verbindet. Im Sinne paulinischer Theologie kann man nur darum bitten, dass der Heilige Geist den Blick auf sein eigenes Wirken freigeben möge – denn er ist handelndes Subjekt. Das ist gemeint, wenn es im Pfingsthymnus heißt: »*reple cordis intima / tuorum fidelium* – Erfülle des Herzens Innerstes derer, die an dich glauben«. Und dann folgt zweimal die Aussage »*nihil*«: Ohne diese heilige Gegenwart Gottes *(numen)* ist im Menschen nichts. Der Heilige Geist möge uns zeigen, was er schon je und je bewirkt hat. Dabei ist klar, dass das Gemeinsame je und je nach der Art des Einzelnen aufgenommen wird.

Die einzelnen Bitten des Pfingsthymnus sind im Blick auf die Frage der Einheit der Christen auszulegen:

Lava, quod est sordidum – »Wasche, was da schmutzig ist«. Scherben, die schon lange daliegen, pflegen staubig zu sein. Schmutz ist ein Bild für Sünde. Spaltung ist Sünde. Sünde war immer mit Spaltung verbunden, und das ist jeden Tag erneut der Fall. Spaltung ist die Sünde schlechthin, denn sie ist Gottes innerstem Willen entgegengesetzt. Spaltung reizt zu neuen Sünden. Oft werden sie unter Vorwänden begangen, welche die Theologie liefert. Im Laufe der Beschäftigung mit dem Thema Ökumene wird man wachsend misstrauisch gegenüber den unsäglichen, vielfältigen, schillernden Möglichkeiten der Selbstrechtfertigung, die von der Theologie an-wenderbereit geliefert werden. Durch sie werden die wahren Streitpunkte, die oft persönlicher Natur sind, künstlich ideologisiert. Die Spaltung wurde zur offenen Flanke am Leib Christi, und in dieser nisten sich Sünden ein wie Würmer und Blutsauger. So sind die vielen begleitenden Schäden mindestens so schrecklich wie die Spaltung selbst. Der entschwundene Buß- und Bettag könnte erneuert werden, indem man voreinander Schuld bekennt, Vergangenheit aufarbeitet und wenigstens über mögliche Vergebung spricht und über Wege, wie sie sich vollziehen könnte.

Riga, quod est aridum – »Tränke, was da dürre steht«. Dürre ist nicht nur biblisch verheerend. Sie ist ein Zeichen sterbender Pflanzen. Grün ist deshalb die alte liturgische Farbe des Heiligen Geistes und deshalb auch der Sonntage »nach Pfingsten«. Im Blick auf die ökumenische Landschaft fällt immer wieder die fatale Dürre auf, die in geistlicher Hinsicht herrscht. Man kann auch mit der Bibel in der Hand jeden Ansatz zu lebendiger Spiritualität zerstören, denn Bibelzitate sind kein Ersatz für eigene Sprachfähigkeit und Sprache. Das Verhältnis von Bibel und Spiritualität kann aus meiner Erfahrung am ehesten so bestimmt werden: Die Schrift inspiriert je und je neu und setzt auch ausufernder Phantasie Grenzen. Angesichts der Vielschichtigkeit der Bibel und der Mehrdimensionalität von Offenbarung ist das Inspirationspotential der Bibel unbegrenzt. Nur über eine gründlich erneuerte Spiritualität ist Einheit möglich.

Sana quod est saucium – »Heile, was verwundet ist«. Die Spaltung beruht auf Verletzungen und hat immer wieder Verletzungen zur Folge. Am Lebensweg Martin Luthers zum Beispiel lässt sich das gut verfolgen. Jeder, der aktiv an Spaltungen beteiligt ist, kann ein »verletzter Verletzer« genannt werden. Oft gibt es Verletzungen aus Unkenntnis, oft geschehen sie ungewollt. Manche sind fahrlässig verursacht, viele werden aber auch in kühlem Kalkül gesetzt. Heilen kann hier nur Gott. Die Heilungswunder des Neuen Testaments möchten sich, so unsere Sehnsucht, in Heilungswundern dieser Art fortsetzen.

7.2 *Wahrheit*

Die Bibel hat einen anderen Wahrheitsbegriff als die Philosophie. Das ist kaum beachtet worden und ökumenisch vielleicht sehr hilfreich. Denn die Dogmatik hat sich in dieser Frage auf die Seite der Philosophie geschlagen. Vielleicht lässt sich durch die Beachtung des biblischen Wahrheitsbegriffs etwas Bewegung in die Diskussion bringen. Das beträfe vor allem den Stellenwert dogmatischer Wahrheiten überhaupt. Die notwendigen Klärungen erreichen wir vielleicht durch einen Disput zwischen »Johannes« (dem Evangelisten, der für das Vierte Evangelium steht) und dem »Philosophen«, der den aristotelischen Wahrheitsbegriff vertritt.

7.2.1 »Was ist Wahrheit?« – ein leicht fiktiver Disput

JOHANNES: Jesus hat gesagt: »Ich bin die Wahrheit« (Joh 14,12).

PHILOSOPH: Das kann ich nicht verstehen. Pilatus war da vernünftiger. Er hat gefragt: Was ist Wahrheit (Joh 18,38)?

JOHANNES: Eben mit dieser Frage war er auf dem Holzweg. Weil er die Frage nach Wahrheit als eine Sachfrage begriffen hat, musste er scheitern. Er wurde zum Mörder an Jesus.

PHILOSOPH: Jesus hat die Frage des Pilatus »Was ist Wahrheit?« nicht beantwortet.

JOHANNES: Eben deshalb, weil hier Argumente nicht weiterhelfen. Das ganze Vierte Evangelium betont immer wieder das eigentliche Ärgernis: Die Botschaft Jesu ist mit seiner Person identisch. Er ist die Wahrheit.

PHILOSOPH: Wahrheit ist für uns Philosophen eine Sache der richtigen Erkenntnis. Wenn ich sage, es regnet draußen, kann man nachprüfen, ob diese Aussage wahr ist. Sollte das der Fall sein, habe ich Recht, habe ich richtig geurteilt. Die Wahrheit war Merkmal meines Denkens und meiner Aussage.

JOHANNES: Jesus ist nicht Merkmal eines Denkens, nicht »Richtigkeit«.

PHILOSOPH: Wahrheit ist eine Frage des Verhältnisses von Sachverhalt und Meinung bzw. Aussage darüber. Aristoteles hat gesagt: Wahrheit ist die Übereinstimmung von Begriff und Sache. So hat es Thomas von Aquin wiederholt.

JOHANNES: Jesus meint ganz gewiss nicht, er sei die Übereinstimmung von Begriff und Sache. Er ist nicht das richtige Denken über etwas. Er ist überhaupt kein Denkvorgang, sondern eine Person. In dieser Person wird uns der persönliche Gott auf sehr persönliche Weise ansichtig.

PHILOSOPH: Aber warum nennt ihr das Wahrheit? Warum wird der griechische Ausdruck so missverständlich gebraucht?

JOHANNES: Weil mit der philosophischen Wahrheit doch Gemeinsamkeiten, gemeinsame Schnittmengen bestehen.

PHILOSOPH: Das wundert mich, nach allem, was wir bisher beredet haben!

JOHANNES: Erstens hat der Zugang zu Jesus sehr wohl etwas mit Erkenntnis zu tun – wie bei der Wahrheit. Zweitens ist ja auch bei Philosophen die Wahrheit in Worte gefasst, und zwar notwendig und immer. Jesus Christus wird im Vierten Evangelium auch das »Wort« genannt. Und zwar das Wort Gottes, das Wort, mit dem Gott sich ausspricht, die schöpferische Außenseite Gottes. Und drittens – und das ist das Wichtigste – ist die biblische Wahrheit dasjenige, was Bestand hat. Sie »steht« gegenüber allem vergänglichen Irrtum. Sie ist ewig. Gott ist ewig, und die Sterblichkeit ist Inbegriff des Scheins und der Vergänglichkeit. Gegen den Schein, der nicht wahr ist, seid ihr doch auch?

PHILOSOPH: Ja, das ist richtig. Dass zwei mal zwei gleich vier ist, ist wahr, notwendig und immer wahr und insofern beständig. Träte jemand auf mit der Behauptung, zwei mal zwei sei gleich fünf, er würde bald widerlegt und seine Meinung wäre nutzlose Schein-Wahrheit. Auch wenn er ganz reich und mächtig wäre, er käme doch gegen die Wahrheit nicht an.

JOHANNES: Das gilt auch von Gott. Auch wenn jemand reich und mächtig wäre, er müsste doch sterben, wäre eine vergängliche Person, wie ein Hauch, wie Kohelet sagt.

PHILOSOPH: Aber das Zweite, was du sagst, verstehe ich nicht: Wie kann Jesus »Wort« sein?

JOHANNES: Nun, Jesus ist radikal und total und einmalig ganz von Gottes Wort erfüllt, und dieses ist kein beschreibendes, sondern ein schöpferisches Wort. Es will nicht nur richtig sein, sondern es schafft Realität, und zwar verdankt sich alle Realität in der Welt diesem Machtwort. Jesus zeigt das in seinen Wundern.

PHILOSOPH: Aber ist ein Machtwort nicht Zauberei? Bei uns Philosophen gibt es nur beschreibendes Wort, das Wirklichkeit abbildet.

JOHANNES: Nein, das Wort Gottes schafft Wirklichkeit. Es ist auch insofern wahr, als diese Wirklichkeit Bestand hat.

PHILOSOPH: Unser Wort schafft nicht Wirklichkeit, sondern beschreibt sie mehr oder weniger treffend. Und Wahrheit ist eigentlich rückwärts gerichtet: Die Feststellung, dass wir das, was vorhanden ist, auch richtig erfasst haben. Wahrheit ist nicht kreativ, sondern urteilendes Resultat einer geschehenen Wahrnehmung.

JOHANNES: Wirklich kreativ kann nur ein Subjekt sein – nicht aber die Äquivalenz zwischen Begriff und Sache. Unsere Wahrheit, Jesus in Person, ist vorwärts gerichtet: auf die Überwindung des Todes.

PHILOSOPH: Aber wie eignet man sich eure Wahrheit an? Bei uns hat jedermann dieselbe Chance, Wahrheit zu erkennen, und zwar durch präzise Wahrnehmung. Dazu sollte man Philosophie studieren.

JOHANNES: Auch bei uns gibt es eine präzise Wahrnehmung der Wahrheit am Anfang des Weges, dann aber bleibt es nicht bei Erkenntnis, sondern weil diese Wahrheit Person ist, erfolgt die Aneignung durch persönliche Nachfolge. Der ist in der Wahrheit, der sie lebt. Sie ist auch insofern kreativ, als in jeder Hinsicht Neues entsteht, zum Beispiel wenn eine neue Menschheit auf der Basis der Liebe entsteht.

PHILOSOPH: So ganz fremd ist uns das mit der Nachfolge auch nicht. Denn Plato hat seine Schüler in der Akademie gesammelt und bis 529 n. Chr. war der Leiter der Akademie der Nachfolger Platos. Noch heute heißen die »Akademiker« danach.

JOHANNES: Aber Wahrheit bleibt für euch die Enthüllung des Verborgenen. Für uns ist Wahrheit die neue Welt, in der der Tod und der Pesthauch der Vergänglichkeit überwunden sind, in der Gott bleibt und das Leben, das er will.

PHILOSOPH: Was soll euer Personenkult? Ihr meint doch, Jesus selbst sei die Wahrheit. Wir sagen: Bestenfalls ist Plato oder ein anderer Philosoph einer, der die Wahrheit freilegt.

JOHANNES: Jesus ist die Wahrheit, weil in ihm Gott zugänglich ist. Und dieser ist die Wahrheit, weil er bleibt gegenüber allem Schein. Besonders gegenüber dem Tod. Diese Wirklichkeit ist nur personal zugänglich.

PHILOSOPH: Auch bei euch ist Wahrheit Übereinstimmung.

JOHANNES: Sie ist nicht Übereinstimmung, aber wer an ihr teilhat, stimmt mit ihr überein.

PHILOSOPH: Die Dogmatiker stehen uns nahe. Sie verkünden Sätze, die immer gültig sind. Das meinen sie ernsthaft.

JOHANNES: Ich bin der Meinung, dass die Wirklichkeit, mit der es Christen zu tun haben, die beständige Wahrheit als Person ist. Alle bloßen Sätze sind sekundär – das heißt: Sie sind nur aus dem Leben mit dieser Person in der Nachfolge abgeleitet. Vor allem anderen steht der Lebensvollzug der Nachfolge. Vorrangig geht es daher bei dieser Wahrheit um Lebensregeln in der Anteilhabe und Gemeinschaft mit Gott. Jüngerschaft ist der Quell der Dogmatik. Maßstab der Dogmatik ist die Überwindung des Todes in allen seinen Formen. In persönlicher Anteilhabe durch persönliche Nachfolge gibt es Wahrheit, sonst nicht.

7.2.2 Die Wahrheit der Nachfolger

Wir fragen: Was bedeutet dieser Ansatz für die ökumenische Diskussion? Er bedeutet: Jüngerschaft und damit Kirche im Ganzen ist der Raum der Wahrheit. Es kann nicht um Sätze gehen, die jenseits dessen oder unabhängig davon wahr sein könnten. Wenn es also ein aus Sätzen bestehendes Lehrgebäude namens Dogmatik gibt, speist es sich aus folgenden Quellen:

- aus den Gebeten und Hymnen der Gläubigen, weil sich in ihnen Leben mit und in der Wahrheit Gottes unmittelbar vollzieht, wie es der alte Lehrsatz »lex orandi lex credendi (est)« widerspiegelt – das Gesetz des Glaubens ergibt sich aus dem Gesetz des Betens,
- aus der Nacherzählung der Geschichte Gottes mit den Menschen vom ersten bis zum letzten Buch der Bibel. Denn wenn

die Kirche der Raum der Wahrheit ist, dann ist dieses das Zusammenstimmen im Raum der Wahrheit,
- aus der Abwehr irriger Konsequenzen und entsprechend irriger Lebensgewohnheiten, die aus dem Lebenszusammenhang »Wahrheit« herausführen oder herausfallen,
- aus dem Erklären des fremd Gewordenen. Auch das ist ein Stück Erhaltung des Lebensraumes »Wahrheit«.

Das Credo kommt diesem Konzept von Wahrheit sehr nahe. Denn es berichtet die Geschichte von den drei Personen in dem einen Gott. Alle Satzwahrheiten sind immer und immer wieder zu integrieren in den Lebensvollzug zwischen Gott und Mensch. Die festen Strukturen liefert die Erzählung *(narratio)*. Wenn Wahrheit die Anteilhabe an Gott ist, dann ist Dogmatik der Niederschlag, den die Geschichte dieser Lebensbeziehung zwischen Gott und Mensch gefunden hat.

7.2.3 Die Wahrheit der Theologen

Was bedeutet das kontroverstheologisch? Fünf ganz klare Konsequenzen lassen sich daraus ziehen:

- Systematische Theologie ist eine Wissenschaft, die zutiefst in den Lebensvollzug der Kirche eingebettet ist. Ich meine jetzt nicht Dogmengeschichte, sondern eine aktive, produktive, im besten Sinne des Wortes lebensnahe, weil kirchennahe Dogmatik. Eine »rein wissenschaftliche Theologie«, betrieben von Leuten, die den Glauben nicht leben und in ihren kirchlichen Vollzug nicht integriert sind, ist steril, weil sie die lebendige Quelle der Erkenntnis ignoriert.
- Systematische Theologie muss ein offener Wettstreit um das sein, was diesem Lebensprozess am ehesten angemessen ist, ihn am schärfsten widerspiegelt und ihn am kräftigsten vorantreibt (ganz nahe an Luthers »Was Christum treibet«). Das Wort »offener Wettstreit« möchte ich besonders betonen. Denn die Dogmengeschichte kann unmöglich abgeschlossen sein. Und wenn sie gut war, dann war auch Kontroverstheologie ein offener

Wettstreit. Nur ist es nicht im Sinne des hier Dargestellten, dass dieser offene Wettstreit eine Kirchenspaltung lohnt. Der offene Wettstreit soll allemal einer lebendigen Kirche dienen und sie nicht zerstören. Sonst ist er a priori nicht wahr. Denn das Leben aus dem dreieinigen Gott verträgt keine Selbstzerfleischung der Christen. Ob eine Glaubensüberzeugung »wahr« ist, das zeigt sich übrigens auch daran, ob sie direkt in den Blutkreislauf der Christenheit eingespeist werden kann. Wie ein Medikament, das direkt ins Blut gespritzt werden kann, so müssten satzhafte Glaubenswahrheiten sein. Nicht aber wie ein Medikament, das zu Kollaps und Tod führt.
- Da Systematik sich auch an dem orientiert, was kontinuierliches Leben ist (anderes Leben gibt es nicht), gilt auch dieses als ihr Grundsatz: »Was immer und überall in der Kirche geglaubt wurde« (Vinzenz von Lerin).
- Kriterium für Erhaltung des Lebens in der Kirche ist auch: »Was im Ganzen und auf Dauer gesund macht, am Leben (und in der Einheit) erhält – das ist wahr.«
- Das Prinzip der vier Stuhlbeine aus meiner »Hermeneutik« möchte ich hiermit in Erinnerung rufen. Damit sind vier Kriterien für Wahrheit gemeint: Bezug auf die heilige Schrift – Orientierung an der Lehre der Kirche (Kirchenväter, Konzilien) – Mögliche Wirkung und Akzeptanz – Sachkunde.

Wahrheit meint daher alles das, was den Blutkreislauf, sprich Lebensvollzug, der Kirche fördert. Die »gefrorene« Wahrheit schriftlicher Dokumente wird dieses nur in abgeleiteter Weise tun können. Primäre, gewissermaßen »liquide« Wahrheit ist immer Lebensvollzug der einen Kirche selbst.

Um ein prekäres Beispiel zu nennen: Jahrhundertelang hat man um die Wahrheit dessen gerungen, was beim Abendmahl »eigentlich« geschieht. Die Auskunft, es gehe um Transsubstantiation ist unüberholbar, das heißt: ein Meilenstein, an dem man sich jedenfalls orientieren kann. Das ist eine Hilfe, aber es ist noch nicht alles. Denn weder ist bisher biblisch zureichend auch nur annähernd geklärt, wie reale Gegenwart Jesu unter den Gestalten von Brot und Wein biblisch denkbar gewesen ist (die neutestamentliche Frage), noch ist damit irgendjemand der Aufgabe enthoben, heutigen (z. B.

jugendlichen) Menschen zu erklären, was Transsubstantiation ist und warum dieses Modell gut ist.

Bei der Frage nach Wahrheit stoßen wir demnach verschärft auch auf ein Problem, das man zumeist bei der Bibelübersetzung, weniger aber in der Dogmengeschichte und selten in der ökumenischen Debatte beachtet hat: das der Übersetzung.

7.2.4 Wahrheit für Ökumeniker

Unsere Ergebnisse zum Thema »Wahrheit« ähneln den Überlegungen zum »Heiligen Geist«. Beides ist nicht in erster Linie eine Frage der Erkenntnis, obwohl es, wie man sagt, »kognitive« Elemente bei beiden gibt. Im Vordergrund steht vielmehr bei beiden das Element der Macht und der Kraft. Denn der Heilige Geist ist nach Paulus die Kraft, die Unterschiedliches zusammenbinden und -halten kann. Der Heilige Geist ist personhaft verstanden, denn er tritt vor allem als unser Anwalt funktional selbstständig vor dem Vater auf.

»Wahrheit« ist die Kraft unzerstörbaren Lebens. Sie macht »frei« von Sünde, Tod und Teufel, weil sie Gottes befreiende Lebensmacht ist. Sie ist personal an Gott gebunden. Daher kann Jesus sagen: »Ich bin die Wahrheit.« Deshalb ist sie auch nur in der Nachfolge Jesu zu »haben«. Sie will zwar auch durch Erkennen wahrgenommen werden. Aber der eigentliche Zugang ist die persönliche Verwirklichung von Wahrheit im gelebten Leben.

Beides bedeutet Gewichtiges für die Frage nach Ursache und Therapie der Glaubensspaltung: Viel häufiger, als es aussieht, liegt die Ursache der Spaltungen in defekten Lebenszusammenhängen, in mangelnder Achtung und Liebe, im mangelnden Dialog und darin, dass man die geistlichen und geistigen Ressourcen, die man ausnutzen könnte, nicht wahrnehmen will.

Das bedeutet für die Therapie von Spaltung: Miteinander leben, miteinander beten und die Schrift lesen, gemeinsam intensive geistliche Erlebnisse suchen – sei es an Orten wie Taizé, sei es auf einer Fußwallfahrt nach Santiago. Dazu gehört auch die Erinnerung an gemeinsam bestandene Grenzerfahrungen. Weniges hat die ökumenische Bewegung nach dem Zweiten Weltkrieg intensiver befördert, als der gemeinsame Lageraufenthalt von evangelischen Pastoren und katholischen Priestern: die gemeinsam bestandene Krise, der gemeinsam erfahrene Hunger! Und wie sehr brachte in unserer jetzigen ökumenischen Eiszeit der Tod von Frére Roger die Konfessionen geistlich zusammen! Wie überhaupt der Tod, den wir alle erfahren werden und von dem die Kirche so meisterlich viel weiß, unser präökumenisches Kleinklein an der »Wahrheit« zerschellen lässt.

Eine der Folgerungen aus diesem Wahrheitsverständnis ist: Oft kommt man weiter, wenn man sich darum bemüht, das Gemeinte als Gebet zu formulieren. Das ergeht mir schon bei Bibeltexten so. Es könnte sein, dass für vieles dogmatisch Gemeinte das Gebet der angemessenere Rahmen ist (lex orandi lex credendi).

Beispiel Fegefeuer: »Herr unser Gott, du weißt, dass unser Verstorbener kein guter Mensch war oder ein Christ, wie du ihn dir vorstellst. Er ist in aller Unvollkommenheit vor dich getreten. Weder sein Glaube noch seine Werke waren vollkommen. Bis er vor dir bestehen kann, wird es dich manche Mühe kosten. Vielleicht muss wie in einer schmerzhaften Hüftoperation manche Tat seines Lebens ausgebaut und ersetzt werden. Weil du ihn liebst, wirst du keine Operation scheuen. Deine Liebe hat dasselbe Ziel wie unsere. Und wir dürfen dir alles sagen, was uns bedrückt. So tragen wir unsere Sorge um den Verstorbenen vor dich. Vollende du ihn in deiner Liebe. Amen.«

7.2.5 Wie man biblisch auf einen Nenner kommt

Die Wendung »dasselbe denken« ist typisch für Ermahnungen des Apostels Paulus. In seinen unbezweifelt echten Briefen spricht er sechsmal davon, an zwei weiteren Stellen formuliert er ähnlich (synonym). Dabei bedeutet »denken« an diesen Stellen dasselbe wie »nach etwas trachten«. »Dasselbe Denken« bedeutet daher: sich ein gemeinsames Ziel setzen. Paulus appelliert an unterschiedliche Personen und Gruppen, deren Aktivitäten er auf dasselbe Ziel hin lenken will. Seine Aufrufe richten sich daher an das Wollen, weniger an ein »neutrales« Denken. An der Wendung »einander«, die Paulus an drei der sechs Belege anschließt, wird erkennbar: Paulus meint Gegenseitigkeit. Er denkt an ein Miteinander »auf Augenhöhe« bei voller Wahrnehmung des jeweils anderen. Wenn Paulus in Phil. 4,2 hinzusetzt »im Herrn«, dann meint er wohl: Der Herr gibt euch dazu die Kraft, er ist der Maßstab, er ist die Mitte des gemeinsamen Trachtens. Weil es den einen gemeinsamen Herrn gibt, ist die Ausrichtung auf ein gemeinsames Ziel möglich und nötig. Worin das gemeinsame Ziel des Wollens besteht, das ist relativ unterschiedlich. Zweimal spricht er von praktischer Solidarität (Liebe) und von gerechter Ordnung (Frieden). Nach Röm 15,5 wird die Gemeinsamkeit darin wirklich, dass die Angeredeten Gott einmütig und einhellig (»mit dem Mund«) loben. Ein schönes griechisches Wort ist das griechische *»sympsychoi«*, »eine Seele miteinander sein« (Phil 2,2). Vor allem aber an seinem Gegenteil kann das Erstreben desselben Zieles schärfer erkannt werden. Denn das Gegenteil ist »Eingebildetsein« (Röm 12, 16), Prahlerei und Streitsucht (Phil 2,2), Eifersucht und Ehrgeiz (ibid.). Und entsprechend ist das, was Paulus fordert, Demut, und zwar so, dass man sich darin gegenseitig übertrifft (Phil 2,2).

Geistlich gesehen ist das Strengste die Verbindung von »Demut« und »dasselbe denken«. Denn Paulus erkennt nach diesen Texten sehr scharf, was die Schwierigkeiten jeder Gemeinsamkeit ausmacht: die mangelnde Demut. Sie ist religiös gemeint, nie nur moralisch. Denn ein Imperativ »nun sei doch demütig« ist allzu frei schwebend. In Phil 2 beginnt Paulus mit der Mahnung zur Einheit und fährt dann fort mit dem so genannten Philipperhymnus (2,6–11), also mit dem Hinweis auf die Selbsterniedrigung des Sohnes Gottes in Demut »bis zum Tod am Kreuz«. Diese Selbsterniedrigung Jesu ist das Urbild dessen, was Jesus hier von der Gemeinde erwartet. Für jeden Einzelnen und für alle zusammen gilt das Urbild des in Demut gekreuzigten Sohnes Gottes.

»Dasselbe denken« wird daher anschaulich begründet in Jesu Sklavengestalt und in der Sklavenstrafe des Kreuzes, die er erleidet. Demut heißt: sich für einen Sklaven halten. Das ist das Ende aller vermeintlichen »Selbstverwirklichung«. Ein seltsam fremdes Bild. Aktuell für das Thema dieses Buches übersetzt heißt das: Ökumene ist nur auf dem Weg des Kreuzes möglich, in radikaler Selbstentsagung.

7.2.6 Über das Spannungsverhältnis von Demut und Wahrheit

Aber darf die demütige Selbstpreisgabe auch zur Aufgabe von Wahrheitsansprüchen führen? Oder ist hier sorgfältig zu trennen? Um das Problem scharf zu benennen, darf man sagen: Persönlich bin ich fromm, aber in der Sache verteidige ich den Glauben meiner Ahnen mit Zähnen und Klauen? Gibt es da eine Zwei-Reiche-Lehre? Ist nicht gerade das Ineinander von persönlichem Trotz (also mangelnder Demut) und sachlichem Rechthabenwollen die typische Ausgangsbasis von Glaubenskriegen? In beiden Aspekten des Problems geht es um das Ganze: Demut, Selbstpreisgabe bis zum Kreuz und auch in der Frage der Wahrheit: Standfest bis zum Martyrium.

Jeder Theologe wird antworten: Merkmal der biblischen Religion ist, dass die Wahrheit Vorrang hat vor der persönlichen Bescheidenheit. Beispiel: Erstes Gebot. Es steht deshalb voran, weil es auch Maßstab jeder Liebe ist. Die Wahrheit hat auch Priorität vor der Liebe (zu Menschen).

Aber dennoch: Wie schnell wird das Stehen zur Wahrheit zu Starrsinn? Andererseits: Kann der Demütige über Wahrheit verfügen? Darf er sie abändern? Das Problem muss daher so zugespitzt werden: Soll ich aus Demut Teile der Wahrheit aufgeben, darf oder kann ich das? Und andererseits: Ist nicht jedes Nachgeben Verrat an der Wahrheit?

Wir sahen bereits: In der Bibel gilt die Priorität der Wahrheit vor der Liebe. Das erste Gebot ist der Maßstab und setzt auch die Grenze für jede Liebe. Die Wahrheit ändern, das geht nicht. Aber ich schlage folgende Schritte jenseits von »demütiger Selbstaufgabe« und »Starrsinn« vor:

Übersetzen: Dem Gegenüber ist die Wahrheit verständlich zu machen, und zwar so, dass er sie versteht. Meistens wird einem bei solchem Übersetzen erst klar, ob man die eigene Wahrheit verstanden hat. Ein großer Teil der Kontroversen besteht darin, dass das Gegenüber sein Anliegen noch nicht wirklich verständlich gemacht hat.

Kontrolle eigenen Starrsinns: In der Regel liegt genau dort eigener Starrsinn vor, der die Chance zur Überwindung bietet, wo man dem Kontrahenten solchen vorwirft. So wie man die eigenen Fehler genau an den Vorwürfen ablesen kann, die man gegen andere erhebt.

Pragmatik: Viele Positionen, die sich als unüberwindliche Dogmatik darstellen, können erhellt und verständlich gemacht werden, wenn man sie auf ihren praktischen Gehalt befragt und von dorther versteht. Ließe man sachlichen Argumenten und pragmatischen Einsichten ihren Platz, dann erübrigten sich viele Pseudo-Schriftbeweise und viele Unglaubwürdigkeiten der Theologie. Daher mein Plädoyer: Sachliche Argumente leben so lange, wie sie Anwälte finden. Wie man hört, sind zum Beispiel Reformierte in der Schweiz dabei, sich um eine bischöfliche Struktur zu bemühen. Allein schon die Notwendigkeit, für Gespräche mit der katholischen Seite einen Gesprächspartner zu benennen, führt dazu. Auch die katholische Auffassung von der Unfehlbarkeit des Papstes ist doch zunächst einmal pragmatisch zu begründen: Religiösen Menschen aller Jahrhunderte eignet die Neigung, sich selbst als unfehlbares Instrument des Himmels zu verkünden. Nichts liegt bei einem persönlich gefärbten Gottesbild näher. Weil bei einer Milliarde Kirchenmitgliedern sehr viele unfehlbar sein möchten, ist die Erklärung, einer müsse definitiv entscheiden können, zunächst hauptsächlich die Unterbindung der Unfehlbarkeitsansprüche ungezählter Christen. Deren natürliche Konsequenz wäre ein ungebremstes Sektenwesen.

Entsakralisierung von kirchlichen Verwaltungsakten: Kirchliche Autorität ist notwendig. Selbst bei dem bescheidensten Verein, in jeder Familie überdies, muss es einen oder mehrere geben, der die Richtung bestimmt und in Zweifelsfällen entscheidet. Alles andere wäre ein illusionärer Liebeskommunismus – eine reine Projektion. Schon der katholische Aufklärungstheologe Godehard Ontrup begründet das kirchliche Amt bis hinauf zum Papstamt mit der lapidaren Begründung: Wo mehrere zusammen sind, muss einer der Sprecher sein (»Unsere politischen Zänkereien … geben uns den klaren Beweis, dass auch in Republiken eine obere Macht nötig ist, um die Köpfe unter einen Hut zu zwingen«). Alles andere ist Ausstaffierung, teilweise endlose Diskussion über das Wie dieser Sprecherschaft. Es ist zum Teil auch eine bisweilen unerträgliche Ideologisierung und Quasisakralisierung kirchlicher Autorität und ihrer Maßnahmen. Eine Entsakralisierung könnte auch den Amtsinhaber selbst entlasten. Ein Beispiel, katholisch und abschreckend: Für Priesterseminare wurde noch in der zweiten Hälfte des letzten Jahrhunderts diskutiert, ob die Anordnungen des Regens »Gottes Wort« seien. Ein Beispiel, evangelisch, nicht weniger abschreckend: Die »Ordination in die Arbeitslosigkeit«. Im Ordinationsformular steht der Satz: »Ab jetzt sorgt die Kirche für Sie.« Das wird vorgelesen in einem feierlichen Akt mit Choral und Kerzen, obwohl alle Beteiligten wissen, dass die »Ordinierten« niemals eine Stelle bekommen werden. Und zur Ergänzung noch eine interkonfessionell häufiger auftretende Trouvaille: Die Ausbeutung und mangelnde Bezahlung kirchlicher Mitarbeiter, mit dem Hinweis auf den sicheren Lohn Gottes (im Himmel). Das Grundschema ist immer ähnlich: Dem Abhängigen wird Respekt abverlangt; dieser wird religiös verbrämt oder »begründet«. So entsteht tiefes Misstrauen, weil Religion zu Disziplinierungsmaßnahmen verkommt. Religion wird benutzt, wenn Argumente sachlicher Art nicht zur Stelle sind.

7.3 »Es lebe der personale Dialog!«

Immer wieder wird betont, wie wichtig doch der »Dialog zwischen den Religionen«, der »Dialog zwischen den Konfessionen«, sei. Gleichzeitig herrscht Entsetzen und Empörung darüber, wie sehr schnell dieser Dialog ins Folgenlose kippt, stellt sich auch nur der Anflug von Ernstfall ein. Dann sind plötzlich alle Freundlichkeiten vergessen. Man flüchtet sich in solchen Fällen zur Auskunft, Dialog sei doch besser als Krieg. Das ist freilich unwiderleglich. Aber was der Dialog eigentlich bewirken soll, bleibt offen. »Besseres Verstehen« ist sicher durch Begegnung leichter zu erzielen als durch das Lesen von Büchern (wer liest schon noch?). »Annäherung durch Erkundung« ist eine schwierige Formel, denn alle Begegnungen verfliegen in unserer Zeit, die reich ist an Events, wie

Stroh im Wind. Jeder kennt das Schicksal von »Papieren« über gehaltene Tagungen. Noch einmal: Ich bin nicht dagegen, dass man miteinander redet. Besuche buddhistischer Mönche sind in »unserem« Kloster stets lehrreiche und auch fröhliche Ereignisse. Aber was will man letztlich erreichen? Antwort: Nichts. Die Dialoge sind Selbstzweck.

7.3.1 Auf den Gestus kommt es an

Den Hintergrund dieser weit gespannten, optimistischen, auch teuren Trockenübung bildet eine bestimmte philosophische Schule. Man nennt sie »dialogischen Personalismus« oder »personalistische Dialogkultur«. Repräsentanten des »dialogischen Personalismus« sind Franz Rosenzweig, Ferdinand Ebner, Martin Buber, Gabriel Marcel, Romano Guardini, Walter Brugger, Dietrich von Hildebrand. Sein »linkes Spiegelbild« ist die Theorie der »gewaltfreien Kommunikation« der Frankfurter Schule. Der wichtigste Anwendungsbereich beider Richtungen ist die an der Ich-Du-Beziehung orientierte praktische Psychologie sehr vieler Seelsorger in den beiden großen Volkskirchen. In der katholischen Moraltheologie wurde diese Richtung spätestens seit 1970 durch Hans Rotter (Strukturen des Handelns) dominierend: »Die sittliche Handlung ist grundsätzlich immer auf ein menschliches Du bezogen«, jede sittliche Handlung sei eine Verwirklichung »personalen Vollzugs«. Mit dem personalen Charakter einer Handlung steige auch der freie Wille. Dabei sei die Ich-Du-Beziehung eine »ursprüngliche Gegebenheit«, denn das »Ich trägt notwendig die Beziehung zum personalen Du in sich«. In der Liebe zum Du sei immer auch das Ja zur Gemeinschaft eingeschlossen.

Die Bedeutung dieser philosophischen Richtung für die Ökumene geht einem auf, wenn man nur wenige, zufällig aufgeschlagene Seiten in dem Aufsatzband von Kardinal Walter Kasper liest (»Wege der Einheit«, 2005): »Die dialogische Sicht des Menschen und der Menschheit insgesamt wurzelt in der biblischen und jüdischen Tradition ... Sogar die Offenbarung ist ein dialogischer Prozess ... Der Höhepunkt dieses Dialogs ist das Christusereignis selbst ... In Jesus Christus ... haben wir den intensivsten und völlig einmaligen Dialog zwischen Gott und Mensch … In ihm ist die letzte Wahrheit der dialogischen menschlichen Existenz offenbart und verwirklicht …« Die Entschiedenheit des christlichen Zeugnisses sei »grundlegend von einer sektiererischen Verweigerung der Kommunikation zu unterscheiden« und stehe »keineswegs im Widerspruch zur dialogischen Offenheit«. Und der Höhepunkt: Das christliche Bekenntnis »bildet … nicht nur die Grundlage für eine sich selbst entäußernde Beziehung der Toleranz und der Achtung gegenüber anderen Religionen, sondern besteht darüber hinaus und vor allem aus einer sich selbst entäußernden Beziehung des Dialogs und des Dienens« (S. 57).

Ich bin ganz damit eins, dass die christliche Lehre nicht Macht und Gewalt gebrauchen darf. Aber ich sehe, dass der dialogische Ansatz erheblich über das Maß hinaus strapaziert wird. Das hilft am Ende nur den ganz harten Rechnern und ihren Zielen, die dann eben eher undiskutiert bleiben.

Die praktische Bedeutung in der »Ökumene vor Ort« liegt in folgenden Punkten: Das interkonfessionelle und interreligiöse Gespräch ist Selbstzweck, die Eucharistie bzw. das Abendmahl wird in ihrem Gemeinschaftscharakter (»interpersonale Begegnung«) stark hervorgehoben, beim Zelebrieren zum Volk hin wird die gemeinsame Richtung auf Gott hin aufgegeben zugunsten des personalen Gegenübers von Priester und Volk. Die Beichte ist nicht mehr ein Tribunal, sondern eine Ich-Du-Versöhnung. Die endlose Verschränkung von Biographien aus psychologischen und kommunikativen Gründen bringt letztlich auch jene *Ökumene der Gemütlichkeit* hervor, die in deutschen Landen regiert.

Dabei gilt doch schon für Predigthören und Sakramenten-Empfang: Wer sie vor allem als interpersonale Begegnung auffasst, muss enttäuscht werden. Wer schlichte Vorgänge so überstrapaziert, der überfordert sie und sich. Beispiel aus einem prekären Gebiet: Die alte Moraltheologie war sich mit dem Kirchenrecht darin eins: Das wichtigste Eheziel sei das Hervorbringen von Nachkommenschaft *(generatio prolis)*. Schon seit meiner Studentenzeit in den 60er Jahren habe ich dagegen nur Protest gehört: »Welch eine Zumutung!«, »Wie kann die Kirche nur …!« Man sprach dann davon, die Ehe sei in erster Linie eine Gemeinschaft personaler Begegnung. Doch mittlerweile bemerkt man, dass die alte Bestimmung des Ehezwecks gar nicht so dumm war, wie sie aussah. Denn »personale Begegnung« gibt es auch als Freundschaft sehr häufig außerhalb der Ehe. Dazu muss man keine Familie gründen. Das andere aber, das Hervorbringen von Kindern, wurde so wenig beachtet, dass daraus – nicht nur für Deutschland, sondern für viele große Länder Mitteleuropas – eine demographische Katastrophe wurde. Via Wirklichkeit wird der softgespülten Moraltheologie zu Erkenntnissprüngen verholfen.

Die Rede vom dialogischen Personalismus ist zu einer alles umfassenden, alles durchtränkenden, aber auch alles verwässernden Platitüde geworden. Ihr Merkmal: Man inszeniert Ereignisse, die mit hinreichender Sicherheit für beide Seiten verhindern, für das da zu sein, was sie doch bekunden. Die Probleme bei so viel personalem Austausch sind: die Frage der Bodenhaftung, der Beziehung zur außerpersonalen Wirklichkeit und die Gefahr der Psychologisierung und Biographisierung der gesamten Geistes- und Kunstgeschichte. Aufgrund dieser Gefahren muss man von einer regelrechten Ideologie sprechen; sie hat sich typischerweise angereichert durch einen Affirmation heischenden Jargon mit »signalhaft einschnappenden Wendungen« (Adorno): Man versteht sich im Aneinandervorbeireden. Was ausfällt, ist Realität. Was von ihr noch übrig bleibt, wird gewaltsam in den personalistischen Gestus umgebogen. Dieser personalistische Gestus und seine existenzialistischen Dialog-Events sind billig zu haben, gegenüber allem, was Verbindlichkeit stiftet. Kinder in die Welt setzen oder stabile Vereinbarungen für die Weltkirche treffen, das sind (auch) unangenehme Dinge, die einem Personalismus mutmaßlich zu lästig sind. Gewiss konnte man auch das lutherische Glaubensverständnis im Sinne des Vertrauens reduzieren auf eine personalistische Ich-Du-Beziehung. Alle »weichen« Strukturen und Strukturerweichungen finden hier ein vorübergehendes Asyl.

Meine leise Vermutung: Überall dort, wo man keine wirkliche Kircheneinheit will, sondern den jetzigen Zustand akzeptiert wissen möchte, grassiert »personaler Dialog«. Da ist man zusammen wie in Schopenhauers Gleichnis von den Stachelschweinen: So nahe beieinander, dass es wärmt, aber so weit voneinander entfernt, dass es nicht wehtut. Das ganze Phänomen erinnert unfreiwillig an die Anekdote, nach der ein Ortsfremder einen Einheimischen nach dem Weg zum Bahnhof fragt. Nein, das wisse er auch nicht. »Aber wie gut, dass wir uns darüber unterhalten haben.«

7.3.2 Personalismus versus Sachlichkeit

Es hätte schon länger auffallen können, dass wichtige biblische Aussagen nicht personalistisch, sondern dinglich-qualitativ aufzufassen sind. Dazu gehört etwa der paulinische Gegensatz zwischen Fleisch und Geist, d. h. der zwischen kreatürlicher Schwäche und Todverfallenheit auf der einen und der Vitalität des Heiligen Geistes auf der anderen Seite. Denn nicht immer und überall ist der Heilige Geist schon als Person begriffen. Auch das paulinische Verwandeltwerden bezieht sich auf den Leib und meint nicht eine per-sönliche Veränderung. Das gilt vom göttlichen Leben insgesamt, das den Menschen im Rahmen der neuen Schöpfung ergreift und vollendet. Alle wirklich entscheidenden Veränderungen in Richtung auf »neue Schöpfung« überschreiten weit jede personale Beziehung. Sie sind substanzielle Veränderungen, die auch die Leiblichkeit umfassen. Sie durchdringen und verändern mit Nachhaltigkeit.

Ferner gibt es seit dem Alten Testament eine besonders ausgeprägte Beziehung zwischen Religion und Recht. Martin Luthers Verhältnis zur Juristerei war ebenso getrübt wie das vieler Pastoren (»Es gibt zu viele Juristen in der Kirchenverwaltung«). Abgesehen davon, dass Kirchenverwaltungen Juristen brauchen und dass Verwaltungen leider zu expandieren pflegen, und abgesehen davon, dass wegen des umstrittenen Gesetzesbegriffs Teile der reformatorischen Kirchen und besonders der Theologie studierenden Jugend ein zwiespältiges Verhältnis zum Recht haben, ist die Frage offen, welche spezifisch theologische Bedeutung juristische Kategorien im Herzen der christlichen Religion haben. Ich meine jetzt nicht die Kirchenverwaltung, sondern wirklich zentrale Begriffe wie »Bund« und »Zwölferkreis«. Bei beiden handelt es sich um Institutionen grundsätzlich rechtlichen Charakters. Das Juristische ist nicht dem Theologischen abträglich, sondern es steht im Dienst theologischer Radikalität. Das Juristische ist auch ein Bollwerk gegen Psychologisierung.

Denn wenn Jesus beim letzten Mahl mit den Jüngern als Repräsentant Gottes einen Bund schließt, der durch das Trinken aus dem Becher ratifiziert wird, dann geht es um eine Selbstfestlegung Gottes zugunsten der Jünger, mit Rechten und Pflichten auf beiden Seiten. Und auch der Zwölferkreis ist eine Institution, worauf schon weist, dass nach dem Ausscheren und dem Tod des Judas ein Nachfolger gewählt werden musste. Der Zwölferkreis ist nach der Katastrophe des Judas eben nicht aufgelöst worden. Die Festigkeit des Rechts wird in diesen sehr realen Zeichen ein Bild für die Gewissheit, die im Neuen Bund allen Glaubenden geschenkt ist.

Juristische Institutionen aber sind nicht dem Religiösen entgegengesetzt, weil sie ganz anders sind als personale Begegnungen, im Gegenteil: Sie verstärken auf einzigartige Weise die Gewissheit, die Gott dem Glauben gibt. Wenn Jesus Institutionen gründet, dann deshalb, um Gottes Treue in der Geschichte dem Treibsand des Wandels zu entziehen und wirklich Dokumente der Treue Gottes zu errichten, an denen man sich orientieren kann.

Eine dem Recht eng verwandte religiöse Grundkategorie ist das Heilige. Bereits das Neutrum dieses Ausdrucks zeigt, dass der kleine Bereich des Personalen hier grundsätzlich über- und unterschritten wird. Denn heilig sind Räume und Personen, große Heilige und kleine Kirchen und Kapellen als »heilige Räume«. »Heilig« waren jedenfalls in meiner Jugend noch Kelch und Patene, Messgewand und Monstranz, Altar und Altarkreuz, die Statue der Madonna und die geweihte Kerze. Heilig ist alles, was Gottes Eigentum und der Bereich seines Wirkens ist. Denn seit alters wird die Unfassbarkeit Gottes zeichenhaft angedeutet durch die Heiligkeit ausgesonderter Personen und Gegenstände. Im Bereich des Heiligen ist Gott konzentriert gegenwärtig. Das im Vorhandenen Ausgegrenzte steht für die Transzendenz überhaupt, die jenseits aller Räume ist.

Dem Heiligen ist eng verwandt das »Tabu«, und damit sind jene Zonen gemeint, in die der Mensch nicht eingreifen darf, weil allein Gott in ihnen wirkt. Mit einem »Tabu« belegt sind besonders Entstehen und Vergehen des Lebens. Für den Menschen gilt hier: »Hände weg!« Es ist Gottes Hoheitsfeld. Auch hier geht Gottes Wirken weit über alles Personale hinaus. Denn »tabu« sind bestimmte

Ereignisfelder im menschlichen Leben, in denen zumeist gerade nicht die interpersonale Bewusstheit maßgeblich ist.

Auch das Geheimnis ist eine sachliche, keine personale Kategorie. Denn wer vom Geheimnis redet, lässt vorsichtig offen, ob sich das Verborgene dann als personal oder als mehr sachlich erweist. Und dabei wird gleichzeitig erkennbar, wie wenig abgrenzbar für die Grundlagen unserer Religion Person und Sache sind. Die Mystiker der Ostkirche, etwa Simeon der Theologe, reden Gott immer sowohl auf die eine wie auf die andere Weise an. Denn Gott ist Licht und Feuer, namenloser Anfang und persönlicher Vater in einem. Die Exaktheit unseres Gottesbegriffes lebt von der Einsicht, dass in menschlicher Rede davon die Unähnlichkeit größer ist als die Ähnlichkeit.

Selbst die Liebe könnte man etwas »entlasten«, wenn man sie weniger personal und mehr versachlicht betrachtet. Allzu oft wird *Liebe* zum *Lieben,* die Tat zur Gesinnung. Liebe (gerade Gottes Liebe) erweist sich faktisch; sie ist mehr als das schöne Gefühl, das zwischen Personen entsteht, wenn sie sich recht lieb haben. Und »gut gemeint« ist allzu oft das Gegenteil von gut. Und hier stoßen wir wieder auf ein ökumenisches Problem, nämlich auf die Dominanz kantianischer Gesinnungsethik, die bisweilen allein an der Gesinnung orientiert ist und den sachlichen Effekt außer Acht lässt. Freilich hat schon vor Jahren Trutz Rendtorff auch die *Wirkung und Auswirkung einer Handlung* als Kriterium ihrer Bewertbarkeit hinzugenommen. So könnte an einer wichtigen Stelle die Vorherrschaft protestantischer Innerlichkeit korrigiert werden. Denn »einer Sache« (auch innerweltlich) gerecht werden, das ist noch einmal etwas anderes, als den personhaft bestimmten guten Willen dazu haben.

So sind es also Recht, Heiliges und Tabu, Geheimnis und »versachlichte Liebe«, welche vorpersonale Wirklichkeit kräftig in Erinnerung bringen. Mit dem Abschied vom Personalismus als Allheilmittel wird ein großes Stück Weltbezug im Handeln hinzugewonnen. Damit ist kein geistloser Pragmatismus gemeint. Die Wiederbeachtung der Dimensionen Recht, Heiliges und Tabu, Geheimnis und Sachlichkeit berühren ein ökumenisch sensibles Thema, das weit vor dem eigentlichen Feld der Glaubensdifferenzen liegt. Denn die starke Personalisierung des Glaubens als *Haltung des Vertrauens* war – seit der Devotio moderna – eine oft übersehene Barriere im gegenseitigen Verstehen. Es wird daran wiederum deutlich, dass vor jeder Vereinigung ein Verstehen liegen muss.

7.4 Das Konzept der zwei Säulen

In diesem Kapitel möchte ich folgendes Bild entwerfen: Jede christliche Gemeinschaft und auch die Kirche der Zukunft ruht auf zwei Säulen: auf dem Amt und den charismatischen Gaben. Ich meine, dass diese Sicht grundsätzlich auch evangelischen Christen zumutbar ist, denn vor mir liegt die Studie Hans von Campenhausens: Kirchliches Amt und geistliche Vollmacht (1. Aufl. 1956, 3. Aufl. 1961). Ein neues historisches Buch zu diesem Thema ist sicher längst überfällig. Hier muss ich mich auf das Systematische beschränken. So begründe ich meinen Zugang weniger vom Neuen Testament und der genauen Analyse her, als vielmehr »phänomenologisch«, indem ich kirchliches Christentum beschreibe, wie es sich mir als Phänomen darstellt.

Die Absicht meiner Darstellung ist, die Säule des Amts zu bejahen, aber doch das so genannte charismatische Element mit Entschiedenheit aufzuwerten. Das Amt ist schlicht notwendig, aber das charismatische Element ist für das Leben und die Ausbreitung des Christentums unabdingbar und wird in Zukunft immer wichtiger werden. Diese Sichtweise unterscheidet sich von einer Betrachtung in den ökumenischen Diskussionen, in der es regelmäßig fast nur um das Amt geht. Das hat zur Folge, dass das Amt aus meiner Sicht viel zu hoch angesetzt wird. Wenn man es niedriger hängt, wird sich manche Verkrampfung lösen.

7.4.1 Die Säule des Amtes

Auffällig ist zunächst, dass jede christliche Gruppierung, bis hin zur jüngsten Gruppe von Charismatikern, amtsähnliche Strukturen hat. Jede Gemeinschaft von Menschen benötigt Führung und Organisation. Das gilt selbst für den bescheidensten Verein. Es bedarf allerdings einer gewissen Ehrlichkeit, dieses Phänomen zu-

zugeben und nicht aus erkennbar ideologischen Gründen eine Gleichheit aller Schwestern und Brüder auch dort zu postulieren, wo sie nicht da ist.

So gibt es für das Amt eine gewisse natürliche Notwendigkeit, und das Gleiche gilt auch für ein zentrales Amt. Wo es nur unterschiedliche Kreise gibt, die ihre Identität nicht in einer aktiven Mitte bündeln, bleibt bald nur noch der gemeinsame Name für eine Differenzierung, die sich faktisch ad infinitum fortsetzt. Denn jeder Kreis entwickelt für sich Leben, Auffassungen und Differenzierungsmerkmale, die er – sofern er Leben in Form neuer Kreise an anderen Orten zeugt – weitergibt. Und so setzt sich Spaltung fort oder wird im Nachhinein als faktisches Anderssein konstatiert. Differenzierung erscheint geradezu als Kriterium der Lebendigkeit von Gemeinschaften, deren Identität i*n ihnen selbst* liegt und nicht in einer einenden Mitte, an der sie Anteil haben.

Es spricht für die Stärke einer Gemeinschaft, wenn in ihr ein lebensfähiger Ausgleich zwischen Zentren oder dem Zentrum und den Autoritäten und Strukturen lokaler Bedeutung (»vor Ort«) gelingt. Nehmen wir das Modell der katholischen Kirche und ihrer Wechselbeziehungen zwischen Rom und den Ortskirchen. Spannungen zwischen dem Gesamt-Zentrum und den kleineren Zentren in den Provinzen (also zwischen Rom und Bistümern) wie auch Spannungen zwischen Bischöfen und Pfarrern vor Ort waren und sind daher erwartbar und weder absonderlich noch Vorboten des Untergangs, sondern schlicht Zeichen der Lebendigkeit des Ganzen. So gab es immer wieder zentralisierende (Vaticanum I) und dezentralisierende Wellenbewegungen (Vaticanum II).

Alles dieses sollte man theologisch nicht zu hoch hängen. Das gilt gerade dann, wenn man – wie ich – davon ausgeht, das kirchliche Amt könne sehr wohl von Jesus direkt gewollt und gestiftet sein. Darauf weist vor allem die Entsprechung von Menschensohntheologie und Aussagen über das Führungsamt unter den Jüngern. Denn »wer der Erste sein will, soll der Diener aller sein« (Mk 9,35). Dieser Satz wird den Jüngern stets im Zusammenhang mit der Diskussion über das Leiden Jesu vor Augen gestellt. Denn für das Geschick des Menschensohnes ist die Abfolge von Dienen und Herrlichkeit kennzeichnend. Diese Abfolge ist unumkehrbar. Genauso ist es mit dem Führungsamt unter den Jüngern.

Man sollte einmal das Gedankenexperiment wagen, die wichtigsten Aussagen der Menschensohntheologie vom Amt her zu denken. Dann hat Jesus sein Geschick gerade in dieser Form (der Aussagen über die Abfolge von Leiden und Auferstehung) nahe gebracht, damit die Jünger den Charakter des Führungsamtes in der Nachfolge Jesu richtig einzuschätzen wüssten. In der Jesusnachfolge heißt Amt: allen dienen, und zwar nach Sklavenart. In der Apostelgeschichte wird das illustriert: Die Mitglieder des Siebenerkreises unter der Führung des Stephanus sind nicht nur Verkündiger – wie Stephanus und Philippus –, sie leisten auch praktische Diakonie, indem sie sich in der Versorgung der Witwen engagieren (Apg 6). Ein Gemeinde- oder Kirchenführer nach den drei Evangelien oder nach Lukas müsste daher seine Glaubwürdigkeit als Verkündiger auch durch karitative Praxis unter Beweis stellen. Konkret hieße das: Jeder Bischof sollte morgens von acht bis neun Stationsdienst als Krankenpfleger im Krankenhaus üben. Das wäre sicherlich im Sinne Jesu.

Aus diesem Grund sollte auch für die Getauften, die eine besondere Funktion in der Weihehierarchie haben, als dritte Aufgabe neben Wort und Sakrament die Diakonie treten. Alle drei Aufgaben nehmen die Christen, die in der Weihehierarchie stehen, nicht exklusiv wahr. Wortverkündigung wird auch von Laien geleistet, dasselbe gilt auch für Diakonie und für die Sakramente der Taufe und der Ehe. Trotz dieser Überschneidungen mit den Aufgaben aller Christen, lassen sich die Funktionen innerhalb der Weihehierarchie besonders beschreiben. Sie hängen mit der Sakramentenspendung zusammen. Für Priesterweihe, Sündenvergebung (Beichte), Eucharistie und Firmung ist das verständlich: Denn Eucharistie und Firmung sind Vollendungssakramente. In ihnen kommt das in der Taufe Grundgelegte zur Vollendung. Die Beichtvollmacht saniert die Zugehörigkeit. Nur die Krankensalbung scheint da herauszufallen. Ich möchte vorschlagen, auch sie unter die Vollendungssakramente zu rechnen. Denn sie gibt dem leiblichen, geistigen und geistlichen Leben den Adel der Zugehörigkeit zu den Leiden des Messias.

Für Katholiken stellt sich das Amt als Weihehierarchie in apostolischer Sukzession dar. Dabei ist Sukzession dem Christentum grundsätzlich zu Eigen, wie schon die Weitergabe der Taufe durch

Getaufte zeigt (dazu siehe unten). Im Prinzip fürchten auch verschiedenste protestantische Gruppierungen nichts so sehr wie selbsternannte Gemeindeführer. Mir ist keine Gruppe bekannt, die jeden fröhlich begrüßen würde, der sagte: Ich bin ab jetzt Gemeindeführer. Stets würde man größten Wert darauf legen, dass er seine Berufung im Einverständnis mit den bestehenden Autoritäten klärt. Die Weitergabe des Amtes von den dienstälteren Amtsinhabern an jüngere dürfte also nicht strittig sein.

7.4.1.1 Die Gemeinsamkeiten

Strittig ist nur, inwiefern das Amt der Gemeinde wirklich gegenübersteht oder nicht. Der katholische Standpunkt ist: Seit Johannes dem Täufer gibt es in der Christenheit ein besonderes Gegenüber von Vollmachtsträgern und »einfacheren Gläubigen«. Dieses ist eine Struktur, die über die Anfänge hinaus in der katholischen Kirche bis heute beibehalten wird, und zwar nach dem Grundsatz: Aus Geschichte wird Struktur (dazu siehe oben). So gibt es ein unvertauschbares Gegenüber von Johannes dem Täufer und den von ihm Getauften, die ihre Sünden bekennen. Ebenso gibt es in der Taufe aller Christen seither ein unvertauschbares Gegenüber zwischen dem Getauften (meist Diakon oder Pfarrer) und dem nicht getauften Täufling. So ist es auch in der Verkündigung: Der die Schrift auslegt (zumeist durch Schulung vorbereitet), steht denen gegenüber, die zuhören. Bei der Beichte sitzt der, der im Namen Jesu Vergebung der Sünden zuspricht, dem gegenüber, der seine Sünden bekennt. Das ist in der Praxis alles überhaupt nicht problematisch. Auch beim Abendmahl gibt es den, der die Einsetzungsworte rezitiert, und die anderen, die zuhören und aus seiner Hand das Mahl empfangen. Dieser Leiter des Abendmahls steht daher zwangsläufig in der Rolle Jesu Christi, der ja auch die Einsetzungsworte gesprochen und Brot und Wein verteilt hat.

7.4.1.2 Der Streitpunkt

Angeblich unheilbar zerstritten sind die Konfessionen nur darüber, wie fest das Amt des Gegenübers ist, wie dauerhaft, wie »heilig«, ob prinzipiell jeder Christ alles Geschilderte tun darf und ob nicht das Amt also nur dazu da ist, damit sich die Gläubigen »ordentlich« verhalten und nicht gegenseitig in die Quere kommen. Diese Frage ist neuerdings wieder verschärft worden, und zwar anhand des Problems, ob evangelische Amtsträger nur zeitweilig, also vorübergehend, von der Gemeinde beauftragt werden oder ob die Ordination eine bleibende geistliche Amtsgnade verleiht und dazu noch unverlierbar ist. Es geht also um zwei Punkte: Gibt es eine spezielle Ordinationsgnade?, und: Ist Ordination lebenslänglich? Für Außenstehende werden beide Streitpunkte zunehmend unverständlich. Worin liegt der Punkt, an dem man diesen endlosen Streit für Außenstehende begreiflich machen kann?

Für Katholiken kommt das Weiheamt in einer zusätzlichen Linie von Jesus und den Aposteln her zur Taufe hinzu. Die Taufe ist zwar Voraussetzung für den Empfang, aber die Weihevollmacht ist nicht aus der Taufe ableitbar. Sie wird lebenslänglich verliehen und steht in gewissem Sinne der Gemeinde gegenüber.

Für die Mehrzahl der evangelischen Christen ist die Bevollmächtigung zum Amt prinzipiell mit der Taufe gegeben. Sie wird von der Gemeinschaft der Getauften verliehen. Die theologische Basis ist das allgemeine Priestertum. Hier liegt in fast jeder Diskussion der springende Punkt.

Befassen wir uns also mit dem so genannten *allgemeinen Priestertum aller Gläubigen* – einer für die evangelische Auffassung maßgeblichen Kategorie. Martin Luther argumentiert dazu: Alle Christen sind Königskinder. Die besondere Beauftragung geschieht nur zu dem Zweck, damit sich die Königskinder beim Regieren nicht gegenseitig in die Quere kommen und behindern. Alle Christen hätten denselben Rang.

Bemerkenswert ist schon gegenüber den zugrunde liegenden Bibelstellen: Das Wort »allgemeines Priestertum« kennt die Bibel nicht. Sie spricht lediglich vom »königlichen Priestertum«. Man hat »allgemeines Priestertum« daraus gemacht, weil man ein Priestertum aller Gläubigen aus den Bibelstellen herleiten will und damit bestimmte allgemeine Funktionen aller Getauften, also Rechte und Pflichten innerhalb der Christenheit, verbindet. Diese allgemeinen priesterlichen Funktionen sind nach der Ansicht dieser Gelehrten: Lob Gottes, Zeugnisgeben vom eigenen Glauben, Weitergabe des Glaubens durch das Wort. Von alledem ist an den zugrunde liegenden Bibelstellen mit keinem Wort die Rede. Gemeint ist etwas ganz anderes. Hören wir zunächst den Befund:

Das Bild stammt aus Ex 19,5f.: »Ihr sollt mir ein Eigentum sein unter allen Völkern; denn mir gehört die ganze Erde. Ihr sollt mir ein Königtum von Priestern und ein heiliges Volk sein.« Der Sinn: »heilig« ist Gottes Eigentum (und umgekehrt). Gott beansprucht das Volk Israel als seinen Besitz, und zwar im Unterschied zu allen anderen. Er darf dieses tun, denn ihm gehört ohnehin die ganze Erde. Wir halten fest: Ein Israel, das Gottes Gebote bewahrt, hat den Ehrentitel »heiliges Volk«, denn alttestamentliche Priester sind heilig, sind Leibeigene Gottes. Er kommt auch für sie auf und schützt sie.

Doch niemals geht es beim »allgemeinen Priestertum« (eigentlich: »königlichen Priestertum«) der Gläubigen um eine *Berechtigung* von Menschen (wenn etwa evangelische Christen vom »Recht der Ordination« sprechen), sondern immer und ausschließlich meint dieser Ausdruck auch im Neuen Testament Gottes Recht (Eigentum) und Pflicht (Schutz) gegenüber den Menschen. Es ist von keinerlei liturgischer oder im weiteren Sinne kultischer Aktivität oder Funktion die Rede. Es geht einzig und allein um den Status des ganzen Volkes in Differenz zu anderen. Im Vers 23,22 der griechischen Übersetzung des Buches Exodus wird das wiederholt. Bevor die Stelle christlich ausgelegt wird, erwähnt sie das um 200–150 v. Chr. entstandene jüdische Buch der Jubiläen. Beide Belege (19,18 und 33,20) nennen mit Nachdruck die Trennung Israels von den übrigen Völkern, denn es ist heiliger Samen, fern von sexueller Unreinheit (»Unzucht«). Genau dieser Sinn, nämlich die Außenperspektive, beherrscht die Verwendung des Ausdrucks auch im Neuen Testament.

An der wohl bekanntesten Stelle 1 Petr 2,9f. wird die Gemeinde im Ganzen so angeredet: »Ihr aber seid die Auserwählten, eine königliche Priesterschaft, ein heiliges Volk, Gottes Eigentum. Denn ihr sollt die großen Taten Gottes verkündigen, der euch aus der Finsternis in sein wunderbares Licht berufen hat. (10) Einst wart ihr nicht Volk Gottes, jetzt aber seid ihr es. Einst wart ihr fern von Gottes Erbarmen, jetzt aber habt ihr es gefunden.« Die Gemeinde verkündigt als heiliges Volk und königliches Priestertum, und zwar durch die bloße Existenz, Gottes Machttaten – an Sprechchöre ist wohl nicht gedacht. Denn die Statusdifferenz wurde durch Gottes Tat, die Berufung und Erwählung (1,1) und Heiligung (1,2), begründet: »Denn ihr wart einst Nicht-Volk, nun aber seid ihr Volk.« Gott hat die Gemeinde zum Eigentum erwählt.

In der Offenbarung des Johannes findet sich das Bild dreimal (1,6; 5,10; 20,6), jedesmal in der Bedeutung »heiliges Volk«. So ergibt sich eine ganz einheitliche biblische Verwendung: Der Ausdruck »königliches Priestertum« sagt etwas aus über die Heiligkeit in Differenz zu anderen, nichtheiligen Völkern. Mit keinem Wort wird eine kultische, auf den Tempel bezogene Tätigkeit dieser Priesterschaft erwähnt. Es kommt auf den Status an, nicht auf eine Tätigkeit. Dieser Status ist von Gott herbeigeführt. »Priestertum« ist in diesem Zitat biblisch durchgehend eine kollektive Metapher für das ganze Volk. Im Alten Testament ist überall im Kontext selbstverständlich vorausgesetzt, dass es innerhalb dieses Volkes dann *Hohepriester* und *Priester* gibt, die von Aaron oder Levi abstammen. Nach dem Neuen Testament gilt der Ausdruck »königliches Priestertum« genauso für die Gemeinde im Ganzen. Er sagt nichts über eine Binnendifferenzierung aus, nichts über kultisches Tun aller, und schon gar nicht wird dadurch ein besonderes Amt ausgeschlossen. Im 1. Petrusbrief gibt es nämlich von der Gemeinde unterschiedene, ihr gegenüberstehende Älteste, die in einem besonderen kollegialen Verhältnis zum Briefsteller Petrus stehen (5,1f.). Und auch die Offenbarung des Johannes kennt in den Gemeinden Propheten und wahrscheinlich sogar Älteste, jedenfalls kennt die himmlische Liturgie 24 Älteste.

Wir halten fest: Das königliche Priestertum meint die kollektive Heiligkeit der Gemeinde, nicht mehr und nicht weniger. In 1 Petr wie in der Offenbarung ist diese durch Jesu Blut hergestellt. Dadurch ist sie heilig und von allem außerhalb unterschieden. Aber eine Ältestenverfassung im Inneren der Gemeinde ist dadurch nicht ausgeschlossen, vielmehr gegeben.

Nun spielt uns die deutsche Sprache hier einen Streich, der verhängnisvolle Folgen hat. Unser Wort »Priester« kommt nämlich von dem griechischen Wort »presbyteros«, »Ältester«. Wo wir im Sinne des Neuen Testaments von katholischen Priestern in Gemeinden reden, meint das Neue Testament Älteste. In diesem Sinne kennt die katholische Kirchenverfassung seit jeher Bischöfe, Älteste (Presbyter) und Diakone. So weit, so gut. Gleichzeitig wird das deutsche Wort Priester aber auch zur Übersetzung des hebräischen *kohen*, des griechischen *hiereus* und des lateinischen *sacerdos* verwendet, Titel, die insgesamt dem Ursprung nach nichtchristliche Kultpriester bezeichnen. Mit diesen hatte die Verfassung der Gemeinden im Neuen Testament nichts zu tun. So wird der Unterschied noch größer: Wenn der Erste Petrusbrief die Gemeindeverfassung anspricht, sagt er »Älteste«; wenn er die kollektive Heiligkeit nennt, sagt er »Priester«. Für die aktuelle Diskussion bedeutet das: Hier liegen in der Wurzel völlig verschiedene Dinge vor. Keine einzige frühchristliche Gemeinde bezeichnet ihre Amtsträger mit dem heidnischen Wort für »Priester«. Das katholische Priestertum kommt der Sache nach und der deutschen Bezeichnung nach aus dem Presbyterat, und diese Herkunft bricht ihm keinen Zacken aus der Krone. Zugespitzt gesagt: Der christliche Priester ist ein Presbyter, aber kein Priester im jüdischen oder heidnischen Sinne.

Sowohl Luther als auch das Zweite Vatikanum legen freilich durch den Wortgebrauch *sacerdotium* bzw. Priester nahe, dass diese Differenz zumindest vom Leser überspielt wird. Denn Luther spielt das katholische Weihe-Presbyterat aus gegen das »allgemeine Priestertum«, und das Zweite Vatikanum spricht vom hierarchischen Priestertum (sacerdotium) im Unterschied zum allgemeinen (sacerdotium) und versucht eine Aufgabenverteilung (Lumen gentium 2,10). Doch in beiden Fällen werden Äpfel zu Birnen addiert. Man kann das tun, aber man muss sich dann über Konfusion nicht wundern. Berufen sich doch auch Laien (inklusive Frauen) in der deutschen Szene, die sich priesterliche Rechte zulegen und in Messgewand und/oder Stola umherlaufen, auf das allgemeine Priestertum aller Getauften.

Nun gibt es freilich bereits an zwei Stellen schon im Neuen Testament Überschneidungen: Einmal wird Jesus selbst Hohepriester genannt, und zwar im Hebräerbrief, aber hier doch in der vergleichenden Gegenüberstellung der jüdischen Tempelordnung mit der neuen, himmlischen. Das Gemeindeamt in diesem Brief wird daraus eben gar nicht hergeleitet. Sofern eine Begründung des Weihe-Presbyterats im Hohepriestertum Jesu Christi in katholischer Erbauungsliteratur dennoch versucht wird, auch in Form der Anteilhabe des einen am anderen, ist es Anlass zu tausend Missverständnissen. Und zum anderen beschreibt Paulus sein eigenes Tun als priesterlich, ohne dass freilich der alttestamentliche oder pagane Ausdruck fällt: In Röm 15,16 sagt er, er walte als Liturge und bringe in priesterlichem Tun die neubekehrten Heiden (!) als Opfer dar. Das ist freilich erkennbar metaphorisch. Paulus will den Heidenchristen in Rom seine Funktion verständlich machen. Denn selbstverständlich lautet seine korrekte Amtsbezeichnung »Apostel«.

Harald Goertz hat kürzlich dargestellt (»Allgemeines Priestertum und ordiniertes Amt bei Luther«, 1997): Nach Luthers Meinung ist die prinzipielle Befähigung und Vollmacht allen Christen mit der Taufe gegeben, in der Berufung *(vocatio)* wird der Kandidat lediglich mit der stellvertretenden Ausübung dieser Vollmacht beauftragt, mehr nicht. – Biblisch gesehen scheint mir diese Herleitung wenig sinnvoll.

Die Rede vom allgemeinen Priestertum der Gläubigen wird demnach in dieser Diskussion – aus meiner Sicht – fundamental missbraucht; sie gibt von ihrer biblischen Basis auch nicht annähernd das her, was sie in den Augen ihrer neuzeitlichen Anwender liefern soll. Man kann nun einwenden, die alt- oder neutestamentliche – inklusive der jüdischen – Bedeutung dieser Metapher sei einem egal, wichtig sei nur, wie man sie fülle. Das kann man sagen, doch dann muss man sich nicht wundern, wenn das, was man daraus herleitet, hinten und vorne nicht zum Rest des Glaubens passt.

Die Ergebnisse unseres kurzen Durchganges: Mit dem Hinweis auf das allgemeine Priestertum kann man gegen das katholische Weihe-Presbyterat nichts ausrichten. »Königliche Priester« sind alle Getauften, »Weihe-Presbyter« nur manche, durch Weihe. Insofern kann man die Aufgaben nicht zwischen zwei Sorten von Priestern aufteilen! Vielmehr meint das so genannte »allgemeine Priestertum« nichts anderes als heiliges Volk. Mehr geben die Quellen nicht her. Das königliche Priestertum sagt daher nichts über Vollmacht, Verkündigung des Wortes, Absingen von Liedern, aktive Teilhabe am Messopfer, Beten oder Sakramentenempfang – und was auch immer fromme Autoren (wie schon Luther) damit verbunden haben. Es besagt auch nichts über irgendwelche Rechte von Laien gegenüber dem geweihten Presbyter, bedeutet auch keine »prinzipielle Berechtigung zum Evangeliumsdienst«. Es meint wirklich nur die kollektive Identität des Volkes Gottes in der Abgrenzung nach außen hin.

Immer wieder versucht man dennoch in der neueren Debatte, das »königliche Priestertum« der Bibel mit »Laienrechten« aufzufüllen. Man inszeniert eine sehr weit gehende Übernahme der Funktionen des geistlichen Amtes, eben bis hin zur Kernkompetenz. Nichts gegen die Verantwortung des Laien – auch und gerade für das Zeugnis vor anderen. Sie ist mit Taufe und Geistesgabe hinreichend begründet. Aber sie ist keine Anteilhabe an den spezifischen Funktionen des geistlichen Amtes. Und sie lässt sich eben nicht mit dem königlichen Priestertum begründen. Denn dieses ist kein allgemeines, sondern ein königliches. Der deutsche Ausdruck »allgemein« ist durch keinerlei biblische Grundlage gedeckt.

Für meine Deutung, dass die Gemeinde »durch ihre bloße Existenz« Gottes erwählendes und heiligendes Handeln verkündet und nicht durch missionarische oder gar gottesdienstliche zusätzliche Aktivitäten, spricht: Im Kontext des Ersten Petrusbriefes geht es nirgends um derartige Aktivitäten, vielmehr wird die Gemeinde dazu ermahnt, an ihrer Identität als Fremdlinge festzuhalten und ihr nicht durch Anpassung zu entfliehen. Die Gemeinde selbst ist das Zeichen Gottes in der Welt; zusätzliche Funktionen sind daraus nicht ableitbar.

Man täte daher gut daran, den Hinweis auf das »allgemeine Priestertum« aus der ökumenischen Diskussion genauso zu entfernen wie aus der Frage der Laienrechte gegenüber den geweihten Presbytern. Man kann sagen, das schere einen nicht; der biblische Befund sei weiterentwickelt worden. Das kann man tun, nur ein Teil der Konfusion (seit Luther) rührt eben daher, dass man hier ohne die nötige Klarheit verfährt. Man kann vielleicht versuchen, das katholische Weihe-Presbyterat aus dem Hohepriestertum Jesu abzuleiten, und zwar über die Eucharistie. Einen Anhalt in der Theologie des Hebräerbriefes hat das jedenfalls nicht (der Hebräerbrief kennt kein Herrenmahl). Und wo bleibt das Bischofsamt dabei? Der Neutestamentler darf kein Verbot späterer Theologieversuche aussprechen. Aber er ist es gewohnt, auf Stringenz der Denkangebote zu achten.

Die große Sachfrage im Hintergrund – unabhängig von dem

oben diskutierten Ausdruck – ist diese: Reicht die Taufe zur Herleitung aller möglichen geistlichen Kompetenzen eines Christenmenschen? Hat die Ordination eine selbstständige theologische Begründung gegenüber der Taufe? Oder ist es so, wie Goertz im Anschluss an Luther sagt: Priester sind wir alle durch Taufe, Pfarrer aber erst durch Beauftragung? Ist die Ordination eines Getauften nur ein Verwaltungsakt oder hat sie einen heiligen Charakter? Gibt es eine »Ordinationsgabe«, eine »Ordinationsgnade« (Ernst Käsemann)? Diese Frage ist auch unter Lutheranern umstritten, denn auch der Befund bei Luther ist heiß umkämpft. Die »liberale« Linie sieht die Ordination nur als Beauftragung, denn nach Luthers Bild können alle Königskinder regieren, doch nur einer werde beauftragt. Sonst kämen sich die Royals gegenseitig in die Quere. Diese Gefahr sieht man als Hauptgrund für eine rein pragmatische und überhaupt nicht »heilige« Berufung.

Eine konservative ältere Linie plädiert für Ordination als eine besondere göttliche Einrichtung. Goertz nimmt mit Gründen an, dass bei Luther zu unterscheiden ist zwischen Diensten göttlicher Stiftung (Confessio Augustana 5), der Beauftragung zur Wortverkündigung (»Berufung«, Confessio Augustana 14) und dem Pfarrerstand (nach Gottes Willen), zu dem aber auch der Küster gehört. Sollte sich diese Sicht der Dreiteilung durchsetzen, so wäre das in der Tat ein ganz anderes Amtsverständnis als das katholische. Das Letztere geht aus von einer eigenständigen hierarchisch vermittelten Weihe, die nicht allen Getauften zukommt, sondern die sakramental zusätzlich verliehen wird, etwa im Sinne der Handauflegung nach den Pastoralbriefen. Dass ich damit freilich meinen könnte, »das Sakrament der Priesterweihe« gebe es schon im Neuen Testament, wäre eine wohl berechnete Unterstellung. Die Handauflegung der Ältesten mit Priesterweihe als Sakrament im römischen Vollsinn des Wortes gleichzusetzen, ist nichts weiter als ein Anachronismus. Diese Handauflegung ist Kern und Vorläufer, mehr nicht, aber auch nicht weniger.

Neuerdings verteidigt A. Sanders OSB dagegen wieder die ältere Auffassung, nach der es bei Luther eine besondere Amtsgnade gibt. Diese auf den Kandidaten des Predigtamtes herabzurufen bedeute dann doch etwas, was der katholischen Priesterweihe ähnlich ist. Die Differenz liege beim Spender.

7.4.1.3 Liegt alle Gewalt bei der Gemeinde?

Nach lutherischer Auffassung beauftragt in jedem Fall die Gemeinde den Pfarrer, nicht der Bischof. Denn alles Recht und alle Vollmacht, die Gnade herabzurufen, liegt bei der Gemeinde. Abgesehen davon, dass man sich damit irrtümlich, wie ich meine, auf das »allgemeine Priestertum« beruft, ist der aktuelle Hintergrund für diese Meinung weniger die fromme Bibellektüre als die sehr von außen hineinspielende Lehre von der Volkssouveränität, die sich zusammen mit dem so genannten Konziliarismus ab dem 14. Jahrhundert durchzusetzen beginnt. Sie hat ihren Ursprung in griechisch-philosophischen Staatstheorien und nicht im Neuen Testament.

Aber es ist natürlich zu fragen: In welchem Verhältnis steht die Taufe zur besonderen Amtsgnade bzw. zur Priesterweihe? Die protestantische Auffassung: Mit der Taufe sind alle priesterlichen Rechte gegeben, und zwar für alle. Auch die Frauenordination leitet man daraus her. Die katholische Auffassung: Durch die Taufe sind alle heilig und Gottes Eigentum und sein Volk, sie sind Könige und Priester (lat.: *sacerdotes*), aber nicht schon Älteste (lat.: *presbyteri*, davon Priester) durch Handauflegung. Diese ist eine von der Taufe zu unterscheidende besondere Gnade.

Die katholische Auffassung muss man noch einmal näher betrachten: Innerhalb der Gesamtheit der Getauften gibt es eine besondere Linie der Amtsnachfolge (Sukzession) durch Handauflegung. Entgegen landläufiger Unterstellung ist damit nicht gesagt, katholische Priester stünden näher bei Gott als andere Getaufte. Dieses Argument stammt aus der Mottenkiste der Polemik. Die Bestimmung zum Presbyterat bedeutet lediglich die Einsetzung zu einer besonderen Funktion innerhalb des heiligen Volkes Gottes. Nach der Meinung des Apostels Paulus in 1 Kor 12 gehören die Apostel als besondere »Funktionäre« mit anderen Amtsträgern sogar zu den verachteten und geringsten Gliedern des Leibes Christi, der Gemeinde. Sie bedeutet also eben nicht »im Ganzen größere Nähe zu Gott« noch größere Heiligkeit noch gar bessere Moral.

In seiner Funktion steht der zum Presbyterat Geweihte allerdings der Gemeinde gegenüber, wie es von alters her die Rolle derer war, die tauften, das Evangelium verkündeten und dem Mahl vorstanden. Dieses Gegenüber ist funktional notwendig und insinuiert keineswegs den Sprung in eine andere (höhere) Qualität. Es bedeutet lediglich *besonderen Dienst.* In der Erfüllung dieses Dienstes ist es allerdings verheerend, wenn der Betreffende ein unglaubwürdiger Christ ist. Allein schon deshalb kann die Beauftragung mit dieser Funktion nicht vorübergehend und vorläufig sein, sondern erfordert einen auf Dauer etablierten Lebensstil. Ob dieser zu größerer Vollkommenheit führt, kann kein Mensch beurteilen. Übrigens geht es nicht um eine christliche Neuigkeit. Schon seit den Zeiten der Propheten steht der von Gott Berufene dem Volk gegenüber und gehört gleichzeitig zu ihm.

Das schafft Perspektiven für die Ökumene: Das Hirten- und Ältestenamt ist kein Herrscheramt über das Volk Gottes, sondern eine dienende Funktion. Dazu braucht man auch wegen der besonderen Anforderungen an die Glaubwürdigkeit besondere Gnade. Und nicht nur deshalb. Die Sakramente werden insgesamt gespendet in der Kraft des Heiligen Geistes. Diese Kraft ist bei den Sakramenten, die nur die Presbyter spenden, besonders profiliert und ausgeprägt. Das Prinzip besonderer Profilierung gibt es auch bei den neutestamentlichen Charismen. So ist die exorzistische Gabe nach Mk 6,3 zweifellos eine spezifische, die persönlich verliehen werden muss.

Bei aller ökumenischen Diskussion um das hierarchische Weiheamt sollte man fragen, welche Bedeutung die »Hierarchie« für das Leben eines Durchschnittschristen wirklich hat. Denn es besteht ein ziemlicher Kontrast zwischen dem, was theologisch hochgespielt wird, und dem, was von alltäglicher Bedeutung ist. Die Hierarchie ist es nicht.

7.4.2 Die charismatische Säule

Viele Menschen sind gewohnt, die katholische Kirche von Papst und Bischöfen, das heißt: von der Hierarchie her, zu erfassen und zu denken. Die Medien stützen diesen Eindruck auf enorme und unverzeihliche Weise. Bei dieser Betrachtungsweise werden die Unterschiede zu nichtkatholischen Christen unnötig vergrößert. Die katholische Kirche ist nicht ihre Hierarchie. Insofern täuscht gerade im Medienzeitalter das Fernsehen. Deshalb gibt das Bild der Pyramide, das Kardinal Kasper neuerdings zur Kennzeichnung der traditionell katholischen Kirche gebraucht, nur die halbe Wahrheit wieder, auch für die Vergangenheit. Denn pyramidal ist nur die *Hierarchie* aufgebaut. Aber sie dient doch nur dem Volk Gottes im Ganzen. Und das hat nicht die Kontur einer Pyramide, sondern eher die einer Lichterkette.

Dieses Bild aber hat ökumenischen Charakter, denn es entspricht der Auffassung von Kirchengeschichte bei Flacius Illyricus, dem ersten großen protestantischen Kirchengeschichtler. »Lichterkette« heißt: das Zeugnis empfangen und glaubwürdig weitergeben. Dazu muss man gewiss nicht Priester sein. Gerade in den neuen charismatischen Bewegungen in der katholischen Kirche haben Priester noch nicht einmal die Funktion der Gemeindeleitung! Sie beschränken sich ganz auf ihren priesterlichen Dienst. Sie sind – anders als der traditionelle Pfarrer, auch der protestantische übrigens – nicht die Männer der dreißig Berufe, sondern sie haben nur einen Beruf: Liturgie und Seelsorge im engeren Sinne des Wortes.

Dem Dienst an Wort, Sakrament und Diakonie sind nach protestantischer Auffassung alle Christen zugeordnet, dabei die Amtsträger besonders und oft ihre ganze Existenz ausfüllend.

Neben der Weihe-Hierarchie steht die Säule der besonderen Begabungen. Diese Dimension ist im Neuen Testament ansatzweise entfaltet. Doch die frühchristlichen Kataloge der »Charismen« beanspruchen weder Vollständigkeit noch erwecken sie, wörtlich übersetzt, einen zutreffenden Eindruck von dem, was Charisma in der Kirchengeschichte und heute bedeutet hat und bedeuten kann. Auch und gerade in der missionarischen Situation des Anfangs, die der heutigen in vielen Punkten ähnelt, sind Charismen nie Selbstzweck, sondern besondere Befähigungen, die vom Himmel verliehen sind und zum Himmel weisen. Insofern sind sie das in kleiner Münze, was Jesus Christus, der Menschensohn, nach dem Vierten Evangelium im Ganzen ist: eine Gabe vom Himmel, die mit Notwendigkeit durch das, was sie bewirkt, zum Himmel weist und Menschen dorthin führt, woher sie gekommen ist.

Damit sind Charismen zugleich definiert und auch eingegrenzt. Denn nicht jede besondere Fähigkeit ist ein Charisma; weder Briefmarkensammeln noch schnelles Autofahren ist ein Charisma.

Wohl aber all diejenigen diakonischen und geistlichen Gaben, die wirklich missionarisch sind. Das umfasst alle die Wirkungen, die wir meinen, wenn wir von »leuchtenden« Beispielen sprechen. In den Bereich der charismatisch-missionarischen Ausstrahlung der Kirche gehören von Anfang an die Martyrien und die Lebensläufe vieler großer Heiliger. Die monastischen Kommunitäten und die Eremiten gehören gleichfalls in diesen Bereich, nicht in den der Weihehierarchie – trotz gelegentlicher Überschneidungen. Aber dass Mönche Priester sind, war weder die Regel noch jemals zwingend.

Eine unvergleichliche Rolle hatten in diesem Bereich Frauen. Die alten Kirchenordnungen lassen erkennen, dass in ihren Händen die Primärmission lag, und zwar auf dem Weg der nachbarschaftlichen Kontakte und der Krankenfürsorge. Die entscheidende Hinwendung zum einen Gott brachten sie ins Rollen. Die großen heiligen Frauen haben sehr oft große Bewegungen der Kirchengeschichte ausgelöst. Wenn ich Frauen begegne, die gerne Priesterin würden (zu dem Problem vgl. unten), sage ich ihnen: »Ihr Engagement und Ihre Energie sind so reich, so ausgeprägt, dass Sie sicher das Zeug zu einer Heiligen haben. Ich kann Ihnen nur sagen, dass wir große heilige Frauen und viele Christen, die als Frauen glaubwürdig leben, wirklich mindestens genauso benötigen wie Vertreter der Amtshierarchie. Niemand wird Sie daran hindern, eine Heilige zu werden, und zwar mit den Gaben, die Sie haben.« Das ist kein Trostpreis, sondern eine Aufgabe, die »mindestens genau so wichtig ist« wie die des Amtsklerus.

Die Kirche der Zukunft – davon bin ich überzeugt – wird eine der »Laien« und der Frauen sein. Die ökumenische Bedeutung dieses Ansatzes ist gar nicht zu überschätzen. Die Hierarchie wird (außer in den Medien) an Bedeutung verlieren. Die Wahrscheinlichkeit, dass ein katholischer Laie einmal seinem Bischof begegnet, ist extrem gering. Halten wir uns an die Realität vor Ort.

Umso wichtiger ist es, dass Menschen unserer Zeit glaubwürdigen Christen »mit Ausstrahlung« begegnen. Ein Bischof muss weder Ausstrahlung besitzen, noch muss er »Tote erwecken« können. In meinem Leben waren charismatische Einzelfiguren: eine Diakonisse, ein Franziskanermönch, Karl Rahner anno 1962, die Äbtissin von Helfta, Zisterziensermönche »meines Klosters«. Eher die Ausnahme: mein Pfarrer in Goslar; oft genug sind mir seit eh und je Pfarrer begegnet, die nichts an charismatischer Ausstrahlung hatten, und das war auch nicht besonders schlimm.

7.5 Prozesse zulassen

Weder die Kirchen- noch die Dogmengeschichte ist schon zu Ende. Dem Theologen, der mit der Schrift lebt, will es scheinen, dass wir erst am Anfang stehen und einige Grundfragen klären müssen. Dazu gehört das rechte Verhältnis zwischen Infallibilität (Kirche sagt die Wahrheit) und Reformabilität (Kirche muss sich ständig erneuern). Was die Wahrheit angeht, so muss sie ständig neu übersetzt und damit ausgelegt werden. Der Prozess ist offen. Seine Kriterien sind in der Tat, ob sie »Christum treiben«. Das kann nur so geschehen, dass die Kirche immer wieder auf ihre Identität Bezug nimmt – jedenfalls nicht durch Ausverkauf. Der Prozess, der ansteht, könnte auch viele Organisationsformen der Kirchen betreffen. Aber der Phantasie der die Neuaufbrüche kommentierenden Kirchenjuristen sind da keine Grenzen gesetzt.

KAPITEL 8

Sakramente und Liturgie

Ein außen stehender Beobachter mag Ökumene im Wesentlichen für ein Feld halten, auf dem Theoretiker der Theologie sich über Unterschiede in abstrakten Lehren verständigen. Die eigentlichen Gräben tun sich aber da auf, wo die hohe Theologie heruntersteigt in eine Art »Theologie im Vollzug«. Zusammenkommen muss man da, wo die Menschen Gottesdienst feiern und wo sie an den großen Wendepunkten des Lebens heilige Formen – sprich: »Sakramente« – vorfinden, durch die ihr Leben kirchlich integriert wird. Hier wird Theologie konkret, werden die Unterschiede schmerzhaft.

8.1 Über den Zusammenhang von Taufe und Eucharistie

Immer ungeduldiger fragen die Menschen: Warum erkennt die katholische Kirche zwar die Taufe der anderen Konfessionen an, lässt sie aber zur Eucharistie nicht zu? Dass sich Rom in dieser Frage nicht bewegt, halten manche für pure Schikane und klerikalkatholische Arroganz. Sie setzen sich darüber hinweg, pochen auf die gemeinsame Taufe aller Christen und glauben, sie hätten damit gewissermaßen auch das Ticket für die Kommunionbank/den Abendmahlstisch der anderen Konfession in der Tasche.

Vielen ist das Verhältnis von Taufe und Abendmahl/Eucharistie nicht klar. Was ist eigentlich *neu* am Abendmahl gegenüber der Taufe? Oder ist mit der Taufe bereits alles geschehen, so dass eine nachträgliche Differenzierung an der Kommunionbank ohnehin nicht greift? Taufe und Eucharistie – ist nicht beides Vermittlung des ewigen Lebens? Heißt es nicht: »Wer glaubt und sich taufen lässt, der hat das *ewige Leben*« (Mk 16,16), wie es auch von der

Eucharistie heißt: »Wer mein Fleisch isst und mein Blut trinkt, der wird *leben in Ewigkeit*« (Joh 6,54)? Und sagt man nicht von der Eucharistie, sie sei »Heilmittel für die Unsterblichkeit«? Wieso soll die Teilnahme am Abendmahl dann noch ein Fortschritt gegenüber der Taufe sein? Kann, wer das eine erlaubt, das andere verbieten? Bekommen nicht die getauften Kinder in der Orthodoxie direkt nach der Taufe einen Spritzer aus dem Kelch zusammen mit etwas Brot auf dem Löffel eingeträufelt?

Was geschieht eigentlich bei der Taufe? Die Taufe, könnte man sagen, ist eine Aufnahme in ein Größeres. Wir werden, so sagt es 1 Kor 12,13 »in den einen Leib hinein getauft«. Der Leib Christi ist nicht tot, sondern die Gemeinde ist nach ihrer inneren, mystischen Seite hin »Leib Christi« – und nach ihrer Außenseite hin ein Organismus, der analog dem Zueinander der Glieder eines Leibes funktioniert. Wenige Zeilen später, in 1 Kor 12,22, schreibt Paulus: Die Korinther sind getauft »in den *einen* Geist hinein«. Wo der Herr ist, dort ist das Leben. Im Übrigen gilt für das frühe Christentum der Grundsatz: »Dabei sein (dazu gehören) ist alles.« Das bedeutet: Die Taufe stiftet die entscheidende Nähe zu Gott – und sie *eint* im gleichen Moment (im Leib, im Geist).

Wenn Paulus dagegen von der Eucharistie spricht, gebraucht er andere Worte. Nach 1 Kor 10,16f. wird durch das eucharistische Brot und den Kelch »Gemeinschaft« mit Christus lebendig, ist das Essen und Trinken »Anteilhabe«. Was das im Unterschied zur Taufe bedeutet, wird an weiteren Überlegungen erkennbar.

Die Taufe bedeutet für jeden Einzelnen seine Zulassung in den gemeinsamen Raum. Hier steht der Christ als *Einzelner* im Blick, der in das große Ganze der Gemeinde eintritt. Die Eucharistie dagegen wird *von allen zugleich* gefeiert. Deshalb steht hier auch »Gemeinschaft« im Vordergrund. Freilich nicht in dem Sinne, als feierte eine Gemeinschaft sich selbst. Aber im Mahl *feiert* die Gemeinde die Einheit, die in der gemeinsamen Anteilhabe am Leib Christi begründet ist. Bei der Taufe feiert sie nicht, jeder Einzelne wird eingefügt.

Klar ist bereits: Wo die grundlegende Zugehörigkeit des Einzelnen zur Gemeinde fehlt, kann auch die Gemeinschaft mit den anderen nicht vollzogen und gefeiert werden. Aber was bewirkt die Eucharistie über die Taufe hinaus? Die Taufe ist *einmalig*, die

Eucharistie wird jedenfalls *öfter* gefeiert, vielleicht schon an jenem, so entscheidenden »ersten Wochentag« (vgl. 1 Kor 16,2).

Der erste Wochentag hat im frühen Christentum zweifellos schon früh Elemente des siebenten Wochentags, des Sabbats, auf sich gezogen. Die Christen versammeln sich am achten (ersten) Tag, hören Schriftlesung und Homilie (= Predigt) und machen – dies in Differenz zum Judentum – durch die Feier der Eucharistie deutlich, dass Gottes Wort sie nicht nur nährt, sondern in der realen Gegenwart Jesu Christi *leibhaftig speist*. Denn der jüdische Sabbat ist traditionell der Tag, an dem Gott durch sein Wort sein Volk nährt. Wird dieses Wort in Christus leibhaftig und persönlich Gegenwart, dann ist das nicht nur Vollzug der Gemeinschaft, sondern das Geschehen, von dem sie lebt. Taufe bedeutet dazugehören, Eucharistie bedeutet ernährt werden. Taufe ist geboren werden, Eucharistie gefüttert werden. Geboren wird man nur einmal, gefüttert wird man jeden Tag.

8.1.1 Der jüdische Sabbat und die christliche Eucharistie

Die Metaphorik des Ernährtwerdens weist hin auf den jüdischen Sabbat. Er war der Tag des Ernährtwerdens durch Gottes Wort. Die Eucharistie zieht diese Bedeutung des Sabbats an sich. Gleichzeitig wird etwas erkennbar über den engen inneren Zusammenhang zwischen Wort und Eucharistie. Beides ist nicht wirklich trennbar, insbesondere nicht am achten Tag der Woche.

In fast allen neutestamentlichen Berichten über den Sabbat dient er der Verlesung und Auslegung des Wortes Gottes (der Tora), angefangen von Lk 4. In der Schrift über die Auslegung der Gesetze beim alexandrinischen Juden Philo (1. Jh. n. Chr.; Leg Alleg 3,174) heißt es: »Dies ist das Brot, das der Herr euch zum Essen gegeben hat: dies ist das Wort *(logos)*, das der Herr euch befohlen hat (= Ex 16,13f.). Du siehst also, welcher Art die Nahrung der Seele ist … Moses sagt der Seele: Dies ist das Brot, das heißt: die Nahrung, die Gott der Seele gegeben hat, dass sie nämlich sein Wort und seine Vernunft sich zufügen soll; denn dieses Brot, das Gott uns zu essen gegeben hat, ist ›dieses sein Wort‹«. So heißt es auch im Buch

Deuteronomium: »Und er hat dich darben und hungern lassen und hat dich mit dem Manna gespeist, das deine Väter nicht kannten, um dir zu verkünden, dass nicht vom Brote allein der Mensch lebt, sondern von dem ganzen Worte, das aus dem Munde Gottes hervorgeht« (Deut 8,3). Die Targume (= deutende Wiedergaben biblischer Texte) sagen: »durch alles, was als Gebot aus dem Mund der Memra Gottes kommt«. Philo (Prob Lib 81) berichtet auch von der Unterrichtung in den Gesetzen besonders am siebten Wochentag; man sei bereit, die heiligen Worte zu hören. Noch die Kirchenväter sagen, der Sabbat sei um der Erkenntnis willen geschaffen.

Wie auch immer die Herleitung aus dem Judentum zu verstehen ist, klar ist jedenfalls, dass das Leben von der Eucharistie her die wahre Verwirklichung dieser Lebensgemeinschaft ist, elementar wie die Aufnahme von Nahrung. Der innere Impuls des Sabbats (genährt werden!) wird aufgegriffen, innerlich erfüllt und auf eine überraschende Weise überboten. Der Sinn ist, nicht nur dazuzugehören, sondern nunmehr wirklich von der Mitte her zu leben: »Wer mein Fleisch isst und mein Blut trinkt, der bleibt in mir, und ich bleibe in ihm« (Joh 6,56).

8.1.2 Glaubensspaltung ist Sünde wider die Taufe

Die Taufe erkennen die unterschiedlichen Konfessionen in der Regel an. Sie ist damit eine Wirklichkeit und nicht Schein. In der Glaubensspaltung aber zerbricht die durch die Taufe hergestellte Einheit. Was da ist, wird nicht in anschaubare Wirklichkeit umgesetzt. Die lebendige Verbundenheit hungert aus und bleibt auf der Strecke, weil die Dazugehörigkeit zum Leib Christi nicht ausgebaut wird. Sicher ist: Was durch die Taufe hergestellt wurde, kann nicht durch Streit und Auseinandergehen rückgängig gemacht werden. Es kann aber doch in Stücke geschlagen werden – es kann in einen Zustand geraten, in dem man es nicht miteinander leben kann. Es ist wie in einer Familie: Die Leute, die gleich heißen, verlieren den Namen nicht, wenn sie unfähig sind, gemeinsam eine Stunde im gleichen Zimmer zu sein. Und es hilft ihnen auch nicht, wenn sie – statt sich zu versöhnen – schon einmal miteinander essen. In der Kirche gilt: Die Eucharistiefeier kann nicht heilen, was sie nicht herstellen kann. Denn die *Taufe* stellt Einheit her, gemeinsame Zugehörigkeit zum Leib Christi und zum Raum des Heiligen Geistes. Aber wenn man diesen Leib zerteilt und zerschneidet, dann kann nichts diese Aufgabe und Funktion der Taufe neu wirklich werden lassen außer – eine gemeinsame Rückkehr zur Taufe. Taufe kann nur mit Taufe geheilt werden, nicht mit Eucharistie. Luther nennt die täglich geforderte Umkehr »Rückkehr zur Taufe«. Genau das nehme ich hier sehr ernst.

Anders gesagt: Die gemeinsame Feier der Eucharistie setzt auf einer höheren Ebene ein, welche die Herstellung der Einheit voraussetzt, auf hergestellte Einheit aufbaut. Herstellung, Zerstörung und Wiederherstellung der Einheit geschehen auf der Ebene der Taufe. Wer die Einheit im Glauben sprengt, vergeht sich gegen das, was in der Taufe grundgelegt wurde, und muss es in Hinsicht auf die Entfaltung des Sinnes der Taufe wieder sanieren.

Wenn aber das, was in der Taufe an Gemeinschaft angelegt wurde, zerstört wird, kann von Eucharistiefeiern keine Rede mehr sein. Feiern kann gar nicht gelingen, wenn die durch Glaube und Taufe bestimmte Zugehörigkeit zur Gemeinschaft selbst attackiert wird. Für die Eucharistie gilt: Das Fest schafft nicht den Frieden, sondern ist die Besiegelung des Friedens. Man muss *Grund* zum Feiern haben. Angesichts dieses Befundes halte ich es für eine absurde, weil bodenlose Hoffnung, die Eucharistiefeier solle kitten, was nicht mehr intakt und zerbrochen ist. Immer und überall heißt es im Übrigen: Versöhnt euch, bevor ihr zu Gott tretet.

8.1.3 Von der »lieblosen« Verweigerung des Abendmahls

Die Liebebedürftigkeit der Menschen gegenüber Institutionen, besonders gegenüber der Kirche, ist schier grenzenlos. Durch ihre diakonisch-karitative Arbeit, die sie aus guten Gründen und mit großem Erfolg betreibt – mit Recht wird sie als Kriterium ihrer Glaubwürdigkeit angesehen –, entsteht der Eindruck, alles, was immer von der Kirche ausgeht, müsse von der Aura mütterlicher Liebe durchwirkt sein. Dass Mütter bisweilen aus Liebe auch streng sind, wird vor lauter Sehnsucht nach einer Alternative zum

»harten Leben« übersehen. Gott – so hört man es – ist die Liebe, die Wahrheit ist die Liebe, und Gerichtspredigten möchten wir auch nicht mehr hören, nur noch Liebespredigten.

Besonders herzlos erscheint die Kirche, wenn sie beim Mahl der Liebe, der Eucharistie, Menschen ausgrenzt. Man sollte den Kern dieser Vorwürfe nicht ironisch darstellen, sondern ernst nehmen. Bis zur Leuenberger Konkordie haben auch Lutheraner anderen Christen, die eine andere Auffassung vom Abendmahl hatten, wegen »Glaubensverschiedenheit« die Teilnahme am Abendmahl verweigert, und die SELK (Selbstständige Evangelisch-Lutherische Kirche) tut es in Treue zur lutherischen Tradition bis heute. Ich selbst habe das einmal miterlebt; interessanterweise hat keiner der Nicht-SELK-Christen diese Konsequenz übel genommen; sie hat vielmehr alle mit Hochachtung vor der bekenntnishaften Selbstachtung erfüllt.

Sogar in konfessionsverschiedenen Ehen muss es kein Unglück sein, wenn man sich daran hält, *nicht* miteinander zum Abendmahl/zur Kommunion zu schreiten. Ich zitiere hier aus einem kürzlich publizierten Leserbrief eines Betroffenen: »Es lassen sich ja bekanntermaßen anrührende Ehe- und Familiensituationen vortragen, die die Position der katholischen Kirche als völlig herzlos und daher wider den Geist Jesu erscheinen lassen. Ich meine, das Ansinnen, diese schmerzlichen Situationen durch ein Aufweichen der dogmatischen Position zu entschärfen, ist zwar gut gemeint, dient aber nicht der Wahrheit und verdunkelt das Zeugnis der Kirche … Ich kann aus eigener Anschauung bestätigen, dass die allenthalben praktizierte Zulassung der nichtkatholischen Christen zur Kommunion eine Dynamik des Nachdenkens über konfessionell unterschiedliche Positionen verhindert und zur Egalisierung der Konfessionen im Bewusstsein der Gläubigen wesentlich beiträgt. Der Gehorsam gegenüber der gottgewollten Autorität ist ein Akt der Liebe. Eine liebevolle Ehebeziehung könnte durch diesen Akt der Liebe eher gestärkt werden. Wahre Liebe kommt ohne Leidensbereitschaft nicht aus.«

Die verweigerte Einheit ist der Stachel im Fleisch der Christenheit. Er muss gezogen werden; voreilige Interkommunion ist lokale Betäubung ohne Operation. Wo Spaltung bis in die intimste Gemeinschaft der Ehe wehtut, ist sie die Störung, die wir brauchen. Wenn die »themenzentrierte Interaktion« irgendwo Recht hat, dann mit ihrem Leitsatz »Störungen haben Vorrang!«. – Noch einmal: Es gibt Störungen, die wir brauchen, um den eigentlichen Skandal zu überwinden, der darin besteht, dass wir die Spaltung der Christenheit hinnehmen und uns daran gewöhnt haben.

8.1.4 Sakramente als Zeichen der Einheit

Jedes Sakrament ist auf seine besondere Weise Darstellung, Verwirklichung oder Vollzug von Frieden und Einheit zwischen Gott und Mensch sowie auch zwischen den Menschen untereinander. In der *Taufe* wird diese Einheit überhaupt begründet, und zwar so, dass der Einzelne hineingestellt wird in den »Leib Christi«, genannt Gemeinde. In der *Eucharistie* wird diese Einheit zur vollen Verwirklichung gebracht. Ähnliches gilt auch für die zusätzlichen Sakramente auf katholischer Seite: In der *Ehe* wird die Einheit von Mann und Frau geheiligt als Abbild der Ehe zwischen Christus und Kirche. In der *Beichte* wird die gestörte Einheit zu Gott und unter Menschen wiederhergestellt. Im *Sakrament der Ordination* (Diakonen-, Priester- und Bischofsweihe) tritt der Weihekandidat ein in die Sukzession (ununterbrochene Kette der Amtsnachfolge seit der Urgemeinde), die ihrerseits in der horizontalen Linie durch die Kirchengeschichte hin die Einheit der Kirche darstellt und verwirklicht. Die Sakramente der *Firmung* und der *Krankensalbung* können von diesem Ansatz her sogar neues Licht bekommen. Denn die Firmung ist in besonderer Weise das Sakrament des Heiligen Geistes, der die Gegensätze verbindet. So wird der Gefirmte zum offensiven Streiter der in der Kirche verwirklichten Einheit von Gott und den Menschen. Und in der Krankensalbung wird der Kranke nicht abgeschoben (wie vielfach die Kranken außerhalb von Judentum und Christentum), sondern durch die Salbung in seiner Würde als Glied des messianischen, königlichen Gottesvolkes bestätigt: »Wir beten für dich, so wie man für die Gesundheit eines erkrankten Königs bittet.«

8.1.5 Horizontale und vertikale Einheit

Der eigentliche Grund, weshalb die Feier der Eucharistie Einheit voraussetzt und abbildet, eben feiert, ist, dass sie dem Zeichen nach das gemeinsame Ernährtwerden vom Leib Christi her rein darstellt.

In der Feier der Eucharistie wird die Einheit der Kirche gewissermaßen kreuzförmig dargestellt, als vertikale Linie (von oben nach unten) und als horizontale (von links nach rechts).

Die *vertikale Linie* ist die historische Abfolge aus der Vergangenheit in die Zukunft hinein. Die Früheren geben das Amt weiter an die Späteren. Im Bild des Kreuzes sind die Früheren »oben« und die Späteren »unten«, dort wo die Linie in der Gegenwart endet. Und eben in diesem Bild geht es um die Einheit der Kirche über die Zeiten hin. Denn so vollzieht es sich im Weiheritus: Die Älteren, jedenfalls die zuvor selbst Geweihten, geben die Weihevollmacht weiter an die Jüngeren, die Nachfolger, die nächste Generation. So entsteht durch Handauflegung und Salbung eine Kette durch die Generationen hin. Wir werden noch fragen müssen, warum die katholische Kirche so intensiv an dieser Kette durch die Generationen hin festhält. In unserem Zusammenhang ist nur der Gedanke der ununterbrochenen Kette wichtig. In der Handauflegung wird dieses wichtige Element nur »sakramental auf den Punkt gebracht«.

Was die *horizontale Linie* betrifft: Das priesterliche Amt findet in dem gleichzeitigen Nebeneinander von Aufgaben und Gaben in einer Gemeinde seine Aufgabe, seinen Ort und seinen Maßstab darin, *Einheit zu organisieren, Einheit (wieder herstellend) zu heilen, Einheit zu garantieren*. Der Geweihte ist insofern derjenige, der die Einheit der Gemeinde in der Gegenwart organisiert. Darin übernimmt er ein Stück der Aufgabe des Apostels, wie sie etwa Paulus kunstvoll und phantasiereich als Seelsorger und als Kirchenpolitiker bewältigt hat. Dass das etwas anderes ist, als Gemeinde zu beherrschen, dass es vielmehr Dienen ist, dürfte deutlich sein.

Natürlich gibt es in der Kirche neben dem in Sukzession weitergegebenen Weiheamt auch andere, direkt von Gott mit der Taufe oder überhaupt im Raum der Kirche geschenkte Gaben. Man nennt sie seit Paulus Charismen. Diese Gaben werden »quer zu den geweihten Amtsträgern« verliehen. Sie entfalten sich ganz gewöhnlich in jeder Gemeinde; noch einmal existenziell gefiltert im Beispiel der bunten Vielfalt charismatischer Profile bei den Heiligen. Gegenüber den Charismen hat indes das priesterliche Amt eine andere, singuläre Funktion. Denn das Amt garantiert gegenüber der Verschiedenheit der Charismen deren Einheit, besser gesagt: deren Zuordnung auf die in jedem Fall zu wahrende Einheit. Paulus demonstriert in 1 Kor 12f. eindrucksvoll, dass er gerade so die Aufgabe seines Apostelamtes versteht.

Weil die Eucharistiefeier höchste Verwirklichung der Einheit der Kirche ist, gehört das Amt als Garant der Einheit in der Geschichte (vertikal) und in der Gemeinde (horizontal) in seine Mitte. Wenn also das Herrenmahl Entfaltung und Feier der Einheit der Gemeinde ist, dann ist das Amt dabei unerlässlich. Die vornehmste Aufgabe des kirchlichen Amtes ist somit die »Leitung« der Eucharistiefeier. Denn jede Einladung zum Herrenmahl, jeder ordentliche Vollzug und die Abwehr jeder Gefährdung der Einheit ist eben Aufgabe des Amtes. So ist nicht nur in der Folge der Zeiten die Einheit der Kirche gewahrt, sondern auch in der gegenwärtigen Organisation.

8.2 Eucharistie und apostolische Sukzession

Ist die »apostolische Sukzession« wirklich so wichtig? Wir diskutieren dieses Thema per Einwand und Antwort. Mir geht es nicht um Gegenbeweise, sondern ganz schlicht darum, für die bedrängte katholische und orthodoxe Position hier ein Minimum an Verständnis zu wecken.

Die apostolische Sukzession sei – so hört man es immer wieder – eine spezifisch katholische historische Fiktion. Aus den vorhandenen Quellen ist sie gerade am Anfang nur lückenhaft nachweisbar. Das hört sich dann so an: »Die ›Apostolische Sukzession‹ ist für die beiden ersten Jahrhunderte eine Illusion. Die Bischofslisten dieser entscheidenden Zeitspanne sind lückenhaft und ungesichert. Zudem vermochte die angeblich lückenlose Abfolge der Übergabe bischöflicher Autorität nicht die innere Verfälschung des christlichen Glaubens zu verhindern … Die ›Wahrheit des Evangeliums‹ wird durch die Sukzession im Evangelium, das heißt die Übereinstimmung mit der Botschaft des Neuen Testaments … verbürgt … Der Geist aber ist … nicht an ein bestimmtes Amt gebunden.« (»Allein selig machend?« Ein theologisches Wort zur ökumenischen Lage. Theol. Ausschuss der Gesellschaft für Innere und Äußere Mission im Sinne der luth. Kirche e. V., Neuendettelsau, 2004, S. 1–4).

Antwort: Die Überlieferungslage im frühen Christentum ist in allen praktischen Fragen unzureichend bis schlecht. Gerne wüssten wir beispielsweise mehr über konkrete Gottesdienstformen. Die Frage ist eher: Ist Sukzession eine späte Fiktion, die eindeutig im Nachhinein auf eine deutlich anders verlaufene Geschichte projiziert wurde? Ist Sukzession eine dem Christlichen insgesamt fremde, von außen herangetragene Kategorie? Ich meine: Nein – wie näherhin aus dem Folgenden hervorgeht.

8.2.1 Ist Sukzession unbiblisch?

Was sagt man, wenn jemand behauptet: Der Gedanke der Sukzession ist nicht im Sinne Jesu und nicht biblisch?

Man könnte antworten: Schon in Mk 6,7 heißt es von Jesus und seinen Jüngern: »Er gab ihnen Vollmacht über die unreinen Geister …« Das heißt: Keineswegs »erwachte« die Vollmacht vermittlungslos in den Jüngern Jesu, sondern es bedurfte eines sichtbaren Aktes der Verleihung von Vollmacht. In der Apostelgeschichte heißt es in 14,23 von Paulus und Barnabas: »In jeder christlichen Gemeinde bestellten sie Älteste, indem sie ihnen die Hand auflegten, fasteten, Gebete sprachen und sie der Obhut des Herrn empfahlen, dem sie sich glaubend zugewandt hatten.« Nun ist bekannt, dass man diese lukanische Schrift im Ganzen häufig für eine frühkatholische Fiktion hielt. Aber gibt es wirklich ernsthafte Gründe zu sagen, Apg 14,23 könne nicht wahr sein? Warum sollte das nicht wahr sein?

1 Tim 4,14 heißt es: »Sei bestrebt, die besondere missionarische Gabe weiterzuentwickeln, die dir verliehen wurde, als damals in der Gemeinde eine Prophetie auf dich ausgelegt wurde und der Kreis der Ältesten dir die Hände auflegte.« Paulus erinnert Timo-

theus daran, dass die versammelten Ältesten (Priester) ihm die Hände aufgelegt haben. Dadurch wurden ihm die Gabe (das Amtscharisma) und die Aufgabe verliehen. Und was soll man gar von Vers 5,22 halten: »Lege niemandem vorschnell die Hände auf«? Timotheus kann offenbar die Gabe, die er empfangen hat, sogar weitergeben. Und in 2 Tim 1,6 lesen wir: »Deswegen möchte ich dich an etwas erinnern: Als ich dir einst die Hände aufgelegt habe, hast du dadurch Gottes ganz spezielle Gnade empfangen. Lass diesen Funken wieder zur Glut in dir werden.« Hier ist es nicht die Schar der Presbyter, von denen die Hände auflegt werden, sondern es ist Paulus selbst. Diese oder eine ähnliche Parallelität gibt es auch in 1 Kor 5 in der Frage der Exkommunikation durch Apostel oder Gemeinde sowie auch in der Frage der Schlüsselgewalt in Mt 16,18 (an Petrus) und 18,18 (an die Gemeinde).

Der Ausdruck Sukzession (gr.: *diadoche*) ist im Wortfeld *»diadech-«* beheimatet und meint die Funktionsübernahme durch den amtlichen Nachfolger. Bei dem jüdischen Schriftsteller Flavius Josephus (1. Jh. n. Chr.) heißt es von Mose, er habe Josua als seinen Nachfolger aufgestellt (= installiert; Altertümer 4,165). Hier geht es bereits um die Weitergabe des prophetischen Amtes. Ebenfalls um das prophetische Amt geht es in Sirach 48,8: Der Prophet Elia »salbte Propheten als Nachfolger nach ihm«. Die prophetische Salbung ist als eine Geistsalbung zu verstehen. In beiden jüdischen Texten besteht zwischen »Amt« und prophetischem Charisma kein Gegensatz. Im frühen Christentum fällt der Ausdruck zum ersten Male im Ersten Clemensbrief, der zweifellos noch in die Zeit des Urchristentums reicht: (44,2f.) »Obwohl sie also genau wussten, was geschehen würde, setzten sie (die Apostel) die Bischöfe und Diakone ein und gaben auch die Anweisung, dass nach deren Tod andere bewährte Männer ihren Dienst (gr.: *leiturgia*) übernehmen (gr.: *diadechomai*) sollten. So wurden also diese Männer von den Aposteln – oder auch von anderen angesehenen Männern – unter Zustimmung der ganzen Gemeinde eingesetzt ...«

Man hat – aus Gründen auch der konfessionellen Apologetik – diese Stellen im Sinne historischer Kritik bezweifelt. Das betraf dann ihr Alter oder die Frage, wie repräsentativ sie eigentlich seien. Beides wurde dort eher ungünstig bewertet, wo man das Prinzip der Sukzession aus dogmatischen Gründen ablehnte.

Aus meiner Sicht ist das Prinzip der Sukzession im Christentum ganz umfassend. Zugrunde liegt der analog schon im römischen Recht bekannte Gedanke: Niemand kann eine Vollmacht vermitteln, die er nicht selber hat. Ich nehme eine dreifach breite bzw. gestufte Sukzession an: Als weitesten Rahmen gibt es eine Sukzession der Getauften. Das heißt: In aller Regel wird ein Mensch von einem bereits getauften Christen getauft; das gilt auch, wenn in Notfällen Laien taufen. Hier gilt unzweifelhaft die Struktur der Sukzession. Niemand wird sie aus dogmatischen Gründen als »dem Evangelium überhaupt fremd« bezeichnen.

In einem engeren Rahmen geht es um den Strang der Jurisdiktion, der ebenfalls von einem Amtsträger zum anderen führt. Das gilt zum Beispiel, wenn Äbtissinnen (der Zisterzienserinnen und der Benediktinerinnen) den Bischofsstab führen. Das ist dann nicht durch Weihe, sondern durch Segnung vermittelt, und zwar in der Regel durch Bischof oder Ordensgeneral. Gerade auf dem Feld der Jurisdiktion kann man ein Grundmotiv entdecken, das überhaupt den Gedanken der Sukzession (als Grundsatz!) verständlich macht: Grundlegend ist die Furcht der Kirche vor selbsternannter Autorität. Denn das bedeutet in aller Regel Anmaßung, Bruch und Unsicherheit. In keiner Firma darf sich der Träger der (Voll-)Macht selbst ernennen, sondern er wird von der Führung bestimmt. Die Weitergabe des Amtes von einem Gremium von Amtsträgern auf die Nachfolger ist daher die unerlässliche Wahrung der Einheit in der Abfolge der Zeiten, also in der Geschichte.

Im engsten Rahmen gilt die Sukzession innerhalb des Weihesakraments, und hier gilt genauso wie in den beiden vorigen Bereichen: Niemand kann eine Weihe weitergeben, die er nicht selbst besitzt. Wirkliche Einheit gibt es beim Abendmahl daher nur, wenn es in der Abfolge der Sukzession des Amtes gefeiert wird.

8.2.2 Wird Gott nicht juristisch fixiert?

Nun rufen diese Ausführungen einen neuen Einwand hervor: Wenn der Gedanke der Sukzession aus römischem Recht stammt (mindestens aber Analogien dazu aufweist) und aus der Praxis der antiken Philosophenschulen, z. B. der Akademie des Platon, bekannt ist – warum soll Gott sich daran binden? Und selbst wenn er im Judentum für die Abfolge Mose/Josua und Elia/Prophetenjünger gut belegt ist – ist das nicht gerade jüdische Gesetzlichkeit? Kann Gott nicht jederzeit außerhalb davon und »quer dazu« wirken?

Antwort: Diese Möglichkeit bestreitet niemand. Insbesondere in diesem Buch wird das nicht bestritten, da neben der Säule der Sukzession die der Charismen (im weitesten Sinn des Wortes) steht. Die Wirklichkeit der »Kirche« steht immer auf diesen zwei Beinen.

Aber einerseits haben wir hier wieder das Phänomen der Überkreuz-Ökumene, das wir oben schon feststellten. Nirgends haben Charismatiker es schwerer als in der lutherischen Amtskirche, denn seit den Zeiten der linken Reformation haben die Lutheraner hier ein – recht gut begreifliches – Trauma. Und trotz des ausgeprägt hierarchischen Charakters der katholischen Kirche ist sie doch die Kirche der charismatischen Heiligen geblieben, die zu über 80 % nicht der Weihehierarchie entstammten.

Und andererseits ist etwas zu dem oben zitierten Satz zu sagen: »Der Geist aber ist … nicht an ein bestimmtes Amt gebunden …« Gewiss ist der Geist nicht an Ämter gebunden. Aber nicht jedes Charisma kann kirchliche Verbeamtung beanspruchen. Und bei jeder Ordination darf man darauf vertrauen, dass Gott die Bitte um den Heiligen Geist erhört. Und schließlich ist auf 1 Kor 12,28f. zu verweisen: »In diesem Leib, der die Gemeinde ist, hat Gott zuerst Apostel bestellt, danach Propheten, dann Lehrer, darauf Wunderkräfte, Heilungsgaben … Es können doch nicht alle Apostel, Propheten oder Lehrer sein.« – Erkennbar ist, dass hier die Amtsträger durch Funktionsbezeichnungen (die ersten drei) von Einzelcharismen unterschieden werden.

8.2.3 Warum das Junktim mit der Eucharistie?

Gesetzt, man würde die Sukzession akzeptieren: Warum muss sie aber dann auch noch gleich mit der Eucharistie verknüpft werden? Warum sollen nur solche Eucharistie feiern dürfen, die in der apostolischen Sukzession stehen? Ist das nicht schlecht camouflierter Paternalismus, Klerikerintrige im Dienst der Machterhaltung? Kaum jemand kann noch verstehen, was die apostolische Sukzession des Amtes (dessen lückenlose Weitergabe von den Aposteln her) mit dem Herrenmahl zu tun haben soll. Für Paulus ist die Verknüpfung der Eucharistie mit dem Amtsträger noch kein Thema, weil er noch nicht in Generationen denkt.

Antwort: In der Eucharistie wird die Einheit der Getauften gefeiert. Dass diese Einheit nicht nur die zufällig Anwesenden betrifft, sondern die ganze Kirche und die Kirche aller Zeiten, kommt in den Gebeten des Kanonteils der Messe gut zum Ausdruck, in dem Gebet für die Lebenden (Papst, Bischöfe, die ganze Kirche) und in dem für die Toten. Kirche ist mehr als das nur Sichtbare. Eben deshalb also, weil es nirgends und niemals so sehr um die Einheit der Kirche geht, ist das Amt in seiner vertikalen und horizontalen Qualität dazu aufgerufen, ihr Möglichstes für diese Einheit zu tun. Gott stiftet sie, aber nicht ohne das Instrument dieser Amtsstrukturen.

Sinn ergibt sich wiederum aus der immer vorhandenen Gefahr, dass jemand, der nicht »in der Einheit« ist, das Herzstück Gottesdienst an sich reißen könnte.

Im Übrigen kann man dieses katholische Konzept wiederum nur verstehen, wenn man von dem Gedanken der ultra-realen Bildlichkeit ausgeht. Einheit wollen alle Christen; Liebe und »Leib Christi« wird von allen bejaht. Doch für Katholiken liegt alles daran, dass diese »allgemeinen Gedanken« gewissermaßen verbindlich sakramental »auf den Punkt gebracht« werden. Dass sie als wirksames Zeichen anschaulich werden, damit dieses ein Zeichen für die Treue Gottes werden kann.

8.2.4 Amt in Konkurrenz zum Geist?

Oder dieser Einwand: Setzt man da nicht eine quasibürokratische Struktur an die Stelle, wo allein Gottes Geist wirken und Dauer und Identität der Kirche sichern sollte? Zieht man der Kirche damit nicht ein menschlich-allzumenschliches Gerippe ein?

Antwort: So gewiss es Gott selbst ist, von dem die Kirche Einheit und Identität geschenkt bekommt, so gewiss ist es auch, dass dieses mit Hilfe des Amtes und jedenfalls nicht ohne das Amt geschehen soll. Denn bloß auf den Heiligen Geist hat sich schon mancher berufen. Paulus zum Beispiel ist nicht so weltfremd, dass er meinen könnte, der Heilige Geist würde schon von selbst die Kirche führen und bewahren. Sosehr das wahr ist, so nötig sind doch klare Strukturen, klare Aufgabenzuweisungen, konkrete Weisungen des Apostels, der sich mit großer Autorität einbringt. Mit Hilfe seiner Briefe, sehr pragmatisch und mit geschickt gebrauchtem Handwerkzeug, ordnet er die Gemeinden. Weil Paulus Instrument Gottes ist, nennt er sich »Diener Gottes«, »Mitarbeiter Jesu Christi«.

Pneuma *und* Institution, Charisma *und* Amt, der manchmal eher »charismatische« Paulus *und* der manchmal eher »amtliche« Petrus sind von allem Anfang an und noch immer da – dialektisch aufeinander bezogen gewiss und mit manchmal unausgewogenen Schwerpunktverlagerungen; aber niemand ignoriert ungestraft diese lebendige Wechselbeziehung oder spielt sie gegeneinander aus, ohne das fragile Ganze der Kirche zu beschädigen.

8.2.5 Allein Gottes Gnade schafft Kirche?

Ein weiterer Einwand, der vorgebracht wird: Die Eucharistie setzt die juristische, kirchenrechtliche Einheit nicht voraus, sondern bewirkt sie durch Gottes Gnade »senkrecht von oben« je und je bei der Feier des Sakraments. Es geht zwar um Einheit, aber Gott allein schenkt sie, und zwar jeweils neu.

Antwort: Strittig ist in der Tat, ob die Eucharistie die gewünschte Einheit von sich aus bewirkt oder ob sie bestehende Einheit voraussetzt. Aber wer meint, das Abendmahl stelle die grundsätzliche Zugehörigkeit zu Christus her, ist an der falschen Adresse. Er soll sich taufen lassen oder an die Taufe erinnern lassen. Die Taufe bewirkt grundlegend die Gemeinsamkeit aller Christen gegenüber den Nichtchristen. Gerade in dieser Rolle wird die Taufe in der akuten Diskussion mit der Eucharistie verwechselt. Bei der Eucharistie dagegen wird die bestehende Gemeinsamkeit nun als volle und unüberholbare Einheit zur Geltung gebracht und gefeiert. Daher ist die Eucharistie Frucht und Vollendung aller christlichen Existenz. – Sachlich und historisch gesehen befindet sich die

Christenheit noch immer mitten auf dem Weg von der gemeinsamen Taufe zur noch nicht gemeinsamen Mahlfeier.

8.2.6 Ohne Vorbedingungen an den Altar?

Und ein weiterer Einwand wird formuliert: Gott stiftet die Einheit beim Mahl doch ohne Bedingung und ohne Voraussetzung. Das ist doch gerade die Eigenart der Gnade. Wie kann sich die Kirche hier dazwischenschieben und eigene Regeln aufstellen, wann wer, wie, wo und warum zum Tisch des Herrn darf und wann wer eben nicht?

Auch dieser Einwand verfängt nicht. Wenn der *Einzelne* vor Gott tritt, dann gilt die verheißene bedingungslose Annahme durch Gott. Aber wenn *mehrere* Christen zusammen vor Gott treten, müssen sie – nach allem, was wir aus dem Neuen Testament wissen – sich zuvor miteinander versöhnt haben. Sonst können sie vor Gott nichts »ausrichten« und ihr Gebet kann nicht erhört werden. Auch und besonders für die Eucharistie gilt: Erst die Versöhnung, dann das Mahl.

Ein Hinweis auf die Anwendung dieses Grundsatzes auf das Abendmahl ist die Forderung der »Lehre der zwölf Apostel« (Didache) aus dem 1. Jh. n. Christus, dass sich vor dem Herrenmahl alle Christen miteinander versöhnen müssten. Denn sonst sei dieses Opfer ungültig nach Mt 5,23f.: »Wenn du nun dein Opfer zum Altar trägst und dir dabei einfällt, dass dein Bruder oder deine Schwester etwas gegen dich haben, (24) lass dein Opfer vor dem Altar stehen und versöhne dich zuerst mit ihnen und bringe dann dein Opfer dar.« Dieselbe Schrift legt auch fest, dass nur Getaufte zur Eucharistie zugelassen werden dürfen (9,5).

Schon im Vaterunser heißt es: »Und vergib uns unsere Schuld, weil auch wir denen bereits vergeben haben, die uns etwas schuldig geblieben sind. (13) Und führe uns nicht in Versuchung, sondern befreie uns von dem Bösen« (Mt 6,12f.). Und Jesus kommentiert ausdrücklich noch einmal: »Denn wenn ihr den Menschen ihre Verfehlungen vergebt, dann wird euch auch euer Vater im Himmel vergeben. Wenn ihr das nicht könnt, kann auch Gott euch nicht vergeben« (Mt 6,14f.).

Daher steht seit alters das Vaterunser vor der Kommunion, denn das Vaterunser enthält den Hinweis »wie auch wir vergeben haben denen, die uns etwas schuldig sind«. Diese vollzogene Versöhnung ist dann die Grundlage für die Bitte um Vergebung durch Gott (»Vergib uns unsere Schuld«). Die richtige Reihenfolge ist daher: Die Menschen versöhnen sich miteinander – Gott schenkt Versöhnung – das Mahl besiegelt, feiert und verwirklicht diese Versöhnung. Auch in protestantischen Riten steht die Bitte um Vergebung stets vor dem Abendmahl.

Nun sind aber leider, und das ist wirklich schmerzlich, die Christen noch nicht miteinander versöhnt. Ein Beispiel mag das drastisch zeigen: Ein evangelischer Theologe hat eine katholische Theologin zur Frau. Er bekommt von seiner Landeskirche her keine Anstellung als Pfarrer, wenn die Kinder nicht evangelisch getauft sind. Seine katholische Frau darf sich in der Theologie nicht habilitieren, weil die Kinder evangelisch und nicht katholisch sind. Einer von beiden muss daher seinen mit Mühe erlernten und mit Freude ausgeübten Beruf aufgeben. Und lebenslange erzwungene Arbeitslosigkeit ist für einen Theologen genau so schlimm wie für andere. Viele Beispiele wären aus anderen Gebieten zu ergänzen, ohne dass damit irgendeine Kirche beschuldigt würde. Man kann nur sagen: Wer hier »schon mal Versöhnung feiert«, mogelt sich an der Wirklichkeit vorbei. Mit brüchigem Pflaster deckt er die wahrhaft schmerzenden Wunden und Unmöglichkeiten zu, welche die Trennung mit sich gebracht hat und bringt – ein Hohn für die Opfer.

Schon das Neue Testament kennt einen ähnlichen Fall, der von Paulus pragmatisch gelöst wird. In Korinth feierte eine Gemeinde Herrenmahl, die sich erkennbar nicht einig war. Jedermann weiß, dass sich hier Grüppchen bilden, von denen einige am liebsten schon gar nicht mehr zur Gemeinde dazugehören möchten. Es gab sichtbare Spaltungen in der Gemeinde. Die meisten Forscher nehmen an, es seien Unterschiede zwischen Arm und Reich gewesen; ich kann mir auch gut vorstellen, dass es sich – ähnlich wie bei den »Starken« und »Schwachen« nach Kapitel 8–10 desselben Briefes – um kulturelle Differenzen aus vorchristlicher Zeit handelte, die auch Uneinheitlichkeit, Störung und vor allem Diskriminierung beim gemeinsamen Herrenmahl zur Folge hatten. Jedenfalls gilt für Korinth: Die Christen sind sich nicht wirklich einig. Dem Zeichen des gemeinsamen Mahles fehlt die grundlegende Glaubwürdigkeit. Paulus sagt: Wer Einheit feiert, ohne dass sie besteht, versündigt sich am Herrn selbst, denn er begründet und stiftet doch durch sich selbst diese Einheit. An keiner Stelle seiner Briefe kündigt Paulus so kompromisslos denen schon gegenwärtiges Gottesgericht an, die sich auf diese Weise versündigen. Denn sie lassen das höchste und kostbarste christliche Zeichen, das gemeinsame Mahl, zum unglaubwürdigen Theater verkommen. – Paulus sagt hier nicht etwa: »Feiert nur Abendmahl, dann wird alles gut werden.« Erstaunlicherweise ist für ihn das Herrenmahl überhaupt kein Weg, die verlorene Einheit wiederherzustellen.

Die Lösung, die Paulus verordnet, offenbart vielmehr seinen praktischen Sinn: Er kann die Wurzel der Uneinigkeit abstellen, indem er sie in den privaten Bereich zurückstellt: »Esst, wenn ihr Hunger habt, zu Hause«, sagt er, um das Sakrament als Zeichen der Einheit zu retten. Paulus sagt unumwunden: Jede Abendmahlsfeier soll in sich glaubwürdig Einheit darstellen, oder man soll sie um Gottes willen lassen!

Paulus reagiert für den Fall, dass die Gemeinde bei Fortbestand von ernsten Differenzen Herrenmahl feiert, mit den härtesten Ausdrücken, die er je zur Geißelung menschlichen Fehlverhaltens gefunden hat. Er sagt nämlich: Wer mit dem einheitlichen Mahl die bestehenden Unterschiede übertünchen möchte, der »isst und trinkt sich das Gericht«. Früher war diese Vorstellung besonders für evangelische Christen so schlimm, dass man sich tunlichst vom Abendmahl fern hielt, wenn es denn eine so gefährliche Sache war. Man hat damals das »unwürdig essen und trinken« auf falsche Auffassungen und abweichende Vorstellungen vom Abendmahl bezogen. In der neueren Exegese sieht man da klarer: Paulus meint tatsächlich Spaltungen in der Gemeinde, die gegen die Realsymbolik des Sakraments verstoßen. Denn nach 1 Kor 10,15–17 stellt die Gemeinde durch das Essen des einen Brotes ihren gemeinsamen Ursprung in dem einen Herrn dar. Der Vollzug des Sakramentes ist daher nichts anderes als eine »inszenierte« Botschaft von der Einzigkeit Gottes und dem einen Herrn Jesus Christus. In einer Welt der vielen Gottheiten und der sozialen Entwurzelung und Heimatlosigkeit vieler in der Hafenstadt Korinth liegt alles daran, dass diese Botschaft von dem einen Herrn für viele glaubwürdig ist. In der Tat: Nichts wäre für die Verkündigung des einen Herrn gewonnen, wenn die Christen unter sich erkennbar zerstritten wären.

Das gilt übrigens damals wie heute. Das Thema des gemeinsamen Herrenmahles ist daher nicht, wie vielfach angenommen, die Freude am Mahl oder die Vorwegnahme des Himmels. Nach Paulus ist das Thema des Mahls die Einheit der vielen. Begründet ist sie übrigens auch für Paulus in der Taufe, verkündigt und damit vollendet wird sie in der Eucharistie. Aber wenn an dieser Stelle das Zeichen unglaubwürdig ist, dann scheitert die Verkündigung selbst. Übrigens kann man von Paulus einen wichtigen Grundsatz moderner Hermeneutik ablesen. Auch heute kann gelten, dass die konkurrenzlos wirksamste Verkündigung des Evangeliums durch die Gestalt und das Auftreten der Gemeinde selbst geschieht – nicht durch ihr Wort, sondern eben durch den Vollzug ihres Lebens, hauptsächlich durch den sonntäglichen Gottesdienst. Und so hat auch das Deutewort vom Bund beim Trinken des Kelches die Funktion, auf die Einheit aller durch die Institution des Bundes, in ihr und mit ihr, zu weisen.

Auch Jesus fordert wiederholt, dass die Menschen erst einander vergeben müssen, bevor Gott ihnen vergeben kann. Man kann fragen, ob Jesus nicht doch mit Gnade und Sakrament rechnet, die dem Einzelnen die Kraft geben, vergeben zu können. Und tatsächlich rührt ja die moderne Auffassung, das Abendmahl werde von sich aus die Einheit »irgendwie« zuwege bringen oder bewirken, auf einer solchen Vorstellung von Gnade und Sakrament. Jesus würde wohl antworten, dass er eine solche Auffassung vom Mahl nur als Heuchelei und endgültig als Magie betrachten würde. Überall aus der Verkündigung Jesu – nicht zuletzt aus dem Gleichnis vom unbarmherzigen Knecht (Mt 18) – geht hervor, dass Versöhnung unter Menschen unabweislich Aufgabe der Menschen ist. Und Gott erlässt dann und unter dieser Bedingung Schuld ihm gegenüber. Aber wo Menschen nicht ihre Aufgabe erledigen, hat das Sichberufen auf Gottes Vergebung nur katastrophale Folgen. Denn das Gleichnis vom unbarmherzigen Knecht endet ähnlich schrecklich wie die übertünchte Einheit im Mahl in Korinth, nämlich mit Heulen und Zähneknirschen.

Warum ist das so? Weil der Hinweis auf Gottes Vergebung oder auf Gottes Frieden, auf die sakramentale Einheit der Gemeinde nie und nimmer zum Ruhekissen für den Menschen werden darf, der daraufhin dann den Unfrieden unter Menschen munter fortbestehen lässt – gewissermaßen in »Interkommunion« mit meinen Erbfeinden. Genau diese Gefahr besteht auch beim vorzeitig inszenierten Abendmahl unter uneinigen Christen: Das Abendmahl würde zum Ruhekissen für alle, die kein Interesse daran haben, das durch die Spaltung der Kirchen vielerorts und immer wieder bewirkte Unrecht zu beseitigen.

8.2.7 Das Mahl als Mitte

Nach meiner Auffassung steht das eucharistische Mahl im Kreuzungspunkt zweier Linien, vergleichbar einer Oase, die am Schnittpunkt zweier Karawanenwege steht. Der eine Weg kommt aus der Vergangenheit der Kirche und führt in deren Zukunft. Der andere Weg verläuft vom einen Ende der gegenwärtigen Kirche bis zum anderen. Die jeweils zum Feiern versammelte Gemeinde steht zu den übrigen Gemeinden und zur Kirche im Verhältnis des inneren Kreises zu konzentrischen, um die Einzelgemeinde herum gelagerten Kreisen.

In jeder Hinsicht ist das eucharistische Mahl daher die Mitte. Das bedeutet: Wo immer Eucharistie gefeiert wird, ist *Mitte der Welt und Mitte der Geschichte.* Gerade dieses war die Auffassung über den Tempel in Jerusalem und den dort gefeierten Gottesdienst. Weil es nur einen Gott gibt, kann jeder christliche Altar Mitte sein. Das bedeutet nicht zuletzt einen grundlegenden Weltbezug. Alle Schöpfung, alle Menschen, alle Geschichte findet am Tisch des Herrn ihr Zentrum. Das kommt auch in den Fürbittgebeten für die Lebenden und die Toten zum Ausdruck.

Im Sinne dieses grundlegenden Bezugs zu Schöpfung und Heilsgeschichte ist auch die »apostolische Sukzession« zu sehen. Von ihr zu reden bedeutet nicht, ein Steckenpferd von Juristen zu füttern. Es bedeutet auch nicht, alle Bischofslisten müssten komplett erhalten sein. Es geht vielmehr um den Wert von Geschichte und gegenwärtiger Welt angesichts der Eucharistie. Was ich »Wert« nenne, meint nicht Perfektion oder Selbstgerechtigkeit. Es bedeutet, dass überhaupt eine Beziehung besteht. Eucharistisches Mahl zu halten ist in Geschichte und Kosmos nicht ein beziehungsloser Vorgang. Auch wenn das Häufchen Christen noch so klein ist, das sich hier versammelt, die These, der jeweilige Altar sei Mitte der Welt, ist eben nicht reine Ideologie oder Fiktion, sondern wird sinnlich greifbar und anhand von Zeichen realisiert. Das eine Zeichen ist die *Nennung der Lebenden und der Toten*, das andere die *Sukzession*.

Dass es bei der Sukzession um das theologische Prinzip geht und nicht um die lückenlose historische Erweisbarkeit, mag eine ostkirchliche Position zeigen, die womöglich manchen Westlern als liturgische Kuriosität erscheinen mag, die aber eine theologisch-symbolische Aussage von großer Eindrücklichkeit ist. Zumindest in einer der Ostkirchen gibt es das Prinzip der »Sukzession des Sauerteigs«. Bekanntlich kann man Sauerteig durch »Ansteckung« vermehren. Biblisch gesagt: Ein wenig Sauerteig säuert den gesamten Brotteig. Die Sukzession des Sauerteigs besteht nun darin, dass angenommen wird, vom Abendmahlsbrot beim letzten Mahl Jesu sei ein Stück aufgehoben worden, dieses habe dann den nächsten Teig gesäuert, davon sei wieder ein Stück aufgehoben worden, und so fort bis heute. Die Voraussetzung ist natürlich, beim Abendmahl sei Sauerteig verwendet worden und nicht ungesäuertes Brot wie zum Passah üblich. In manchen Ostkirchen verbindet sich an dieser Stelle mit der Herrenmahlstradition ein Stück Abgrenzung vom Judentum. Doch betrachten wir den positiven Aspekt: Mit der Sukzession des Sauerteigs wird erklärt: Jedes eucharistische Mahl, das in der Kirche gefeiert wird, steht in direkter physischer Verbindung mit dem letzten Mahl Jesu. Das Mahl Jesu und jedes eucharistische Gemeindemahl sind auf diese Weise wirklich identisch. Biologisch gesagt: Die Bakterien stammen direkt voneinander ab.

Wer hier nun prüfen möchte, »ob das auch stimmt«, hat die Sache nicht verstanden. Denn diese Symbolik betont die vertikale Linie der Einheit durch die ganze Geschichte seit Jesus hindurch. Die Sukzession des Sauerteigs ist daher etwas, was gedanklich neben der Sukzession im Weiheamt steht. Dass man in der Einheit der Kirche steht, wird daher durch, wenn man so will, doppelte Symbolik hervorgehoben, durch die Kontinuität der Handauflegungen und die »Anstückung« des Sauerteigs. Auch hier wird wieder deutlich, dass das, was wir Heutigen gerne als »nur« symbolisch und daher als verzichtbar einstufen, bei Orthodoxen und Katholiken einen ungleich höheren Realitätsgrad besitzt. Und auch hier meint es jedenfalls die katholische Kirche mit der Dimension der Zeichen bitter ernst. Diese Zeichen sind nämlich nicht »nur Zeichen« und nicht beliebige, auswechselbare Zeichen für irgendetwas Frommes, das man auch lassen könnte.

Denn die Frage ist: Was bleibt, wenn das »verbindliche Zeichen« der Einheit fehlt? Zur Erinnerung: Dem protestantischen Abendmahlsformular fehlt in aller Regel jeder Bezug auf die weitere umgebende Kirche (Dekan/Propst, Bischof, Kirchenverband) und auch auf die Kirche in der Vergangenheit (keine Nennung Verstorbener). Diese »Weltlosigkeit« bedeutet, dass dieser Art Gottesdienst der Charakter der »Mitte« abgeht, den wir oben beschrieben haben. Aus meiner Sicht ist das aber nun theologisch keineswegs unüberwindbar.

Muss man *das verbindliche Zeichen* so ernst nehmen, wie die katholische Seite es tut? Die Frage ist doch, ob ein Zeichen so wesentlich sein kann, dass der sachliche Kern zum Beispiel dieses Sakraments davon empfindlich betroffen ist. Es könnte ja auch sein, dass es sich bei einem für verbindlich gehaltenen Zeichen um bloße Ausgestaltung handelt. Im Falle der Eucharistie möchte ich jedenfalls um Verständnis dafür werben, dass der Bezug zur Einheit der Gemeinde und Kirche so wesentlich ist, dass er konsequent und notwendig dazugehört. Denn die Einheit der versammelten Gemeinde kann überhaupt nicht gedacht und ehrlich behauptet werden, wenn der Bezug zur Gesamtkirche fehlt. – Nun muss man nicht unbedingt beurteilen, was bleibt, wenn das verbindliche Zeichen fehlt. Nach meiner Einschätzung bleibt ein unvollständiges Zeichen, das daher auch missverständlich ist.

8.3 Warum nicht eucharistische Gastfreundschaft?

Der Fall Hasenhüttl auf dem »ökumenischen Kirchentag« (2003) hat nur offenkundig gemacht, wie viele denken, was viele im Vorgriff auf eine spätere Vereinigung im Glauben bereits jetzt als Recht für sich reklamieren und was sie praktisch erproben.

Man täusche sich nicht über die Situation: Vielerorts ist der gegenseitige Besuch des Abendmahls bei evangelischen und katholischen Gemeinden längst üblich, zumindest ein- oder mehrmals im Jahr. Wenn ein neuer (oft: ein jüngerer) Pfarrer das rückgängig macht, gibt es ob solcher »Lieblosigkeit« stets großen Ärger und Verdruss. Dabei gilt es aus unerfindlichen Gründen als weniger »schlimm«, wenn Protestanten bei Katholiken zum Herrenmahl gehen, als umgekehrt. Beim ökumenischen Kirchentag haben Journalisten förmlich darauf gelauert, die sicher nicht wenigen unfolgsamen Katholiken aufzuspüren. Sehr viele Katholiken teilen den protestantischen Standpunkt, gemeinsame Eucharistiefeiern seien längst überfällig und für die theologischen Spitzfindigkeiten der katholischen Hierarchie habe man kein Verständnis. Die Entwicklung an der Basis scheint den Einwänden der Theologen buchstäblich davonzulaufen.

Wir haben bisher gesehen: Wo keine Einheit des Amtes ist, da ist auch keine Einheit der Kirche. Wer trotz der Verschiedenheit des Amtes »schon mal Abendmahl feiert«, leistet sich ein Scheinmanöver. Die dadurch hergestellte Einheit hält genau so lange vor wie der jeweilige Gottesdienst. Es ist, wie wenn man eine zerbrochene Vase mit Spucke kleben wollte. Glaubwürdigkeit ist das A und O der Verkündigung. Wo man das Sakrament der Einheit feiert, bei der doch jedes Kind und die gesamte Öffentlichkeit weiß, dass am Montagmorgen die Einheit wieder zerfallen ist, wird falscher Schein erweckt. Folgende Einwände sind zu erwarten:

Einwand: Ist das Amt so wichtig? Genügt es nicht, wenn Menschen zusammenkommen, die Jesus lieben?

Antwort: Keine Konfession hat die Illusion der Freiheit vom Amt lange durchstehen können. In der Tat sollte aber das Amt einen und nicht spalten, dienen und nicht herrschen, für alle da sein und sich nicht als Selbstzweck in Szene setzen.

Einwand: »Wir haben die Differenzen satt!« Die theologischen Unterscheidungen sind nicht vermittelbar. Die Menschen sehen keine ernst zu nehmenden Differenzen zwischen den Konfessionen mehr.

Antwort: Es gibt eine Ökumene der Macher, die wie Elefanten im Porzellanladen alles Besondere und Gewachsene bei allen Beteiligten zerstören. Sie übersehen, dass Kultur immer in der Differenzierung besteht. Die Differenzen können negativ wie positiv wirken, sie können trennen und Reichtum bedeuten. Ohne diese Ambivalenz wird Kultur kaum bestehen können. Eine Gesellschaft der Bequemlichkeit sieht freilich nur auf die Beschwerlichkeiten und hat nicht mehr die Kraft, sich den Reichtum anzueignen. Doch die Differenzen sollten als Reichtum zur Geltung gebracht werden. Allerdings gilt im Zweifel immer die Einheit. Die Vielfalt z. B. der katholischen Orden und der mit Rom unierten Ostkirchen zeigt, was alles möglich ist.

Einwand: Warum nicht Einheit vorwegnehmen? Ist es nicht auch sonst Merkmal des christlichen Denkens, Erhofftes vorwegzunehmen in einer Antizipation?

Antwort: Antizipation ist kein biblisches Denkmodell, insbesondere keines, das auf das Reich Gottes Anwendung finden könnte. Denn dann wäre es ja der Mensch, der von sich aus etwas vorwegnehmen will, dessen Durchführung allein in Gottes Hand liegt.

Einwand: Ist hier nicht produktiver Ungehorsam angesagt? Soll man nicht subsidiär »von unten her« durchsetzen, was »die da oben« offenbar nicht zustande bringen? Sollte man nicht einfach vollendete Tatsachen schaffen, damit die Hierarchien nachziehen?

Antwort: Wir hatten diesen Fall schon einmal in der Geschichte der Kirche. Petrus mit seinen Judenchristen und Paulus mit seinen Heidenchristen wurden – wohl durch Druck von unten – genötigt, gemeinsam Abendmahl zu feiern. Diese Einheit zerbrach, weil die Judenchristen dabei über den Tisch gezogen wurden, denn von ihren Grundsätzen her konnten sie der Mahlgemeinschaft nicht zustimmen (Gal 2). Missachtung der Grundsätze rächt sich immer über kurz oder lang. Und nachher ist dann alles schlimmer als zuvor. Grundsätze mag man für altmodisch halten, doch über Identität setzt man sich nicht ungestraft hinweg.

Einwand: Müsste man, wenn man's so genau nimmt, dann nicht konsequent ein Abendmahlsfasten einrichten, so lange, bis wir eine Kirche sind? Darf in der noch gespaltenen Christenheit überhaupt irgendjemand Abendmahl feiern?

Antwort: In der Tat legt die Eucharistie so heftig wie nichts anderes nahe, so intensiv wie nur möglich Einheit zu ersehnen. Abgesehen davon ist mit Paulus nach 1 Kor großes Gewicht auf die Glaubwürdigkeit der jeweiligen Ortsgemeinde zu legen.

Einwand: Wie soll den sonst Einheit werden?

Antwort: Durch eine religiöse Erneuerung in der Tiefe und aus der Tiefe heraus. Zum Beispiel schweigend nebeneinander sitzen oder betend vor Gott liegen und das Gespräch nicht übereinander, sondern mit ihm führen. Das wäre also der Weg monastischer, nicht scholastischer Theologie. Es wird ein langer Weg sein, und nur Gott kann die Einheit schenken. Offenbar sind Kompromissformeln der Dogmatiker, die keiner versteht und die keinen interessieren, nicht der einzige, vielleicht nicht einmal der richtige Weg.

Einwand: »Bei uns ist es doch so schön!« Zumeist erklären katholische Pfarrer: Wir kümmern uns nicht um Bischof und Gesamtkirche. Vor Ort tut die eucharistische Gastfreundschaft gut.

Antwort: Wenn die Eucharistie das Sakrament der Einheit ist, leistet sich die katholische Seite ein hübsches Eigentor, wenn sie mit dieser Praxis demonstriert, wie uneins und zerklüftet sie mit sich selbst ist. Und was man völlig übersieht: Das Denken in (gesamt-) kirchlichen Kategorien ist doch gerade das, was Protestanten von der katholischen Seite lernen wollen und wohl vom evangelischen Anspruch her müssten. Auch hier gilt wie oben der Satz des heiligen Ignatius von Antiochien: Einheit der Kirche gibt es nicht ohne den Bischof!

Einwand: »Das sind doch alles Menschen guten Willens! Wer möchte die denn zurückweisen? Wir jedenfalls sind gastfreundlich!«

Dagegen: Die Frage ist nur, wie lange man ungestraft gegen die eigene Identität anleben kann, wenn man sie mit beiden Händen verschleudert. Die Kirche ist ein Glaubensgeheimnis, kein »Come together« und nicht der fließende Übergang in einen Nachbarschaftstreff.

Die Unglaubwürdigkeit einer Schein-Einheit und das Ärgernis sind gegeben, wenn offiziell Gastfreundschaft »auf Zeit« angemeldet wird. Für Paulus ist in 1 Kor das öffentliche Bekanntsein einer Sache der Gemeinde durchgehend absolut wichtig und wird von der nur privaten Sphäre und der Einzelseelsorge sorgfältig getrennt. Auch deshalb gilt für den unscheinbaren Einzelfall, besonders wenn der Kommunikant dem Priester nicht bekannt ist, die bischöfliche Regel: An der Kommunionbank ist niemand nach seinem Taufschein zu fragen. Das Ärgernis dagegen liegt bei der öffentlichen Heuchelei.

Einwand: »Sind nicht alle eingeladen?« war der Slogan, mit dem besonders Katholiken aufgefordert wurden, den Weisungen der Bischöfe nicht zu folgen und mit vollzogenem interkonfessionellem Abendmahl vollendete Tatsachen und – wie sie meinten – vollendete Einheit zu schaffen. Ein Hauptargument war: Jesus habe in seiner Gastfreundschaft von seiner Tischgemeinschaft auch niemanden ausgeschlossen.

Dagegen: Der Ausdruck »Gastfreundschaft« suggeriert, es ginge um etwas Gutes und Gesegnetes. Aber schon bei den Mählern Jesu muss man unterscheiden zwischen den offenen, missionarischen Mahlzeiten Jesu und dem letzten Abendmahl. Das liturgische Abendmahl ist eine Familienfeier und eben deshalb ohne Gäste. Und weil es sich selbst bei Theologen noch nicht herumgesprochen hat: Auch die kultischen Mähler der jungen Gemeinden waren gerade nicht Brunch mit Liebhaben für jedermann. Paulus achtet nachdrücklichst auf den Unterschied zwischen dem gottesdienstlichen Mahl und normalen Mahlzeiten zum Sättigen.

Bei manchen Reformatoren, auch bei Luther, taucht bisweilen die Meinung auf, das Abendmahl sei ein Mittel zur Verkündigung, und zwar zur Buße. Da es im Abendmahl um die (im Kreuz sich hingebende) Liebe Gottes gehe, sei es selbst eine Bußpredigt. Nun bleibt jedem unbenommen, das Abendmahl auch so zu sehen. Doch die Reformatoren sind hier in der Gefahr, den Unterschied zwischen den missionarischen Mahlzeiten Jesu mit Zöllnern und Sündern einerseits und dem letzten Abendmahl mit den zwölf Aposteln andererseits zu verwischen. Denn nur das letzte Mahl enthält Deuteworte und Wiederholungsbefehl, nur hier ist ausdrücklich von den Zwölfen und vom Bund die Rede. Das letzte Mahl ist Stiftung eines Sakraments, die missionarischen Mahlzeiten Jesu sind dieses in gar keiner Weise. Sie sind Vorbereitungen zum letzten Mahl, so wie alle bestehenden ökumenischen Formen der Zusammenarbeit Vorbereitungen auf eine zukünftige Mahlgemeinschaft sind. Es ist jedem unbenommen, die missionarischen Mahlzeiten Jesu mit offenem Teilnehmerkreis fortzusetzen. Nur darf er das dann nicht Abendmahl nennen. Für das Letztere fordert schon die »Lehre der Zwölf Apostel« (Didache) aus dem 1. Jahrhundert, in der auch die lutherische Form des Vaterunsers enthalten ist, dass nur Getaufte es empfangen dürfen.

Der genaue Blick auf das Neue Testament unterbleibt wohl; er müsste das »Milieu« verstören: Den unverbindlichen Gutmenschen- und Everybody's-Darling-Jesus, den uns das 19. Jahrhundert bescherte – ein Klischee, das kaum aus den Köpfen zu bekommen ist –, gibt es nämlich nicht. Im Abendmahl geht es vielmehr um den ganzen Ernst der Begegnung mit dem Gott der Bibel. Wehe dem, der das ermäßigt!

8.4 Frauenordination und Menschenrecht

In den letzten zwanzig Jahren hat sich die Frage, ob es vom biblischen Befund her erlaubt ist, Frauen zu ordinieren, in eine Macht- und Rechtsfrage verwandelt. Es geht um »Moral« wie kaum bei einem anderen Thema. Viele Frauen sehen das ihnen verweigerte Priestertum als letzte, noch nicht geschliffene Bastion im jahrtausendealten Kampf der menschlichen und rechtlichen Emanzipation der Frau an. Entsprechend hoch kochen die Emotionen und hart sind die Mittel, mit denen sie sich den Zugang erkämpfen möchten. Die Ordination von Frauen ist im Protestantismus erst nach dem Zweiten Weltkrieg möglich geworden. Allgemein durchgesetzt hat sie sich noch nicht. Die Orthodoxen und die katholische Kirche lehnen sie nach wie vor ab. Insofern unterliegt die Frage einer nochmaligen Verschärfung. Sie ist nämlich derzeit kirchentrennend. Die Begründungen, die für diese Ablehnung gegeben werden, sind bisweilen nicht überzeugend. Wer daher hier den Mund auftun will, sollte sich das dreimal überlegen. Prügel sind ihm sicher.

Das, was ich hier vorstelle, habe ich in einzelnen Punkten vielfältig diskutiert. Das Ergebnis dieser Diskussionen war verheerend. Christen, die hier anders urteilen als ich, waren in der Regel nicht bereit, Argumente auch nur ansatzweise zu hören, geschweige denn sich in sie hineinzudenken. Sie waren auch nicht bereit anzunehmen, der Vortragende könne vielleicht aus anderen Motiven geleitet sein als denen notorischer Frauenfeindschaft und vertrackter Sicherung von Männermacht. Sie nahmen ihm übel, dass er nicht bereit war, das Thema Frauenordination als eines der Durchsetzung eines Menschenrechts zu diskutieren. Die emotionalen und moralgesättigten Antworten waren so heftig, dass ich diesem Kapitel hiermit etwas voranstellen möchte: Ich höre gerne Argumente an und habe sie auch im langen Prozess der Entstehung dieses Kapitels gesammelt und versucht, die Gegenargumente hier zu berücksichtigen.

Der Neuansatz dieses Buches besteht bei diesem Thema in zwei Punkten: Erstens sehe ich die Begründung für das orthodoxe und katholische Verhalten in der *Auffassung von Liturgie*, das diese Kirchen haben. Und zweitens unternehme ich den Versuch, eine Frauenordination für den orthodoxen und katholischen Standpunkt *wenigstens denkbar* zu machen. Der letztere Versuch wird mir einen Platz zwischen allen Stühlen bescheren. Beide Ansätze kann man nur mit großer Behutsamkeit vollziehen. Vertreter von »alles oder nichts« und auch Anhänger einer rein moralischen Beurteilung dieses Themas werden nicht auf ihre Kosten kommen.

8.4.1 Können Frauen in die apostolische Sukzession einsteigen?

In diesem Zusammenhang ist auch zu fragen, ob Frauen aktiv Trägerinnen der apostolischen Sukzession sein können. Immerhin stattet die katholische Kirche (zumindest bei Benediktinerinnen und Zisterzienserinnen) Äbtissinnen mit dem Bischofsstab aus. Dieser wird durch den Generalabt oder einen Bischof verliehen. Und zumindest innerhalb der Klausur übt eine Äbtissin so etwas wie bischöfliche Rechte aus. Selbstredend geht es nicht um Priesterweihe. Die Benediktion einer Äbtissin ist kein Sakrament, sondern eine Sakramentalie. Aber apostolische Sukzession ist offenbar der weitere Rahmen, innerhalb dessen erstens die Weihehierarchie, zweitens die Kompetenzen von Äbtissinnen (»Jurisdiktion«) und drittens auch die Taufe aller Christen anzusiedeln ist. Auch die Taufe geschieht ja in Sukzession. Selbst wenn das Kirchenrecht für absolute Notfälle die Taufe durch Nichtgetaufte »um des ewigen Heiles willen« erlaubt, ist doch der kirchliche Normalfall die Weitergabe der Taufe durch Getaufte, ja durch die Weihehierarchie.

Gerade an diesem Fall kann man aber erkennen, dass es im Rahmen des Gesamtphänomens Sukzession Abstufungen gibt. Vielleicht hat auch die Ordination von Frauen darin Platz, und zwar nicht zum Weihepriestertum, sondern analog der Äbtissinnenweihe zu einer bestimmten Vollmacht. Und wie schön Äbtissinnen predigen können, das konnte man vor zwei Jahren in den Essener Fastenpredigten im Rahmen von Passionsandachten hören.

8.4.2 Frauenordination in einem besonderen »Ritus«?

Das Wort »Ritus« wird hier nicht im üblichen Sinne von Ritual verwendet, sondern im kirchenrechtlichen Sinn. Nach dem katholischen Recht gibt es innerhalb der Kirche mehrere geographisch oder auch personell je unterschiedlich strukturierte Gestalten von Christentum. Vor allem äußert sich dieses in einer zum Teil ganz abweichenden Form des Gottesdienstes, inklusive Abendmahlsfeier bzw. Messe. An dieser Stelle gibt es eine Außenstehenden zum Teil überhaupt nicht bekannte Vielfalt innerhalb des angeblich monolithischen Katholizismus.

In der künftigen einen Christenheit könnten Kirchen mit Frauenordination ein besonderer geographisch und kulturell begründeter »Ritus« sein, so wie die katholische Kirche zum Teil sehr unterschiedliche Riten (und zugehörige Theologien) bereits heute schon umfasst, wie die römische, die mozarabische, die »göttliche« Chrysostomus-Liturgie für die unierten Ostkirchen oder gar die Addai- und Mari-Liturgie irakischer Christen, die aus westlicher Sicht keine »ordentlichen« Abendmahlsworte kennt. Zum Schutz der einzelnen innerkatholischen Riten sind die Schranken zwischen ihnen streng festgelegt: Die Ordination erfolgt auf einen Ritus hin, und an eine Konkurrenz der Riten untereinander ist nicht zu den-ken. An ihrer Gleichberechtigung untereinander ist gar nicht zu zweifeln. Freilich möchte ich in dem abschließenden Kapitel über »Ökumene der Herrlichkeit« darstellen, wie wenig das Wort »Gleichberechtigung« zur Beschreibung ökumenischer Phänomene geeignet ist. Gerade in den verschiedenen Liturgien der einzelnen katholischen »Riten« treten uns Gesamtkunstwerke von höchstem Rang entgegen.

Wenn ich die Meinung vortrage, die Bestellung von Frauen zum geistlichen Amt sei in einem besonderen Ritus denkbar (und nur dort), dann rührt diese Position daher, dass für die katholischen und orthodoxen Riten bisher aus theologischen Gründen überhaupt keine Chance besteht, »Frauenordination« zu akzeptieren. Denn wer Frauen ordiniert, hat ein anderes Verständnis von Liturgie, eines, das nicht römisch-katholisch und auch nicht orthodox ist. Es geht um eines, das Gottesdienst in erster Linie als Gemeindeversammlung betrachtet. Das ist keine Herabsetzung, sondern eine andere Gesamtsicht, ein anderes Grundkonzept von Gottesdienst. Noch einmal, und ich sage das als leidlich »gebranntes Kind«: Zu sagen, dass etwas anders ist, bedeutet nicht, es herabzusetzen.

Ich nenne jetzt zunächst Argumente, die einen Verstehenszugang zur katholischen und orthodoxen Position ermöglichen sollen.

8.4.3 Jesus und die Rolle des Priesters

Die Frage nach der Ordination ist eine Frage nach der Rolle in einem bestimmten Spiel. In Goethes »Faust« gibt es eine bekannte Rolle, die des Gretchens. Kein Regisseur würde auf die Idee kommen, Gretchen durch einen Mann darstellen zu lassen. Ein bärtiges Wesen, das schwanger wird, ist einfach unglaubwürdig.

Wie schon des Öfteren gesagt: Katholiken und Orthodoxe gehen mit Bildern und Abbildern ganz anders um als neuzeitliche Christen. Sie nehmen sie so bitter ernst, dass Kleinigkeiten der Veränderung schon einen Frevel bedeuten. In einer kirchlichen Praxis, die von Bildern lebt, die ihr die Bibel vorgegeben hat, bedeutet die bildliche Darstellung, auch die rollenmäßige Inszenierung, eine Anteilhabe an der Sache, also am Heilshandeln Gottes selbst. Da kommt es auf Kleinigkeiten an. Die Feier der Eucharistie ist eine *reale Neuinszenierung des letzten Mahles Jesu*. Dabei handelt der Priester, wie es heißt, »in persona Jesu Christi«. »Persona« ist hier im alten theatralischen und juristischen Sinn des Wortes aufgefasst. Es bedeutet hier: Der Priester übernimmt die Rolle Jesu Christi. Im Sinne der biblischen Abbild-Theorie ist dieses präzise zu fassen. Der Priester »ist« nicht Christus, aber er spielt seine Rolle.

Auch Fausts Gretchen könnte nicht durch einen Mann dargestellt werden. Kein emanzipierter Mann würde eine solche Forderung erheben. Denn das wäre auch eine Frage des Geschmacks. Die bildliche Darstellung und Abbildung ist eine Frage, die jenseits der Moral zu entscheiden ist.

Zu diesem liturgisch-symbolischen Argument tritt ein weiteres, im engeren Sinne theologisches:

8.4.4 Gott wechselt den Vermittler

Frauen bringen irdisches Leben hervor. Das ist wunderbar und unersetzlich. Gegen die Missachtung der Frau im außerjüdischen Umfeld wertete man dies bereits zur Zeit Jesu als *Mitarbeit mit Gott* auf. Die Eltern, so sagt der jüdische Philosoph Philo (1. Jh. n. Chr.), sind wie zweite Götter. Deshalb stehe das Gebot der Elternehrung in der ersten Tafel des Dekalogs.

Der Mann steht in dieser Perspektive deutlich unter der Frau, deren *Rolle für das Leben in der Welt* er nicht einnehmen kann. Aller-dings ist auch für ihn eine Rolle in Hinsicht auf *Leben schenken* eröffnet. Der Mann kann in der biblischen Religion zum Weihe-Presbyterat berufen werden, nicht für das irdische, aber für das ewige Leben. Er wird zum »verlängerten Arm Jesu«. Das ist »weniger« als die Rolle der Frau, denn die Frau schenkt Leben physisch und unangezweifelt, mit ihrer ganzen Existenz. Der Priester dagegen ist nicht selbst Werkzeug Gottes, sondern nur Abbild und Mitarbeiter Jesu Christi. So wird im Falle des männlichen Priestertums kein wirklicher »Ausgleich« zur Rolle der Frau geschaffen, doch ein symbolischer.

Wo freilich in bestimmten historischen Kontexten die Rolle der Frau als Mutter völlig zurücktritt, ja buchstäblich vergessen wird (wie mittlerweile bei uns), können diese Perspektiven außer Sicht geraten. Nirgends ist in der gesamten Bibel das ewige Leben auf Kosten des irdischen Lebens hoch geschätzt. Vielmehr gilt: Nur wer das irdische Leben achtet und liebt, kann sich nach dem ewigen sehnen. Auf die Rolle der Frau übertragen: Nur wer die Rolle und Bedeutung der Frau für das irdische Leben achtet, kann auch die Rolle von Gottes Mitarbeitern bei der Stiftung des ewigen Lebens richtig beurteilen. Niemand kann einen Priester achten, der – horribile dictu für Feministinnen – eine Mutter nicht schätzt.

Gott wechselt den Vermittler – hinsichtlich der Sexualität. So wie das irdische Leben jeweils durch eine Frau wirklich wird, kommt das neue, ewige Leben zustande durch den Mann Jesus und durch die, die ihn *»in persona«* darstellen. Dieser Wechsel des Vermittlers spiegelt sich auch im Prolog (1,1–18) des Evangeliums nach Johannes: Die Aussagen über den Logos, die hier formuliert werden, galten in der Vorgeschichte dieses Prologs der *Weisheit*. Weil aber diese die Schöpfung vermittelnde Kraft und Macht in Jesus von Nazareth Mensch geworden ist, kann man sie schlecht als weibliche Quasi-Person ansehen. Aus der Weisheit (Sophia) wird der Logos (Weltvernunft), der in Jesus Christus erschienen ist. Jesus stellt nicht die Weisheit dar, er ist bestenfalls im theologisch-allegorischen Sinn zusammen mit dem Täufer ihr »Kind«. Sie ist dann »wie eine Mutter«.

Einwand: »Aber ich stelle mir Gott gar nicht wie einen Mann vor.« Antwort: Zugegeben, die Rede von Gott als Mann ist zweite Wahl. Denn genau genommen ist er weder Mann noch Frau, sondern der ewige Schöpfer. Aber weil ihn die gesamte Bibel als Person anredet, muss man sich ihn wie eine Person denken. Die aber gibt es nur als Mann oder als Frau, nicht als Neutrum. Nun war die Welt rund um das alte Israel voll von Sex- und Fruchtbarkeitsgöttinnen – voll von magischer Faszination am Weiblichen. Das Göttliche in der Re-Präsentation einer Frau wäre vielleicht erwartbar gewesen, aber es wäre wie die Verstärkung eines heidnischen Missverständnisses erschienen. Das ist der Slot.

In dieser und nur in dieser Hinsicht kann Gott als Frau nicht gedacht werden, weil es nämlich um die Zurückweisung des Magisch-Sexuellen (die Göttin als Herrin des Lebens) geht. Daher tritt *dominus*, nicht *domina* auf den Plan. Alles dieses kommt uns in der Gegenwart seltsam bekannt vor. Es ist nicht in erster Linie das Revival der Wicca- und Hexenkulte, das der Frau in der Gegenwart eine quasigöttliche »Aufwertung« verschafft. Es sind die starken Frauen, die Managerinnen, die alle ein bisschen etwas von der Coolness von »Madonna« und anderer »goddesses« in LA haben, die Diven und Heroinen auf der Opernbühne, die Göttinnen der Leinwand, die Femmes fatales – die alle quasigöttliche (All-)Macht qua Sex suggerieren; sie lassen den tumben Mann, der ihrer magischen Aura verfallen ist, zappeln, erhören und erlösen ihn nicht. Sex erlöst nicht; Sex ist eine Kategorie des Geschöpflichen. Ihn auf die Ebene des Göttlichen zu transferieren, provoziert das Missverständnis. Gott »ist« gewiss auch kein Mann, er kann nur mit Sicherheit nicht als Frau geschöpflich repräsentiert werden – das wäre Heidentum.

Worin ist denn nun Gott mit dem Mann vergleichbar? Es geht – wie bei allen Bildern und Metaphern, die wir für das Unsichtbare gebrauchen – um den einen springenden Punkt, um das eine Vergleichsglied. Und das liegt nicht in der Sexualität, denn nirgends wird der biblische Gott mit Penis oder Bart dargestellt. Gott ist mit dem Mann vergleichbar, weil er nicht Frau ist und doch Person. Unbeschadet der Möglichkeit gilt, dass ein Mann einzelne weibliche Züge haben kann.

In diesem Zusammenhang der Bilder taucht immer wieder die Frage auf, ob man Gott überhaupt noch weiterhin »Vater« nennen dürfe, wo doch Väter so viel Unheil anrichten. Patriarchalische Gesellschaften benachteiligen Frauen. Soll man Gott also Frau und Mutter nennen? Hier ist Unterscheidung nötig. Zwei Dinge müssen klar sein: Erstens können wir von Gott *nur* in Bildern reden und nicht über das bestimmen, was Gott eigentlich und im Ganzen sein soll. Alle großen Mystiker und Propheten wussten: Gott ist weder ein Mann noch eine Frau. Alle diese Bilder, die wir trotzdem verwenden, um nicht überhaupt zu schweigen, sind Gott immer *mehr unähnlich als ihm ähnlich*. Es kommt bei jedem Bild aber auf den *Vergleichspunkt* – und nur darauf – an, auf das »Gott-ist-wie …«. Dieser Vergleichspunkt ist bei der biblischen Rede von Gott nicht seine männliche Sexualität, auch nicht eine Dominanzrolle in einem patriarchalischen Herrschaftssystem. Sondern wir verdanken ihm das Leben, und er sorgt für unseren Unterhalt. Man wird fragen: Gilt das nicht für jede Mutter noch mehr? Aber Mütter gebären Kinder, und das tut Gott nicht. Und Väter sind unterhaltspflichtig, obwohl sie Kinder nicht gebären. Mütter gebären, Gott aber ist unser Schöpfer. Bei den Müttern ist das Natur, bei Gott ganz anders als Natur. Weil er nicht gebiert und dennoch Unterhalt gewährt, ist er eher dem Mann vergleichbar, aber eben nur in diesem Punkt. Von Gott zu reden bedeutet für die Bibel nicht einfach Verlängerung der Familiengeschichten in den Himmel hinein. Nur der Gott Israels hat keine Göttin an seiner Seite. Denn Sex und Kinderkriegen ist nicht göttlich, sondern kreatürlich (und das ist keine Abwertung!). In diesem entscheidenden Punkt war die Bibel immer ganz eisern und streng, auch wenn uns mutterrechtlichen PanerotikerInnen das nicht passt.

Und zweitens muss für uns klar sein: Wir reden zu Gott und er mit uns, Gott ist wie eine Person. Auch »Person« ist ein Bild, und der Vergleichspunkt ist weder Sichtbarkeit noch Raum oder Zeit, sondern allein die Erreichbarkeit durch Sprache. Eine Person aber, die Mann und Frau zugleich ist, können wir uns nicht denken. Denn bei Sprache hören wir immer die Stimme mit.

Deshalb rede ich aus Überzeugung weiter vom himmlischen Vater und meine es nicht sexistisch. Gleichzeitig weiß ich, dass in der Bibel wie in der Kirche eine Frau immer Repräsentantin der Menschheit war, von Eva über die Sophia bis hin zu Maria. Und wir haben gehört, dass ein Vater nur in ganz bestimmter Hinsicht mit Gott zu vergleichen ist. So wie wir früher Rätselfragen aufstellten: Was ist das für eine Person, sie gebiert nicht und ist doch unterhaltspflichtig? Antwort: Das ist ein Mann, und in dieser Hinsicht ist er mit Gott vergleichbar.

8.4.5 Argumente für Frauenordination

Von den Befürwortern der Frauenordination bzw. der Priesterweihe für Frauen werden eine Reihe von Bibeltexten genannt. Gen 1,26f.: Nach seinem Bild schuf er sie, männlich und weiblich schuf er sie. Die Befürworter sagen: An dieser Stelle wird die Menschenwürde und werden die Menschenrechte begründet. Sie gelten für Mann und Frau in gleicher Weise. Und die »Gnade« darf die »Natur« nicht zerstören, sondern setzt sie voraus und baut darauf auf. Wenn Mann und Frau gleiches Recht haben, dann selbstverständlich auch vor Gott. Eine Kirche darf nicht Menschenrechte abschaffen. Daher hat jede Frau auch das Recht, Priesterin, Bischöfin oder Päpstin zu werden. Wer Frauen dieses Recht verweigert, vergeht sich gegen die Menschenrechte und handelt unmoralisch. Entscheidend an dieser Argumentation ist das Ausgehen von

Rechten. Und die Urgeschichte schon stelle bleibende Merkmale der Schöpfung dar.

Gegeneinwand: Die Formel »männlich und weiblich« findet sich in der Schöpfungsgeschichte immer wieder. Sie bedenkt die grundlegende Zweipoligkeit der Schöpfung. Trotz ihrer Unterschiedlichkeit sind Mann und Frau beide in gleicher Weise Abbild Gottes und vor aller übrigen Kreatur Gesprächspartner und Gegenüber Gottes. Das ist die Gemeinsamkeit, auf die es hier ankommt. Ob man daraus Menschenrechte ableiten kann, steht in unserem Zusammenhang im Augenblick nicht zur Debatte; meines Erachtens geht es eher um eine Beziehung zwischen Gott und Mensch, aber nicht um irgendwelche Rechte und Autonomie-Ansprüche des Menschen. Und dennoch gibt es jenseits dieser Gemeinsamkeiten in jeder Kultur Unterschiede zwischen Mann und Frau, die nicht nur biologisch und sexuell begründet sind. Diese verbleibenden Unterschiede werden von unserem Text überhaupt nicht berührt. Der Text sagt gerade nicht, dass alle Menschen in allen Bereichen und in jeder Hinsicht *gleich* sind. Er sagt nur, was sie vor Gott *gemeinsam* haben.

Als weitere Belegstelle für das Priestertum der Frau nennt man gerne Gal 3,27–29: »Da ihr auf Jesus Christus getauft seid, habt ihr ihn wie ein Kleid angezogen und seid mit ihm eins. Daher gilt alles, was für ihn gilt, auch für euch. (28) Damit sind die trennenden Unterschiede zwischen Juden und Griechen, Sklaven und Freien, Männern und Frauen verschwunden. Weil ihr Jesus Christus gehört, seid ihr alle einer geworden. (29) Und weil ihr ihn wie ein Kleid angezogen habt, seid ihr ein und derselbe wie er und damit das Kind Abrahams und also auch Erbe und Träger der Verheißung.« Die Befürworter sagen: In Christus ist alles beseitigt, was uns trennt. Entsprechend gilt für alle gleiches Recht. Aber noch mehr als den Rechtsstandpunkt kann man hier die »Gnade« betonen. Andere paulinische Texte wie 1 Kor 14,34 (»Die Frau soll schweigen …«) werden gegenüber Gal 3 als »Rückfall« bezeichnet.

Gegenargument: Auch an dieser Stelle geht es dem Thema nach nicht um das Problem von Ämtern für Frauen innerhalb der Weihehierarchie. Es ist ja doch auch – Gott sei Dank – nicht so, dass durch die Zugehörigkeit zu Christus alle Unterschiede aufgehoben werden. Auch bei Paulus dürfen Judenchristen weiterhin Juden sein (z. B. nach Röm 4,25 wird für den Judenchristen erst durch den Glauben die Beschneidung wirklich sinnvoll). Und ebenso dürfen Männer weiterhin Männer und Frauen weiterhin Frauen sein. In der Wirkungsgeschichte dieser Stelle hat man die Beseitigung der Unterschiede unter anderem auf den Zölibat für alle ausgelegt. Die Ehelosigkeit in sexueller Enthaltsamkeit, so meinte man, sei die wichtigste Konsequenz aus Gal 3,27–29. Aber das war genauso irrtümlich wie die Herleitung von Frauenordination aus dieser Stelle. Um was geht es wirklich? Alle die genannten unterschiedlichen Gruppen haben gleichen Zugang zu Jesus Christus. Darin besteht kein Unterschied, denn sie alle haben in der Taufe »Christus angezogen«. Aber das bedeutet doch nicht, dass sie damit alle in jeder Hinsicht oder auch nur in religiöser Hinsicht »gleich« wären. Sie sind eins, aber sie sind nicht gleich (s. dazu unten).

Dass Mann und Frau in religiöser Hinsicht nicht gleich sind, wird aus 1 Kor 11 erkennbar. Beim Beten und Prophezeien müssen sich Frauen durch einen Schleier besonders schützen. Man kann das alles als »reaktionär« bezeichnen, doch von tieferem Verständnis zeugt eine solche Einordnung nicht. – Man kann sagen: Prophezeien der Frauen nach 1 Kor 11 sei ein Gegensatz zu 1 Kor 14. Denn »prophezeien«, »prophetisch reden« sei nach 1 Kor 11 erlaubt, nach 1 Kor 14 dagegen in der Gemeinde verboten. Doch »prophetisch reden« ist eben nicht an die Gemeinde gebunden, wie schon der Verweis auf die Winkelpropheten im Hirten des Hermas zeigt.

8.4.6 Einssein, nicht Gleichheit

»Égalité« – »Gleichheit« – ist ein Schlagwort der französischen Revolution und damit Programm für alle »modernen« Emanzipationsbewegungen. Zusammen mit »Freiheit« und »Brüderlichkeit/Geschwisterlichkeit« hat das Wort übrigens einen Ursprung in Aussagen über die Dreieinigkeit. Denn die Freiheit steht für die Freiheit des Schöpfers (Vater), die Brüderlichkeit für das Band der Liebe (heiliger Geist), die Gleichheit aber für den Sohn, der dem Vater wesensgleich ist. Aber schon in der Dreieinigkeit bedeutet die Gleichheit eben nicht, dass Vater und Sohn in jeder Hinsicht gleich oder überhaupt identisch sind. Gleich sind sie in bestimmter Hinsicht, und zwar in ihrer Göttlichkeit, als Gott. Deshalb sagt man: »gleichen Wesens«. Aber das bedeutet eben nicht, dass der Sohn überhaupt gleich dem Vater ist oder dass der Vater in die Welt gesandt wurde. Nein, das wurde nur der Sohn. Und der Vater ist auch nicht am Kreuz gestorben. Ich erwähne diese Punkte hier nur, um zu sagen, dass die Aufhebung der Identität (das wäre totale Gleichheit) nicht der Aussagesinn der Rede von der idealen Gleichheit ist. Es ist immer nur die Gleichheit unter einem bestimmten Gesichtspunkt.

Daher sind nach den biblischen Aussagen Mann und Frau immer nur in bestimmter Hinsicht gleich. Nach Gen 1,27f. sind sie gleich als Abbilder Gottes und als seine Partner, nach Gal 3,27 sind sie gleich in ihrer unüberbietbaren Nähe zu Christus. Wären Mann und Frau in jeder Hinsicht oder wenigstens umfassend gleich, dann müsste man das Merkmal der Sexualität beseitigen oder weitgehend auszuschalten versuchen. Dann liefen alle wie graue Ameisen herum. Aus den neuzeitlichen Diktaturen wissen wir, was Gleichheit in diesem Sinne bedeuten kann. Und dass es dann immer Funktionäre gibt, die »gleicher als gleich« sind. Gleichheit ist ein Albtraum. Alle modernen Diktaturen waren letztlich unreflektierte Versuche der Auslegung des Gleichheitsprinzips der französischen Revolution. So anders sie sich darstellen, so sind die unterschiedlichen Emanzipationsbewegungen, die jeweils ein entscheidendes Stück Gleichheit verwirklichen wollten und wollen, in der Wurzel verwandt. Glücklicherweise ist es auf diesem Wege gelungen, wenigstens die Gleichheit aller vor dem Gesetz durchzusetzen, zumindest als praktisches Ideal. Denn die Gerechtigkeit ist für unsere Vorstellungen unabdingbar an die Gleichheit aller vor dem Gesetz gebunden. Nur ist das auch hier wieder eine Gleichheit »vor« einer anderen Größe.

Gleichheit ist damit in erster Linie Resultat von Subtraktion: Man zieht individuelle, geschlechts-, religions- oder sozialspezifische Merkmale ab, und zwar von jedem. Dann erlangt man stufenweise eine gewisse Gleichheit unter je verschiedenen Aspekten. Wenn man zum Beispiel sagt: »Vor dem Tod sind wir alle gleich«, dann folgt doch daraus nie und nimmer, dass wir überhaupt und in jeder Hinsicht gleich sind. Und wir halten auch fest, dass der Versuch, Gleichheit herzustellen, die Menschen, die betroffen sind, immer merkmalsloser macht.

In Bezug auf die Stellung der Menschen vor dem Tod, vor Gott dem Schöpfer und vor Jesus Christus ist diese Irrelevanz persönlicher Merkmale nur rechtens, wie wir annehmen. Denn jede dieser Größen ist je in ihrer Art schlechthin überwältigend, so dass völlig verblasst, was individuell ist: dumm, klug, arm, reich, Jude, Nichtjude, Herrscher, Sklave, Mann, Frau. Der Aspekt, unter welchem die Menschen hier gleich sind, ist jener der überwältigenden Macht des Gegenübers.

Aber diese Aufhebung der Unterschiede in bestimmter Hinsicht ist doch nur die eine Seite der christlichen Wahrheit. Denn sie ist, zumindest was Jesus Christus anbelangt, nicht das Ziel. Das Ziel ist nicht die *Gleichheit*, sondern die *Einheit*. Gleichheit ist Reduktion auf das Gemeinsame, Einheit ist die geheimnisvolle Erlösung im Miteinander. Gleichheit stellt keine Gemeinschaft her, keine Freundschaft und keine Familie oder positive Beziehung – vielleicht war das der Irrtum der großen »Revolutionen« des 20. Jahrhunderts.

Für die geheimnisvolle Einheit aller gibt es ein schönes Bild. Im Magdeburger Dom steht links neben der Kanzel eine Nachbildung des heiligen Grabes in Jerusalem, achteckig, ein plastisches Gesamtkunstwerk, gerade so hoch, dass man hineingehen kann. Das heilige Grab ist für die Betrachter eine bestimmte Deutung des Todes Jesu. Welche, das erfährt man beim Betreten des halbdunklen Innenraumes: Man sieht in der Altarnische ein »Ehepaar« vor sich, beide tragen Kronen auf dem Haupt. Eine aus meiner Sicht wenig verständnisvolle Deutung sieht darin einen deutschen Kaiser nebst Gemahlin. Aber was sollten die in der Grabeskirche? Es gäbe für einen Kaiser ehrenvollere Plätze als ein Grab. Gewiss geht es um ein Ehepaar, aus meiner Sicht um »Christus und die Kirche« (oder Maria als Repräsentantin derselben, die die Krone von Christus empfing). Und die Verbindung kommt durch den Tod Jesu nach Eph 5,25–27 zustande. Denn der Text lautet dort so: »Ihr Männer, liebt eure Frauen, wie auch Christus die Kirche geliebt und sein Leben für sie eingesetzt hat. (26) Er hat sie heilig gemacht, er hat sie durch das Bad seines Wortes gereinigt. (27) So hat er sich die Kirche als wunderschöne Frau ohne Makel oder Runzel oder sonst einen Schönheitsfehler an die Seite gestellt. Heilig und makellos sollte sie sein.« Der Verfasser (wohl ein Paulusschüler) spricht von der geheimnisvollen Verbindung zwischen Christus und der Kirche. Jede Ehe bildet sie ab. Die Quelle dieses Geheimnisses ist die Lebenshingabe Jesu, denn Jesus hat sein ganzes Leben eingesetzt, inklusive Sterben. Die Quelle neuen Lebens ist überhaupt die Hingabe des Lebens. Die Grabeskapelle in Magdeburg meint daher – nach meiner Deutung – den Tod Jesu als Hingabe, der die geheimnisvolle Gemeinschaft von Gott und Mensch, von Christus und Kirche begründet. In der Tiefe des Todes, in der verwirklichten Bereitschaft zur Lebenshingabe vollzieht sich die wahre Zuwendung Gottes zu den Menschen – so wie in der Ehe die Einheit von Mann und Frau.

Was bedeutet das in unserem Zusammenhang? Die Gleichheit aller Menschen vor Gott ist die eine Sache, die geheimnisvolle Einheit in Polarität die andere. Und in dieser Einheit ist nun gerade wichtig, dass Christus nicht die Kirche ist und die Kirche bildlich für die Menschen steht. Es gibt eine Stunde, von der Gleichheit (unter welchem Aspekt auch immer) zu reden, und es gibt eine Stunde, von der geheimnisvollen Einheit zu reden, die auf Liebe und Hingabe beruht. Aber nur zwischen Gleichen wäre das gar nicht möglich. Weit über die begrenzte Gleichheit hinaus geht im Christentum die geheimnisvolle Einheit aller, die letztlich immer auf dem Geheimnis der Stellvertretung beruht.

Kehren wir noch einmal zum Magdeburger Dom zurück. Die Grabeskapelle hat im Gesamt des Domes durchaus ihren Charakter als Stein gewordene Verkündigung. Denn vor dem Taufbecken, vor dem Altar (Eucharistie) und unter der Kanzel, d. h. vor dem Wort Gottes, sind alle gleich. Insofern bereiten die großen romanischen Dome schon die Hallenkirchen der späteren Gotik vor. Aber die Grabeskapelle geht darüber hinaus. Sie weist auf den Ursprung in hingebungsvoller Liebe.

8.4.7 Unterschiedliche Auffassung von Gottesdienst

Die katholische und die orthodoxe Auffassung von Liturgie hat folgende Aspekte:

- Die alten Liturgien orientieren sich am biblischen Gottesbild. Dieses weist zu 95 % eine männliche Metaphorik auf. Seine Gründe hat das im Kampf der Religion Israels gegen die heidnischen Fruchtbarkeitskulte der Umgebung. Der Gott Israels ist Mann, aber nicht in sexueller Hinsicht. Denn Sex ist nicht göttlich.
- Diese Metaphorik ist im Alten Testament wie auch in den Texten von Qumran verortet im »himmlischen Heiligtum« und in dem Gottesdienst, der dort vor Gottes Thron gefeiert wird.
- Der irdische Gottesdienst kann diesen nur nachahmen bzw. er steht in Kontakt mit denselben Engelmächten, die Gottes Thron im Himmel umstehen. In der Präfation (= Gebet vor der Wandlung) kommt das zum Ausdruck, wenn gesagt wird, die Gemeinde singe das »dreimal heilig« in Verbindung mit (gemeinsam mit) Cherubim und Seraphim, Engeln und Erzengeln, Thronen und Herrschaften, und zwar mit einer Stimme.
- Die alten Liturgien sehen diese Zugehörigkeit des irdischen Kultraums zum himmlischen als Wirklichkeit an. Sie nehmen die Metaphorik beim Wort und weisen deshalb dem Weiblichen die Darstellung des Kreatürlichen zu, dem Männlichen die Darstellung der himmlischen Welt. Wir haben bereits auf die andere Einschätzung der Metaphern aufmerksam gemacht, die hier die Weltwahrnehmung der Konfessionen unterscheidet.

Die protestantische Auffassung von Gottesdienst ist die folgende: Die Gemeinde versammelt sich. Sie bestellt Prediger zur Verkündung des Wortes und zur Spendung der Sakramente. Sie überträgt damit eigene Vollmacht an die »Diensttuenden«. Denn wenn alle predigen wollten, so bemerkt schon Martin Luther, gäbe es ein unheilvolles Durcheinander. Die Basis dieser Auffassung ist das »allgemeine Priestertum« aller Gläubigen. Luther bemerkt dazu: Alle sind Königskinder. Aber nicht alle können regieren. Wenn alle gleichermaßen bei gleicher Würde tätig würden, käme man sich ständig gegenseitig in die Quere. Vor allem aus praktischen Gründen delegiert daher die Gemeinde Vollmacht an Einzelne. Aber die Gemeinde ist (im Namen Gottes natürlich) der Souverän. Es ist unschwer zu erkennen, wie sich hier Theorien des so genannten Konziliarismus des Mittelalters (14. und 15. Jh.) und Vorstufen der neuzeitlichen Theorie von der Volkssouveränität niedergeschlagen haben. Im Neuen Testament kann man sich auf »ekklesia« als (Volks-)Versammlung berufen. Denn nichts anderes bedeutet dieses Wort.

Die katholische und orthodoxe Auffassung von Gottesdienst ist eine andere. Sie besagt erstens: Jeder eucharistische Gottesdienst ist eine Neu-Inszenierung, eine reale Vergegenwärtigung des letzten Mahles Jesu mit seinen Jüngern. Das Gegenüber von Jesus und Jüngern wird vergegenwärtigt im Gegenüber von Priester und Kirchengemeinde. Im Unterschied zur protestantischen Auffassung ist der Gottesdienst damit nicht primär Gemeindeversammlung, sondern primär Vergegenwärtigung des Mysteriums des Heils. Während bei Protestanten konsequenterweise das Abendmahl auch fehlen kann (so wie es zumeist praktiziert wird), ist nach katholischem Verständnis die reale Gegenwart des Heilsgeheimnisses zentral.

Sie besagt zweitens: Für katholisches und orthodoxes Verständnis ist jede Eucharistiefeier ein Stück Himmel auf Erden, für protestantisches Verständnis ist jeder Gottesdienst primär Gemeindeversammlung. Dieser Unterschied kommt wie gesagt in der Präfation zum Ausdruck, in der immer auch die »himmlischen Mächte« der Engel, Erzengel, Throne, Seraphim gewissermaßen als Teilnehmer einer himmlisch-irdischen Liturgie benannt werden. In vielen protestantischen Abendmahlsfeiern ist die Präfation beseitigt oder nicht zwingend vorgeschrieben; denn letztlich ist außer der Rezitation der Einsetzungsworte nichts verbindlich.

Im Rahmen des protestantischen Verständnisses von Gottesdienst ist daher die Möglichkeit der Beauftragung von Frauen unproblematisch, wenn man 1 Kor 14 und 2 Tim 2 exegetisch »entsorgt« hat. Wer den Gottesdienst als Gemeindeversammlung betrachtet, der kann sich auch leicht dazu entscheiden, Frauen zu beauftragen. Diese Auffassung von Gottesdienst steht also als eine eigene Denkform neben der recht andersartigen katholischen und orthodoxen. Ich halte diese Auffassung von Gottesdienst für theoretisch möglich. Bei einer zu ersehnenden Einheit der Christen bestünde eine Chance darin, diese Auffassung von Gottesdienst gelten zu lassen. Nur – mit der katholischen und orthodoxen Auffassung ist sie halt nicht vereinbar. Was die orthodoxen und katholischen Christen daran hindert, sich der protestantischen Meinung anzuschließen, ist ihre Auffassung von Bild und Metapher. Denn wenn der Priester wirklich die Rolle Christi bzw. Gottes spielt, dann kann er nicht gegen die biblische Grundregel verstoßen: Gott kann nicht durch eine Frau repräsentiert werden – unter dem Aspekt der Hervorbringung von Leben und der Gabe des ewigen Lebens. Diese Aussage ist gewiss provokativ. Die Gründe sind noch einmal kurz zusammenzufassen, Einwände sind zu berücksichtigen.

Warum kann Gott unter dem genannten Aspekt nicht durch eine Frau repräsentiert werden?

- In der biblischen Bildersprache kann – zur Unterscheidung von Erschaffen und Gebären – Gott nicht durch Frauen dargestellt werden, da sie und nur sie gebären können. Umgekehrt waren Frauen immer Repräsentantinnen der Menschheit (Eva, Maria).
- Gott wird nur unter dem einen Aspekt durch Männer repräsentiert, dass Männer Personen sind, die nicht Kinder bekommen.
- Bei allen biblischen Bildern geht es immer um den »Vergleichspunkt«. Ein Bild bezieht sich nie auf alle Aspekte des Dargestellten.
- In der Hervorbringung von Leben kommt Gott gewissermaßen der erste und der letzte Teil zu, der Frau (und nur ihr) der mittlere. Erster Teil heißt: Gott erschafft das Leben. Letzter Teil bedeutet: Gott stiftet das ewige Leben. Mittlerer Teil heißt: Für Menschen sind die Frauen »Zweitursachen« des Lebens; deshalb heißt Eva »Leben«. Diese Struktur der Aufgabenverteilung gestattet eine Repräsentation nicht, da sonst die Bereiche durcheinander gerieten.

Einwand: Nach Gen 1,27f. wird Gott in der Schöpfung gerade durch Mann und Frau »repräsentiert«, denn unmittelbar vor 1,27 heißt es: »Lasst uns Menschen machen nach unserem Abbild, und ähnlich; sie sollen herrschen über des Meeres Fische ... (27) So schuf Gott den Menschen nach seinem Abbild ...«. Ist nicht diese Herrschaft eine Repräsentanz Gottes? Antwort: In Gen 1,26–28 geht es um einen anderen Aspekt. Hier ist die Herrschaft über die Tiere genannt. Das ist etwas anderes als das Hervorbringen von Leben überhaupt.

8.4.8 Paulinische Lektüre der Schöpfungsgeschichte

Wie wir im Abschnitt »Unterwerfung« noch eigens reflektieren werden: Nach 1 Kor 11 wie nach Kol 3 vertritt Paulus ein Konzept von Repräsentation, das folgende Sequenz hat: Gott – Christus – Mann – Frau. Diese Sequenz ergab sich aus der zeitgenössischen und paulinischen Lektüre von Gen 1–2. Da der Priester aber Repräsentant Christi ist, folgt daraus, dass er ein Mann sein muss. Der letzte Grund ist daher nicht Diskriminierung oder eine sexistische patriarchalische Gesellschaft, sondern der letzte Grund ist die christologische Lektüre von Gen 1.

Es steht zu erwarten, dass man dieses empört zurückweisen wird. Der Kolosserbrief sei nicht paulinisch und die paulinische Sicht des Alten Testaments sei überholt. Der Grund für die Anstrengungen, die man an dieser Stelle unternehmen wird, ist leicht erkennbar: Das Ergebnis passt nicht zur Konstellation, wie man sie – unter heftigsten Gleichheitsdruck geraten – gerne hätte. Man wird indes die Fremdheit der Schrift aushalten müssen, und zum Thema »Allein die Schrift« ist auch dieses ein Beitrag.

8.4.9 Gottesdienst in Gemeinschaft mit dem Himmel

Dem orthodoxen und katholischen Verständnis von Gottesdienst liegt eine Auffassung zugrunde, die bereits biblisch ist. Demnach ist beim Gottesdienst der Vorhang zwischen Himmel und Erde beseitigt, und die feiernde Gemeinde steht in direkter Kultgemeinschaft mit den Engeln, die Gott lobpreisen. Das bedeutet dann für die Teilnehmer am Gottesdienst eine zumindest teilweise »Isangelie«, eine Gleichheit oder Gemeinschaft mit den Engeln. Zuerst findet sich diese Auffassung in Ps 137(138),1 (»Im Angesicht der Engel lobe ich dich, Herr«). Sie ist ganz verbreitet bereits in den Psalmen und Hymnen von Qumran. Sie äußert sich im Neuen Testament im Hebräerbrief und in der Offenbarung des Johannes. Nach dem Hebr ist die jetzt gültige Heilsordnung die des himmlischen Heiligtums nach dem Priestertum des Melchisedech. Jesus Christus ist der Hohepriester der Gemeinde, und diese bringt ihrerseits das Opfer des Lobes (Hebr 13,15) dar. Der ideale kultische Ort kann nur der Himmel sein. Nach Hebr 12,22–24 ist die irdische Gemeinde jetzt schon hinzugetreten zur Kirche der Engel und der Erstgeborenen.

In der Apk wird Ähnliches weiter entfaltet: Die Hymnen, die dieses Buch bietet, werden stets im Himmel gesungen, in zunehmendem Maße auch antiphonarisch. Von diesen Hymnen sind etliche in den Gebrauch der byzantinischen Kirche übernommen worden. Wichtig ist vor allem das gottesdienstliche Schema, das dem Aufriss des ganzen Buches zugrunde liegt. Alles, was auf Erden geschieht, wird »im Himmel« in Hymnen kommentiert. Das gilt besonders für die Siege des Gottesvolkes auf Erden.

Gottesdienst zu den Bedingungen der himmlischen Welt bedeutet: Die himmlische Metaphorik wird sehr ernst genommen. Weibliches ist geschöpflich, aber nicht engelgleich. Denn Engel sind ganz und gar unvergänglich. Die entsprechenden Worte in frühchristlichen Texten sind nicht sexistisch, sondern beziehen sich auf die gesamte geschaffene sterbliche Welt in ihrer Vergänglichkeit von Geburt bis Tod (vgl. Logion Thomas Ev 22,5; 114,1–2 und das Ägypter Ev Frgm 1 und 2: Auflösung der Werke des Weiblichen).

Diese Metaphern sind nicht moralisch zu kritisieren, sondern sie meinen das Geschöpfliche im Kontrast zum Ewigen und Unzerstörbaren. Zu dieser Auffassung von Gottesdienst gehören auch die Kirchenbauten und die Musik sowie die liturgische Kleidung unterschiedlicher Epochen. Denn die Kirchenbauten muten bisweilen an wie gestrandete Raumschiffe aus der Welt Gottes, in ihrer Anschaulichkeit haben sie auch etwas von steinernen Gotteserweisen. Die Malerei wie die Gewänder bringen das Thema der Verwandlung zur Sprache, denn wer eine Wand mit himmlischen oder biblischen Szenen oder Figuren bemalt, bessert sie zum Himmlischen hin. »Verwandlung« scheint ein Stichwort des romanischen Gottesdienstes zu sein. So deutet es schon Paulus in 2 Kor 3,18 an, wenn er sagt, Christen würden umgewandelt von Herrlichkeit zu Herrlichkeit. In Kunst, Liturgie und Musik bricht die Ewigkeit in die Zeitlichkeit ein, um sie behutsam aufzuheben und zu verwandeln. Demgegenüber ist der protestantische Gottesdienst als Gemeindeversammlung verstanden. Eine Absicht, die himmlische Welt darzustellen oder zu inszenieren, besteht nicht. Eine Ausnahme, die die Regel bestätigt, ist die afrikanische Cherubim and Seraphim Church, der fast ausschließlich Farbige angehören und in der alle Teilnehmer am Gottesdienst in weißen Gewändern mit (römischem) Cingulum und Weihrauch auftreten.

KAPITEL 9

Hindernisse

Dem rationalen Konsens vorgelagert sind eine Reihe von Hindernissen, die selten eigens thematisiert werden.

9.1 Über das Affektive und Emotionale

Wenn man davon spricht, dass die Christen »auf Augenhöhe« miteinander sprechen sollen, so ist das eine Selbstverständlichkeit unter Menschen. Aber die Erinnerung an die Augenhöhe gehört dazu, damit das Resultat in einem Diskurs offen ist. Doch sollte man bedenken, dass die Optik der Begegnung sich für Protestanten ganz anders darstellt als für Katholiken. Es geht mir wohlgemerkt nicht um Rückkehr-Ökumene oder Wieder-Einfangen, wohl aber um das Einfühlen in Grundoptionen, die vor oder jenseits rationaler Konsensfindung liegen. Bewusst setze ich mich dem Risiko einer typenhaften Darstellung aus. Natürlich ist die Wirklichkeit noch einmal ganz anders. Aber was ich hier sage, ist Niederschlag langer Erfahrung.

Die Rolle des katholischen Theologen besteht immer wieder darin, die eigene Position zu erklären. Denn sie ruht auf Tradition, also beständiger »relecture« (Lesen der Gegenwart auf der Folie überlieferter »Texte«) einer Welt, in der die ersten 1500 Jahre Kirchengeschichte auf andere Weise präsent sind als unter Protestanten; man vergleiche nur, welche Rolle die Zeit zwischen 600 und 1400 im jeweiligen Theologiestudium hat. Der mittelalterliche Philosoph Diego de Estella hat den Ausspruch geprägt, wir könnten deshalb so gut sehen, weil wir »auf den Schultern von Riesen« stünden. Das ist gut katholisch gedacht. Katholische Gesprächspartner müssen stets alte, fremde Positionen erklären, auslegen oder verteidigen. Für den Katholiken *erscheint* es zudem oft so, wie wir es von Hans Urs von Balthasar hören: Die evangelische Wahrheit ist ein Stück aus der katholischen. Sie ist irgendwie aus einem Gesamtgefüge herausgelöst und verselbstständigt. Öfter, so will es ihm erscheinen, handelt es sich um starkes Herausheben einer auf katholischer Seite vernachlässigten Teilwahrheit. Die Selbsteinschätzung des katholischen Gesprächspartners ist also: Eine ganze Kultur, fast eine ganze Welt ist zu verteidigen.

Wenden wir uns dem evangelischen Partner zu: Für ihn ist eben diese ganze Welt des Katholischen rätselhaft, exotisch, geheimnisvoll, irgendwie überwältigend. Aber eben dagegen regt sich beständiges Misstrauen: Sollen die Menschen nur geblendet, verführt, gekapert werden? Benutzt man die Traditionsgeschichte nur als Steinbruch für die Rechtfertigung einer archaisch motivierten Veränderungsunwilligkeit? Er weiß sich als der geborene Kritiker und Rebell. Und zu kritisieren gibt es unter Menschen stets genug. Der Kritiker hat fast immer Recht oder wenigstens irgendwie Recht. Er wehrt sich gegen die Über-Beeindruckung. Insofern denkt man bisweilen an Hase und Igel. Was auch immer der Hase unternimmt, die Kritik des Igels ist ihm sicher. Der evangelische Christ denkt: »Ich muss nur herausfinden, wo der Wurm sitzt, denn ich weiß, es gibt ihn.«

Der Protestant fühlt sich argumentativ überlegen und hat, da er intensiver durch die Aufklärung geprägt ist, auch öfter den gesunden Menschenverstand auf seiner Seite, inbegriffen Menschenrechte und die allgemein akzeptierten Standards der säkularisierten Gesellschaft (zum Beispiel: »Die Kirche darf keine Form von Liebe verbieten.«). Der Katholik bemerkt leicht, dass seine Traditionen der Spiritualität und Frömmigkeit im Disput wertlos sind.

Und so geht es seit Jahrhunderten. Bis vielleicht einmal jemand diese Rollenschemata durchbricht und sich die Frageposition des Gegenübers aneignet. Das ist dann stets der Anfang eines sinnvollen Gesprächs. Denn Ökumene heißt in diesem Fall: Das Andere im Eigenen entdecken. Wer dazu nicht in der Lage ist, kann (von seinem Standpunkt aus) immer nur Recht haben, und gerade so geht es nicht weiter.

9.1.1 Radikaler Affekt

Lange genug hat man sich über die affektbesetzten Reaktionen im Verhältnis von Religionen und besonders von Konfessionen hinweggesetzt. Ich bin immer wieder erstaunt über das unkontrollierte Ausmaß der Emotionen in dieser Diskussion. Weder Intelligenz noch Frömmigkeit scheinen irgendeinen Einfluss auf diese Emotionen zu haben. Sie überleben auch spielend jeden Rest von Glauben überhaupt. Menschen, die keine Art von religiöser Bindung mehr leben und Inhalte nicht mehr kennen, geschweige denn unterscheiden können, zeigen weiterhin die konfessionellen Affekte, und umgekehrt finden sich bei Menschen, die ein Leben lang Theologie und Frömmigkeit gepflegt haben, dieselben Vorurteile und affektbesetzten Einstellungen. Selbst persönliche Beziehungen wie Freundschaft, Ehepartnerschaft oder Schülerschaft werden spielend von der Springflut religiös-konfessioneller Affekte überwunden. Die negativen Affekte gegenüber der jeweils anderen Konfession haben folgende hauptsächliche Ursachen:

1. Am Extremfall alter und neuer Tyrannen ist erkennbar: Sie sind darauf erpicht, über die letzte und innerste Freiheit der Menschen zu herrschen, nämlich über die Freiheit zur Anbetung. Vergleichbar ist das nur noch mit der Bastion der Fähigkeit zu großer Liebe, die sich bekanntlich ebenso wenig verbieten lässt, wie Shakespeare in »Romeo und Julia« unübertroffen geschildert hat. Sowohl die Anbetung als auch die Liebe kann daher auch um den Preis des irdischen biologischen Lebens verteidigt werden. Hier stoßen wir demnach auf den Höchstwert religiöser Anbetung und damit religiöser Identität.

2. Das Bestreben des Tyrannen, die Freiheit zur Anbetung zu nehmen bzw. auf sich zu lenken, findet ihren Niederschlag in der Vorstellung zum Beispiel des *Antichrist*. Der Antichrist ist strukturell der Widersacher Gottes und will statt seiner angebetet werden. Daher handelt es sich um eine besondere Ausprägung des biblischen Monotheismus – und zwar um seine spiegelbildliche Entsprechung im Widerschein. Schon die Alte Kirche entwickelt dieses Bild. Schon lange vor der Reformation wird es auf das Papsttum

angewendet. Die dualistische Spiegelbild-Konstruktion lebt hier ungehindert auf. Die Identifikation des Papstes mit dem Antichrist beherrscht über viele Jahrhunderte die Auslegung der Offenbarung des Johannes. Sie lebt bis heute fort. Je ausgeprägter eine freikirchliche Richtung ist, umso intensiver kann man bedauern, die Gleichsetzung von Papst und Antichrist zu früh aufgegeben zu haben. Als tyrannisches Gegenbild zu dem einen Gott sitzt der Papst in der Antichrist-Falle. Direkt aus der Apokalypse kommt auch, wenn man die katholische Praxis von Liturgie, Kirchenbau und Kunst als Instrument gleisnerischer Verführung betrachtet. Das galt vor Zeiten selbst für die Rhetorik katholischer Barockpredigten. Das alles konnte man spielend in Offb 13 unterbringen.

3. Wo es um das Letzte geht, gilt immer schon ein strikter Dualismus, d. h. eine nicht tolerante Zweiteilung der Wirklichkeit. Weil zum Beispiel der Heilige Geist die ultimative Gabe Gottes an die Menschen ist, ist die »Sünde wider den Heiligen Geist«, worin auch immer sie bestehen mag, die schwerste, die unvergebbare Sünde.

4. Man kann dem Satz Joseph Ratzingers gewiss zustimmen, dass die »moderne« Gewissensfreiheit beim Märtyrer der Alten Kirche geboren wird. Der Märtyrer beruft sich gegenüber dem Tyrannen auf seine letzte Freiheit religiöser Entscheidung. In der Neuzeit wurde diese Freiheit ausgeweitet in die vielfältigen Emanzipationsbestrebungen. Der antipäpstliche Affekt wurde jedenfalls durch jede Emanzipationsbewegung erneuert, dazu gehören zum Beispiel die »sexuelle Emanzipation« und die Emanzipation der Frau. Das geborene Gegenbild ist der »Tyrann schlechthin«, der Papst in der Antichrist-Falle. Weil man die sexuelle Emanzipation für eine besonders wichtige Errungenschaft hält (an die Folgen des allgemeinen Bevölkerungsschwundes haben in den 60er Jahren nur die Päpste und andere damals als erzreaktionär geltende Theologen gedacht), erfährt die »Einmischung der Kirche in die Schlafzimmer« kontinuierlich heftigsten Widerstand. So gilt, die Päpste vertreten eine »menschenverachtende Sexualmoral«. Affektbesetzt ist dieses Urteil auf mustergültige Weise. Denn es wird kein Gedanke daran verschwendet, die kirchliche Argumentation (sexuelle

Treue) zu benennen, eines Blickes zu würdigen oder gar zu verstehen. Affekt heißt hier: Die Gegenseite gibt es nicht.

5. Die wütenden Verdächtigungen der Gegenseite beziehen sich daher stets auf die Verteidigung des innersten Kerns der individuellen Identität. Je »wackeliger« und ungesicherter diese ist, umso wütender fällt die Verteidigung aus. Je nach Fantasie ist man jederzeit bereit, der Gegenseite vor allem moralische Vergehen oder Defekte zu unterstellen. Das reicht vom Mord (der junge Luther als Mörder) bis hin zur Unterstellung, jemand werde heimlich von der Gegenseite bezahlt oder müsste es werden. Das allgemeine Urteil lautete: »Katholiken lügen.« Entsprechend dem Tyrannen-Schema wirkt sich die Antichrist-Falle für den Papst so aus: Er ist machtbesessen, will die totale Versklavung, es geht immer nur um die Machtfrage. In diesem Sinne spricht man auch 2005 noch von »katholischer Unbescheidenheit und Unverfrorenheit«, von »blanker Hybris« und »schamloser Kompetenzüberschreitung«.

6. Vor allem in der Vergangenheit gab es auch die metaphysische Option, also die Verbindung mit Hexerei, Zauber und Teufel. Noch auf dem Gymnasium habe ich lernen dürfen, katholische Messe sei »Magie«; im Studium habe ich die These gehört, Luther sei direkt vom Teufel in die Hölle transportiert worden, sein Sarg sei daher leer gewesen. Da die Vorstellung vom widergöttlichen Tyrannen (Antichrist) geradezu archetypische Strukturen besitzt, da sie sehr schlicht ist, aber eine Konsequenz des Dualismus, dürfte es extrem schwierig sein, dieser Falle zu entgehen. Diese Situation hat dazu geführt, dass es Zeiten und Gelegenheiten gibt, in denen sich Protestanten im »verbindenden Nein (gegen das Papsttum)« ganz einig sind. Das ist auch eine ernst zu nehmende Ökumene, wenn auch keine erfreuliche.

7. Schon in der vorchristlichen Antike gab es das Phänomen des »geistigen Widerstands« gegen Rom. Dessen erstes christliches Zeugnis ist die Offenbarung des Sehers Johannes. Die Symptome dieses Widerstands sind extrem zählebig, sie wurden im Laufe der Zeit auch auf das »zweite Rom« (Byzanz) und auf das »dritte Rom« (Moskau) übertragen. In diesen Widerstand ist die römische

Kirche früh und intensiv hineingeraten. Es sind die unterjochten Völker, die Anklage erheben, und nicht zuletzt richtet sich diese auch gegen die lateinische Sprache. Das bedeutet: Hier mischt sich noch eine weitere Komponente affektiver Art mit ein: das nationalstaatliche Bewusstsein gegenüber der internationalistischen Bevormundung durch Rom. Gegenüber dem Zentralismus artikuliert sich dann – vermeintlich als Korrektiv – der Provinzialismus mit einer eigenen und besonderen Art von Affekten. Mehr als einmal wurde mir empört entgegengehalten: »Wir haben doch schon vor 25 Jahren Interzelebration gepflegt.« Oder ebenso: »Wir haben es doch so schön in unserer ökumenischen Gemeinde!« – »Wir sind hier vor Ort schon lange viel weiter als Sie, Herr Professor!«

8. Schließlich gehört zu den Affekten auch die gänzliche Moralisierung des Verhaltens des Gegenübers. Das auf beiden Seiten spürbare Nichtwollen wird ausgelegt als moralischer Defekt. Das jeweilige Gegenüber soll dann verkrustet und verknöchert sein, machtbesessen und blind für die nötige Anpassung an den Zeitgeist. Die Unwilligkeit, Kompromisse mit dem Zeitgeist einzugehen wird als Unbarmherzigkeit ausgelegt.

Ich breche hier ab. Denn das Thema »Affekte« gehört zu den unerfreulichsten Aspekten des ökumenischen Dialogs. Den Neutestamentler schmerzt diese Situation besonders. Ohne irgendjemanden hier verurteilen zu wollen, gilt doch: Alle diese Affekte sind, wer auch immer sie äußert, von der Botschaft des Neuen Testaments, die das Verhalten der Christen normiert, meilenweit entfernt. Ich habe nicht das geringste Verständnis für sie. Nach jedem fehlgeschlagenen Dialog, in dessen Verlauf wieder einmal jemand zu »platzen« geruht hat, frage ich mich, wie man diesen Sumpf trockenlegen kann. Denn offensichtlich muss Theologie dann immer wieder dazu herhalten, die Affekte zu legitimieren und ideologisch zu rechtfertigen.

Daher überlegen wir im folgenden Abschnitt: Wie lassen sich sehr tief liegende und oft seit Jahrhunderten kultur-inhärente Emotionen verändern?

9.1.2 Über die Veränderung von Emotionen

Mit dieser Frage stoßen wir abermals in die Region des Radikalen vor, die uns oft in diesem Buch begegnet. Denn Emotionen fast archetypischen Charakters werden als Bedrohung religiöser Identität mit sehr grundlegenden Angstgefühlen beantwortet. Solche Emotionen kann man kaum durch Vorträge, Diskussionen und Bibelstunden verändern. Es kann geschehen, dass plötzlich, wie wenn Rom einen Ablass ausschreibt, alles wie weggewischt ist, was in vierzig Jahren angeblich gewachsen war. Die Kenntnis übereinander – wie auch über das unterscheidend Eigene – ist minimal, lässt sogar spürbar nach. So wird gut erklärbar, dass alles (außer dem Stallgeruch) egal wird, wenn kaum einer weiß, worum es geht.

Frère Roger Schutz, der, während ich dieses Kapitel schreibe, ermordet wurde, hat als Alternative zu den (selbst-)zerstörerischen Affekten das Vertrauen (confiance) genannt. Das ist völlig richtig. Denn auf Schritt und Tritt begegnet dem Theologen das Misstrauen, er wolle den anderen – durch seine theologische Argumentationskunst – doch nur über den Tisch ziehen, seine Freiheit kassieren. Schlichte vertrauensbildende Maßnahmen sind nur ein Anfang. Weitere Schritte kann ich mir nur auf der Basis von *tief greifenden gemeinsamen Erfahrungen* vorstellen. Diese Erfahrungen können nicht radikal genug sein.

In den Kriegsgefangenenlagern nach dem Zweiten Weltkrieg fiel Ökumene leicht. Mein alter Freund Hermann Kiefer berichtet über die Erfahrung des Hungers in einem amerikanischen Lager in der Pfalz: »*Unvergesslich ist mir der erste Gottesdienst, … nie ist mir ein Schriftwort tiefer in die Seele gefallen als der Communio-Vers: ›Wer von diesem Brot isst, wird in Ewigkeit nicht mehr hungern.‹ Mir wurde schlagartig klar, aus welcher existenziellen Tiefe bestimmte Bibelworte kommen, die wir nur gewohnheitsmäßig hören, die uns aber innerlich nicht mehr treffen, weil wir von der Situation, in der sie entstanden sind, so weit entfernt leben. Das Bibelwort enthält gleichzeitig den leiblichen Hunger als eine Chiffre für den Hunger, der zum Typus tiefster menschlicher Unerfülltheit und Sehnsucht überhaupt wurde. Ein anderes Beispiel war eine gemeinsame Schriftlesung über den verlorenen Sohn, der in der Fremde einen solchen Hunger hatte, dass er froh über die Schoten gewesen wäre, die die Schweine fraßen. Nicht nur, dass die Vorstellung der Schweineschoten bei uns selbst den gleichen Heißhunger hervorrief, sondern es dämmerte auch die Erkenntnis, dass solche Beispiele nur auf dem Hintergrund der eigenen Erfahrung begriffen werden können. Jesus selbst konnte dies sicherlich nur erzählen, weil er so etwas aus eigener Hungererfahrung kannte. Für mich selbst … ist die … Erkenntnis geblieben, dass die Gedanken und Reflexionen der Hungerzeit wohl erinnerlich sind, dass aber das bohrende, zum Wahnsinn tendierende, nie aufhörende Gefühl des Hungers in der Erinnerung nicht reproduzierbar ist. So kann man in gewissem Sinn sagen: Hunger ist weder vorstellbar noch auch für die, die ihn erfahren haben, erinnerlich. Aber aus diesem Wissen heraus kann man sehr wohl Konsequenzen ziehen für das eigene Leben in einer Wohlstandsgesellschaft: niemals die Menschen aus dem Auge zu verlieren, die überall in der Welt Hunger leiden … Die unmittelbar zu spürenden Folgen der Gefangenschaft dauerten weit über die Studienjahre hinaus … Am tiefsten prägte sich mir ein, dass es unter physischen Extrembedingungen Einsichten und innere Erlebnisse geben kann, die die Gewissheit verleihen, dass es eine geistige Dimension der Wirklichkeit gibt, welche die natürliche Abhängigkeit des Geistes von seinen materiellen Bedingungen weit übersteigt … Ich hätte nie geglaubt, dass es hinter Stacheldraht eine solche Erfahrung der Freiheit geben kann … Nestorius starb in der Verbannung; sein letztes Wort soll gelautet haben: ›Leb wohl, meine Wüste, meine Freundin, meine Mutter, meine Amme, leb wohl, meine Verbannung, die du meinen Leib zur Auferstehung fürs ewige Leben bewahrtest.‹ Bis heute kann ich nie ohne innere Bewegung an den Feldern von B. vorüberfahren, ohne sie im Geiste zu segnen.«*

Oder nehmen wir das schlichte Beispiel gemeinsamer Fahrten, bzw. Wallfahrten. Die Gemeinsamkeit in der Fremde schließt zusammen und macht auch für religiöse Gemeinsamkeit empfänglich. Seit dem frühen Mittelalter hat die »Reise nach Jerusalem« diese Funktion in besonderer Weise.

Aus der Regel Benedikts erfahren wir etwas über die Kraft, die von dem gemeinsamen Chorgesang ausgeht. Schon die Kirchenväter haben in ihren Musiktheorien stets betont, dass die gemeinsam vollzogene Musik einen Schutzwall gegen alle Einwirkungen zerstörerischer Art (seitens der Dämonen) bildet. Die »therapeutische«, Gemeinschaft unmittelbar begründende Macht des evangelischen Chorals (Gerhard Tersteegen, Paul Gerhardt) war auch in der Reformationszeit für die neue Bewegung von einzigartiger

Wichtigkeit. Für viele Gemeinden und Kommunitäten sind in letzter Zeit wieder verstärkt nächtliche Gottesdienste wichtig geworden, so als sei man bei den Kartäusern in die Schule gegangen. Mit Jugendlichen kann man leicht »Frühschichten« feiern, morgendliche Gebete um 6 Uhr Ortszeit. Nächtliche Führungen durch große Kathedralen werden zum eindrucksvollen Erlebnis.

So kann man sagen: Dieselben Erfahrungen, die überhaupt Gemeinden und Kommunitäten zusammenhalten, sind auch für die ökumenische Vertrauensbildung wichtig. Mit Nachdruck möchte ich auf zwei Dinge hinweisen: Einmal auf den Einheit stiftenden Charakter von gemeinsam erlittener Verfolgung, dann auf die Erfahrungsqualität feierlicher Liturgie. Was die Liturgie betrifft: Gegenüber der »göttlichen Liturgie des heiligen Johannes Chrysostomos«, die die Ostkirche ununterbrochen seit dem 5. Jahrhundert feiert, hat man in den westlichen Kirchen in zunehmendem Maße die prägende Kraft der heiligen Zeichen vernachlässigt und das Didaktische in den Vordergrund gestellt. Das »heilige Geheimnis« wurde in den Hintergrund geschoben.

Der Satz »Schönheit wird die Welt erlösen« stammt »natürlich« aus dem Bereich der Ostkirche. Christliches Handeln entsteht aus doppelter Faszination – aus der Begeisterung über die Schönheit der Schöpfung und aus der begeisternden Sehnsucht nach der Schönheit des himmlischen Jerusalem. Im Griechischen ist Herrlichkeit und Schönheit dasselbe Wort wie »Ansehen voreinander«, nämlich doxa – Lichtglanz, Herrlichkeit, in seiner Schönheit wiederhergestelltes Antlitz der Menschen. Denn der Tod zerstört – in allen seinen Formen – das Antlitz der Menschen, doch seine Wiederherstellung in Schönheit ist das Geheimnis der Auferstehung.

Die ökumenische Leidenschaft ersehnt die Schönheit wiederhergestellter und endgültig versöhnter Gemeinschaft aller. Der gespaltene, unreife Mensch ist unschön, die gespaltene, unreife Gemeinschaft ist es nicht weniger: »Seht doch, wie gut und schön ist es, wenn Brüder miteinander in Eintracht wohnen« (Ps 133,1). Der Mensch hat Teil an der Herrlichkeit Gottes, indem alles, was Ansehen raubt und Minderwertigkeitsgefühle schafft, sukzessive beseitigt wird.

Alle klassischen christlichen Liturgien hatten das Ziel, diese kommende Herrlichkeit des Himmels abzubilden und in der Schönheit der Liturgie aufblitzen zu lassen. Das galt auch für die Herrlichkeit der Würde aller Menschen. Ökumenische Leidenschaft kann sich daher an der glanzvollen Ordnung der Liturgie entzünden. Denn sie bedeutet ganzheitliche geistliche Erfahrung. Jeder auch nur etwas der Liturgie kundige Leser wird wahrnehmen, dass ich hier nicht konfessionell argumentiert habe, vielmehr sind mir seit den Tagen meines Studiums viele Typen christlicher Liturgien geläufig (lateinisch, koptisch, armenisch, Chrysostomus-Liturgie, äthiopisch). Mein Ziel ist hier auch nicht eine »rein ästhetische« und damit mutmaßlich »irgendwie oberflächliche« Argumentation zu führen. Ich habe oft Menschen erlebt, welche die Begeisterung für das Gesamtkunstwerk einer klassischen Liturgie milde als »lässliche Sünde« beurteilten – das sei fern vom Wesentlichen. Das ist indes eine Frage des Menschenbildes; und mit dem Seher Johannes bin ich der Meinung, dass jede Absolutsetzung nur eines Mediums dem globalen Charakter der Botschaft entgegenläuft.

Die klassischen Liturgien werben für die Einheit der Christen, weil sie nicht Bedürfnisse stillen, sondern Geheimnisse feiern. Jedes Geheimnis aber, das christliche Liturgie anbietet, wirbt für das eine zentrale, immer wiederkehrende Geheimnis der Einheit von Gott und Mensch und der Menschen untereinander. Dieses bedeutet nie unterschiedslose Gleichheit, sondern geheimnisvolle Einheit.

9.2 Reizworte, Zwischenstand

Die Reizworte von gestern sind »Rückkehrökumene«, »Papst als Haupt der Kirche«, »Hierarchie« auf der einen Seite, »eucharistische Gastfreundschaft« und »Frauenpriestertum« auf der anderen Seite.

Um es kurz zu sagen: Eine Ökumene als bloße Rückkehr will hier niemand. Nicht der Papst, sondern Jesus Christus ist Haupt der Kirche, Hierarchie ist nichts Böses, wenn sie wirklich dient. »Eucharistische Gastfreundschaft« ist in meinen Augen ein Vorgang, wie wenn man im Mai die Apfelernte verspeisen möchte, und das Frauenpriestertum zu fordern ist, wie ich dargelegt habe, ein tief greifendes Missverständnis.

Reizworte als Feldstandarten in den Kampf zu führen, vertieft die Spaltung ebenso, wie sie unaufgearbeitet zu umgehen.

9.3 Zur Erinnerung: Deismus kontra Trinität

Die Modelle von Ökumene, die im Augenblick diskutiert werden, richten sich in erstaunlichem (und zugleich erschreckendem) Maße nach dem jeweils tendenziell darin wirksamen Gottesbild. Weiter unten werden wir vom Leitbild der »versöhnten Verschiedenheit« handeln. Im Vorgriff müssen wir über das Gottesbild des Deismus sprechen, denn die Idee von der »versöhnten Verschiedenheit« ist meines Erachtens eindeutig einem deistischen Gottesbild zuzuordnen. Diesem Modell steht ein anderes gegenüber, das ich hier als trinitarisch verteidigen möchte.

Unter Deismus versteht man eine Weltanschauung des 18. Jahrhunderts, in der Gott mit Vernunft identifiziert, aber nicht personhaft vorgestellt wird. Bereits in der alten Stoa (philosophische Richtung zur Zeit Jesu; greifbar in der Ablehnung der Auferstehung in der Predigt des hl. Paulus in Apg 17) hat man an eine derartige unpersönliche Weltvernunft gedacht. Der Makrokosmos (die Welt) entsprach insofern genau dem Mikrokosmos (Mensch): So wie den Einzelmenschen in seinem Leib die Vernunft regiert und bestimmt, so ist es auch in der Welt. Die Stoa hatte ein Modell für den Weltfrieden entwickelt: Die Gesetze und Institutionen der Völker könnten nebeneinander friedlich existieren, sofern sie der Vernunft nicht widersprächen.

Dieses Modell findet sich in der »versöhnten Verschiedenheit« wieder. Ausgehend von einer wechselseitigen Relativierung (nichts-Genaues-weiß-man-nicht) genügt die Nicht-Widersprüchlichkeit im Verhältnis zur Vernunft. Dieses negative Kriterium erscheint als ausreichend, um das entscheidende Band der Einheit darzustellen: die Toleranz. Der (sonst durchaus verehrungswürdige) deutsche Kardinal Nikolaus von Kues hatte in seinem Buch »Über den Frieden zwischen den Religionen« (De pace fidei) die Einheit aller Weltreligionen auf der Basis einer (platonisierenden) Vernunftreligion konstruiert. Bereits in meinem Kommentar zur Neuübersetzung habe ich angemerkt, dass man hier als Bibelexeget häufig Widerspruch anmelden muss. Denn die Ausdeutung der gefundenen Vernunftwahrheiten auf das Katholische, wie der Cusaner sie vornimmt, ist sachlich nicht unbedingt notwendig. Es könnte auch eine philosophische Vernunftreligion herauskommen, bei der die jüdischen und christlichen Besonderheiten den Rang von Folklore einnehmen müssten. Aber halten wir dieses fest: Mit der Methode der versöhnten Verschiedenheit kann man alle Weltreligionen inklusive Buddhismus leicht miteinander »versöhnen«, indem man gemeinsame Dogmen oder, wie man heute sagt: Strukturen, ermittelt.

Jedenfalls setzt eine versöhnte Verschiedenheit lediglich die versöhnende Vernunft voraus, die zur Toleranz befähigt. Das, was hier versöhnen könnte, liegt auf einer abstrakten Ebene, die »höher« ist als die Geschichte. Die ungeschichtliche reine Vernunft distanziert sich von der stets defizienten Konkretion der Geschichte. Wahrheit ist in der Geschichte nicht zu finden, nur jenseits ihrer. Das Nebeneinander, das dadurch ermöglicht werden soll, hat jedenfalls eine Eigenschaft nicht: das Missionarische. Denn alle Betonung liegt auf dem friedlichen störungsfreien Nebeneinander.

Nun bestünde theoretisch die Möglichkeit, dass sich die Verfechter dieses Modells auf Eph 2,11–20 beriefen. Denn hier geht es um Versöhnung von Verschiedenem, nämlich von Judenchristen und Heidenchristen. Der Weg der Versöhnung ist hier der Kreuzestod Jesu. Man müsste bei einer Neuverwendung dieses Textes dann von seiner besonderen Beziehung auf Israel absehen. Und man müsste dem Kreuzestod Jesu eine sehr weit gehende, gewissermaßen über-theologische Bedeutung zumessen. Beides geschieht jedoch in der Diskussion nicht, so dass man diesen Punkt auf sich beruhen lassen kann.

Dem Modell der versöhnten Verschiedenheit liegt demnach eher ein aufklärerisches Prinzip zugrunde. Kriterien außer Vernunft und Moral gibt es nicht. Dynamisch kann man dieses Modell nicht nennen, da es vor allem auf das Nebeneinander ankommt. Meine hauptsächliche Anfrage: Wer ist eigentlich berechtigt (und wodurch ist er es), hier das Versöhntsein zu konstatieren? Die tendenzielle Abwesenheit der Möglichkeit, Nein! zu sagen gegenüber Gruppen, die die Aufnahme in den Verbund der auf diese Weise Versöhnten erbitten, erinnert deutlich an Tendenzen der gegenwärtigen »interreligiösen Mystik« in Deutschland. Liegt hier nicht doch eine Karikatur des Modells der »versöhnten Verschiedenheit« zugrunde?

Für den Fall, dass jemand diesen Eindruck hat, möchte ich meine Anfrage erneuern: Liegt die hier angenommene Versöhnung dann nicht doch auf einem nur übergeschichtlichen Niveau jenseits aller Konkretion? Und welche Bedeutung haben eigentlich konkrete, leibhaftige Äußerungen von Frömmigkeit in diesem System? Werden sie nicht zurückgestuft in zu überwindende Bildungsstufen, in Folklore? Meine Beobachtungen zur interkonfessionellen ökumenischen Praxis weisen jedenfalls in diese Richtung. Dass beide versöhnten Parteien behaupten, ihnen fehle, endlich angelangt in der reinen Luft der Vernunft, nichts, ist eine reine Schutzbehauptung. Das letzte Wort wird der Historiker haben, wenn die Ausdrucksformen der Volksfrömmigkeit weiter abgestorben sein werden.

Tatsächlich steht des Öfteren Lessings Nathan-Parabel im Hinter-grund der neueren Ökumene-Diskussion. Wahrheitsunfähig wie wir sind, soll jeder einmal so handeln, als sei seine Religion die wahre. Da die objektive Wahrheit nicht erreichbar ist, kann doch die subjektive Hingabe zum Kriterium werden. Zur Kritik:

Bei Lessing sind zu unterscheiden die Dimension der Vernunft, die der Hingabe und schließlich auch die des Adressaten, der nun als durch die Parabel Belehrter Bescheid weiß. – Am schlechtesten trifft es den durch die Parabel Belehrten. Er ist jetzt nicht mehr religiös »naiv«, sondern soll – blind aus Prinzip – einfach nur Hingabe üben. Was sich durch Hingabe herausstellen soll, die Legitimität seiner Religion, wäre aber gerade die Basis seiner Hingabe. Niemand stirbt für ein Gerücht. Der Zustand des armen Adressaten ähnelt fatal dem Martin Luthers im Kloster vor der Erfahrung der Rechtfertigung. Nur um vielleicht Recht zu haben, soll einer sein Leben in Hingabe verbringen? Dazu ist das Ganze denn doch zu mühsam. Dann lieber schrankenloser Lebensgenuss.

Die zweite Frage, die nach der Wahrheit, fasst Lessing viel zu doktrinär. In unserem Abschnitt über Wahrheit (Kap. 7.2) haben wir schon gesehen, warum der aristotelische Wahrheitsbegriff an der Bibel scheitern muss. Mit apologetischen Mitteln kann man daher die Wahrheit des Christentums im Sinne richtiger Erkenntnis nicht erweisen. Lessing sucht die Moral als Ausweg. Dabei optiert er in

Wahrheit für das Irrationale. So bleibt für Lessing nur, ohne Grund und ohne Anlass sowie mit ungewissem Ziel Hingabe zu üben. Schließlich verlagert Lessing die Evidenz in die Zukunft. Doch ein Christentum als *blinder* Gehorsam ist der Bibel fremd. Am Schluss erfahren wir daher bei Lessing nichts über die Wahrheit, sondern nur etwas über das ganze oder halbe Engagement von Menschen.

Die Hoffnung der Christen ist nicht ohne Grund. Nach Menschwerdung, Karfreitag, Ostern und Pfingsten ist eine Position »als ob es wahr wäre« für den Christen nicht vorstellbar. Denn ich kann, wenn ich so reichlich geliebt werde, nicht so tun, als ob es wahr wäre. Schließlich besteht auch die christliche Hoffnung nicht darin, dass man Recht haben oder Recht bekommen möge, sondern sie besteht in der Befreiung des Kosmos aus der Sklaverei des Todes.

Die Logik des Herzens nach Blaise Pascal und Max Scheler hingegen ist nicht irrational, sondern auf ihre Weise vernünftig.

Wie aber sieht das Gegenbild aus, eine trinitarisch orientierte Ökumene? Zur Erinnerung: An den dreieinigen Gott zu glauben, bedeutet in eine Beziehung einzutreten, in ein dreifach starkes personales Verständnis von Gott. Ausgangspunkt ist nicht die Annahme einer autonomen Vernunft, die über allem und vor allem und jenseits von allem existiert. Es bedeutet, einzusteigen in eine Bewegung von Gott her auf den Menschen zu, ein Sicherschließen Gottes als Wahrheit – in der Art, wie Gott sie im trinitarischen Ausgang aus sich heraus als Geschichte eröffnet. Es bedeutet Inkarnation (Menschwerdung Gottes in Jesus Christus) und Kirche (Kirche als Tempel des Heiligen Geistes). Alle drei Elemente, Gott als Person, Inkarnation und Kirche stellen eine kühne, erstaunliche Selbstfestlegung Gottes dar. Es ist nicht der Gott der Philosophen, der sich hier äußert, sondern der Gott Abrahams, Isaaks und Jakobs. Diese Einsicht aus dem »Memorial« von Blaise Pascal ist für mich als Exegeten wichtig; ich erkenne in ihr einen Stachel gegenüber allzu großer Freude an mit philosophischen Mitteln errichteten Systemen. Weil der dreieinige Gott ganz spezifisch persönlich in die Geschichte hineingegangen ist, wird es eben keine allgemeine Allerweltskirche geben, sondern eine, die ihre Geschichte mit Schuld und Gnade anerkennt, dennoch aber das Geheimnis in ihren irdenen Töpfen nicht negiert. Davon sind wir noch entfernt.

Im Unterschied zur deistischen Absorbierung der Geschichte

durch Vernunft und der dazugehörigen moralisch-psychologischen Normalisierung und Befriedung betont die trinitarische Betrachtungsweise der Geschichte die Dramatik von Schuld und Leid, Verstockung und Martyrium, sie bekommt Heilige und Minderheiten in den Blick. Das Geprägtsein und Gezeichnetsein der Völker durch Niederlage, Flucht und Verfolgung spielt in der Geschichtsbetrachtung eine Rolle. Von Joachim von Fiore angeregt könnte man sagen: Es kann eine Zeit der Kirchengeschichte geben, die durch den Vater geprägt ist. Das wäre Geschichte, die durch Erwählung und Verstockung, Sünde, Umkehr vom Götzendienst und Begnadung gezeichnet ist. Eine weitere Zeit wäre die des Sohnes, in der man Teilhabe am Leiden Christi, auch durch Verfolgung und Gefängnis, betonen konnte. Hierher gehört auch das Ringen um die Wahrheit der christologischen Aussagen. Das dritte Zeitalter, das des Heiligen Geistes könnte ja in der Tat jenes sein, in dem die Amtskirche zurücktritt und charismatische Personen und Gruppen an Gewicht gewinnen. Hierher gehörte das Werk der Einung der Konfessionen durch den Heiligen Geist. Die Zeiten wären nicht exklusiv jeweils nur auf eine göttliche Person zurückführbar, sondern nur jeweils »typisch«, hauptsächlich. Sie wären auch weniger zeitlich fixierbar, sondern bestimmte Typen von Kirchengeschichte. Der Vorzug gegenüber der deistischen Betrachtung: Eine Reihe von Prozessen tritt ins Blickfeld, in denen dramatisch um Wahrheit gerungen wurde, in denen es Schuld, aber auch vielleicht »glückliche Schuld« gegeben hat.

Im Unterschied zur deistischen Zugangsweise stößt man bei der trinitarischen Annäherung nicht nur auf Geschichte, sondern auch auf die Ärgernisse des trinitarischen Gottesglaubens: auf das Ärgernis des einen Gottes Abrahams, das Ärgernis der Erwählung Israels und der Gottessohnschaft Jesu, auf das Ärgernis, dass die Grenzen der Verbreitung des Heiligen Geistes auch die Grenzen der Kirche sind und umgekehrt.

Die Orientierung am Gott Abrahams, Isaaks und Jakobs bedeutet ökumenisch vor allem das Ernstnehmen der konkreten Geschichte der jeweiligen Konfession. Daher sollte alles bewahrt und gepflegt werden, was echt und gewachsen ist.

9.4 Versöhnte Verschiedenheit oder unversöhnte Gleichmacherei?

Der Ausdruck »Versöhnte Verschiedenheit« ist, wenn ich recht sehe, zuerst von dem Straßburger Lutheraner Harding Meyer in die Diskussion eingebracht worden. Der Begriff hat in den Jahren 1993–2003 seine historische Blütezeit gehabt und wird nun allenthalben wieder aus dem Verkehr gezogen. Denn es besteht der Verdacht, Katholiken meinten mit dem Ausdruck doch nur Kirchen »unter der Obhut Roms«.

Was meint der Ausdruck? Er bedeutet Anerkennung der »gewachsenen Verschiedenheit« (Margot Käßmann) und der historischen konfessionellen Profile. Diese Anerkennung soll dann – so ist die Erwartung – durch Rom erfolgen. Sie setzt eine Ökumene des *Status quo* voraus. Das heißt: Alle möchten anerkannt werden, und zwar so wie sie sind, ohne etwas ändern zu müssen. Das soll dann die ersehnte Einheit der Christen sein.

Wenn wir Klarheit schaffen wollen, müssen wir erst einige wenige Blicke in die Geschichte werfen, um zu sehen in welcher Bandbreite von »versöhnter Vielfalt« gesprochen wird bzw. gesprochen werden kann und was ausgeschlossen ist.

9.4.1 Kein anderes Evangelium (Paulus)

Die Rede von »versöhnter Verschiedenheit« hätte bei Paulus im Streit mit seinen Gegnern keine Chance. Paulus ist der rigoroseste Verfechter kirchlicher Einheit ohne irgendwelches Aber. In Gal 1 verkündet er: »Ich kann nur darüber staunen, dass ihr so schnell zu einem ganz anderen Evangelium umgeschwenkt seid, das eigentlich gar kein Evangelium ist. Gott hatte euch doch berufen, um euch durch Jesus Christus gnädig zu befreien. (7) Und nun lasst ihr euch von irgendwelchen Leuten den Kopf verdrehen und das Evangelium des Messias in sein Gegenteil verkehren. (8) Doch verflucht sei jeder, der euch ein anderes Evangelium bringen möchte als das, welches ich euch verkündet habe. Gott soll ihn richten. So ein Fluch würde jeden treffen, der so verdrehtes Zeug redete, auch mich oder selbst einen Engel vom Himmel. (9) Noch einmal: Wer euch ein anderes Evangelium verkündet, den trifft Gottes Fluch« (Gal 1,6–9).

Es handelte sich in Galatien um harmlose Mitchristen, die ihre Buben beschneiden lassen wollten, denn Jesus und Paulus selbst waren ja auch beschnitten. Sie hofften wohl, die Beschneidung würde ihnen die Zugehörigkeit zum auserwählten Volk und damit zusätzliche Heilssicherheit bescheren. Paulus möchte von dieser Zusatzversicherung nichts wissen und bedroht die Anhänger dieses Ritus geradezu massiv.

Ebenso wenig tolerant ist er gegenüber den Christen in Korinth nach 2 Kor 10,2–6: »Doch ich bitte euch, zwingt mich nicht dazu, wenn ich komme, mutig und entschieden gegenüber denen aufzutreten, die offenbar der Meinung sind, Paulus sei ein hinfälliger Schwächling. (3) Ich bin zwar ein schwacher Mensch, doch wer mir den Kampf aufzwingt, wird sich wundern.(4) Denn meine Waffen sind nicht schwach und brüchig, sondern hier wirkt Gottes Macht. Festungen der Gegner werde ich zerstören, Gedankenpaläste schleifen, (5) jeden Wall, den ihr gegen das wahre Christentum aufschüttet, mache ich dem Erdboden gleich, alle Freigeisterei setze ich gefangen und zwinge sie zum Gehorsam gegen Jesus, den Messias. (6) Ich bin durchaus bereit, jeden Ungehorsam strengstens zu ahnden, damit ihr endlich alle gehorcht.« Hier wird noch nicht einmal erkennbar, worin der Dissens besteht. Paulus will ihn nur platt walzen.

Ich sehe hier keine Möglichkeit, neuzeitliche »Sachkritik« anzumelden. Denn die Einheit der Gemeinde ist auch nach dem ersten Korintherbrief das heiligste Gut. Jeder Abstrich davon wäre Verrat am Evangelium. Paulus war mit seiner rigorosen Einheitstheologie ebenso erfolgreich wie auf Dauer wirksam.

9.4.2 Nicolaus Cusanus

Der 1464 verstorbene deutsche Kirchenpolitiker, Philosoph, Naturwissenschaftler und Mystiker erfand wie bereits gesagt Muster für die heutige Rede von der »versöhnten Verschiedenheit«, die wir uns noch einmal näher anschauen möchten. Er sprach von der »Einheit in der Verschiedenheit« *(unitas in diversitate)* und nannte

Gott den Zusammenfall, die Einheit der Gegensätze *(coincidentia oppositorum)*. Kein anderer Denker hat ähnlich intensiv wie der Cusaner über das Verhältnis von Einheit und Verschiedenheit nachgedacht. Seinen Ansatz als Kirchenpolitiker fand er in der Frage nach der Herstellung der Kircheneinheit zwischen Ostrom und Rom. Er hat sein Konzept auch auf den interreligiösen Dialog übertragen in der Schrift »Über den Frieden zwischen den Religionen«, die er 1453 nach der Eroberung von Konstantinopel verfasste (übersetzt, kommentiert und hg. von K. Berger und C. Nord, Frankfurt 2003). Diese Schrift befasst sich daher hauptsächlich mit dem christlich-islamischen Dialog.

Nicolaus Cusanus ist ein anregender Denker mit der Kraft zur Synthese. Er ist freilich Platoniker, und das heißt: Er kann die jeweiligen Gemeinsamkeiten stets nur abstrakt fassen und vernachlässigt die historische Konkretion. So leitet er vor allem zu friedlichem Denken an. Aber das war im 15. und ist auch im 21. Jahrhundert schon sehr viel.

9.4.3 Vielfalt und Einheit in der katholischen Kirche

Wohl nur aus der Sicht norddeutscher Protestanten ist die katholische Kirche eine monolithische Einheit. Erstens war sie es nie, und zweitens ist sie das im Augenblick erst recht nicht. Schon allein die verschiedenen Ordensgemeinschaften der Kirche stellen sehr unterschiedliche Spiritualitäten dar und sind darin keineswegs unter einen Nenner zu bringen.

Daneben gibt es die anerkannten verschiedenen »Riten«, zu denen besonders die mit Rom verbundenen (»unierten«) Ostkirchen gehören. Neuerdings gehört auch dazu die Kirche des »Mari und Addai«, die einen sehr alten ostkirchlichen Ritus besitzt, der noch vorbyzantinisch ist. Während man vor Zeiten bisweilen die Union mit der römischen Kirche auch als Latinisierung verstand, ist nun die Anerkennung des Papstes und die Zuordnung des Episkopats zur allgemeinen Kirche ausreichend. Nach der so genannten Ratzinger-Formel genügt für die Ostkirchen sogar eine Annahme des Papsttums zu den Bedingungen des 1. Jahrtausends – also bis zur Spaltung von 1054. So weit konnte früher »Rom« nicht gehen, und hier ist erkennbar viel in Bewegung gekommen. Neuerdings wird von katholischer Seite die Formel »Anerkennung der Verschiedenheit« (Kardinal Walter Kasper) gebraucht.

9.4.4 Gleichberechtigung aller Wahrheiten?

Zu warnen ist vor einem Modell der »Gleichberechtigung aller Wahrheiten«. Denn hier wird die Wahrheitsfrage völlig außer Acht gelassen (vgl. dazu oben unter Deismus). Nun rät Eberhard Jüngel allerdings dazu, den »Wahrheitsanspruch der anderen anzuerkennen und Einigung durch die Kraft des Arguments« zu erzielen. Das ist gewiss etwas anderes. Denn dann wird lediglich der Anspruch anerkannt, aber nicht die »Wahrheit« selbst. Aber wohler wäre mir in einem Gespräch, in dem ich damit rechnen kann, dass alle, inklusive meiner selbst, Unfug sagen könnten. Denn wir führen ja ein Gespräch unter Menschen. Bis zum Erweis des Gegenteils gehe ich dann davon aus, dass der Gegenüber vernünftig ist. Aber dass er Wahrheit verkündet, muss sich erst ergeben. Daher kann ich den Wahrheitsanspruch aller Teilnehmer nicht anerkennen.

9.4.5 Neue Auswege

Die Formel »versöhnte Verschiedenheit« bedeutet, wie wir hörten, Anerkennung des Status quo. Damit aber sind gerade Prozesse der Annäherung nicht in Gang gebracht. Wer fordert: »Nehmt uns so, wie wir sind!«, verhindert oder verzögert eigentlich nur damit, was sonst gerade unweigerlich in der Geschichte passiert, dass Positionen sich annähern oder sich entfernen, dass sie in Bewegung geraten – oft ohne dass Menschen es wollen.

Man sollte verhindern, dass der Prozess einfach aufhört, und bedenken, dass die Dogmengeschichte noch nicht zu Ende ist. Das gilt auch für die bekannte zentrale Frage: Wie weit darf die Verschiedenheit gehen, worin muss unbedingte Einheit bestehen? Diese Frage vom Schreibtisch aus zu beantworten, wäre reiner Unsinn. Gerade im kleinen feinen Detail äußert sich hier eine christliche Weisheit: Keine kirchliche Gemeinschaft hat je a priori (von vornherein) festgelegt, »wie weit« bei einer Übersetzung biblischer Texte auf die Vorstellungen der Adressaten der Übersetzung einzugehen sei oder wie weit man diesen Vorstellungen nachgeben dürfte. Man denke etwa an den Heliand und seine Germanisierung der palästinischen Jesusberichte aus den Evangelien. Genau dieselbe Zurückhaltung gebührt auch dem Vorher-Festlegen der Verschiedenheiten in der Einheit. Es handelt sich jeweils um ein Gerangel, manchmal um ein strittiges Verfahren, so öfter auch zwischen Rom und den deutschen Bischöfen. Die Grenze war immer die Gefährdung der Einheit.

In den vergangenen Jahrzehnten hat man oft die Schonung indigener Kulturen sehr hoch angesetzt. Ein brisantes Problem war dabei die Frage der Polygamie. Denn sie hatte wirtschaftliche Gründe, nicht sexuelle. Dennoch war sie mit der Würde der Frau nach unseren Vorstellungen und denen der Bibel nicht vereinbar. Das Problem wurde entsprechend auch sehr unterschiedlich gelöst.

Eine interessante Formel ist, »unterschiedliche Formen von Kirche« zu denken. Das hat es immer gegeben, und zum Beispiel das katholische Kirchenrecht ist geschmeidig genug, auch auf ganz andere Organisationsformen einzugehen. Wenn nicht alles täuscht, könnte es hierzulande irgendwann einmal eine Trennung von Staat und Kirche geben. Die Kirche müsste ganz neue Gestalten ersinnen.

9.4.6 Ist die Einheit da, wo Christus ist?

»Die Einheit ist da, wo Christus ist, im Wort und Sakrament gemeinsam geglaubt und angebetet«, lese ich in einem evangelischen Blatt. Die Anfragen zu diesem schönen Programm sind dieselben wie zum Kirchenbegriff des Augsburger Bekenntnisses. Denn guten Glaubens haben schon viele geirrt. Das heißt: Gutgläubig allein auf den eigenen Glauben zu vertrauen, reicht eben nicht. Das Wort »gemeinsam« ist schillernd, denn es kann sich lediglich auf eine versprengte Ortsgemeinde beziehen. Von einer überregionalen Kirchengemeinschaft ist nichts zu erkennen.

KAPITEL 10

Wege zur Einheit

Nachdem wir uns lange bei den Präliminarien aufgehalten haben – sagen wir doch positiv, wie Einheit gehen könnte!

10.1 Einheit auf Paulus bauen

Paulus wurde in der Theologiegeschichte nicht zuletzt von der protestantischen Reformation als Kronzeuge beansprucht. Die Gründe für diese partielle Beschlagnahmung des Apostels liegen bei Augustinus, der sich in seiner Gnadenlehre auf Paulus berief. Luther gehörte zum strengen Orden der Augustiner-Eremiten. Zweifellos besteht eines der Verdienste liberaler Theologie und Exegese in einer Entkonfessionalisierung des Apostels Paulus. Nicht zuletzt dadurch ergeben sich eine ganze Reihe neuer Möglichkeiten, Paulus als Brücke zwischen katholischen und evangelischen Positionen ansehen zu können. Dabei ist die Gefahr eines Anachronismus zu vermeiden. Denn natürlich ist Paulus nicht direkt als Vermittler zu gebrauchen, sondern nur jeweils unter einem Vergleichspunkt. Der Sinn der folgenden kurzen Zusammenfassungen ist es nicht, Paulus katholisch zu vereinnahmen, sondern auf der Basis paulinischer Theologie Brücken zu finden, die für beide Seiten begehbar und akzeptabel sind.

Benennen wir die Vergleichspunkte noch einmal:

10.1.1 Der Zuchtmeister steht gegenüber

Paulus betrachtet sich als Apostel durchaus als Gegenüber zur Gemeinde und nicht einfach nur als ihr Glied. So fühlt er sich berufen, als Feldherr Jesu Christi die Gemeinde in Ordnung zu bringen

(2 Kor 10). Parallel und gewissermaßen zeitgleich zur Gemeindeversammlung beschließt er die Exkommunikation des Sünders von 1 Kor 5. Er betrachtet sich als Vater bzw. Mutter der Gemeinde (Gal 4). Das bedeutet für das Amtsverständnis: Der Amtsinhaber ist unabhängig von der Gemeinde. Er ist auch nicht von ihr bestellt, noch ist er ihr Rechenschaft schuldig. Nach katholischer Auffassung werden diese Realitäten des Anfangs in der »apostolischen« Kirche als Strukturen festgeschrieben. Im Gegenüber zur Gemeinde bleibt das kirchliche Amt nach dieser Auffassung »apostolisch«. Protestanten dagegen bestreiten jedes wirkliche Gegenüber von Amt und Gemeinde; Amt ist eine Funktion in der Gemeinde und nur von ihr her übertragen.

10.1.2 Nicht Personenkult, sondern Auftrag

Nach 2 Kor 1–4 verkündet Paulus das Evangelium ebenso durch sein Wort wie durch sein Geschick. Er stellt sich als den oder das dar (z. B. als Duft), der oder das von Christus zu den Menschen dringt. In seinem Geschick, zum Beispiel durch seine Rettung aus Todesgefahr in 2 Kor 1, stellt er dramatisch Tod und Auferstehung Jesu im eigenen Leben biographisch dar.

Stellen wir das in die Gegenwart eines heutigen Amtsträgers, um der Brisanz der »Positionierung« (Selbststilisierung?) des Paulus nachzuspüren. Margot Käßmann, Landesbischöfin von Hannover, hat zum Weltjugendtag 2005 geäußert: »Es bleibt bei mir ein gewisses Unbehagen, wenn der Glaube sich so stark auf eine Einzelfigur fixiert« (nach DIE ZEIT Nr. 35, 2005, S. 2). Wie verhält sich eine solche Aussage zum paulinischen Selbstverständnis?

Paulus schildert die zahlreichen Angriffe, Schmähungen und Leiden, die sein Leben begleitet haben wie eine dauernde Katastrophe mit nur kurzen Unterbrechungen, nämlich in den so genannten Peristasenkatalogen, Aufzählungen von Leiden (vgl. mein Buch »Formen und Gattungen«, 2005, § 76). Diese sind christologisch orientiert, was die Problematik noch einmal verschärft. Denn Paulus sieht in seinen Leiden eine Verbundenheit mit Jesus Christus. So ist es auch in Phil 1. Nach V. 20 hatte er gesagt: »Ich bin zuversichtlich, dass, wie bisher so auch jetzt, Christus durch mein leibliches Geschick verherrlicht wird, ob ich nun lebe oder sterbe, denn mein Leben ist nur Christus ...«. Paulus sieht sich also als eine leibliche »Inszenierung« seines Herrn. Von der eigenen Predigt weiß Paulus, dass er dabei eher ängstlich und zitternd vor den Menschen steht, dass sich die Leute über sein erbärmliches Auftreten lustig machen (2 Kor 10). Umso mehr gibt Paulus dadurch dem Wirken des dreieinigen Gottes Raum. Denn der Vater hat ihm die Vollmacht gegeben, den Sohn bildet er ab im Leiden und im Befreit- und Gerettetwerden, und der Heilige Geist wirkt den Glauben in den Herzen der Menschen.

Erst viel später hat sich das Vorurteil herausgebildet, Paulus sei leibfeindlich. Nach seinen Briefen dagegen ist der »Leib« nicht zu verwechseln mit Fleisch und Blut oder Haut und Knochen. Der Leib ist vielmehr das Kontaktorgan zur Wirklichkeit schlechthin. Er ist Organ der Kommunikation mit Gott und den Menschen. Nein, Paulus ist nicht der Mensch, der auf ellenlange Predigten versessen wäre. Auf dem Kölner Weltjugendtag hätte er sich sehr wohl gefühlt, zum einen, weil für ihn Jubel und Freude die zentralen Äußerungen des Glaubens sind, durch nichts zu übertreffen. Zum anderen aber deshalb, weil er wirklich »mit Leib und Seele« Christ ist, als ganzer, fühlender Mensch eben, und deshalb besonders dann, wenn es um Leiden und Herrlichkeit geht. Wer von morgens bis abends Missionar ist, kann gar nicht anders als zu jeder Stunde Christus darstellen. Er verschwindet hinter seinem Auftrag, in den er sich als ganzer Mensch mit Haut und Haaren einbringt. Als solcher ist er doch ganz Paulus. Paulus ist gerade kein Selbstdarsteller, wie es peinlicherweise manche Politiker sind, denen es nicht um die Sache, sondern um Eigendarstellung geht. Seine Botschaft ist sein Herr.

Was bleibt angesichts solcher Selbsteinschätzung des Apostels für die Gemeinde? Wie sieht Paulus seine Gemeinde in Philippi, zu der er – jedenfalls nach Kap. 1 und 2 dieses Briefes – ein sehr gutes Verhältnis hat? Nach 1,26 soll die Gemeinde »dankbar, stolz und glücklich sein über alles, was Jesus Christus durch mich bewirkt«. Auch hier lohnt ein Blick auf Gegenwartsereignisse. Neidische Gemüter haben dem Weltjugendtag vorgeworfen, er sei ein Papstjugendtag gewesen. Man dürfe nicht Menschen so in den Mittelpunkt stellen. Ein Mädchen hat auf Anfrage im Radio erklärt: »Wenn der Papst da ist, fühle ich mich Gott besonders nahe.« Daraufhin packte heller Zorn die in unserer Runde anwesenden Nicht-Katholiken: »Da sieht man es ja, wohin der katholische Glaube führt, zur Menschenanbetung.« Was würde Paulus dazu sagen? – Paulus würde mutmaßlich sagen: »Ja, es gibt Menschenanbetung, zum Beispiel in Rom, wo sich die Kaiser wie Götter anbeten lassen. Auch bei mir haben sie es versucht, laut Apostelgeschichte 14 wollten die guten Leute in der Türkei Barnabas und mich als Götter verehren. Aber wir haben das abgelehnt.« – »Ihr müsst wissen«, würde Paulus wohl sagen, »man kann alles pervertieren, auch das Kostbarste, nicht nur Liebe, sondern auch die Inkarnation, die Menschwerdung Gottes. Auch den Apostolat, dass Christus in uns Aposteln so wirkt, dass jeder Apostel rechte oder linke Hand Jesu Christi ist.«

Und wieder der Bogen ins Jahr 2005: Der Papst hat freimütig mit dem Pfund seiner Akzeptanz gewuchert, aber er hat eindeutig Jesus Christus verkündigt und wurde nicht selbst angebetet. Schon sein Name »Benedetto«, »der Gesegnete«, weist auf den, der ihn gesegnet hat. Aber das Wichtigste: Es geht gar nicht anders, als dass man an einem Menschen Christus erkennt. Das gilt für den Papst, für jeden Priester, für jeden Christen. Wir können uns nicht von unserer Aufgabe, Zeugnis zu geben, dispensieren, indem wir auf ein Buch verweisen, die Bibel. Nein, wir sind unweigerlich selbst gefragt. Die Bibel hat ihren Ort als lebendiges Wort Gottes, das uns Orientierung gibt und Trost. Aber sie könnte gar nichts helfen, wenn wir sie nicht darstellen. Deshalb sind doch schon so schlichte Darstellungen wie die Passionsspiele zum Beispiel in Oberammergau stets bis auf den letzten Platz ausverkauft und neuerdings offenkundig selbst für große Skeptiker zu Tränen bewegend, weil es etwas anderes ist, ein Wort nur gedruckt zu lesen, als es dargestellt zu sehen. Im ausgehenden Mittelalter gab es an den Kirchenportalen und auf dem Platz vor der Kirche deshalb die Passions- und die Weltgerichts-Spiele. Nicht als Ersatz für die Messe, sondern um die Menschen herauszureißen durch lebendige Darstellungen. Warum greift die Kirche nicht öfter darauf zurück? Noch im 17. Jh. gab es an meinem Gymnasium das regelmäßig aufgeführte Spiel »Asotus« über den verlorenen Sohn. Paulus würde also sagen: »Genau das ist der Sinn aller apostolischen Verkündigung, dass die Menschen sagen können: Wenn ich Paulus sehe, dann weiß ich: Gott ist nahe. Nicht weil er Gott ist, sondern weil er alles gibt, um glaubhaft Gott zu verkünden.«

Der Schlussvers Phil 1,27 ist der Gattung nach (vgl. Berger, »Formen und Gattungen«, § 34) eine testamentarische Mahnung: »Lebt gemeinsam miteinander ..., dass ihr ganz einig seid.« Nach allem, was wir aus diesem Kapitel über die unvertretbar persönliche Darstellung des Evangeliums haben lernen können, gilt wegen dieses Satzes im Kontext des Paulus: Wenn die Kirche einig sein will, braucht sie die Orientierung an einzelnen (apostolischen) Gestalten. Für heute gesagt: Eine einige Kirche ohne den Papst ist gar nicht vorstellbar. Die Bibel ist leider immer nur Anlass für widerstreitende Einzeldeutungen. Ausgerechnet Paulus, der »Apostel der Reformation«, schärft uns ein: »Ihr müsst und dürft mich persönlich haftbar machen für das Evangelium.«

10.1.3 Die Einheit der Kirche hat absoluten Vorrang

Ein Angriff gegen die Einheit der Gemeinde ist ein Angriff gegen Gott. Nach 1 Kor 3 wird dieser frevelhafte Vorgang deshalb mit der Talio (d. h. entsprechender Vergeltung) beantwortet (3,17), einer Kategorie, die nur in Anwendung kommt, wenn Gott selbst betroffen ist. So ist es auch nach 1 Kor 10f.: Wer die Einheit der Gemeinde beim Abendmahl stört, vergeht sich gegen den Herrn selbst, der mit seinem Leib in seinem Leib die Einheit stiftet. Entsprechend schrecklich sind die Auswirkungen.

10.1.4 Realpräsenz im Abendmahl

Durch das Mahl von Brot und Wein wird Gottes Strafgericht in vielfältiger Form herabgerufen, wenn es durch menschliches Verschulden nicht wirklich ist, was es anzeigt, nämlich die Gemeinschaft miteinander durch den einen Herrn. Da wird das Heiligste in Trug und Schein hineingezogen. Die dramatische Schilderung bei Paulus lässt nur einen Schluss zu: Das Herrenmahl ist wirklich das Heiligste, in ihm und durch es hat der Mensch mit Gott selbst zu tun. Insofern sind Brot und Wein Ort der heiligsten Gegenwart Gottes, die durchaus dynamisch vorgestellt ist. Dass Nahrung in diesem Sinne eine strikt religiöse Funktion erfüllt, kennt auch das Judentum. In der Schrift Josef und Aseneth überreicht der Engel der zu bekehrenden Aseneth eine Honigwabe und mit ihr das ewige Leben Gottes. Zu der Honigwabe gibt es sogar ein Deutewort. Dadurch wird erwiesen: Gewiss sind Brot und Wein Symbole, aber mit Realität gefüllte, denn mit ihnen wird Gottes Lebenssubstanz kommuniziert.

10.1.5 Strafe bei Abweichung

Paulus übt Exkommunikation selbst gegenüber harmlosen Christen in Galatien, die zusätzlich zur Taufe – aus was für Gründen auch immer, vermutlich aber in guter Absicht – Beschneidung praktizieren.

10.1.6 Das Gewissen des Mitchristen

Verbindlich ist nicht die Stimme des eigenen Gewissens, sondern das Gewissen des anderen (1 Kor 8 und 10). – Andererseits zeigt 2 Kor 10, dass Paulus die Gewissensentscheidungen von Mitchristen nicht achtet, sondern sie rigoros dem Gehorsam unterwirft; dabei ist ihm der Gehorsam gegenüber dem Apostel mit dem gegenüber Jesus Christus identisch.

10.1.7 Sichtbare Kirche

Die Einheit der Kirche aus Juden- und Heidenchristen muss für Paulus durch eine Kollekte sichtbar werden. Paulus legt größten Wert auf diese sichtbare Dimension, da sonst seine ganze Mission »in der Luft hängen« würde. Dasselbe betrifft auch die »Gemeinschaft« nach 1 Kor 11.

10.1.8 Die Rolle des Heiligen Geistes

Der Heilige Geist steht bei Paulus nicht primär für Orthodoxie (Rechtgläubigkeit), sondern für die Überwindung des Abstands zwischen Mensch und Gott. Jede Festlegung lediglich auf den Glaubensakt ist nicht paulinisch zu nennen. Der Heilige Geist überbrückt den Abstand zwischen Gott und Mensch als Gottes Kraft und wunderbare Macht. Insofern ist sein Wirken Anlass zum Glauben, nicht mehr. Nach manchen evangelischen Theologen soll der Glaube direkte Wirkung exklusiv des Heiligen Geistes sein. Das Problem, das dann entsteht, ist: Wer trägt die Verantwortung für das glaubende Ja der Menschen?

10.1.9 Das Verhältnis von Taufe und Abendmahl

Nach Paulus bewirkt das Herrenmahl nicht die Einheit gespaltener Christen. Ganz im Gegenteil: Wenn die Christen gespalten sind und dennoch Einheit feiern, wird ihnen des Herrenmahl zum Verhängnis. Die Einheit und Zusammengehörigkeit selbst wurde durch die Taufe hergestellt. Wer sie zerstört, versündigt sich gegen die Taufe und darf nicht Herrenmahl feiern.

10.1.10 Paulus tradiert

Gegen Eilert Herms (»Einheit der Christen«, 1984) ist zu betonen, dass der Gedanke der Tradierung des Glaubensguts nicht dem Evangelium völlig fremd ist. 1 Kor 15,3 (»Habe ich euch überliefert …«) ist nicht künstlich zu beseitigen (gegen K. Wegenast). Die Themen betreffen insgesamt Kirche und Sakramente. Doch ist auch zu beachten, was die Christologie zu 1 Kor 11 und Kol 3 zu sagen hat.

10.2 Fünf Fahrstunden für Ökumeniker

Für alle, die Einheit wollen (auch für Katholiken), sind aus meiner Sicht fünf fundamentale Unterrichtseinheiten – wie vor der Führerscheinprüfung – zu absolvieren. Für die Autobahn braucht es zusätzlich noch Erfahrung. Aber um das Gefährt überhaupt in Bewegung zu setzen, kommt man mit wenigen Standards aus, die für alles, was vier Räder hat, Geltung haben. Ich betone ausdrücklich, dass mit denen, die hier hinzulernen müssen, auch Katholiken gemeint sind.

10.2.1 Wir brauchen überall Bischöfe

Einheit der Christen wird nicht sein ohne das episkopale Prinzip. Woran sollte man anknüpfen, wenn nicht an die alte Kirche? Es geht nicht nur darum, dass sich Rom, der Papst und mit ihm der Konsens der Bischöfe auf dem Zweiten Vatikanischen Konzil eine Einheit nur im Anknüpfen an die Urverfasstheit der Kirche vorstellen können. Christen müssen sich weltweit bischöflich verfassen lassen. Ein Bischof ist kein Herrscher – er ist geborener Diener an der Einheit seiner Ortskirche. In dieser Funktion müsste man ihn erfinden, gäbe es ihn strukturell nicht schon in den meisten Kirchen. Es ist gut bekannt, dass man in der reformierten Schweiz nun nach Möglichkeiten sucht, Bischöfe oder der Sache nach Ähnliches zu schaffen. Denn das Problem ist doch immer die Frage nach dem Ansprechpartner. Muss man mit jedem Gläubigen, mit jedem Pfarrer verhandeln? Kann so Einheit der Kirche entstehen? Oder wäre es nicht wünschenswert, dass es wenigstens für die Mehrheit oder den harten kirchentreuen Kern eines Kirchenbezirks einen Sprecher gäbe, mit dem man reden kann, ohne mit jedem Einzelnen zu verhandeln? Ich kann nicht erkennen, dass es gegen einen solchen Vorschlag ernsthafte Einwände geben könnte. Ob man diese Funktionsträger im Dienst an der Einheit nun Bischöfe nennt, bleibe dahingestellt.

Mit Heinz Schütte kann man fragen: »Warum hält sich die VELKD in dieser Hinsicht nicht an Martin Luther, der ja bei Gemeinsamkeit in der Rechtfertigungslehre (die nach der ›Gemeinsamen Feststellung‹ in Augsburg 1999 besteht) die bischöfliche Verfassung behalten wollte? ... Wäre eine solche Verwirklichung von Luthers Intention nicht ... folgerichtig, nachdem man sich nach dem Ersten Weltkrieg endgültig von Fürsten als Notbischöfen verabschiedet und bei der ›Wiederentdeckung der Kirche‹ das Bischofsamt wiedergewonnen hat?« (TP 17. 1. 2004)

»Mit dem kirchengründenden Auftrag des auferstandenen Herrn an die Apostel ›ist für alle Zeit auch die Einrichtung des geistlichen Amtes in der Kirche gegeben. Hier liegt ein Wahrheitsmoment der apostolischen Sukzession‹«, konzediert der evangelische Theologe Wilhelm Andersen (Amt, EKL I,109); der evangelische Exeget Heinz-Dietrich Wendland bekennt sich eindeutig zur apostolischen Sukzession (Sukzession im NT, 41; vgl. auch CA 28). Dass lutherische, reformierte und unierte Kirchen in zunehmendem Maße bereit sind, die bischöfliche Sukzession ›als ein Zeichen der Apostolizität des Lebens der ganzen Kirche‹ zu würdigen, wird seitens der evangelischen Kirche in Deutschland im Dialog mit der Kirche von England gesagt (Meißen 1988,16): Das ist ökumenisch freundlicher, aufgeschlossener als das, was die Kammer der evangelischen Kirche in Deutschland zu ›Communio Sanctorum‹ äußert. Der Kanon und nicht das Bischofsamt sei Nachfolger des Apostolats« (ders., TP 18. 5. 2002).

10.2.2 Wir brauchen Bischöfe, die miteinander vernetzt sind

Die zweite Lehrstunde betrifft in den lokalen Bischofskirchen anzusetzende Elemente, die auf die Kirche im Ganzen weisen. In jeder katholischen Messe werden Papst und Bischof, oft auch die Gemeinschaft der Bischöfe genannt. Ich habe noch in keinem evangelischen Abendmahlsgottesdienst den Namen auch nur des Landesbischofs gehört. Gemeint sind Ansätze in jeder Ortskirche, die auf die elementar notwendige Verbindung zur Großkirche hinzeigen. Nach vorherrschend protestantischer Auffassung ist die eine Kirche Jesu Christi jeweils dort verwirklicht, wo das Evangelium verkündet und die Sakramente gespendet werden. Doch bei diesem »existenzialistischen« Ansatz hapert es hinten und vorne.

Es wäre eine in jeder Hinsicht ortlose Ortsgemeinde. Pfarrer der »Deutschen Christen« waren froh darüber, dass sie, wie sie meinten, frei und richtig das Evangelium verkünden und Sakramente spenden konnten. Besonders waren sie darüber froh, dass sie frei waren von internationalen Abhängigkeiten und vom Ultramontanismus. Zugegeben, es gibt nicht viele Kriterien dafür, dass das Evangelium wahr verkündet wird. Aber einer der wenigen Maßstäbe ist wohl der Glaube der ganzen Christenheit, und zwar horizontal und vertikal, also auch bezogen auf den Tiefenraum der Vergangenheit. Ich halte es für hermeneutisch und theologisch unverantwortlich, jeder Ortskirche, die behauptet, das Evangelium zu verkünden, dieses auch zuzubilligen. Auf den »Heiligen Geist« hat sich schon mancher berufen. Der lutherische Altbischof Ulrich Wilckens hat zum Bischofsamt klar gesagt: Entscheidend sei für den weiteren Dialog, ob und wie die lutherische Kirche dem Desiderat nachkomme, »dass der Dienst an der universalen Einheit wahrgenommen werden muss«.

»Ich glaube an die eine Kirche«, bekennen wir gemeinsam. Zu dieser Einheit gehören aber das kollegiale Bischofsamt, die gemeinsame Schrift, die Übernationalität, die Möglichkeit, mit einer Stimme zu sprechen (nichts anderes meint Unfehlbarkeit), und ein globales Kirchenrecht. Zu den nicht förderlichen Vorurteilen auf evangelischer Seite gehört der Satz: »Kein Priester … kann es einem Menschen abnehmen, mit Gott ins Reine zu kommen.« Ich kenne keinen Priester, der mir das abnehmen wollte. Allerdings muss ich zugeben, dass ich mich nicht selbst getauft habe, nicht mir selbst das Evangelium verkünde, nicht mir selbst die Sünden vergebe und für mich selbst auch keine stellvertretende Fürbitte leiste. Insofern ist unser Glaube seit Johannes dem Täufer strukturell zutiefst kirchlich. Aller Anfang, inklusive Schrift, ist mir von Gott durch die Kirche geschenkt. Aber niemand nimmt mir meine Verantwortung.

Ein Schritt in Richtung Konsens scheint mir Luthers Bekenntnis von 1528 zu sein. Kirche ist demnach »Versammlung aller Christen in der Welt, die einige Braut Christi und sein geistlicher Leib«. Denn hier rückt die weltweite Dimension des Christentums in den Blick, hier ist sie eine selbstständige überindividuelle Größe (Braut). Und als Leib Christi muss sie nach 1 Kor 12 und Eph 1–4 auch in sich gegliedert sein.

Hier ist auch wiederum kurz auf das Papstamt einzugehen. In der ökumenischen Vereinbarung »Communio sanctorum« heißt es von lutherischer Seite: »Ein universalkirchlicher Dienst an der Einheit und an der Wahrheit der Kirche entspricht dem Wesen und Auftrag der Kirche, die sich auf lokaler, regionaler und universaler Ebene verwirklicht. Es ist daher grundsätzlich als sachentsprechend anzusehen.« (CS Nr. 195) Und von katholischer Seite heißt es in demselben Dokument: »... dass die päpstliche Unfehlbarkeit lediglich in der absoluten Treue zum apostolischen Glauben (Heilige Schrift) ausgeübt werden kann, dergestalt, dass ein Papst, der diese Treue nicht wahrte, eo ipso seines Amtes verlustig ginge.« (CS Nr. 198). Freilich ist auch hier zu fragen, wer die Schriftgemäßheit feststellen soll. Gegenüber der Kunst der dogmatischen Schriftbeweise wird der Exeget stets misstrauisch sein.

Von Kardinal Joseph Ratzinger stammen die folgenden Sätze, die das Gesagte gut ergänzen: »Das Leiten der Ortskirchen ... ist Mitleiten der Gesamtkirche.« Und: »Die Kirche Roms ist nicht die Universalkirche, sondern nur ... mit besonderer Verantwortung.«

Als Neutestamentler möchte ich zu diesen Fragen in diesem Buch folgenden bescheidenen Beitrag leisten:

- Nach katholischem Denkansatz ist das Papstamt eine bleibende strukturelle Eigenheit der Kirche (s. o. unter 6.2.3).
- Aus der frühesten und auch der späteren Verfassungsgeschichte des Christentums ergibt sich regelmäßig eine Struktur folgender Art: Einem Gremium steht eine Einzelfigur gegenüber, die teils gleicher Art ist wie die Mitglieder des Gremiums, teils sich dem Rang nach unterscheidet. Das gilt von Petrus gegenüber den Zwölfen, von den Aposteln gegenüber der Menge der Presbyter und Episkopen, die sie einsetzen, vom Bischof gegenüber dem Kollegium der Presbyter (Ignatius von Antiochien, um 115 n. Chr.). In 1 Petr 5 kann sich der Apostel Petrus »Mitältester« gegenüber den Gemeinde-Ältesten nennen. Er steht als Apostel der Gemeinde gegenüber und ist zugleich Mitältester. Ähnlich ist die Rolle des Jakobus gegenüber allen Aposteln in 1 Kor 15,7f. vorgestellt. In Apg 21,18 finden wir Jakobus den Herrenbruder gegenüber den Ältesten der Gemeinde von Jerusalem. Auch die ellipsoide Verteilung Menschensohn – Gremium der Zwölf

nach Mt 19,28 könnte dazugehören. Bei Paulus und im Matthäusevangelium zeigt sich dieses Prinzip darin, dass sowohl der einzelne Apostel (Petrus, Paulus) als auch die Gemeinde im Ganzen das Recht zu binden und zu lösen hat (1 Kor 5; Mt 16 und 18). In der späteren Kirchengeschichte wiederholt sich dieses Strukturgesetz. Später findet es sich auch bei Papst und Kardinälen. Selbst in der rheinisch-reformierten Kirche gibt es das Gegenüber von Pfarrer(in) und Presbyterium. Auch im Verhältnis von Pfarrer und »Pfarrgemeinderäten« könnte man eine entfernte Analogie sehen. Dieses Prinzip könnte auch gelten für den Patriarchen von Rom gegenüber dem Kollegium der übrigen Patriarchen.

- Aus alledem wird erkennbar: Die Verfassung der Kirche ist nie nur einfach »monarchisch« oder »hierarchisch«, sondern bestand zu allen Zeiten im Ganzen und im Einzelnen, d. h. auf allen Ebenen, in der spannungsvollen Einheit von Einzelfigur und Gremium.
- Das bedeutet: Der Angstgegner vieler Protestanten ist ein monarchisches Papsttum. Sieht man genauer hin, so wird man entdecken können, dass es dieses nur ansatzweise gab und dass insbesondere das Zweite Vatikanum mit großem Recht kollegiale Strukturen betont hat. Dabei hat freilich Joseph Ratzinger stets hervorgehoben, dass diese kollegiale Verantwortung den einzelnen nicht davon entbindet, diese selbstständig und verantwortlich wahrzunehmen.
- Die Unfehlbarkeit des Papstes wird – aus meiner Sicht – in der Debatte emotional zu hoch gehängt. Sie besagt meines Erachtens praktisch vor allem dieses: Bei einer Schar von über einer Milliarde Katholiken muss im Zweifelsfalle einer verbindlich und persönlich verantwortlich sagen, was gilt. Da man zum Papst keinen Fremden zu machen pflegt, muss man sich nicht mit Harding Meyer um die »Heimholung des Papstes in die Kirche« sorgen.

10.2.3 Wir brauchen Zeichen, in denen der eine Glaube sichtbar wird

Die dritte Lehrstunde betrifft ein anthropologisches Prinzip, nämlich das Verhältnis zwischen Glaube und Zeichen. Ich kann mir keine Einheit der Kirche nur in der Unsichtbarkeit gemeinsamer Überzeugungen vorstellen. Wir brauchen Zeichen, die alle Christen verbinden. Man könnte es auch den Ruf nach einer Symboldidaktik nennen und auf Liturgie und Kunst beziehen. Das reicht vom Kreuzzeichen bis zur neuen alten Art, in der Papst Benedikt das Pallium trägt, nämlich so wie die Bischöfe (!) der Ostkirche.

10.2.4 Wir brauchen ein kirchliches Lehramt

Die vierte Lehrstunde bezieht sich auf die Notwendigkeit des Lehramtes. Es wird von vielen Protestanten ganz abgelehnt, von Eberhard Jüngel (FAZ 15. 5. 2005) aber bejaht. Ich hoffe, dass Jüngel nicht meint, dieses Lehramt sollten die Theologieprofessoren wahrnehmen. Eine Kirche kann man nicht auf Professorenmeinungen bauen, denn naturgemäß meint jeder Professor alles anders als sein Kollege. Ich bin nicht der Meinung, dass ein Lehramt die Schrift in ihrer Geltung irgendwie marginalisiert, entthront, sie ihrer kritischen Kraft beraubt oder sie domestiziert. In meinem ganzen Leben habe ich immer wieder dieses erfahren: Es gibt eine lebendige Spannung zwischen der Vielzahl und Distanz der biblischen Schriften einerseits und den immer neuen Versuchen, eine möglichst langlebige Dogmatik andererseits zu schaffen. Dieser Spannung muss sich jeder Exeget und jeder Dogmatiker stellen.

Im sensiblen Fall der Bibelübersetzungen mag das folgende Beispiel zeigen, wie man in der Vergangenheit verfahren ist: Da man nun über Bibelübersetzungen immer streiten kann, erhebt sich die Frage nach einem Maßstab. Das gilt besonders für die Liturgie. Nun aber hat man im Streit um die »Einheitsübersetzung« (Herbst 2005) die Frage hochgespielt, ob die Evangelischen genötigt sind, bei der Diskussion um Einzelstellen sich an die römische Instruktion zu halten. Daran denkt weder in Rom noch bei den katholischen Mitübersetzern irgendjemand, denn das ist nicht die Intention der Instruktion. Der Vorstoß richtet sich vielmehr gegen das katholische Lehramt überhaupt. Erhobenen Hauptes meldet man Trotz gegen Rom an.

Es wäre interessant zu sehen, wie Lutheraner in vergleichbaren Fällen ihrerseits verfahren. Dogmatisch gilt, dass der Heilige Geist jedem eingibt, wie er die Schrift zu verstehen hat. In der Praxis sieht das so aus: Der aufgeklärte lutherische Theologe Carl Friedrich Bahrdt (gest. 1792), Sohn eines Superintendenten, lieferte 1773 eine Neuübersetzung des Neuen Testaments, »die Goethe verspottete, Lessing jedoch verteidigte«. In den Briefen über »die Bibel im Volkston« (1782) verteidigte Bahrdt diese Übersetzung. Die Übersetzung wurde den theologischen Fakultäten in Würzburg und Göttingen vorgelegt, und nach deren negativem Gutachten wurde er unter anderem vom Kaiserlichen Reichshofrat aufgefordert, ein deutliches Bekenntnis zur wahren Gottheit Jesu Christi und zur heiligen Dreifaltigkeit abzulegen. Bahrdts Antwort war sein »Glaubensbekenntniß«, in dem er sich erneut und nachdrücklich zu seinen beanstandeten aufklärungstheologischen Lehren bekannte und dadurch eine erbitterte Kontroverse provozierte. Deswegen und wegen Verspottung des »Wöllnerschen Religionsedikts« wurde er 1789 zu einer einjährigen Festungshaft auf der Zitadelle Magdeburg verurteilt. Der Fall mag zeigen, wie man doch im Einzelfall dem Heiligen Geist auf die Sprünge helfen musste. Bis heute verfolgt man die Praxis, sich in solchen Fällen an die Voten theologischer Fakultäten zu halten. Es ist in der Tat so, dass diese ganz in die Nähe eines Lehramts rücken.

Für den umstrittenen Fall, der im Übrigen unwahrscheinlich ist, wird es daher im Ernstfall immer darauf ankommen, dass ein Gremium von außen (das keine professorale Konsensvereinigung sein kann) auf die Übersetzungskommission maßstabsetzend einwirkt.

10.2.5 Wir brauchen die Abkehr von der Illusion, die Schrift lege sich von selber aus

Und Ähnliches gilt fünftens für den immer noch verbreiteten Glauben, die Schriftgemäßheit sei das oberste Prinzip, die Schrift »melde« sich oder setze sich von alleine durch. Ich bin seit 40 Jahren hauptberuflich Exeget. Aber durch mich meldet sich nicht die Schrift, sondern leider nur eine ganz bestimmte, nämlich meine Meinung. Nie und nimmer kann ich sie mit »der Schrift« gleichsetzen. Die dreizehn neutestamentlichen Theologien machen schon an sich ein außerexegetisches Lehramt notwendig. Natürlich sollte es episkopale und kollegiale Strukturen aufweisen.

In der ökumenischen Diskussion kommt der Schrift eine einzigartige Rolle zu. Martin Luther wie Johannes Calvin waren schon vor ihren reformatorischen Aktivitäten Bibelausleger. Beide machten die Schrift zum Maßstab ihrer Reformation. Bei Luther äußerte sich dieser Ansatz in der Losung »sola scriptura«.

Wie auch immer dieser Grundsatz korrekt zu verstehen ist – seit dem verschärften Aufkommen der Bibelkritik ist er in große Schwierigkeiten geraten, die man sich freilich nur selten eingestehen mag. Denn in der Bibelkritik wendet man nicht die Schrift kritisch gegen die Kirche, sondern die Vernunft kritisch gegen die Schrift. Die Schrift bleibt so gerade nicht die sichere Basis, von der aus man einfach Kirche und Dogmen kritisieren könnte.

Zu den Einsichten der Bibelkritik gehört die fundamentale Erkenntnis, dass zum Beispiel das Neue Testament keine inhaltliche Einheit ist, sondern dass es unterschiedliche theologische Entwürfe enthält. Daraus hat man den Schluss gezogen, der Kanon des Neuen Testaments könne unmöglich die Einheit der Konfessionen begründen, er stifte vielmehr deren Verschiedenheit und damit die Spaltung der Kirchen immer wieder neu an.

Nun ist die Beurteilung der Verschiedenheiten im Neuen Testament zum Teil Ansichtssache. Ist es die Rechtfertigung, ist es die Auferstehung, wovon man auszugehen hat? Alle Versuche, auf diese Weise die »Mitte der Schrift« zu bestimmen und von hier aus die Vielfalt zu zähmen, schlugen fehl. Sie sind exegetisch nicht erweisbar.

Ich selbst habe das Bild des sich verästelnden Baumes vorgeschlagen: Der Baumstamm umfasst diejenigen Elemente, die gemeinsam sind in allen unterschiedlichen Entwürfen. Sie sind überall explizit nachweisbar; dazu gehört der Titel »Sohn Gottes« für Jesus oder »Reich Gottes«. Von diesem Stamm gehen dann verschiedene große Äste aus, wie etwa »Evangelien« oder »Paulus und Mitarbeiter«. An den Ästen sind Zweige anzunehmen, die jeweils in der Verästelung eines Einzelentwurfs münden. In diesem Modell sind damit Gemeinsamkeiten und Verschiedenheit gegeben.

Das hermeneutische Problem des Umgangs mit den Verschiedenheiten in den Verästelungen ist freilich mit diesem Bild, das traditionsgeschichtlich orientiert ist, nicht gelöst. Diese Frage ist indes relevant für die Bestimmung des »Lehramts«.

Unterschiedliche Beispiele seien genannt; sie sind in sich selbst Anfragen, ob es so etwas wie ein Lehramt geben solle: Die Geltung des Alten Testaments, zum Beispiel des Sabbats, die Realpräsenz beim Abendmahl und der Widerspruch zwischen Schriftstellen, zum Beispiel zwischen Röm 13 und Off 13.

Wegen aktueller Bedeutung ist exemplarisch besonders herauszugreifen das *Verbot homosexueller Praxis*: In 1 Kor 6,9f. nennt Paulus schwere Vergehen, die vom Reich Gottes ausschließen: »Diebe, Knabenschänder, Lustknaben, Lügner«. In der neueren Diskussion ist man geneigt, die »Knabenschänder« und »Lustknaben« für sehr zeitbedingte paulinische Einschätzungen zu halten. Man streicht sie aus dem Katalog und lässt nur noch Diebe und Lügner bestehen.

Man erklärt, Homosexualität sei genetisch bedingt und daher sei ihre Ausübung kein Vergehen. Doch wenn jemand genetisch bedingte Schwächen hat (zum Beispiel zum Stehlen oder Lügen), was gibt ihm die Berechtigung, aus seiner Veranlagung ein Recht zu machen? Oder theologisch gefragt: Warum ist das Verbot von Diebstahl und Lügen Gottes Gebot und das andere nicht? Darf sich jeder Einzelne das zurechtlegen? Ist der noch glaubwürdig Protestant, der nach Veranlagung unter Gottes Wort auswählt?

Ein weiteres Beispiel: Kürzlich vertrat ein angesehener Exeget die Meinung, die sog. »Deuteworte« Jesu beim letzten Mahl bezögen sich gar nicht auf Brot und Wein (Kelch), sondern »Das ist mein Leib« bedeute nur die anwesende Gemeinde. Soll man das nun fortan glauben? Oder mag es glauben, wer will? Oder soll man warten, bis ein anderer Exeget kommt und das alles widerlegt? Heißt dann Glauben, bei der bisherigen falschen philologischen Aussage zu verharren? Oder muss ich als gewissenhafter Christ jeweils die neuesten Dissertationen lesen, wenn schon mein Pfarrer keine Zeit dazu hat? Abgesehen von dieser formalen Frage der Begründung des Glaubens ist es natürlich schon merkwürdig, wenn die Gemeinde, die das Brot isst, nun sich selbst isst und zerkaut. Aber vielleicht ist das gar eine verkannte psychologische Wahrheit?

Der protestantische Exeget Ulrich Luz hat in einem beachteten Beitrag (»Was heißt ›sola scriptura‹ heute?« EvTheol 57 [1997] 28–35) die positive Funktion der Schrift als kommunikativ, als Modell und als Ermöglichung herausgestellt. Das ist ganz in meinem Sinne, wenn damit auch längst nicht alles gesagt ist. Im gleichen Artikel zeigt Luz, dass die Schrift zur Norm nicht taugt. Er zeigt, dass die Schrift von sich aus keine Kraft hat, abgrenzende, normative oder gar einigende Funktionen auszuüben. Es gibt zwei recht profane Schienen, auf denen man de facto Ersatz für die Norm schafft: die Berufungspolitik der Fakultäten und Gutachten der Fakultäten als Ersatzlehramt. Davon, dass die biblischen Texte »sich durchsetzen« oder »sich zu Wort melden«, ist bei Luz keine Rede. Und gewiss wird es jeder Christ begrüßen, dass sich in der »Barmer Erklärung« von 1934 doch so etwas wie ein Lehramt zeigt.

Es liegt mir hier allerdings völlig fern, »vor der Schrift zu warnen«. Vielmehr liegt mir an folgender Unterscheidung. Die Schrift ist der unersetzliche Zugang zu Jesus. Ihr geistlicher Reichtum ist unausgeschöpft. An ihr lerne ich beten und glauben.

Dort, wo die Schrift Nein sagt, darf kein christlicher Theologe Ja sagen. Abgesehen davon ist die Schrift aber ungeeignet, alles das zu be- oder verurteilen, was in ihr »noch nicht vorkommt«. Es kommt in ihr weder kirchliche Eheschließung vor noch ein Glockengeläut. Es kommt in ihr kein Superintendent vor und kein Weihbischof. Es wird in der Schrift noch nicht einmal festgelegt, welche Bücher zu ihr gehören.

Von einem spöttelnden Beobachter hörte ich den Satz: »Protestantismus ist Philologie.« Und entsprechend von einem pensionierten Landesbischof: »Es ist Aufgabe der Exegeten, herauszufinden, was Gottes Wort ist.« Das würde bedeuten: Die Methoden historischer und philologischer »Kritik« sind letztlich der Maßstab für den evangelischen Glauben, jedenfalls für seine maßgebliche Grundlage und Norm. Mein Problem ist hier nur der mangelnde Konsens der Exegeten, also die professorale Willkür und Eitelkeit.

In diesem Sinne verlangt ein protestantisches Papier eine »Sukzession im Evangelium«, nämlich ein »Ringen um die Wahrheit« und deren unverfälschte Weitergabe. Institutionell sei das kaum abzusichern. Der Heilige Geist sei allen Christen gegeben und nicht an ein bestimmtes Amt gebunden. Das alles hört sich an »wie vor dem Sündenfall«.

Dass auch der Leser der Heiligen Schrift inspiriert sein sollte oder könnte, ist ebenso neutestamentliche wie katholische Auffassung. Sie wurde besonders gepflegt in der Frömmigkeit der Laien im Spätmittelalter (*devotio moderna* und verwandte Richtungen). Für eine Existenz innerhalb der Kirche ist das auch problemlos. Auch für heutige Katholiken gilt, dass niemand in seiner Auffassung der Bibel oder des Glaubens behelligt wird, so lange er seine persönlichen Einsichten nicht offensiv gegen die Kirche vertritt oder für sich gar Unfehlbarkeit beansprucht. Damit ist die Grauzone der Berufung auf den Heiligen Geist benannt. Natürlich ist die Unterscheidung der Geister auch ein evangelisch diskutiertes Problem. Dahinter verbirgt sich die Frage, welche Voraussetzungen eben für das ungehinderte Wirken des Geistes notwendig sind.

Der Vorschlag aus der Sicht des Neutestamentlers: Nach der paulinischen Lehre vom Heiligen Geist (Pneuma) ist der Heilige Geist sowohl jeder Christin und jedem Christen einzeln wie auch allen gemeinsam gegeben, und zwar derselbe Heilige Geist. Denn der Einzelne ist Tempel des Heiligen Geistes wie auch die Gemeinde insgesamt. Da ist kein Unterschied. Die Einigkeit der Christen ist das paulinische Meta-Prinzip. Und: Man darf den Heiligen Geist unter keinen Umständen nur mit Lehre gleichsetzen.

Mein hermeneutischer Zugang war und ist vom ersten Studientag an ein anderer als der des liberalen Protestantismus. Er lag in der lateinischen Liturgie, im Judentum und in den Gebeten der koptischen und äthiopischen Kirche, seit den neunziger Jahren in der benediktinisch-zisterziensischen monastischen Hermeneutik. Die liberale Exegese war in meiner Sicht weder »pur« noch in erster Linie »an der Schrift« orientiert, sondern bis in die Knochen abhängig von der neueren deutschen Philosophie – was keine Schande ist, was man aber wissen muss.

Die liberale Exegese hat das Antlitz des neueren Protestantismus sehr geprägt. Ich bestand darauf, die grundsätzlichen Vorentscheidungen und quasidogmatischen Voraussetzungen der liberalen Exegese infrage zu stellen. Mich leitete die Überzeugung, dass ihre Modelle jedenfalls nicht die einzigen sein dürften, dass ihre Alternativen hinterfragt werden müssten.

*

Wenn diese fünf Lehrstunden überstanden sind, kann man sich zur Führerscheinprüfung melden. Das Ziel besteht dann darin, die Einheit der Christen nicht an die Wand zu fahren.

Die Prüfung besteht in etwas sehr altmodisch Biblischem, und zwar in der Unterwerfung, die – aus meiner Sicht – theologisch und liturgisch zu vollziehen wäre.

10.3 Radikalität ist gefragt

Radikalität ist eine neutestamentliche Kategorie. Jesus erneuert dabei nur das Hauptgebot von Dtn 6,5. Es ist radikal, denn es fordert, Gott, den einzigen Gott, ohne Wenn und Aber, nämlich aus ganzem Herzen, aus ganzer Seele und mit aller Kraft zu lieben. Das heißt: Das Hauptgebot fordert kompromisslose Solidarität mit diesem Gott, im Zweifesfalle, wie die makkabäischen Märtyrer zeigten, bis zur Hingabe des Lebens.

Die radikale Weise der Gottesverehrung ist immer, wenn sie denn wirklich radikal ist und nicht auf den eigenen Vorteil schielt, die unüberbietbare. Wenn die Konfessionen wirklich darin wetteiferten, Gott so radikal wie möglich zu dienen, hätten sie gar keine Zeit, ihre Differenzen zu kultivieren und immer weiter zu verästeln.

Weil die Ursache der Kirchenspaltungen stets in nachlassender Radikalität, ja im Aufblühen menschlicher Hybris liegt, deshalb ist auch die Heilung der Spaltung nur durch erneuerte Radikalität möglich. Das betonen viele, jedoch bleibt es formelhaft, wenn man einfach von »Umkehr« spricht. Solche Formelhaftigkeit ist dazu geboren, folgenlos zu sein.

10.3.1 Gemeinsam vor Gott auf dem Boden

Bereits im ersten Kapitel meines Buches »Jesus« habe ich die Trappisten von Tibhirine erwähnt, aus jenem 1938 in den Atlasbergen gegründeten Kloster, dessen Mönche 1996 enthauptet wurden. Für die Frage der Ökumene – weit über das Problem der Konfessionen im Christentum hinaus – ist dieser Punkt für mich wichtig: Die Existenz der Mönche von Tibhirine ist selbst ein Zeugnis für Frieden und Freundschaft unter Moslems und Christen gewesen. Dass sie gerade diese Existenz, die weder auf Missionieren noch auf Großprojekte ausgerichtet war, mit dem Martyrium besiegelt haben, hat sie zum Zeichen werden lassen, das womöglich für Jahrhunderte über sie hinaus nach vorwärts weist. Denn der Dialog zwischen Christentum und Islam wird sicher zu den großen Themen des neuen Jahrtausends gehören. Eindrücklich berichtet der Prior des Klosters, Pater Christian de Chergé über einen Herbstabend im Jahre 1975 aus der Klosterkapelle. Nach der Komplet hatte er sich vor dem Altar flach auf den Boden gelegt, um zu beten. Da gesellte sich ein muslimischer Gast zu ihm und bat, für ihn zu beten. Sie verweilten bis Mitternacht gemeinsam vor Gott. Pater Christian erlebte dies wie eine zweite Berufung: »Unser Gebet hatte zwei Stimmen: das Arabische und das Französische mischen sich, sie erfreuen sich auf geheimnisvolle Weise gegenseitig, sie antworten einander, sie ermächtigen und stützen einander, sie ergänzen und vermählen sich. Der Muslim ruft den Christus an, der Christ unterwirft sich dem Plan Gottes über alle Glaubenden, auch über den einen von ihnen, der der Prophet Mohammed war.« Schon ab 1979 hatten sich zweimal im Jahr jeweils für drei Tage Muslime und Christen zum Gebet getroffen. Von einem der Sufis stammt das Bild: »Wir sind wie eine Leiter, die sich zum Himmel ausstreckt: auf der einen Seite steigen die Muslime zu Gott hinauf, auf der anderen die Christen. Je näher wir Gott kommen, desto näher kommen wir auch einander.«

Nachdem im September 1995 zwei Ordensfrauen ermordet worden waren, rechneten die Brüder von Tibhirine immer deutlicher mit der Möglichkeit des Martyriums. Sie beschlossen zu bleiben und ihr Leben in jedem Falle Algerien zu weihen. Jede Art von Anwesenheit Bewaffneter im Kloster lehnte man ab. – In der Nacht vom 26. auf den 27. März 1996 wurden sieben Brüder des Klosters gewaltsam entführt. Am 21. Mai wurden sie enthauptet, nachdem ein Gefangenenaustausch gescheitert war.

Hier verbinden sich zwei oder drei radikale Elemente: der Lebensstil, das gemeinsame Gebet auf dem Fußboden vor Gott, das Martyrium.

10.3.2 Das Zeichen von Taizé

Ich denke an dieses Zeichen – und ich denke an das Zeichen der Brüder von Taizé. Dass die Ermordung ihres Priors Roger Schutz mit dem Beginn des Weltjugendtages in Köln zusammenfiel, konnte man durchaus als Zeichen sehen. Ein Märtyrer, ein radikaler Lebensstil und eine Jugend, die »nach Großem strebt« (Papst Benedikt XVI.). Überraschend war für mich, dass das Martyrium des Priors gar nicht weiter beklagt wurde. Es schien irgendwie nahtlos in das Ganze hineinzupassen. Wie hatte man bei Martin Luther King über das Martyrium geklagt, extensiv Kommentare abgegeben zu den Attentaten auf deutsche Politiker und auf Johannes Paul II. Hier jedoch war das Martyrium – es wird ohne Zynismus gesagt – eine Art Vollendung. Sie ragte hinein in die fröhlich-ernste Glaubensbegeisterung des Weltjugendtages und widersprach ihr überhaupt nicht.

Nun hat jedes Ding in der Welt zwei Seiten. Ich sage das gleich zu Beginn, weil ich als Historiker und Theologe ohne Illusionen bin. Ich zitiere dazu Hendrick Jolie: »Was das ökumenische Klima der letzten Jahre im Kern vergiftet hat, ist der Handel mit Mogelpackungen im Sinne einer ›Schummel-Ökumene‹. So kann man nicht katholischerseits behaupten, die kirchentrennenden Differenzen des Trienter Konzils seien seit der Erklärung der Rechtfertigungslehre überwunden, und zugleich Protestanten die Kommunion verweigern. Man kann nicht Frère Roger zum ›ökumenischen Heiligen‹ ausrufen und ein Pontifikalrequiem für ihn halten, andererseits aber der evangelischen Kirche das Kirchesein absprechen. Katholische und evangelische Gesprächspartner könnten ganz gut leben mit klaren Überzeugungen und sauber begründeten Einstellungen. Seitdem man sich aber selbst in ›Rom‹ in wolkigen Begrifflichkeiten ergeht, stellt sich zunehmend Ratlosigkeit ein« (Tagespost 24. 9. 2005, Nr. 114).

Die zitierte Meinung zeichnet sich selbst nicht durch präzise Differenzierungen aus. Denn es ist nicht so, wie diese Liste suggeriert, dass das eine immer schon notwendig das andere bedeutet oder wenigstens unbedingt zur Folge haben müsste. Dennoch gibt diese Meinung eine Verunsicherung wieder. Ich habe sie zitiert, um deutlich zu machen, dass ich mir folgender Punkte bewusst bin:

- Die Kommunion des Priors von Taizé beim Requiem für Johannes Paul II. hat für Irritationen gesorgt, die noch nicht behoben sind. Das kommt daher, dass (nun) auch an manch einem anderen Ort dieselbe Interkommunion praktiziert wird.
- Die mit Händen zu greifende Annäherung der Christentümer in Taizé bedeutet nicht schon deren Einheit. Denn der Ort, den dogmatische Wahrheiten hier haben, ist zweifelhaft. Diese Wahrheiten haben auch ihren Platz verdient.
- Die Annäherungen von Taizé begrüße ich von ganzem Herzen. Die Gefahr besteht in der Verwischung der Unterschiede in den Augen des theologischen Laien (und nicht nur dort).
- Die ganze Arbeit ist nicht einfach schon getan, wenn wir alle so werden wie Roger Schutz. Wir können das gar nicht. Doch ich muss gestehen, dass mit dem Abstand zum Ereignis meine Zweifel an Kontroverstheologie eher wachsen und meine Zuneigung zum Modell Taizé eher zunimmt.

Trotz dieser Vorbehalte sehe ich in dem Phänomen Taizé im Prinzip eine sehr ernst zu nehmende Chance, überhaupt weiter nach Einheit zu streben und nicht alles beim Status quo zu belassen.

Die Kommunion des Priors würde ich nicht unter dem Aspekt des Kirchenrechts sehen, vielmehr gibt uns die Theologie noch ganz andere Instrumente an die Hand, solche Geschehnisse zu beurteilen. Es kann ja doch sein, dass in bewusster, freier Entscheidung Handlungen vollzogen werden, die rein juristisch nicht in Ordnung sind, die aber doch als Zeichen weit über sich hinausweisen und damit den Charakter einer prophetischen Zeichenhandlung aufweisen. Die alttestamentlichen Propheten haben bisweilen Zeichenhandlungen geradezu krimineller Art inszeniert; Jesu Zeichenhandlung der Vertreibung der Händler aus dem Tempel ist, wenn man das so betrachten will, ein Verstoß gegen Gewaltfreiheit und Pazifismus. Eine prophetische Zeichenhandlung ist nicht moralisch oder (kirchen-)juristisch zu beurteilen, sondern im Blick auf die Geschichte, die solcher auffälliger Zeichen zur Orientierung über das bedarf, was Gott vorhat. Deshalb: Gäbe es heute Maler wie Velasquez, einer würde ein klassisches Gemälde schaffen mit dem Titel »Die Kommunion des Priors Roger Schutz«. Und Historiker würden finden, dass dieser Prior, ein reformierter Christ, mit den drei letzten Päpsten eng befreundet war. Und sie würden hinweisen auf die Kommunität von Taizé, wo Einheit der Christen so praktiziert wird, dass gerade auch Päpste dem freudig zustimmen.

Wir haben genug von Vorbehalten gesprochen. Sprechen wir von Einzelzeichen, deren Tragweite den Urhebern gar nicht unbedingt bewusst sein muss. Lässt man sich auf diese Dimension nicht ein, kann man nur in trübsinnigen Legalismus verfallen, das heißt: mangelhafte moralische oder juristische Absicherung beklagen. Das konnte sogar dazu führen, dass ein besonders strenger Katholik wegen dieses Verhaltens von Kardinal Ratzinger den Rücktritt und Amtsverzicht von Benedikt XVI. forderte!

Aber zurück zu Prior Roger Schutz und seiner Bewegung. In der Substanz besteht sie aus Lesung (der Schrift), Meditation, Schweigen, Gebet, gemeinsamem Singen, schöner Liturgie und schlichter, selbstloser Arbeit zugunsten anderer. So etwas hat es immer schon in Gruppen ernsthafter Christen gegeben, ich denke etwa an Mennoniten, Herrnhuter und Ähnliche. Nur geschieht es in Taizé unter zwei zusätzlichen Aspekten, dem monastischen (Zölibat und Prior) und dem ökumenischen (eben mit Katholiken und Orthodoxen).

In Taizé wird nicht nur für Protestanten, sondern – gewissermaßen nach dem Rückstoßprinzip – auch für Katholiken das monastische Element wiederentdeckt. Das bedeutet aus meiner Sicht: Diese radikale Lebensform hat fast automatisch vier Dinge im Gefolge: Durch den radikalen Lebensstil wird die Botschaft glaubwürdiger, sie wird auf das wirklich Lebbare konzentriert, sie wird insgesamt sowohl in Richtung auf Gott wie in Richtung auf die Menschen hin plausibler; und Frömmigkeit wird als eigener Bestandteil des christlichen Lebens allererst sichtbar. Alle vier Aspekte sind von großer, ja überragender ökumenischer Bedeutung: Die mangelnde Glaubwürdigkeit war immer der Anlass zu Kirchenspaltungen, die Konzentration auf das Lebbare ist ein Test für jede Dogmatik. Gott und das wirkliche Leben der Menschen werden als die beiden Pole erkennbar, zwischen denen es christliche Existenz gibt. Und schließlich wird erkannt, dass Frömmigkeit nicht bloße Werkerei ist, sondern Teil des Lebens und legitime Äußerung des Herzens.

Die mediale und missionarische Wirkung der Bruderschaft von Taizé war schon immer enorm. Die Vorbehalte gegenüber sichtbarer Frömmigkeit waren schon immer auch solche gegenüber der katholischen Weise, Christ zu sein. Aber sowie man sich auf solche Formen einlässt, nähert man sich dem katholischen Stil an. Vorbehalte gegen diese Lebensform werden auch in Taizé in der zweiten und dritten Generation nicht ausbleiben. Dennoch ist das Ganze wie ein Frühling.

In seiner Enzyklika »Ut omnes unum ...« (Dass alle eins seien) betont Papst Johannes Paul II., dass dort, wo Christen das Martyrium erleiden, in jedem Fall die Einheit der Christenheit vollendet hergestellt ist. Denn Martyrium ist die radikalste Form des Christseins, und zumindest derjenige, der so glaubwürdig Christ ist, muss, wenn irgendjemand, zur wahren Kirche gehören. Denn näher als im Martyrium kann man Jesus nicht sein.

Für die Frage der Einheit der Christen ist dieser Maßstab, von einem Papst selbst definiert, nicht unwichtig. Wenn das Martyrium die Messlatte ist, dann entfällt für diesen Maßstab offenbar das Kriterium tadelloser Rechtgläubigkeit. Entsprechend ist in der Kirche San Bartolomeo auf der Tiberinsel auch dem deutschen reformierten Pastor Paul Schneider ein Altar gewidmet, der Märtyrer unter den Nazis geworden ist. Wenn das so gilt und anerkannt ist, dann wird auch die Position der Päpste zu Taizé verständlicher. Das strenge Kloster (oder das Leben als Anachoret in der Wüste) gilt schon der Alten Kirche als ein Zeugnis, das dem Martyrium gleichwertig an die Seite gestellt werden kann. – Umso tröstlicher, wenn beides, wie in Tibhirine und Taizé, auch noch zusammenkommt.

Für den Neutestamentler ist diese theologische Position im Blick auf Hebr 11 verständlich. Der Glaube wird hier verstanden als eine Kraft von Gott, die dazu befähigt, alles Irdische, auch das irdische Leben, gering zu achten – um der Sehnsucht nach der himmlischen Heimat willen. Dort ist auch von Menschen die Rede, die ihr irdisches Leben verachteten: »Andere ertrugen schlimmste Martern und wollten kaum freigelassen werden, weil sie sich etwas Besseres erhofften: die Auferstehung aus Toten. Andere erduldeten Hohn und Geißelhiebe, Fesseln und Kerkerhaft. Sie ließen sich steinigen, verbrennen oder zersägen oder von Schwertern durchbohren. Sie liefen in Schaf- oder Ziegenfellen herum, litten Not und Bedrängnis und große Qualen. Andere, bei denen – kurz gesagt – die Welt es nicht zu schätzen wusste, dass sie auf ihr lebten, irrten in Einöden umher und auf Berghöhen und lebten in Erdlöchern. Von diesen allen bezeugt die Schrift: Aufgrund der Kraft ihres Glaubens konnten sie darauf verzichten, nur irdische Verheißungen zu erlangen. Denn Gott hat für uns etwas Besseres vorgesehen. Und nur mit uns zusammen werden alle diese Menschen ihr himmlisches Ziel erreichen« (V. 35–37). Auch in Hebr 11 ist der Glaube nicht die Rechtgläubigkeit, sondern eben eine Kraft. Deshalb konnten auch Menschen vor und außerhalb des Christentums diese Kraft besitzen. Diese Kraft äußert sich in der Sehnsucht nach der himmlischen Heimat und hat insoweit auch ein kognitives Element.

10.3.3 Die Ökumene der Klöster und Kommunitäten

Der katholische Malteser- und der evangelische Johanniterorden sind Geschwister, da beide aus dem alten Johanniterorden hervorgegangen sind bzw. sich auf seine Tradition berufen. Bei jedem offiziellen Treffen des einen sind auch die anderen präsent. Zwar ist das klösterliche Element nur schwach bis mäßig entwickelt, dennoch arbeiten beide Gemeinschaften in der Praxis eng zusammen.

Noch enger ist das Verhältnis zwischen katholischen und evangelischen Zisterziensern (inklusive der Zisterzienserinnen). Hier ist auf der evangelischen Seite das klösterliche Element weitaus schwächer ausgeprägt als auf der katholischen. Doch in Amelungsborn gibt es wenigstens tageweise so etwas wie eine Kommunität. Es gibt dort auch Novizen, Gregorianik und weißes zisterziensisches Mönchshabit. Auf evangelischer Seite ist noch besonders zu erwähnen das evangelische Gethsemane-Kloster in Riechenberg bei Goslar, vor den Toren der alten Stadt. Hier ist in fast tausendjährigen Gebäuden und um eine erhaltene alte Krypta herum ein strenges Kloster nach benediktinisch-trappistischer Art entstanden. Beraten werden diese Klöster – wie auch das evangelische Kloster Casteller Ring auf dem Schwanberg – von Benediktinern und deren Äbten.

Als Familiare der Zisterzienser fühle ich mich in allen diesen Gemeinschaften stets außerordentlich wohl. Und verständlicherweise sind dort die konfessionellen Unterschiede weitaus geringer ausgeprägt als irgendwo sonst auf der Welt. Angesichts der Faszination und auch spezifischen Last des Klosterlebens sind sie auch für die Mitglieder der Konvente ganz uninteressant.

Bevor wir uns der Frage zuwenden, weshalb gerade hier Chancen für die Einheit des Christentums liegen, muss erläutert werden, was diese alten und neuen Formen gegebenenfalls für den Laien bedeuten könnten, der nicht im Kloster wohnt. Bereits in meinem Buch »Kann man auch ohne Kirche glauben?« habe ich dafür votiert, dass die Kirche der Zukunft sich um strenge Klöster kontemplativer Art sammeln möge. Das heißt nicht, dass alle eintreten sollen, sondern dass diese Klöster Zentren konzentrischer Kreise sein könnten. Das könnte eine Reihe von altbekannten Folgeerscheinungen haben:

- Die Klöster in der Zeit der Christianisierung Germaniens waren Kulturzentren. Das bezog sich nicht nur auf Musik und Kunst, sondern auch auf die Kultur der Pflanzen- und Viehzucht sowie den gesamten Bereich der Nahrungsbereitung. Die liebevolle Zuwendung zu diesen verschiedenen Arten von Gestaltung der Schöpfung bedeutete stets auch wichtige ökonomische Impulse. Christen aller Konfessionen suchen die Stille, besuchen die Klöster und besinnen sich auf die christlichen »Wurzeln unserer Kultur«.
- Klöster haben nicht nur die Maßstäbe für Liturgie gesetzt. Sie präsentieren vielmehr deshalb »Liturgie zum Anfassen«, weil

eine Kommunität diese Liturgie feiert. In einer Kommunität kann sich eine Gottesdienst feiernde Gemeinde viel leichter wieder erkennen als in einem einzelnen Pastor. Zu einem nicht geringen Teil wird ökumenische Arbeit sich auch um Verständnis der klassischen Liturgien des Christentums bemühen, auch, was die ostkirchlichen Formen betrifft. Liturgie ist ein im wahrsten Sinne des Wortes schönes Feld, in dem sich Interesse und Verständnis für das Wesentliche entwickelt. »Es schwebt mein Leben und alle meine Sinne in Gottes Liebe, Lob und hohen Freuden, dass ich … mich selbst erhebe zu Gottes Lob«, sagt Martin Luther. Und der Reformator Cornelius Becker (1561–1604) fasst zusammen: »Gott loben, das ist unser Amt.« Diese Priorität wird in Klöstern greifbar für alle.

- In der Regel gelten Klöster – besonders wiederum solche benediktinischer, augustinischer Prägung – als ökumenisch aufgeschlossen. Der Regula Benedicti folgend kultivieren sie ohne Vorbedingungen und leitende Absichten eine Gastfreundschaft, in der das gemeinsam Christliche im Fokus auf den lebendigen Gott wachsen kann. Klöster vertreten dabei eine andere Mentalität als bischöfliche Generalvikariate. Der (häufig) exterritoriale Charakter der Klöster bedeutet, dass man nicht unter Erfolgsdruck steht und stets Jahrhunderte Zeit hat. Denn der Maßstab ist die »Ewigkeit«.
- Ich selbst habe erst Zugang zu Martin Luthers »Anliegen« gefunden, als ich enge Verbindung mit den Zisterziensern eingegangen war. Das heißt: In der klösterlichen Existenz oder in Analogien und Vorformen oder Vorstufen dazu, wie zum Beispiel ich sie praktiziere, geht es um das Zentrum des Christentums selbst, die Existenz vor Gott. Es geht »direkt zur Sache«. Für die ökumenische Frage bedeutet das die Konzentration auf das, was man auch leben kann.
- Klöster kultivieren die alte Tugend der Demut. Die unabdingbare, aber sehr schwer zu praktizierende Demut ist der wichtigste und auch heikelste Punkt für das Zusammenleben in der Kommunität. Wenn Hybris den Kirchenspaltungen zugrunde liegt, dann wäre Demut der Weg, sie zu heilen.

10.4 Sich gegenseitig unterwerfen

Es ist nicht *meine* Lust an der Provokation, es ist das Hören auf Gottes Wort und die nüchterne Betrachtung der Urstrukturen des Christlichen, das mich dazu veranlasst, einen überfälligen Sprung aus dem ökumenischen Stillstand anzuregen. Ich plädiere im Folgenden für ein Ziel ökumenischer Bemühungen, das auf dem wechselseitigen Sich-Unterwerfen der streitenden Parteien beruht. Der Ton liegt auf »wechselseitig«. Ich greife dabei den neutestamentlichen Gedanken der Unterwerfung und wechselseitigen Unterwerfung auf. Ich lasse mich von diesem breit belegten frühchristlichen Konzept leiten und lasse mich von ihm zur Lösung der ökumenischen Fragestellung inspirieren. Mir ist bewusst, dass »unterwerfen« nach Heinrich Heines »zu Kreuze kriechen« riecht, auch nach Kapitulation, nach Kadavergehorsam, nach Segel streichen, nach Widerruf der Freiheit eines Christenmenschen usw. Ich nehme das in Kauf, bin ich doch der Auffassung, dass Christsein mit einer wohlverstandenen Resignation vor den Wegen beginnt, die durch Gottes Willen angezeigt werden. Die Kirche ist nicht »unsere« Kirche, sondern die Kirche Gottes, die endlich aus dem Skandal ihrer Spaltung herausmuss. Darum haben wir zu forschen, wie die ersten Christen Einheit realisierten und wie sie Spaltung überwunden oder vermieden haben.

Und hier ist nun einmal festzustellen: Wenn in frühen Gemeinden Streit war, hat man zur Unterwerfung aufgefordert. »Sich unterwerfen« war damals und ist heute ein radikaler Vorgang, der in der Umwelt der Bibel nur Sklaven zugemutet wird, in den frühen Gemeinden aber auch Christen. Denn so sagt man: Im Gegenüber begegnet ihr dem Abbild Christi, also Christus, Gott selbst. Das gilt für alle Christen untereinander, für Frau und Mann wechselseitig, für Gemeinden und Klerus (Bischöfe, Älteste). Im Resultat soll dieses bedeuten: die Aufgabe allen »Pochens auf die eigenen Rechte« und aller demutsfeindlichen Hybris. Das Entscheidende ist dabei die Mentalität, die Freiheit, eigene Rechte zur Disposition zu stellen. Das könnte sich in einem liturgischen Akt der Unterwerfung unüberbietbar darstellen. So wird vor dem Forum Gottes und aller Zuschauer deutlich, dass wir es radikal ernst meinen mit der Aufkündigung des unmöglichen Status quo.

Zu diesem liturgischen Akt: In der katholischen Liturgie ist das Sich-zu-Boden-Werfen der wohl eindrücklichste Ritus, geübt am Karfreitag, bei der Diakonen-, Priester- und Bischofsweihe und bei der Erhebung zum Kardinal. Am Karfreitag ziehen die Kleriker in den Gottesdienst ein und strecken sich wortlos auf dem Boden vor dem Altar aus. Schweigende Anbetung des Herrn und Erlösers.

10.4.1 Unterwerfung im Neuen Testament

Das neutestamentliche Wort »sich unterwerfen« (die Übersetzung »sich unterordnen« ist zu harmlos) hat in der Zeit des Urchristentums seinen besonderen Verwendungszweck innerhalb des Hauswesens, in dem es die Rolle des Sklaven oder der Sklavin beschreibt. Nur in einem einzigen Text (Plutarch) außerhalb des Christentums wird es vom Verhalten der Frau gegenüber dem Mann gebraucht. Dagegen überrascht, wie häufig das Wort im frühen Christentum gebraucht wird, und zwar keineswegs nur zur Beschreibung des Verhältnisses zwischen Sklave und Herrn. Aber es kommt daher und bedeutet eine völlig ungewöhnliche Ausweitung der Relation zwischen Sklave und Herr auf das Verhältnis von Christen untereinander. Das Wort bezeichnet dabei etwas Ganzheitliches und zugleich Totales. Wer sich unterwirft, der kann dieses real und symbolisch tun, indem er sich zu Boden wirft vor dem anderen, und zugleich gibt er sein ganzes Leben in die Hand des anderen.

10.4.2 »Unterwerfung« verstehen

Im Hintergrund dieses Stückes der urchristlichen Theologie stehen zwei Voraussetzungen: Das Bild Herr/Sklave für Gott/Mensch und der Repräsentanz-Gedanke. Die Sklaven-Metaphorik trifft heute auf besonderen Widerstand – und man ist leichthin versucht, sie aus der Bibel als zeitbedingte Denkform zu eliminieren. Aber damit machen wir es uns zu leicht. Wir müssen vielmehr den *Sinn* dieser zentralen Gleichnis-Rede verstehen, der im Übrigen nicht auf Eliminierung von Freiheit zielt, sondern sich gerade als höchster Akt von Freiheit erweist.

»Herr und Sklave« betrifft die biblische Sicht des Verhältnisses von Gott und Mensch im Sinne einer Beziehung zwischen Herrn und Sklaven. Diese Beziehung ist im Alten Testament grundlegend. Sie äußert sich im Bild vom »Sklaven Jahwes« (zumeist übersetzt als »Diener Gottes«) in den entsprechenden Jesaja-Kapiteln (»Gottesknechtslieder«). Diese Sicht des Verhältnisses Gott/Mensch ist im Neuen Testament keineswegs beseitigt. Wer annähme, Jesus sei lediglich »unser Bruder« und die Christen seine »Freunde«, hält sich nur an eine, im Verhältnis zur Sklaven-Metaphorik schmale Linie. Nein, das Bild ist wesentlich differenzierter.

Nach dem Philipper-Hymnus (Phil 2,6) nimmt Jesus den Habitus eines Sklaven an, und damit wird seine gehorsame Rolle gegenüber Gott beschrieben. Er war gehorsamer Sklave bis zum Sklaventod am Kreuz. Er war deshalb ein bewährter Sklave und durfte daher in der Erhöhung von Gott reiche Ehre empfangen. Ähnlich wird auch von den Sklaven in den Gleichnissen Jesu berichtet, dass sie eine Aufsteiger-Karriere erleben durften, wenn sie sich in Gehorsam, Wachsamkeit und Wohlverhalten gegeneinander auszeichneten. In den Sklaven-Gleichnissen stehen die Jünger und Jüngerinnen Jesu regelmäßig für die Sklaven, Jesus für den Sklavenhalter.

Das Wort »sich unterwerfen« verwendet Lukas auch zur Beschreibung des Gehorsams Jesu gegenüber seinen Eltern (Lk 2,51). Hier wie im Philipper-Hymnus ist das durchaus nicht nebensächlich: Im Christentum ist Unterwerfung Gottes Sache – *er* unterwirft sich. Die Weise, wie sich Gott den Menschen zeigt, ist nicht Herrschaft, sondern Sklavendasein und Unterwerfung. Und wenn Gott das tut, um wie viel mehr passt das für Jünger Jesu.

Paulus selbst bezeichnet sich in den Vorreden seiner Briefe regelmäßig als Sklave Jesu Christi. Er ist der Sklave, Jesus sein Herr. Wir wissen, dass Paulus auch andere Bilder zur Beschreibung der christlichen Identität verwenden kann, so das Bild der Kinder Gottes, die gerade nicht mehr Sklaven sind (Gal 4,1–7). Denn Christen haben den Geist der Kindschaft, nicht der Sklaverei empfangen. Warum hält er dennoch an der Selbstbezeichnung Sklave Jesu Christi fest? Die Auswahl der Bilder bei Paulus ist funktional zu lesen, nicht flächig dogmatisch. Die Bildreden, könnte man sagen, sind symphonisch angelegt – nur im Miteinander aller Stimmen ergibt sich das Stück. So kann man nicht sagen, das Bild des Sklaven sei überholt. Denn wenn Paulus selbst Jesus so nennt, um wie viel mehr sich selbst. Es kommt lediglich auf das jeweilige Ziel der Argumentation an. Danach richten sich die Bilder Sklave oder Kind. Wenn Paulus zeigen will, dass er seinem Herrn gegenüber gehorsam und ergeben ist, spricht er vom Sklaven. Wenn er sagen will, dass wir durch den Heiligen Geist von Gott größere Liebe empfangen haben als je zuvor, dass der Alte Bund novelliert wurde im Neuen Bund, dass Gott selbst über die Gabe des Gesetzes einen Schritt hinausgegangen ist, indem er den Heiligen Geist gesandt hat, dann redet er von Kindschaft.

Was den Gedanken der *Repräsentanz* betrifft: Die Beziehung von Herr und Sklave wird bildlich verstanden – es repräsentiert eine bestimmte Strukturgegebenheit. In diesem Sinn wird das Bild sogar noch verschärft. Denn ein Christ unterwirft sich nicht nur Gott, dem wahren Herrn, wie ein Sklave sich seinem Herrn unterwirft (nämlich bedingungslos). Die Unterwerfung gilt auch dem, der diesen Herrn repräsentiert. Diese Repräsentanz kann dadurch geschehen, dass jemand diesen Herrn auf dem Wege der Abbildlichkeit (wie ein Spiegel) darstellt oder das Licht reflektiert, das von diesem ausgeht. Grundlegend ist dafür der Gedanke der Genesis: Das Menschenpaar nach Gen 1,26f. ist Gottes Ebenbild, das heißt: Das Antlitz der Menschen spiegelt Gottes Antlitz wider. Diese Widerspiegelung oder Repräsentanz Gottes gilt aber gegenüber aller übrigen lebenden Kreatur. Denn das Menschenpaar erhält den Auftrag, sich die Schöpfung »untertan« zu machen. Damit ist aber letztlich alle lebende Kreatur ihrem wahren und eigentlichen Herrn, nämlich Gott untertan. Der Mensch erwirkt das nur, indem er als Gottes Abbild der Kreatur gegenübertritt. Gott herrscht unter Vermittlung des Menschen. Dieses Grundbild der Bibel wird im Neuen Testament und im frühen Christentum auch zu einem Muster der Ausbreitung des Reiches Gottes: Gegenüber dem, der *Bild Gottes* ist, sollen sich die Empfänger der Botschaft und die neuen Teilhaber des Reiches unterwerfen. Und das gilt von einer Stufe der Übermittlung zur anderen. Jetzt stehen nicht mehr die Tiere im Blick von Gen 1,27f., sondern alle Empfänger der Botschaft von Übermittler zu Übermittler.

10.4.3 »Aber wir sind doch freie Menschen!«

Dass nach dem Neuen Testament Gott sich den Menschen unterwirft, dass also Gehorsam und Unterordnung göttlich ist (und nicht etwa Selbstverwirklichung und Emanzipation), ist für neuzeitliche Menschen offenbar nicht nachvollziehbar. Das betrifft wenigstens die Konsequenzen für die Jüngerinnen und Jünger. Man sieht es ja gerne, wenn Jesus Sklave geworden ist. Die Übersetzung »Knechtsgestalt« nimmt auf die Knechte Bezug, die es ja gottlob auch nicht mehr gibt, so dass dieser Berufsstand noch weiter weg ist als der Sklave. Man hört es auch gerne, wenn Paulus Sklave seines Herrn ist. Aber versöhnen möchte man sich doch nicht unter dieser Überschrift. Weshalb nicht? Für die differenzierte Bilder-Theologie des Apostels Paulus entwickelt man nur schwer einen Sensus. Man liest alles eindimensional. Und da widerspricht es natürlich allem, was man an ungeheurem Eifer für Selbstverwirklichung und Emanzipation in deutschen Landen seitens der Kirche hört und was sich besonders auf den Umgang der Kirchen mit ihrem Personal bezieht.

Auf meinen Artikel »Unterwerfung tut wohl« in der FAZ vom 13. 7. 2005 gab es eine Flut wütender Protestbriefe – und dies, obwohl ich in dem genannten Artikel gesagt hatte: »Weil man im Gegenüber Gott begegnet ….«, sei die Unterwerfung ein im frühen Christentum geläufiger Gestus. Aus den Leserbriefen, die von der Vikarin aus Osnabrück bis zum Ratsvorsitzenden der EKD viele umfassten, die Rang und Namen haben, wurde deutlich, dass das frühchristliche Modell der Unterwerfung nicht (mehr) akzeptabel sei. Man wird nachdenklich und fragt sich: Welche Chance haben die vielen Sklavengleichnisse Jesu, gar der Philipperhymnus heute – wenn keiner da ist, der sie wenigstens übersetzen will? Ein Fall von selektiver Wahrnehmung? Darf in der Heiligen Schrift nur stehen, was in unsere Raster passt?

Eine ganz andere Reaktion kam von einem Ökumeniker der ersten Stunde, P. Beda Müller OSB, der schrieb: »Man kann sogar hören, verpflichtende Entscheidungen oder gar Dogmen entsprechen nicht ›unserem protestantischen Selbstverständnis. Bei uns ist Freiheit groß geschrieben‹. Die Ökumene ist daher nicht nur ein theologisches Problem, sondern auch ein psychologisches. Sehr begrüße ich daher, was Sie mit ›Unterwerfung‹ bezeichnen. Ich habe diese Prostration bei meiner Mönchsprofess, bei der Priesterweihe vollzogen und praktiziere sie auch bei Meditationsübungen. Früher haben wir sie als Konvent auch bei der Ankündigung der Menschwerdung an Heiligabend vollzogen, was ich sehr sinnvoll und als eine Art Höhepunkt unserer Liturgie empfand. Leider wurde dieser Brauch als ›theatralisch‹ abgeschafft. Dieser liturgische Ritus hat eine tiefe Bedeutung. Sehr gut ist, dass Sie von dieser ›Unterwerfung‹ auch bei der Abts- und Bischofsweihe sprechen und dass es bei der Ökumene letztlich um eine gegenseitige Unterwerfung geht. Das habe ich noch nie so klar vernommen.«

10.4.4 Das Echo der »Unterwerfung« in der Benediktus-Regel

In der Ordensregel des hl. Benedikt von Nursia heißt es (71,6–8) über den, der aus einem noch so geringfügigen Grund zurechtgewiesen wurde oder ärgerlich ist: *»... dann werfe er sich unverzüglich zu Boden und liege zur Buße so lange zu seinen Füßen, bis die Erregung durch den Segen zur Ruhe kommt.«* Nach 71 gilt überhaupt, die Mönche sollen einander gehorchen, nicht nur dem Abt *(oboedientes sibi invicem)*. In 44,1 geht es um den, der mit dem Entzug der Tischgemeinschaft bestraft wurde: »Er werfe sich am Ende der gottesdienstlichen Feier vor der Tür des Oratoriums zu Boden. Ohne etwas zu sagen, mit dem Gesicht zur Erde soll er dort zu Füßen aller liegen, die aus dem Oratorium kommen *(prostratus iaceat nihil dicens)*.« – »Er werfe sich allen zu Füßen, damit sie für ihn beten.« Auch in Benediktinerklöstern kann man von einer Wiederentdeckung der alten Formen sprechen. In ein Kloster geht man ja, um in die Schule Christi genommen zu werden. Junge Benediktinerinnen und Benediktiner begreifen wieder, dass die Regel den in höchstem Maße freien und sinnlichen Ausdruck von Disziplin braucht, um zu einem Fortschritt im geistlichen Leben zu kommen, wie es in Benedikts wunderbarem Prolog (46–48) heißt: *»Wir wollen also eine Schule für den Dienst des Herrn einrichten. Bei dieser Gründung hoffen wir, nichts Hartes und nichts Schweres festzulegen. Sollte es jedoch aus wohlüberlegtem Grund etwas strenger zugehen, um Fehler zu bessern und die*

Liebe zu bewahren, dann lass dich nicht sofort von Angst verwirren und fliehe nicht vom Weg des Heils; er kann am Anfang nicht anders sein als eng. Wer aber im klösterlichen Leben fortschreitet, dem wird das Herz weit, und er läuft in unsagbarem Glück der Liebe den Weg der Gebote Gottes.« Fliehen wir, wenn wir das Zeichen der Unterwerfung von uns weisen?

10.4.5 Aspekte einer Theologie der Unterwerfung

Betonen muss man zunächst, dass »Unterwerfung« im Kontext des Neuen Testaments in Freiheit und aus Freiheit, ja gewissermaßen als *Erweis christlicher Freiheit* (zum Dienst) geschieht. Insofern wird das Bild vom Sklaven, der sich ja gerade nicht aus Freiheit unterwirft, gebrochen. Einmal mehr kommt es auf den Vergleichspunkt an.

Die frühchristliche Theologie der Unterwerfung hat weiterhin folgende Aspekte: *Unterwerfung unter einen Mitchristen ist eine ganz spezielle Weise der Anteilhabe an Gott.* Es geht dabei nur mittelbar um diesen Mitmenschen. Gott »leuchtet in ihm auf«, deshalb ist Unterwerfung angebracht – und äußerste Demut. Dass es wirklich um Anteilhabe an Gott geht, belegen diese Stellen: »Hört auf den Bischof, damit auch Gott euch erhört! Ein Pfand will ich sein für alle, die sich dem Bischof, den Ältesten und den Diakonen unterwerfen. Mit ihnen möchte ich teilhaben an Gott« (Ignatius, An Polykarp 6,1). Ignatius, An die Magnesier 2,1: »Zotionus hätte ich gern als Helfer, denn er unterwirft sich dem Bischof, als gälte es dem gnädigen Gott selbst, und dem Ältestengremium, als gälte es dem Gesetz Jesu Christi.« Ignatius, An die Trallianer 2,1f.: »(1) Wenn ihr euch eurem Bischof unterwerft, als gälte es Jesus Christus selbst, dann scheint es mir, dass ihr nicht wie andere Menschen lebt, sondern so wie Jesus Christus, der für uns alle gestorben ist, damit ihr, seinen Tod vor Augen, zum Glauben findet und so dem eigenen Tod entrinnt. (2) Ihr dürft nichts ohne den Bischof tun, so haltet ihr es ja schon. Unterwerft euch aber auch dem Rat der Ältesten, als gälte es den Aposteln Jesu Christi, der unsere Hoffnung ist. Wir sollen nach seinem Willen leben, damit uns das Gericht Gottes dann so findet.« Ignatius, An die Epheser 2,2: »Auf jede erdenkliche Weise gilt es, Jesus Christus zu verherrlichen, wie er euch verherrlicht hat, damit ihr Heilige seid, die sich gemeinsam und einhellig dem Bischof und dem Rat der Ältesten unterwerfen.«

Was wir hier »Aufleuchten« nannten, kann man mit der Widerspiegelungstheologie in 2 Kor 4,6 belegen: Gott selbst ist das Licht in unseren Herzen geworden und hat uns seine strahlende Herrlichkeit spüren lassen, die im Widerschein auf dem Antlitz Jesu Christi leuchtet. Ähnlich in 2 Kor 3,18: »Frei und offen dürfen wir die Herrlichkeit des Herrn sehen, die auf unserem Antlitz widerscheint. Und weil wir auf den Herrn selbst blicken, der uns den Geist schenkt, werden wir immer mehr in die Herrlichkeit des Herrn hineinverwandelt.« In dieser Theologie ist Gott das Licht. Und dort, wo das Licht seinen Widerschein findet, gibt es Erkenntnis Gottes. Gottes Licht erstrahlt aber zuerst auf Jesu Antlitz, und er gibt das Licht weiter an uns. So ist Jesus Christus Gottes Licht für uns, und wenn sich sein Licht auf unserem Antlitz findet, haben wir Anteil an Gott.

Jeder Christ kann für den anderen zum Spiegel des Lichtes Christi werden. Die Antlitze haben eine ähnliche Funktion wie der Taschenspiegel, der das empfangene Licht weiterleitet. Auch das Bild des Spiegels in 1 Kor 13,12 ist von daher zu verstehen: »Alles, was wir jetzt sehen, sehen wir nur undeutlich und wie durch einen Spiegel (verzerrt), dereinst aber werden wir es unmittelbar sehen.« Der Grund: Jetzt begegnen wir nur anderen Menschen, zum Beispiel Zeugen, die das Licht von Christus her widerspiegeln.

Generell gilt daher: Wer sich einem Christenmenschen unterwirft, der erkennt das Licht und unterwirft sich Gott. Das zeigen die meisten Stellen. – Die Logik ist: Damit man das Licht Christi empfangen kann, muss man sich in besondere Positur begeben, eben: sich niederwerfen. So etwa heißt es in Eph 5,21f.: »Und unterwerft euch einer dem anderen in Ehrfurcht, als gälte es Christus. Ihr Frauen, unterwerft euch euren Männern, als gälte es dem Herrn.« Dabei ist das »als gälte es« zu erläutern. Der Bedeutung nach muss man übersetzen: »... denn eigentlich und in Wahrheit gilt diese Unterwerfung dem Herrn.«

Wem gilt die Unterwerfung? Aufgrund der wohl unausdrücklich vorausgesetzten »Widerspiegelung« gilt die Unterwerfung jeweils dem, der mir das Evangelium verkündet hat. Es gibt sogar eine ununterbrochene Kette der Widerspiegelung. Sie hat ihren Ursprung in Gott dem Vater, ihn spiegelt Jesus Christus wider, denn er ist Licht vom Licht, ihn spiegeln die Apostel wider, diese werden durch die Bischöfe und Diakone oder die Ältesten (Presbyter/Priester) und Gemeindeführer widergespiegelt. So treffen wir hier auf eine ganz altertümliche Art von Sukzession, deren Ursprung Gott ist. In dieser »Sukzession« geht es um Quellgrund und immer erneute Widerspiegelung des Lichts.

Das erhellt aus 1 Clem 57,1: »Ihr, die ihr den Aufruhr angezettelt habt, unterwerft euch den Presbytern. Nehmt die Kritik an und denkt um, beugt, bildlich gesprochen, eure Knie vor Gott, dem Herrn.« Ähnlich ist 1 Clem 1,3: »Denn ihr habt euch immer unparteiisch verhalten, die Gebote Gottes bewahrt, euch euren Gemeindeführern unterworfen und den Älteren unter euch auch die schuldige Ehre erwiesen.« Die Ältesten und Diakone sind als die Verkünder des Evangeliums das Gegenüber der Unterwerfung. Daher sollen sie all dies meiden und sich den Ältesten und Diakonen unterwerfen, als gälte es Gott und Christus« (Polykarp, An die Philipper 5,3).

Die Unterwerfung, das Sich-Hinstrecken auf den Boden, kann nur in einem Sinn verstanden werden: nämlich als *Demut*, als bewusst gewählte Kleinheit. Sie ist der Weg zu Gott. 1 Clem 57,2: »Lernt, euch zu unterwerfen, und legt alle prahlerischen, hochmütigen und überheblichen Reden ab. Es ist besser für euch, in der Herde Christi klein, aber auserwählt dazustehen, als sich übermäßiger Geltung zu erfreuen und dabei doch von dem ausgeschlossen zu sein, was wir erhoffen.« 1 Clem 2,1 (1): »Ihr alle habt bescheiden und nicht hochmütig gedacht, euch unterworfen und nicht andere zur Unterwerfung gezwungen, lieber gegeben als genommen.«

Die oben genannte Theologie der Widerspiegelung gilt auch im Verhältnis Gott – Christus – Mann – Frau. Dadurch erklärt sich die Rede von Unterwerfung auch in Kol 3,18; sie ist so zu übersetzen: »Ihr Frauen, unterwerft euch euren Männern. *Im Blick auf den Herrn muss das so sein.«* Oberflächlich verstanden ist der Satz ein Ärgernis für jede modern denkende Frau. Denn vom Mann wird dergleichen nicht verlangt. Er soll – »nur« und immerhin – seine Frau lieben. Das »… im Blick auf den Herrn« verändert die Perspektive und so stellt der Passus nicht eine antiemanzipatorische, sexistische Invektive dar, sondern will sagen: Der Herr (Jesus Christus) ist der Einzige, dem diese Unterwerfung wirklich gilt. So ist auch die Brücke zur »Haustafel« in 3,18–20 geschlagen, einer Gattung, die die wechselseitigen Pflichten der Gruppen im Haus (Großfamilie) regelt. Doch warum gilt nach unserem Text diese Unterwerfung einseitig für die Frau? Die Kommentare sind hier schnell bei der Hand, diesen Satz wegzuwischen und ihn für eine überalterte Wendung »aus einer patriarchalischen Gesellschaft« zu halten, die heute nicht mehr gelte. Ich teile diese scheinbar auf der Hand liegende Herleitung nicht, kann diese »schnelle Lösung« vom exegetischen Befund her nicht entdecken.

Dass die Regelungen für Frau und Mann unterschiedlich ausfallen, erinnert an schöpfungstheologische Überlegungen, wie wir sie aus 1 Kor 11 kennen. Dort kann Paulus sagen: »Der Mann muss sein Haupt nicht verhüllen, da er unmittelbar Bild und Abglanz Gottes ist. Die Frau ist dagegen nur Abglanz des Mannes. Denn der Mann kommt nicht von der Frau, sondern die Frau vom Mann …« (11,7). In 11,3 entwirft Paulus eine entspechende Rangfolge: Gott – Christus – Mann – Frau. Man muss natürlich weiterfragen: Woher kommt diese Folge? Antwort: Diese Abfolge kommt aus der Lektüre der Schöpfungsgeschichte(n), und zwar bei Paulus wie bei dem mutmaßlichen Mitarbeiter des Apostels, dem wir den Kolosserbrief verdanken. Der gebildete Laie weiß: Es gibt im Buch Genesis gleich zwei Schöpfungsberichte, einen in Gen 1, einen zweiten in Gen 2. Nach Gen 1 erschafft Gott den Menschen »zu seinem Bild und ihm ähnlich«. Nach Gen 2 wird erst Adam, dann Eva geschaffen. Schon zur Zeit des Neuen Testaments hatte man diese Doppelheit beachtet (Philo v. Alexandrien, Paulus in 1 Kor 15,44–48). Paulus wie der Verfasser des Kolosserbriefes beziehen den ersten Menschen aus Gen 1 auf Christus. Bei Paulus geht das aus 1 Kor 15,45b.49 hervor, im Kol aus 1,15 (Bild Gottes). Gen 1 wird also für sie zur Quelle dazu, Jesus Christus an die erste Stelle der Rangfolge zu setzen. Dann lesen sie weiter und finden in Gen 2 die »normalen« sterblichen Menschen. Liest man daher die Kapitel Gen 1–2 unter dieser Voraussetzung, dann ergibt sich die Reihen- und Rangfolge Christus – Mann – Frau.

Nun aber gilt, wie aus 1 Kor 11,3–8 ersichtlich, hier das Prinzip der Repräsentanz: Gott wird durch Christus repräsentiert, Christus wird durch den Mann repräsentiert, der Mann durch die Frau. In einer solchen Lektüre von Gen 1–2 liegt daher der Schlüssel dafür, dass Jesus Christus nicht durch eine Frau repräsentiert werden kann, sondern nur durch einen Mann.

Trifft das zu, dann bedeutet das auch für den sakramental-liturgischen Bereich: Eine Frau kann Christus nicht direkt repräsentieren. Da der Priester aber Repräsentant Christi ist, folgt daraus, dass er ein Mann sein muss. – Der letzte Grund ist daher nicht bewusste Diskriminierung der Frau oder der unreflektierte Ausfluss einer sexistisch-patriarchalischen Gesellschaft, sondern der letzte Grund ist die christologische Lektüre von Gen 1. Nun kann man fragen, ob das nicht durch die neuere Genesis-Exegese überholt ist, die Gen 1,1–2,2a einer anderen Quelle zuteilt. Dazu möchte ich sagen: Für die Analyse des AT nach dem hebräischen Text mag das wohl gelten. Aber ich kann die christologische Lektüre des Alten Testaments bei Paulus und seinen Mitarbeitern nicht auf anachronistische Weise je nach der Lage alttestamentlicher Forschungshypothesen ändern und umstellen. Paulus hat die Schrift so gelesen, wie wir sie heute vorfinden, und zwar in seinem Glauben an Jesus Christus, und dieser Glaube ist vom Geist Gottes inspiriert, deshalb hat die Kirche den 1 Kor für inspiriert erklärt. Wieder einmal haben wir den Fall, dass die Schrift als das »Fremde« in unsere Zeit hereinragt, Fremdes, das wir nur zu gerne auf das Prokrustesbett unseres neuzeitlichen Selbstverständnisses schnallen. Aber die Bibel ist nicht der Steinbruch unserer Wünschbarkeiten. Bibel lesen bedeutet, sich der Fremdheit aussetzen, um sich von etwas jenseits unserer Vorurteile provozieren zu lassen.

Aus dem Gesagten wird erkennbar, warum für die Frau hier anderes gilt als für den Mann: Nach dem frühjüdischen Repräsentations-Denken stellt der Mann für die Frau »den Herrn« (Christus) dar, und daher gilt für die Frau, dass sie sich im Manne ihrem Herrn unterwirft wie eine Sklavin. Dasselbe gilt auch vom Mann gegenüber Christus, und deshalb nennt Paulus sich »Sklave Jesu Christi«. Nach Ignatius von Antiochien gilt das dann auch gegenüber dem Bischof, der den Herrn abbildet. Dass der Mann die Frau »lieben« soll, meint Gleichbehandlung im Sinne praktischer Solidarität. Wem es sachlich schwer fallen sollte, im (Ehe-)Mann

Christus abgebildet zu finden, der sei an das noch ärgerlichere Kapitel Mt 25,40.45 erinnert, wonach sogar jeder Bettler, Kranke und Behinderte den Menschensohn darstellt.

Auch der Epheserbrief spricht von dem Sich-Unterwerfen der Frauen gegenüber den Männern. Demnach ist die Basis: Die Kirche ist Christus unterworfen. Er ist der Herr, sie die Sklavin. Das betrifft den Status aller Christen. An der Stelle, an der wir sonst das »als gälte es Christus« erwarten, steht hier der Vergleich: Auch die Kirche unterwirft sich – dem Messias Jesus Christus: »Wie also die Kirche sich Christus unterwirft, so unterwerft auch ihr Frauen euch den Männern in allen Dingen. Ihr Männer, liebt eure Frauen, wie auch Christus die Kirche geliebt und sein Leben für sie eingesetzt hat« (Eph 5,24f.).

Auch das Verhältnis zwischen dem himmlischen Vater und dem Sohn Gottes, Jesus Christus, wird so beschrieben, dass sich der Sohn unterwirft. Denn der Sohn ist Abbild des Vaters, ist Licht vom Licht, ist vom Vater gesandt: »Unterwerft euch dem Bischof und den anderen, so wie Jesus als Mensch sich dem Vater unterwarf und wie die Apostel sich Christus, dem Vater und dem Heiligen Geist unterwarfen, damit ihr alle eins seid als Menschen und vor Gott« (Ignatius, An die Magnesier 13,2). Ignatius bestätigt daher konsequent das bisher Ermittelte. – Auch nach 1 Kor 15,28 wird sich der Sohn am Ende aller Geschichte dem Vater unterwerfen, nachdem er bis dahin als König in seinem messianischen Reich (nach M. Luther: die Kirche) regiert hat.

Der typische Anwendungsfall der Kategorie »Unterwerfung« ist die Beilegung von Streit. Wenn Paulus oder sein Schüler das Verhältnis von Christen zueinander meint, dann sagt er: »Unterwerft euch einander« (Eph 5,21). Wenn es um Streit geht, wird die Wechselseitigkeit der Unterwerfung betont; so heißt es in 1 Clem 38,1: »Der ganze Leib unserer Gemeinde, die durch und mit Jesus Christus besteht, muss am Leben gehalten werden. Dazu muss sich jeder seinem Nächsten unterwerfen, wie es seiner Stellung nach seiner Geistbegabung entspricht.«

10.4.6 Ökumene der wechselseitigen Unterwerfung

Der Kernsatz lautet: Weil man im Gegenüber Gott begegnet, deshalb hilft bei Streit nur die radikale Unterwerfung. Sie kann sich darin äußern, dass man sich auf den Boden wirft. Meine Erwartung ist daher: *Die nicht-katholischen Bischöfe unterwerfen sich dem Papst – und der Papst unterwirft sich ihnen.* Was die Bischöfe betrifft: Ich kann das Gerede von der »Bewahrung von Rechtsstandpunkten« nicht mehr hören. Ich finde dergleichen nicht in der Heiligen Schrift. Zurück zur Unterwerfung: Sie ist ein radikaler Akt. Aber sie – nicht das Verteilen des Bärenfells, nicht der Streit, wer am Drücker sitzt, nicht der Kampf um Vorrang und Pfründe, nicht endloses Ringen um intellektuellen Konsens – ist das neutestamentliche Modell christlicher Beziehung im Blick auf den gegenwärtigen Herrn. »Einer schätze den anderen höher ein als sich selbst« (Phil 2,3) – diesen und keinen anderen Geist braucht es in der Ökumene, damit wir endlich über den Schatten springen! Das passt zum Leben und Zeugnis der Kommunität von Taizé, eine Art »Zisterzienser light«, es passt zum Martyrium, also zu Stationen, in denen besonders Johannes Paul II. die Einheit der Kirche schon faktisch gegeben sah. Und weil der regierende Papst sich nun gerade *Benedikt* genannt hat: Das passt zur Regel des Mönchsvaters Benedikt als »Schule des Herrn«, in der wir die (immer auch körperlich vollzogene) Unterwerfung untereinander und unter den Abt entdecken – als Konkretion im Zueinander und als Movens des geistlichen Fortschritts. Wäre nun der Papst so etwas wie der Abt der ganzen Christenheit – er stünde in der hohen Verantwortung, die der Benedikt von Nursia den Äbten zumutet; man lese es in seiner Regel nach.

Ohne Zweifel: Unterwerfung ist Erniedrigung, freilich nach dem Modell Christi, nach dem Modell des Paulus, nach dem Modell der gesamten Urkirche. Diese gegenseitige Unterwerfung – auch liturgisch vollzogen – ist deshalb so wichtig, weil diese sehr weit gehende Selbsterniedrigung als *Gottesbegegnung* verstanden wird. Sie ist nicht die Unterwerfung der Taliban, nicht einmal die Unterwerfung der Vernunft. Ungeheuchelt vollzogen bedeutet sie: Alles das, was an meiner Position Selbstbehauptung, Besitzanspruch, Ehrgeiz und überhaupt menschlichen Rechtes ist, stelle ich zur

Disposition. Die förmliche Unterwerfung könnte ein Filter sein für die geistlich notwendige Klärung kirchenrechtlicher Ansprüche. Die Unterwerfung ist wie eine Mühle, die zermalmt, was nicht wesentlich ist, ganz speziell die Masse der kirchentrennenden Emotionen.

Was folgt auf die gegenseitige Unterwerfung? Angesichts Gottes gilt diese Frage nicht. Und was den Papst betrifft: Nehmen wir doch beim Nennwert, was seit Gregor dem Großen dessen schönster Titel ist: Sklave der Sklaven Gottes. – In den letzten zehn Jahren des Pontifikats des verstorbenen Papstes hat jeder wahrgenommen, was das ist: die Richtung, in der Einheit der Christen denkbar ist.

10.4.7 Theologische Vertiefung: Sich einander als Sklaven unterwerfen

Mit diesem Buch möchte ich ein wenig die Größenverhältnisse vor Augen führen. Vor der Majestät Gottes ist – auch im reflektierten Widerschein – nur das Niederfallen auf den Boden möglich. Das ist durch nichts zu beschönigen. Und bei der Frage der Einheit der Christenheit geht es um eine direkte Berührung mit Gottes eigenstem Anliegen. Wer immer sich auf diese Frage einlässt, ist nahe an der Starkstromleitung. Denn die schiere Majestät Gottes ist nicht verhandelbar. Wenn wir uns einander unterwerfen, meinen wir ihn.

Das Sich-einander-Unterwerfen hat eine Entsprechung im frühchristlichen »heiligen Kuss«. Denn auch diesen geben die Gläubigen einander. So erhalten sie den Heiligen Geist Gottes »am Leben«, indem sie sich ihn gegenseitig zuhauchen. Auch hier ist aus der Konfrontation mit Gott am Anfang (Gott haucht Leben ein) ein Tun auf Basis von Gegenseitigkeit geworden.

Im Rahmen der oben dargestellten Licht-Theologie (2 Kor 3f.) heißt das: Wir unterwerfen uns einander, weil wir einander das Evangelium verkünden. In dieser Form kann man die »Lösung« des Gegeneinanders der Christen dahinein überführen, dass wir einander das Licht des Evangeliums schenken.

10.5 Maria – der Schlüssel zur Einheit

Ausgerechnet Maria soll zur Einheit führen? Sie soll Schlüssel, Weg, Treffpunkt sein, um die Einheit herzustellen? Besonders die Päpste Paul VI. und Johannes Paul II. haben so geurteilt. Aber ist Maria (genauer gesagt: die letzten Mariendogmen) nicht vielmehr eines der großen Probleme auf dem Weg zur Einheit? Und welcher Protestant soll das verstehen: Maria als Weg zur Einheit? Steht sie nicht in ihrer angeblichen Mittlerposition genau an der Stelle, an der sonst bei Katholiken auch die Kirche steht? Angesichts der protestantischen Gottunmittelbarkeit scheint beides in gleicher Weise schwer- bis unerträglich. Andererseits ist Maria so tief in der katholischen Spiritualität und Volksfrömmigkeit verankert, dass eine Ökumene unter Umgehung von »Maria« für Katholiken schlechterdings unmöglich erscheint. Also müssen wir uns mit Maria befassen. Statt sie auf ein evangelisch erträgliches Maß zu reduzieren (Vorbildfunktion?), gehen wir einen anderen Weg. Wir vermuten sie in die Mitte der Kirche – und schauen nach, ob sie dort ist.

10.5.1 Der Schlüssel liegt bei Luther

Luther predigt auch als Reformator zu allen größeren Marienfesten. In seinem Betbüchlein von 1522 steht das Ave Maria, und von Luther stammt die schönste mir bekannte Auslegung des Magnificat. Luther behauptet, dass Maria ohne Sünden sei, und seine Äußerungen über die Verehrungswürdigkeit der Mutter Gottes sind auch für katholische Verhältnisse unübertrefflich. Ich zitiere Luther ausführlich. Routinierte »pageturner« werden überschlagen wollen – aber ich bitte um Meditation gerade dieser Worte. Sie sind ebenso schön wie ökumenisch wichtig.

»Sieh auf den Christus in der Wiege, an der Brust der Mutter, die so jung ist und dazu Jungfrau! Was ist lieblicher als dies Kind? Was feierlicher als die Mutter? Was süßer als dies junge Mädchen? Was schöner als die Jungfrau? ... Zweifle nicht, wenn du dies Kind, das da an der Brust des Mädchens spielt und strampelt, umfängst ... flieh zu diesem Kind, das da an der Brust des schönsten und angenehmsten Mädchens ruht ... Mich dünkt, es gibt fürs ganze Menschengeschlecht keinen kräftigeren Trost als den, dass Christus in allem Mensch, Knäblein, Kind, geworden ist, das am Busen dieses Mädchens mit den Brüsten seiner liebsten Mutter spielt ...« (Martin Luther, Weihnachtspredigt 1519). Der Einfluss zisterziensischer Frömmigkeit ist hier unübersehbar.

An anderer Stelle sagt Luther: »Diese Jungfrau hat einen Glauben, desgleichen in der Schrift nicht ist. Hie sieht man, wie gar nichts die Vernunft vermag, weil sie so ganz muss zuscheitern gehen; denn der Glaube kann sie nicht leiden ... Das ist das erste Stück, das sie bewegt, dass sie soll eine Mutter sein ohn einen Mann ... Wenn sie der Vernunft gefolgt wär, wär sie wohl schwerlich dazu kommen. Maria ... glaubt, tut die Augen zu, obwohl die Vernunft und alle Creaturen dawider sind: ihr Herz hangt allein am Wort ... Aber der Glaub lässt fahren alle Creaturen ...« (Predigt vom 25. 3. 1522). Und auch das kann man bei Luther lesen: »Man kann nicht genug daran gedenken, dass die göttliche Majestät sich heruntergibt in eines Weibes Schoß. Benedikt und Bernhard sagen: Es sind drei Wunder geschehen, das erste, dass Gott Mensch geworden, das zweite, dass seine Mutter eine Jungfrau ist, das dritte, dass das Menschenherz solchs glauben kann ... Der die Mutter empfangen macht, der muss auch den Glauben in den Herzen machen ... Demnach gedenkt die Vernunft, wie ein so großer Gott wahrhaftig und leiblich in der Mutter sein soll, so dass sie wahrhaftig den ganzen Gott trüge. Wenn sie das Kind hat in Händen gehalten, so hat sie Gott, den Schöpfer aller Ding, in Händen gehalten ... Und wer's gewiss weiß, der ist selig und gewiss, dass die Jungfrau Mutter ist und dass sie rein bleibt und dennoch gebiert ...« (Predigt vom 25. 3. 1525).

Luther ist es, der sagt: »So ist Christus, der Schöpfer des Himmels, der Jungfrau Sohn, in ihr empfangen vom Heiligen Geist, aber ohn eines Mannes Samen ... Das ist unser Glaube. Wenn wir das verlieren, verlieren wir das Heil. Denn wenn Christus mein Fleisch und Blut nicht angenommen hat, so hilft es mir nichts. Dann mag er Geistern und Gespenstern helfen« (Predigt vom 24. 3. 1539).

Maria erscheint geradezu als Inkarnation von Demut: »Die Kindsmägde sollten sich rühmen, dass Maria auch eine gewesen ist ... Das edelste Frauenbild nimmt den Magdstand an ... Es ist auch dazu geschrieben, nicht dass Gäns und Enten darauf hören, sondern allen Jungfrauen und allen Matronen zum Bild, dass sie demütig und dienstbereit seien und nicht storrig und knorrig … Die heilige Jungfrau aber geht aus großer und heiliger Demut auf eignen Füßen die weite Reis' zu der alten veracht'en Frau (sc. Elisabeth). Das bricht auch uns kein Bein, sondern macht vor Gott und den Menschen wert, es ist ein Exempel …« (Predigt vom 2. 7. 1520, »Fest Mariae Heimsuchung«). Oder diese Stelle: »Den Dienst hat sie uns allen getan. Ist aber darum nicht hoffärtig mit den höchsten Gaben und Ehren, sondern Elisabeths Dienstmagd und dient auch uns Sündern und Huren. Ist Königin aller Königinnen, Jungfrau über alle Jungfrauen, Mutter aller Mütter und dennoch aller Magd, Guter und Böser. Sie verachtet keinen einzigen Menschen. Wir hören wohl, wie sie alle Gaben zugibt: Wahr ist's, dass du mich Mutter Gottes, gebenedeit, selig nennst und dass ich geglaubt habe, aber ich erhebe mich nicht, sondern meine Seele erhebet den Herrn; was ich bin, bin ich durch seine Gnade, die er mir Unwürdigen gegeben hat, drum lob ich ihn und predige ihn. Das ist hohe Freude und dennoch Demut, dass sie spricht: Mein Herz und Leben ist fröhlich, lobt und preist nicht mich, sondern den Herrn. Da bleibt Freude und Demut, Ehr und Untertänigkeit nicht nur gegen Gott, sondern auch gegen Menschen …« (Predigt vom 2. 7. 1539 »Mariae Heimsuchung«). – »›Er hat Großes an mir getan.‹ Sie verleugnet's nicht, was sie hat, sondern gibt's zu, sie habe die höchsten Gaben, nämlich den Heiligen Geist, einen starken Glauben und dass sie wahre leibliche Mutter Christi ist. Man kann's nicht erzählen, es übersteigt alle Sinne, dass die Mutter Gottes ein gewöhnliches Weib sein soll. Die Türken glauben auch, dass Maria reine Jungfrau und gebenedeit ist und wahre Mutter Christi, obschon sie Christus nicht als Gott erkennen … Deutlich sagt Elisabeth: Die Mutter meines Herrn. Die Mutter geht noch schwanger, und doch ist er ihr Herr, wahrer Mensch und Gott. Aber doch soll das Weib seine Mutter heißen, und er ist der Herr, der alles aus nichts geschaffen hat. Die höchsten Gaben hat er ihr getan, indem sie Mutter Gottes ist, und dennoch lässt er sie im Elend, gibt ihr keine Ketten an den Hals und keine Gulden ins Bett. Er bleibt Bettler mit ihr … Und diese Barmherzigkeit höret nimmer auf. Bei Abraham hat sie begonnen und währet bis auf Maria und durch die ganze Welt …« (ibid.).

Luther rekurriert immer wieder auf den Glauben Marias: »Denke aber dem nach, dass Gott auch mit dir wirke und dass du deine Seligkeit nur auf die Werke, die Gott in dir allein wirkt, und auf keine anderen stellst, wie du hier die Jungfrau Maria auch tun siehst ...« (Predigt vom 2. 7. 1525). – »Sie (Maria) schreibt's auch ganz Gottes Gnaden zu, nicht ihrem Verdienst. Denn wiewohl sie ohn Sünden gewesen, so ist doch diese Gnade so sehr trefflich, dass sie keineswegs ihrer würdig gewesen ...« (Predigt vom 2. 7. 1516).

Maria gebühre »Verehrung und Lob, (sie sei eine) einzigartige Person, über alle, der niemand gleich ist, *laudatissima illa virgo*«, sie sei *»dignissima amplissimis honoribus«*, und »verdammt, wer Maria nicht ehrt und nie an sie denkt«, denn »gar tief in die Herzen der Menschen gebildet ist die Ehre, die man der Mutter Gottes tut«. Man solle »historiam predigen, *ut gauderemus de Christo incarnato, quod facti sumus fratres et quod hoc, quod coelum et terram implet, est in utero puellae«* (Tischgespräche 25. 3. 1533 – »dass wir uns freuen über den menschgewordenen Christus, weil wir seine Geschwister wurden, und dass das, was Himmel und Erde erfüllt, im Schoß des Mädchens sich findet«).

10.5.2 Grundzüge von Luthers Mariologie

Luther übernimmt alle altkirchlichen Mariendogmen. Dazu gehört, dass sie jungfräuliche Mutter und Mutter Gottes ist. Letzteres ist für Luther der wichtigste Punkt: Sie ist die »Werkstatt, darinnen Gott wirkt«, »fröhliche Herberge und willige Wirtin«, ja sie ist Gottes »Webstuhl«, denn in ihr werden Gott und Mensch miteinander verwoben. Sie ist sogar sündelos. Darüber hinaus sind folgende Elemente wichtig:

- Maria ist Exempel des Glaubens. Denn sie vertraut auf das Wort der Verheißung und erwartet alles von Gott.
- Sie ist Exempel der Gnade. Daher sind für Luther besonders die Berichte über Maria wichtig. Was an Maria geschehen ist, muss/kann/soll auch an jedem Gläubigen geschehen.
- Maria repräsentiert soziale Niedrigkeit und menschliche Einfachheit sowie persönliche Not (wegen ihrer Verdächtigung als

Hure). Gerade weil sie so niedrig ist, wirkt Gottes Herablassung umso größer.

- Gott kommt in der Gottesgebärerin allen Menschen nahe. Keiner ist so niedrig, dass Gott ihn in der Gottesmutter nicht erreichen könnte.

10.5.3 Kritische Äußerungen über Marienverehrung

Die kritischen Äußerungen Luthers zur Art der Marienverehrung betreffen zum großen Teil Tendenzen seiner Zeit, die zeitbedingt waren und in Mittel- und Nordeuropa gewiss nicht mehr festzustellen sind. Dabei geht es, wenn ich das richtig sehe, um die quantitative Ausdehnung der Marienverehrung. Vor lauter Feier der Erhöhung Marias vergesse man die Herablassung Gottes. Hier ist Luthers Anliegen wenigstens die Herstellung eines Gleichgewichts: »Als Geschöpf kann Maria nicht genug gelobt werden, doch wenn der Schöpfer kommt und unser Schatz und Lösegeld wird, dann ist das die (reine) Freude.«

Doch es melden sich auch zwei ernstere Bedenken, die auf theologische Unklarheiten hinweisen. Das eine Bedenken ist Luthers Unterscheidung zwischen Fürbitte und Fürsprache. Marias Fürbitte bejaht Luther, ihre Fürsprache lehnt er ab. »Für eine Fürsprecherin wollen wir sie nicht haben, für eine Fürbitterin wollen wir sie haben wie die anderen Heiligen« (WA 10, III, 325). Luther hat an dieser Stelle seine Rechtfertigungstheologie in die Mariologie eingetragen: Denn Fürsprecherin sei Maria dann wegen ihrer Werke, und diese vor Gott überhaupt geltend zu machen, das sei gegen den Glauben überhaupt gerichtet. Überraschend ist für heutige Leser, dass Luther die Fürbitte der Heiligen überhaupt nicht ablehnt. Und sachlich ist dazu zu bemerken, dass eine Unterscheidung zwischen Fürbitte und Fürsprache vom frühen Christentum her gesehen nicht einleuchtet. Hat Luther an dieser Stelle die Mariologie mit der Diskussion um Rechtfertigung befrachtet?

Das zweite Bedenken Luthers bezieht sich auf die Furcht vor Konkurrenz zwischen Christus und Maria. Aus diesem Grund richtet sich Luther dann an anderer Stelle auch gegen die Anrufung Marias und der Heiligen überhaupt (mit der Bitte um Hilfe). Denn dadurch, fürchtet er, geschehe »Christo ein Abbruch«, »Christi Ehre und Erkenntnis (werde) geschwächt«. In der Apologie der Confessio Augustana heißt es, Maria sei an Christi statt gekommen. Daher wirft Luther auch Bernhard und Anselm vor, sie hätten Maria »zu hoch« gehalten. Nun mag es, wie bemerkt, in der Praxis manchen Missstand gegeben haben, allein dogmatisch ist jede Annahme einer Konkurrenz zwischen himmlischen Personen schlicht abwegig. Wir haben in diesem Buch unter »Denkwege« bereits auf diesen Aspekt aufmerksam gemacht.

Ich finde, dass es wichtig ist, hier den seelsorgerlichen Aspekt vom systematisch-theologischen zu unterscheiden. Es liegt im Rahmen seelsorgerlicher Verantwortung, dass z. B. ein Wallfahrtsdirektor dafür sorgt, dass der Grundcharakter des Evangeliums nicht verfälscht wird. Gerade in Zeiten und Regionen, in denen Christentum und Heidentum noch nahe beieinander lagen oder liegen, gab/gibt es die Gefahr, dass Christentum als eine Art von Kult einer Muttergottheit angesehen werden konnte/kann. Das war auch schon zur Zeit Mohammeds in Arabien der Fall, denn manche Araber meinten, Christen beteten Maria als Göttin an. Dogmatisch war das nie ernsthaft ein Thema. Maria steht für die Menschheit und nicht für deren Gegenüber, den dreieinigen Gott.

10.5.4 Maria und Kirche

Bei Luther wie bei Melanchthon gibt es eine durchgehende Entsprechung zwischen Maria und der Kirche. Auch moderne Lutheraner haben keine Schwierigkeiten, Maria als Mutter der Kirche zu bezeichnen.

Nach Martin Luther ist die Kirche (Christenheit) wie Maria elend, verlassen und, was zu wünschen ist, demütig. »So gefällt sie Gott und zieht er sie hervor.« Luther teilt sodann übrigens die damalige Auslegung der Offenbarung des Johannes, nach der die Frau in Offb 12 »die Kirche bzw. Maria« sei, und sagt: »Sie ist mir lieb, die werte Magd.« Bei Melanchthon finden wir die Meinung: »Was zu Maria gesagt ist, gilt zugleich von der Kirche«, und: »Alles, was Maria sagt, müsst ihr ganz allgemein von der ganzen Kirche verstehen« *(omnia quae dicit Maria debetis universaliter de tota ecclesia in-*

telligere), und: »Maria repräsentiert stets die Kirche« *(Maria semper repraesentat ecclesiam,* Postille zu Mariae Heimsuchung). Bei dem modernen Lutheraner Ulrich Wilckens findet sich zu Joh 19 die Auffassung: »Maria ist die Mutter der Kirche«; nach dem Lutheraner Hartwig Thyen (Das Johannes-Evangelium, 2005) ist Maria an dieser Stelle gar die »Mittlerin zwischen Altem und Neuem Bund«.

Kontroverstheologisch ist dabei wichtig: Maria steht der Kirche nicht gegenüber, sondern ist ihre Repräsentantin. Der Kirche gegenüber steht ihr Herr Jesus Christus, und durch, in und mit ihm der dreieinige Gott. Auch insofern als die Kirche der (mystische) Leib Christi ist, steht er ihr doch als Haupt des Leibes gegenüber (Eph; Kol). Und wo die Kirche einfach Leib Christi im Ganzen genannt wird (1 Kor 10–12), ist die Beziehung zu ihm ganz und gar anders als zu Maria. Denn Maria ist Repräsentantin als »eine von uns«. Nie wird die Kirche ihr Leib genannt. Das liegt daran, dass »Leib« eine Metapher ist, bei der der »springende Punkt«, das Vergleichsglied, der »organisch gegliederte Herrschaftsbereich eines Einzelnen« ist. Deshalb kann der römische Staat Leib des Kaisers genannt werden, das jüdische Volk Leib des Hohepriesters. Aber Maria herrscht nicht über die Kirche, sondern sie dient.

10.5.5 Gibt es eine Fürsprache Marias?

In der Frage der Fürbitte/Fürsprache der Heiligen und besonders Marias kann man vielleicht auf folgender Basis Verständnis für die katholische Position wecken:

- Es gehört zu den Grundregeln des Lebens im Volk Gottes, dass ein Mensch für den anderen etwas bei Gott »tun« kann. Er kann z. B. für ihn beten oder fasten (Lehre der Zwölf Apostel, 1. Jh.). Nach Paulus (1 Kor 15,29) kann er sich sogar für einen anderen taufen lassen – eine Meinung, der sich die spätere Kirche nicht anschließen konnte.
- Auch in nahezu jedem protestantischen Gottesdienst wird diese Lebensregel vollzogen. Denn es wird für andere gebetet, auch sogar dann, wenn diese nicht glauben.
- Für katholisches Verständnis (und teilweise auch für Luther)

sind die verstorbenen Christen nicht einfach tot, sondern leben bei und mit Jesus Christus im Himmel. Sie können daher Fürbitte leisten, und auch nach Luther tun sie das. Strittig ist nur, ob man sie auch um ihre Fürbitte bitten darf, so als könne man mit ihnen reden wie zuvor und sie um etwas bitten wie zuvor.

- Im modernen Protestantismus ist der Topos von der Fürbitte, die die Heiligen leisten, völlig in den Hintergrund getreten. Die Anrufung der Heiligen mit dem Ersuchen um Fürsprache ist seit Luther »abgeschafft«. Bei Katholiken lebt die »archaische« Auffassung fort, dass die Toten nicht tot, sondern sprachlich erreichbar sind. Mit Nekromantie hat das nichts zu tun. Und weil Maria immer nur darum angegangen wird, bei Gott ein Wort für uns einzulegen, ist diese Position vom Götzendienst weit entfernt.

10.5.6 »Wie Maria« oder »durch Maria«?

Ein »wie Maria« könnten Protestanten jederzeit zugeben: Wie Maria glauben wir, empfangen wir Gnade, können wir demütig sein. Maria ist Musterfall und Vorbild der Christen. Das gilt auch für die Begnadung Marias – und insofern sind die Mariendogmen von 1854 (Maria ist von Anfang an von Erbsünde und persönlichen Sünden frei; Luther denkt ähnlich) und 1950 (Marias Aufnahme in den Himmel; Luther will das Fest am 15. 8. zunächst beibehalten) völlig unanstößig, da sie sich auf dieser Linie einordnen lassen. Auch die »Himmelskönigin« ist von hier aus zu verstehen, denn mit Gnade und Herrlichkeit hoffen wir alle, gekrönt zu werden.

Problematisch ist für die Reformatoren nur das »durch Maria«. Hier geht es dann um Fürbitte nach Anrufung. Hier sehen die Reformatoren Konkurrenz-Gefahr. Im Übrigen wird die katholische Position verständlicher, wenn man sich den Grundsatz vor Augen hält, wonach der einmalige historische Weg nicht vergangen ist, sondern strukturell immer gilt: So wie Jesus durch Maria in die Welt gekommen ist, können Menschen auch durch Maria zu Christus geführt werden. Dabei wird Maria nicht mit dem Erlöser verwechselt, sondern sie kann zu Christus führen. Sie zeigt uns Jesus. So heißt es im Salve Regina: »Und zeige uns nach diesem Exil Jesus, die gesegnete Frucht deines Leibes« *(et Iesum benedictum fruc-*

tum ventris tui nobis post hoc exilium ostende). Dass ein Mensch den anderen zu Jesus führen kann, zeigen Texte wie Joh 1, 39ff. (»Wir haben den Messias gefunden«). Und meistens weist ein Mensch den anderen auf Jesus hin, führt ihn zu Jesus; das ist der Hauptweg der Mission, und darin kann nichts Schlechtes liegen.

Auch hier vertreten Katholiken wieder das archaischere Menschenbild (die Toten sind nicht wirklich »weg«), dass auch verstorbene Christen das können, jedenfalls wenn sie bei, mit und durch Christus leben.

10.5.7 Zur ökumenischen Bedeutung der Gottesmutter

Nur unter bestimmten Voraussetzungen, die mit der allgemeinen Ausrichtung einer Theologie zusammenhängen, kann Maria eine ökumenische Bedeutung spielen. Im Rahmen der allgemeinen Tendenz des vorliegenden Buches stößt man auch bald auf eine monastische Linie. Je strenger ein Orden ist, umso deutlicher ist er auch an der Verehrung Marias ausgerichtet (Kartäuser, Zisterzienser, Karmeliter; Augustiner-Eremiten, der Orden Luthers). Das hat seine Gründe in der Nähe dieser Orden zur ostkirchlichen Spiritualität, die speziell die Verähnlichung des Menschen mit Gott durch die Gnade betont. Die Ostkirchen haben insgesamt ein ausgeprägt inniges liturgisches Verhältnis zur Gottesmutter. Für den Westen ist dieses schon deshalb nicht unwichtig, weil der Anfang der Einheit der Christen wohl im Verhältnis zwischen Rom und Orthodoxie liegt. Für den Westen gilt bis auf weiteres:

- Maria kann eine Rolle spielen, wenn die Theologie an der Menschwerdung Gottes, d. h. inkarnatorisch, ausgerichtet ist. Dass dieses in der »liberalen« Theologie (auch zunehmend der katholischen) nicht der Fall ist, dürfte bekannt, aber damit noch nicht gerechtfertigt sein.
- Maria ist gerade in dieser Hinsicht ein Exempel der Gnade (»Gott ist sterblich geworden, um uns an seiner Unsterblichkeit Anteil zu geben«).
- Maria lehrt, die Leibhaftigkeit des Heils zu bedenken. Darauf

weist gerade der Zusammenhang zwischen Geburt Jesu und Aufnahme Marias in den Himmel.

- Die Struktur der »historia« gibt auch die Struktur des Weges zum Heil vor. Fürbitte und Fürsprache kann man im Konzept des Patronats zusammenfassen. Dieses ist für das Christentum wesentlich (»Gemeinsam werden wir es schaffen«).
- Eine echte Annäherung kann kaum dadurch entstehen, dass man die mariologischen Aussagen der Konzilien des 1. Jahrtausends neu diskutiert, sondern im Anschluss an den Sitz im Leben der Marienfrömmigkeit. Dieser »Sitz im Leben« ist die Volksfrömmigkeit. Dazu gehören das Ave Maria (in der biblischen Fassung vor Pius V.), Wallfahrt, Rosenkranz, Marienfeste (auch des älteren Kalenders), Weihnachten. Dazu gehört insbesondere die Ästhetik der Marienverehrung inklusive Stefan Lochner aus Köln. In Maria treffen wir auf eine Frömmigkeit, die christozentrisch wie pneumatozentrisch (auf den Heiligen Geist bezogen) ist.
- In der Frage der Mitwirkung Marias am Erlösungswerk besteht die Gefahr, dass sich bekannte Positionen von vorgestern aus der Rechtfertigungstheologie wiederholen. Marias Glaube ist nicht leblos, sondern sie ist »willige Wirtin«, sie tut etwas: »Meine Seele erhebt den Herrn und mein Geist freuet sich meines Heilands.« Erheben und sich freuen sind unbestritten zwei Aktivitäten. Und: Christus steht zwar ganz im Mittelpunkt, aber doch nicht einsam im Raum des Glaubens. Jesus Christus ist der einzige Mittler, aber Maria kann zum Mittler hinführen. Dieses ist ein schlichtes menschliches Hinführen. Jesu Mittlerschaft ist von ganz anderer Art.

10.5.8 Von der geistlichen Bedeutung Marias

Die Mutter muss man ehren: »Wenn der Freund Geburtstag hat und wir zur Feier eingeladen sind, bringen wir für die Hauptperson ein Geschenk mit, für seine Mutter aber wenigstens ein kleines Blumensträußchen.« So argumentierte vor fünfzig Jahren mein Gemeindepfarrer.

Die Mutter erinnert an die Geschichtlichkeit unseres Heils: Die Bedeutung Marias zu achten und sie zu ehren ist wichtig, weil so die Einbindung des Heils und des Heilands in die Geschichte bleibend hervorgehoben wird.

Jesu Mutter ist Mensch. Von ihr kommt Jesu menschliche Natur. Nur so kann er der Heiland aller sein. Denn nur einer von uns kann Mittler sein. Maria hat durch ihr Ja (inklusive ihrer Belastungen in Schwangerschaft, Entbindung, Kindheit und Erziehung Jesu) daran Anteil gehabt und das Entscheidende vorbereitet.

Jesu Mutter ist Jüdin. Von ihr erfährt Jesus etwas über seinen himmlischen Vater, von ihr lernt er die Sprache der Bibel und die Bibel selbst. Hätte man immer gebührend beachtet, dass Jesu Mutter Jüdin ist, vielen Christen wären ihre grausamen Verirrungen in den Antisemitismus erspart geblieben. Insofern ist Maria tatsächlich die Mittlerin zwischen Altem und Neuem Testament (Hartwig Thyen). Denn weil er von ihr stammt, wurde Jesus auch beschnitten – ein Gesichtspunkt, den man leider durch Abschaffung des Festes »Beschneidung des Herrn« (1. Januar) verdrängt. Ja, Gott ist durch Maria Jude geworden.

Maria ist uns bleibend nahe. Ich habe kein Problem damit, Freunden beim Abschied zu sagen: »Und bete für mich!« Warum soll ich das Maria nicht auch sagen dürfen? Ich möchte hier an die Allerheiligenlitanei erinnern. Sie wird bei jeder Weihe gesungen, auch in der Osternacht. Wer sie in Erinnerung, gar noch im Ohr hat, wie sie lateinisch gesungen wird (»ora pro nobis« – »orate pro nobis«), wird nicht an eine Konkurrenzveranstaltung zur wahren Anbetung Gottes denken.

Es ist wie ein Gang durch eine konstantinische Basilika, in der auf beiden Wänden des Kirchenschiffs ein schier endloser Zug von Heiligen in weißen Gewändern Richtung Altar zieht. Sie bleiben nicht namenlos, sondern der Singsang der Litanei zeigt wie mit dem Zeigestock auf jeden Einzelnen, nennt ihn mit Namen, entreißt ihn dem Vergessen und macht deutlich: Diese Wolke der Zeugen geht in derselben Richtung, sie alle sind unsere Geschwister, sie alle sind für uns, in ihrer gewaltigen Prozession lassen sie nicht jeden einzeln stehen, sondern in der Fürbitte, im Gedenken aneinander realisieren alle miteinander, dass sie in Liebe zusammengehören. Die Brücke zu den vergangenen Zeugen ist die Liebe. Sie nennen unseren Namen, wie wir ihre Namen nennen. Beides geschieht im Angesicht Gottes.

Sollte sich der Gott des Himmels nicht freuen, wenn so sein Wunsch und Ziel, dass Menschen füreinander einstehen, wirklich werden im Raum der Kirche, die Lebende auf Erden, Verstorbene in der Erde und lebende Heilige im Himmel umfasst? Fürbitte voreinander ist eine der gültigen Formen von Liebe. Ich halte es für verfehlt, sie mit Götzendienst gleichzusetzen.

Nun werden auch Jesus und der Heilige Geist als die Fürsprecher oder Anwälte der Christen vor Gott-Vater angesehen (Röm 8), und dieses ist ein wesentliches Element der Erlösungsgewissheit in jeder christlichen Gegenwart nach Ostern. Reicht es nicht mit diesen beiden Fürsprechern? Zu den Grundgedanken des Christentums gehört das Prinzip der Fülle. »Nicht kleckern, sondern klotzen« – das ist Ausdruck des neutestamentlichen Heils. So könnte man auch für die Allerheiligenlitanei fragen: Reicht es nicht, wenn die Mutter Gottes um Fürsprache gebeten wird? Warum die vielen Namen? Warum am Schluss: Alle Heiligen Gottes, bittet für uns *(Omnes sancti et sanctae dei – orate pro nobis)*? Reicht nicht der dreieinige Gott allein? Das Prinzip ist nicht die Sparsamkeit und nicht die Beschränkung auf das unbedingt Notwendige. Das Prinzip ist die Fülle, und die äußert sich in der strahlenden Vielfalt des Gottesvolkes. Das Problem der Vielfalt und Einheit (im Monotheismus) ist nicht nur, wie oben gesehen, ein ökumenisches, es ist an diesem Punkt auch eine Frage des Gottesvolkes und der Vernetzung der Patrone. Der eine Gott und die vielen Heiligen – ist das eine Gefahr für den Monotheismus?

Maria bezieht die Schöpfung mit ein. Jedes Zisterzienserkloster ist Maria gewidmet, und die ganze Landschaft ringsum wurde in die Mariensymbolik einbezogen: Das Tal, in dem üblicherweise ein Zisterzienserkloster liegt, heißt oft »Mariental« (das Nachbartal dann »Joachimstal«) oder »Gnadental« (mit unzähligen Abwandlungen). Denn das Tal ist zugleich Abbild der menschlichen Seele und des Schoßes Mariens. Und schlängelt sich ein Bach hindurch, so heißt er »Marienfließe«. Und alle zisterziensischen Wasserkünste und -techniken sind ein Abbild des Flusses der Gnade. Diese theologische Deutung der Landschaft ist nicht Spielerei, sondern Predigt, die ganz neue Wege geht: Sie bezieht die Schöpfung direkt ein in die Verbindung von Gott und Mensch in Maria, die in jedem Christen sich wiederholt (Angelus Silesius: »... und wär' er nicht in dir geboren ...«).

Jedes Christsein ist marianisch. Die Aussage der Mystiker über die Gottesgeburt in der Seele jedes Christen hat – und darauf berufen sich die Mystiker auch – eine Entsprechung in den neutestamentlichen Aussagen über die »wahre Mutterschaft und Geschwisterschaft« im Verhältnis zu Jesus. Sie ist dann gegeben, wenn jemand den Willen Gottes tut. Mt 12,49f.: Mit ausgestreckter Hand zeigte Jesus auf seine Jünger und sagte: »Das ist meine Mutter, das sind meine Geschwister. (50) Denn jeder, der den Willen Gottes tut, der ist mein Bruder, meine Schwester, meine Mutter.« In der Auffassung von der Gottesgeburt in der Seele wird diese Auffassung nur von einem Aktionismus weggeführt und tief in der Gnadenlehre verankert. Denn diese Texte sind nicht gegen Maria gerichtet, sondern eine Ausweitung – gerade nach unserem Grundsatz, dass die Struktur des Anfangs bleibend ist.

Maria symbolisiert die Hoffnung aller Christen. Die Aussagen über die Krönung Marias stehen für die christliche Hoffnung überhaupt, das Anteilgewinnen an der Herrlichkeit Gottes. Schließlich ist Mariologie auch ein Verbindungsweg zwischen Aussagen über Jesus und den Heiligen Geist. Noch fünfzig Jahre nach Einführung der Reformation ließ sich in der St. Jakobikirche in Goslar ein evangelischer Christ sein Epitaph mit der Darstellung der Krönung Marias bauen.

Maria ist der »menschliche Faktor« in der Erlösung. Gerade weil auch im Sinne Luthers Maria ein Exempel der Gnade ist und »nichts für sich haben will«, sondern allein Gott erhebt, lässt sie erkennen, was es mit dem »menschlichen Faktor« in der Erlösung auf sich hat. Dieser ist nicht einfach nichts oder gleich null, sondern der Mensch ist Gefäß der Gnade. Und wie kann man die Rolle des

Menschen im Drama des Heils schöner ausdrücken als mit Martin Luthers Bild der »fröhlichen Herberge und willigen Wirtin«?

10.6 Leiden, Kreuz und Ökumene

Die Spaltung der Christenheit ist mehr als ein historischer Betriebsunfall. Sie ist theologisch gesehen, was sie menschlich ohnehin täglich ist: ein Kreuz. Das ist nichts Neues. Bemerkenswerterweise entfaltet Paulus seine Kreuzestheologie angesichts drohender Spaltungen in der Gemeinde von Korinth. Denn verschiedene Gruppierungen in der Gemeinde berufen sich auf unterschiedliche »Stars« wie Petrus, Apollos oder Paulus selbst. Genau in diesem Zusammenhang spricht Paulus immer wieder vom »Kreuz«. Aber auf welche Weise hat denn ausgerechnet »Einheit der Kirche« mit Kreuz zu tun? Müssen wir uns in Hinsicht auf Kircheneinheit heute vielleicht neu auf das Kreuz einlassen?

Schon immer haben Menschen unter der Kirche, das heißt: unter ihren (in unterschiedliche Richtungen weisenden) Wortführern, gelitten. Stets wurde die Kirche dort unglaubwürdig, wo sie sich satt etabliert hatte; stets war die Kirche dann glaubwürdig, wenn sie mit dem Rücken zur Wand stand und verfolgt wurde. In der Verfolgung zeigt sich die Kraft des Glaubens. Beide Aspekte zeigen uns: Zwischen Kirche und Leiden besteht ein geheimnisvoller Zusammenhang. Sei es, dass sie leiden macht, sei es, dass sie leiden muss.

Hier in 1 Kor 1, speziell bei der Frage der Kircheneinheit, bedeutet »Kreuz« bei Paulus die Umkehrung aller Werte, die als gutbürgerlich gelten. Weisheit und Macht, Adel und Reichtum, Wissen und Einfluss müssen, so Paulus, schon durch ihre bloße Existenz die Einheit blockieren: »Hat Gott nicht die Weisheit der Welt als Torheit entlarvt?« (1 Kor 1,20b). Der Weg zur Einheit besteht nach Paulus darin, dass sich alle Gruppierungen unter dem Kreuz wieder finden. »Kirche unter dem Kreuz« bedeutet zunächst die gründliche und vollständige Abkehr von allem, was eben gesellschaftlich etwas gilt.

10.6.1 Ökumene im Kontext der Wohlstandsgesellschaft

Das Ökumenische gehört mittlerweile zum guten Ton, zur öffentlichen Correctness der Etablierten, und zwar in Stadt und Land. Keine Spritzenhaus-Einweihung ohne doppelten Segen, kein Jubiläum ohne ökumenischen Gottesdienst, kein ökumenisches Frauenfrühstück, ohne dass man sich gegenseitig bestätigt, wie weit man es schon gebracht hat. Wohlgefütterte irenisch-angenehme Tagungen, Preisverleihungen, Schlussprotokolle, wonach man »auf einem langen Weg wieder ein paar wichtige Schritte weitergekommen« sei ... Ich fürchte: Alles dieses würde auf den strikten Widerstand des Apostels stoßen. »Es geht euch zu gut dabei«, würde er sagen. »Ihr beruhigt doch nur euer Gewissen«. Das höre ich aus 1 Kor 1 heraus. Paulus würde sagen: Garniert euch nicht schick mit Ökumene! Bedenkt, was es ist: die Zerteilung Christi (1 Kor 1,13)! Sonst wird doch gar nicht deutlich, wie viele Opfer täglich die Trennung der Christenheit kostet. Zum Beispiel vierhundertundfünfzig Jahre Elend der Mischehen (aber das erfahren wohl mehr die Kinder). Gewiss will das niemand, wenn man sich faktisch einrichtet im Fatalen. Man kann die Kirchenspaltungen wohl tragisch nennen, obwohl man als christlicher Theologe mit dem Wort »tragisch« vorsichtig umgehen soll. Dennoch kommt mir oft dieses Wort in den Sinn – mitten im erbitterten Streit, der so viel Kraft gekostet und so viele Menschen unglücklich gemacht hat. Angesichts von Armut, Sklaverei und Krankheit in der Welt ein völlig überflüssiger Streit.

Zur Einigung der Christen gehört das Wahrnehmen der Leiden genauso wie die Bereitschaft, unvollkommene Einheit nicht durch Patentlösungen zu ersetzen. Einheit kommt wohl nicht zuerst durch Nachdenken über Kirchenmodelle zustande, sondern in Wahrnehmung und Aneignung der Leiden, die Menschen unter der Spaltung der Christen ausstehen müssen und mussten. Der Weg führt über ein schmerzvolles Nein zu Schnellschüssen aus Profilierungssucht. Denn Einheit wird nicht von satten Menschen erreicht, sondern von solchen, die um Hilfe rufen, die aus tiefer Not rufen, weil sie die Not wahrnehmen und ertragen wollen, bis Gott das Wunder wirkt.

Paulus lässt keine Illusionen bestehen: Einheit der Kirche durch Teilhabe am Leiden bedeutet schmerzvollen Abschied von allem, was berühmt und wichtig macht. Bis zu einer ehrlichen Einigung an Identität festhalten bedeutet stets auch Leiden. Aus der Situation des Diasporakatholiken heraus weiß ich es, und für evangelische Christen in der Diaspora erfahre ich es und kann ich es mir sehr gut vorstellen, dass man für seinen jeweils »sehr speziellen« Glauben eine Menge ertragen muss. Und wenn dann nun plötzlich jemand kommt und erklärt, das alles sei nicht nötig gewesen, es könne ja alles sehr viel bequemer sein, wenn man auf das Eigene verzichte, dann weiß ich sehr genau: Dieses kann nicht der Weg sein.

Aus der Geschichte des Judentums lässt sich – ohne diese irgendwie als »nützlich« zu instrumentalisieren – dieses erkennen: Identität hängt mit Leiden zusammen. So wird auch der Weg zur Einheit der Christen über das Leiden weniger führen, das sich mit dem Leiden Jesu vermischt. Denn Kreuz bedeutet auch: Das Leiden Jesu Christi gehört in den allgemeineren Rahmen, dass Gerechte leiden müssen. Es setzt sich auch in der Kirche fort. Auch unter Christen kann Glaube oft bedeuten, »dass Liebe wehtut«. Wer so mit Jesus an den Menschen in der Kirche leidet, an den Spaltungen, die sie verursacht haben oder bewusst fördern, der tut dies aus Liebe zu seinem Herrn.

Und dieses Leiden ist nicht unabhängig von Jesu Leiden für die Sünder, sondern es ist Teil davon. Denn es geschieht stellvertretend für alle, die sich vom Leiden dispensiert fühlen, »weil doch einer gelitten hat«. Das Leiden Jesu ist nicht in einen freien Raum gestellt worden; es ereignet sich noch immer, und das Leiden der Christen ist Teil davon. Das gilt auch, wenn Jesus ein für allemal genug gelitten hat. Schon Paulus sagt in 2 Kor 4, dass er an seinem Leib das Leiden Jesu Christi trage, und zwar wirkursächlich für die Entstehung des Glaubens auf der Seite der Korinther. In demselben Sinn hat dies Edith Stein auf dem Weg zur Vergasung gesagt: »Ich gehe jetzt und sterbe für mein Volk.« Paulus und Edith Stein ertragen das Märtyrerleiden, das ihnen von außen her zugefügt wird.

Wenn man der Auffassung ist, dass auch das Leiden derer, die unter der Spaltung der Christenheit leiden, das Leiden Christi ist, dann handelt es sich um Leiden, die von innen her, von anderen Christen, zugefügt werden. Denn es wird von Menschen aus Aggressivität zugefügt. Menschen beackern sich, um Recht zu haben, sie werden dadurch schuldig. Die Religion dient als Instrument der Ideologiebildung. Die von Johann Baptist Metz immer wieder eingeklagte Leidenssensibilität des Christentums hat nicht zuletzt eine ökumenische Seite. Wer nicht die Niederungen des Konfessionsstreits auf den Nachhausewegen von der Schule und in den Mischehen erfahren hat, sollte kein Buch über Ökumene schreiben.

Nicht Christus leidet erneut, aber es ist das Leiden Christi, das Paulus erträgt. So geht es auch jedem Christen in der gespaltenen Christenheit – er leidet »um seines Glaubens willen«, er leidet mit und in Christus. Sein Leiden demonstriert, dass christliche Existenz nicht davon befreit ist, dass Gerechte oder Menschen, die jedenfalls zu Christus gehören wollen, leiden müssen. Die Gründe, die zum Leiden Jesu führten, sind nicht aufgehoben. Und es könnte sein, dass sein Zeugnis gebendes Leiden auch – wie das Leiden des Paulus – Früchte trägt. Dann nämlich, wenn die Menschen spüren, dass da einer nicht leidet, weil er Recht haben will. Wie Jesus greift er nicht zur spitzen Waffe des Triumphalismus, sondern erträgt Angriffe und Anfechtungen. Denn er weiß, dass Einheit der Christen nicht über Rechthaben führt, sondern über ein glaubwürdiges Leben im Angesicht dessen, der allein der Herr ist.

Insofern ist die paulinische Kreuzestheologie eine Anwendung und Umsetzung des Ersten Gebotes. Denn sich allein des Herrn zu rühmen (1 Kor 1,31) bedeutet Bauen der Einheit auf dem Weg des Machtverzichts. Der Verzicht auf Macht bedeutet hier die Respektierung dessen, dass nur einer Gott ist.

10.6.2 Unschuldig schuldig geworden

450 Jahre Augsburger Religionsfrieden lassen mich daran denken, wie wenig unsere jeweilige Konfession mit freiem Willen zu tun hat. Wie sehr wir nur legitimieren, wohin wir hineingeboren sind, und dass unser Ausgangspunkt, die jeweilige Konfession, weitaus mehr mit schlichter Machtpolitik des 16. Jahrhunderts zu tun hat

als mit irgendeiner religiösen Entscheidung. Und dass wir daher zuallererst demütig und bescheiden sein müssten, allem Gedröhn und Getöse abhold. Es tröstet mich, dass genau dieses der Angelpunkt der paulinischen Argumentation in 1 Kor 1 ist.

10.6.3 Die fatale Rolle der Theologie

Um noch einmal die theologischen Konsequenzen anzudeuten: Auch die Parteiungen in Korinth waren, nach allem, was wir wissen, religiös begründet. Sie zurückzunehmen war kein einfacher Prozess, sondern mit religiöser Legitimation und Tradition verbunden. Es ging Paulus auch um die Forderung nach Aufgeben religiös verfestigter Tradition. Wie schnell geschieht solche Verfestigung im Bereich der Religion! Was gestern noch Ereignis in einer kontingenten (= zufälligen, nicht notwendig so verlaufenden) Geschichte war, ist heute schon heilig und unaufgebbar.

Paulus stellt hier auch alles praktische Wissen der Lebenskunst zur Disposition (»Weisheit«) und wohl auch alle Theologie. Sehr oft benötigen wir die meiste Vergebung für unsere Theologie. Denn in Wahrheit ist die paulinische Kreuzestheologie ein uneinholbares Ideal und damit in jeder Minute neu zu vollziehen. Das gilt auch für die Theologie, die immer auch ein Stück Ehrgeiz, eine Portion Taktieren mit Mächtigen enthält. 1 Kor 1 geht mit jeder Theologie ins Gericht.

Aber Theologie ist kein »weltlich Ding«. Der Theologe setzt sich dem Wagnis aus, dass ihm doch einmal mitten in seinem Tun Gott begegnet. Darauf kann man sich nicht vorbereiten, aber es könnte geschehen. Andererseits erscheint manche Theologie in ihrer konsequenten und bornierten Weltlichkeit oft als eine Art Absicherung gegen eine plötzliche Gegenwart Gottes. Aus meiner Sicht ist es eine erstrangige ökumenische Frage, ob in der Theologie Bereitschaft besteht, sich durch die Gegenwart Gottes »knacken« zu lassen. Die Ursünde falscher Theologie besteht darin zu vermeinen, sie beherrsche ihren »Gegenstand«. Lebendige Präsenz stört. Vielleicht hat es nicht viel geholfen, auf jeden Fall aber war es ein schönes Zeichen, dass der Heidelberger systematische Kollege Albrecht Peters seine Vorlesung, die er morgens um acht Uhr hielt (wie ich), jeweils mit einer Strophe Choral beginnen ließ. Und das hallte dann ganz himmlisch durch die um diese Zeit noch leeren Gänge der Universität. Peters gehörte der Michaelsbruderschaft an, einer wichtigen Vorläuferin der Ökumene.

Wie kann Theologie gehorsam werden (gegenüber Gott, falls hier Missverständnisse bestehen sollten)? Es müsste etwas von dem Erschauern Blaise Pascals vor dem lebendigen Gott – »nicht der Philosophen« –, etwas von seiner grundlegenden religiösen Erfahrung hinzukommen und sie verwandeln. Eine solche Theologie müsste sich den ideologischen und apologetischen Charakter des normalen Betriebs eingestehen und nicht die Verteidigung der Vergangenheit zum Ziel haben. Eine wahrhaft »geistliche« Theologie würde um eines neuen, konstruktiven, zukünftigen Zieles willen betrieben werden.

Man muss sich doch ernstlich fragen: Waren die theologischen Disputationen der Weg, um die Spaltung(en) zu beseitigen? Ging es da nicht viel zu häufig zu wie auf diesen »Podiumsdiskussionen« und »Duellen« vor der Wahl, bei denen es vor allem auf die bessere Performance, den höheren Applauspegel und die stärkere Quote ankam? Die Dispute dienten – so sehe ich es – der Rationalisierung (und gewöhnlich der Emotionalisierung) der Spaltung. Und nach dem Disput verabschiedete man sich doch nicht, um die Fusion der Schulen oder Parteiungen vorzubereiten, sondern um bis zum nächsten Mal von der Argumentation des Kontrahenten gelernt zu haben, um ihm dann umso subtiler zu begegnen.

10.6.4 Über Wahrheit und Liebe in biblischer Religion

Im Unterschied zur gegenwärtig tonangebenden Toleranzgesellschaft gibt es in der biblischen Religion eine Priorität der Wahrheit vor der Liebe. Wo immer ich meinen Hörern diesen unerträglichen Satz zumute, gibt es großen Ärger. Denn die Menschen zu lieben sei doch wichtiger als Rechthaberei. Wer die Wahrheit vertrete, sei blind für das Menschliche.

Was ist denn diese Wahrheit? Diese Wahrheit ist der dreieinige Gott. Alle Fassungen des Credos der Kirche sind trinitarisch formuliert. Wahrheit ist in Gott – und sie öffnet sich in Jesus Christus und dem Heiligen Geist auf uns hin, damit wir in sie einsteigen können und ihre Evidenz leibhaft erfahren. Es gibt nur Entfaltungen dieser einen, grundlegenden Wahrheit. Diese Wahrheit allein kann auch den Maßstab und die Begründung für Menschenliebe abgeben. Es gibt keine Liebe neben oder vor der Wahrheit. In 1 Kor 1 hat diese eine und einzige Wahrheit auch ihre Bedeutung für die Einigkeit in der Gemeinde. Denn wenn es nur den einen Gott gibt, besteht kein Prestige außerhalb des Lobes Gottes. Paulus nennt das »sich Gottes rühmen«. Außerhalb der Ortsangaben Gottes sind wir utopisch, das heißt: ortlos.

Von hier aus ergibt sich auch eine selbstverständliche Brücke zu dem, was ich Unterwerfung genannt habe. Keine Theologie dürfte der Unterwerfung unter den je gegenwärtigen Gott Widerstand leisten. Denn der heiligen Gegenwart Gottes ist nur radikale Unterwerfung und nicht irgendwelche Rechthaberei angemessen. Aufgrund der Priorität des Ersten Gebotes auch in der Verkündigung Jesu ist die theologische Unterwerfung unter Gott die einzig sachliche theologische Reaktion.

Und: »Im Zentrum aller Geheimnisse befindet sich der Gleichmut« (S. L.).

KAPITEL 11

Perspektiven

Wie soll es mit der Ökumene weitergehen? Einerseits: Kardinal Walter Kasper hielt das Requiem für den ermordeten Prior Roger Schutz und alle anwesenden Brüder kommunizierten (übrigens nicht aus dem Kelch, es wurde nur »gut katholisch« die Hostie gereicht).

Andererseits: Die Kommunion des Priors von Taizé beim Requiem für Papst Johannes Paul II. wurde als versehentliche Ausnahme dargestellt, die jedenfalls nicht nachgeahmt werden dürfe. Man sagt nichts Neues, wenn man in diesen unterschiedlichen Nuancen zwei mögliche ökumenische Ansätze vorgezeichnet sieht, einen offenen und einen engeren. Von anderen ökumenischen Klöstern strengerer Observanz ist übrigens Ähnliches bekannt wie vom Requiem aus Taizé.

Und drittens: Beim Weltjugendtag wurde – eine Art Stilbruch – verkündet, nur diejenigen seien zur Kommunion zugelassen, die den katholischen Glauben an die Eucharistie teilten. Dieses Kriterium der rechten Glaubensauffassung über die Eucharistie ist interessanterweise ein protestantisches. So nämlich hieß das Kriterium für die Lutheraner bis zur Leuenberger Konkordie: Reformierte und Katholiken waren vom Abendmahl ausgeschlossen, weil sie nicht das lutherische Abendmahlsverständnis teilten. Und so halten es bis heute die Christen der SELK (»Selbstständige evangelisch-lutherische Kirche«). Nach katholischer Auffassung ist nicht der rechte eucharistische Glaube das Kriterium, sondern das erforderliche Alter, die Abwesenheit von Todsünden und das Fehlen von Hindernissen wie z. B. Exkommunikation und anderer Barrieren.

Die Dinge kommen in Bewegung, und diese ist nicht mehr kontrollierbar. Wir stehen in einer zweifelhaften Mischung von Unkenntnis, mangelndem Mut zur Grundsatztreue und einem schier alles verschlingenden »guten Willen«. Das alles ist jetzt nicht zu analysieren. Vielmehr ist so zu fragen: Welche Wege sind denn wirklich gangbar und verantwortbar?

Für nicht geeignet halte ich Wiederholungen des Experiments »Ökumenischer Kirchentag«. Entsprechend dem Interesse der Medien haben Gestalten wie der Dalai Lama, Professor Hasenhüttl und andere katholische Abweichler das Herz der Medien und damit der Massen gewinnen können. Ich verschweige nicht viele positive Eindrücke vieler Menschen vom Ökumenischen Kirchentag.

Nicht mehr gangbar ist seit neuestem der Weg einer gemeinsamen Bibelübersetzung (»Einheitsübersetzung«). Leider ist der Ausfall dieses Weges kein wirklicher Verlust. Denn für evangelische Christen ist im Gottesdienst die Lutherübersetzung vorgeschrieben. Daran hat sich nichts geändert. Der Anlass des Rückziehers auf evangelischer Seite liegt in der Frage der Zulassung jeder liturgisch verwendeten Übersetzung durch das katholische Lehramt. Jeder, der ein wenig von Bibelübersetzungen versteht, weiß, dass es einer Instanz bedarf, die Übersetzungen zulässt oder aus dem Verkehr zieht. Zur Probe: Lesen Sie doch einmal die Übersetzung des Evangeliums nach Johannes durch den Anthroposophen Emil Bock. Wer kein Griechisch kann, liefert sich dem kuriosen Urteil Emil Bocks aus. Das Lehramt hat hier schlicht die Funktion, auch schon auf der philologisch-historischen Ebene die Spreu vom Weizen zu trennen, die Nicht-Akademiker vor wild gewordenen Professoren zu schützen, einer Spezies, die ich kenne, weil ich ihr angehöre.

Kein Weg sind aus meiner Sicht Gemeinden, die die Interzelebration oder Interkommunion offen oder heimlich vollziehen und, wie man sagt, »vorwegnehmen« wollen. Das katholische Verständnis der Bindung der Eucharistie an die Einheit der Kirche wird so unterlaufen. Wenig zukunftsträchtig ist auch die Förderung »katholisierender« evangelischer Gemeinden. Bei aller Anerkennung der Liebe zu Albe und Stola – die evangelischen Pfarrer solcher Gemeinden sind regelmäßig derartigem innerkirchlichem Druck ausgesetzt, dass sie das »schlechte Gewissen«, das man ihnen einredet, durch antikatholische Abgrenzung an anderen Stellen »wieder gutmachen« müssen und möchten.

Für die strittigen Fragen der Ethik müsste es eine Technik der Lösung von Streitfragen geben. Die Brisanz des Problems wird deutlich an folgendem Fall. Vor mir liegt eine Pressemeldung über die Wahl einer offen lesbisch lebenden stellvertretenden Superintendentin in Württemberg, die mit ihrer Partnerin »in kirchlich abgesegneter Ehegemeinschaft lebt« … »Um die nötige Transparenz herzustellen, wurde an alle Beteiligten der korrekte Lebenslauf der kirchlich angetrauten Partnerin in Umlauf gesetzt« (27. 7. 2005).

Zu den unterschiedlichen Ansätzen in den Fragen von Homosexualität, Scheidung, Abtreibung und Euthanasie meine ich: Eine geeinte Christenheit muss hier unter allen Umständen mit einer Zunge sprechen. Eine Kommission unter Vorsitz des Papstes müsste hier diskutieren, entscheiden und vor allem begründen. So geschieht es ja auch in der römischen Kirche schon längst.

Das mag starker Tobak sein. Alternativen – biblisch fundierte, nicht pragmatische – höre ich gerne. Wirkliche Chancen des Weiterkommens sehe ich dagegen auf drei Gebieten: der Ökumene mit den Ostkirchen, dem Ausbau der apostolischen Sukzession und der Pflege der Volksfrömmigkeit.

11.1 Ökumene mit den Ostkirchen

Die Ansatzpunkte liegen nicht zuletzt in der liturgischen und benediktinischen Orientierung, die der gegenwärtige Papst mitbringt. Hinter den Kulissen gibt es mannigfache Kontakte, die allmählich zu guter Routine werden. Probleme auf diesem Weg sind: die stark nationalkirchliche Ausrichtung der meisten Ostkirchen, die Leidensgeschichte der mit Rom bereits unierten Ostkirchen und die emotionale Belastung durch Erinnerung an historische Schuld von Mitgliedern der Westkirche. Es ist für Westler leicht zu sagen, diese Probleme seien gering angesichts der Fülle der Gemeinsamkeiten. Doch wie soll man allerstärkste Emotionen verändern?

Der gegenwärtige Papst hat schon vor seiner Wahl die Erneuerung der Patriarchate diskutiert. Vielleicht darf man diesen Vorschlag auch ökumenisch aufgreifen. Könnte es nicht in der Kirche der Zukunft einen Patriarchen der Anglikaner, der Lutheraner etc. geben? Könnten sie nicht in Co-Regentschaft mit dem Papst stehen, wobei dem Papst der »Vorsitz« gebühren könnte wie schon bei Ignatius zu Anfang des zweiten Jahrhunderts?

Eine Anregung könnte auch die Verfassung der Landeskirche Lippe sein: Reformierte und Lutheraner stellen unter gemeinsamer Führung unterschiedliche Klassen dar. Spezielle Angelegenheiten regeln sie jeweils auf getrennten »Klassentagen«, zum Beispiel Fragen des reformierten Gottesdienstes.

Ich träumte neulich von einem Messingschild: »Patriarchat des Reformierten Bundes. Außenstelle Rom«.

11.2 Ausbau der apostolischen Sukzession

In dieser Diskussion gibt es Fortschritte mit Anglikanern und den schwedischen Lutheranern. Denn genau genommen widerspricht das Konzept der Sukzession nicht der Rechtfertigungslehre. Allerdings ist Sukzession nicht als Thema isoliert zu betrachten. Sie ist sichtbare Darstellung der Einheit der Kirche über die Jahrhunderte hin. Eben »Einheit der Kirche« in der Dimension der Abfolge der Zeiten.

Ich halte es für durchaus möglich, dass sich in der Frage der apostolischen Sukzession etwas in Richtung auf Einheit der Kirche hin bewegen könnte. Das Problem ist nur die Ideologisierung des Phänomens. Protestanten weisen immer wieder darauf hin, dass historisch-kritisch gesehen in der Anfangszeit bisweilen restlos überzeugende Dokumente fehlen. Aber das ändert doch – wie ich hoffentlich aufzeigen konnte – nichts daran, dass das Prinzip neutestamentlich ist.

11.3 Pflege der Volksfrömmigkeit

Wenn man sieht, wie Muslime in Deutschland ihren Gebetsteppich ausrollen oder die Perlenschnur durch die Hände gleiten lassen, könnte man neidisch werden. Mittlerweile sind beiden Konfessionen die alltäglichen spirituellen Übungen des Glaubens abhanden gekommen – nicht zuletzt durch die Schuld ihrer theologischen und pastoralen Vordenker, die sie belächelten und das Christentum von den Knien in den Kopf und das Bewusstsein beförderten –, mit dem Effekt, dass sich das dünne gedankliche Substrat alsbald verflüchtigte. Welche Kraft hatten (und haben) doch die Losungen und das regelmäßige Bibellesen in der evangelischen Kirche! Und sage einer, dass dies trennend gewesen wäre oder heute noch sei. Jeder Katholik freut sich über einen evangelischen Christen, der solches täglich »übt« – er lässt sich beschämen und wird auf die gemeinsame Wurzel, den einen Gott, verwiesen.

Nicht anders steht es um die – zu meiner Studienzeit – viel belächelte katholische Volksfrömmigkeit; ihr wohnt eine ungeheure Kraft inne. Man muss nur hinweisen auf Rosenkranz und Wallfahrt, auf Kräutersegnung und den Umgang mit Kerzen und Licht, auf die Kreuze in der Landschaft und die schier unausrottbaren Gebräuche zu St. Martin und St. Nikolaus, St. Lucia und Johannistag. Es ist auch immer wieder, wenn nicht Verehrung, so doch Ehrung Mariens, die oft nach Jahrhunderten wieder entdeckt wird, wie jüngst im protestantischen Magdeburger Dom geschehen.

Die Themen »Passion«, »Bibel« und »tägliche Gebete« haben einen besonderen Rang. Denn sie wurden bereits in der Volksfrömmigkeit vor der Reformation gepflegt, und zwar besonders in der Bewegung der *devotio moderna* (= zeitgemäße Laienfrömmigkeit), der die Reformation so viel verdankt. Wer die Devotio moderna in ihrer Bedeutung für die Kirche des späten Mittelalters sehen kann, wird einen leichteren Zugang haben zur Spiritualität der Reformation. Wer die Devotio moderna mit ihren Anliegen als katholisch erkennt, wird entsprechendes Erbe bei den Protestanten gerne sehen und verstärken wollen.

Auf zwei Dinge möchte ich besonders hinweisen, auf Kreuzwegandachten und auf eine ökumenische Fassung des Ave Maria. Beide Hinweise haben nicht den Sinn, mangels gemeinsamer Messe »Ersatzbeschäftigungen« für begeisterte Ökumeniker zu erfinden. Sie haben vielmehr sehr intensiv mit der Sache selbst zu tun, um die es hier geht. Die gemeinsame Betrachtung der Passion ist im Rahmen von ökumenischen Bestrebungen die »halbe Miete«. Denn sie lehrt wahrnehmen, dass die Folgen der Spaltung etwas mit Passion zu tun haben. Der zerrissene Leibrock Jesu Christi, der zerteilte Leib Christi selbst, das ist eine Art Fortsetzung der Passion Jesu in der Welt.

Alle konfessionalistische Aggressivität, die sich über die Jahrhunderte geäußert hat und die noch immer fast alltäglich ist, stammt der Ursache nach aus schmerzlichem Leiden. In der Aggressivität wird es nur unbeholfen wiederholt und nur zum Schein bewältigt. Wer verletzt ist, will wieder verletzen. Nicht als ob das ein Naturgesetz und gut wäre, ganz im Gegenteil. Aber diese Schmerzen als Teil der Passion Jesu zu begreifen, hilft dazu, die entsetzliche Tragödie der Spaltung der Christen auch theologisch zu erfassen und nicht nur als Machtspielchen abzutun. Gewiss, überall geht es auch und immer um Hybris und Macht. Aber das Opfer sind stets arme, geschundene Menschen, die außer den öffentlichen und privaten Kümmernissen auch die Kümmernis der Religion zu tragen haben. Denn Christentum macht nun einmal sensibel für verletzte Liebe.

In den ökumenischen Kreuzwegandachten geht es daher auch um das Thema Ökumene selbst, und zwar auf eine Weise, die nicht rechthaberisch ist, sondern die in der Tiefe der Wahrnehmung von Schuld beginnt und die auf den Gekreuzigten blickt.

Und was die ökumenische Form des Ave Maria angeht: Bis zu Pius V. (1504–1572) war es üblich, nur den biblischen Teil des Ave zu sprechen, also den ersten Teil bis »… Frucht deines Leibes, Jesus«. Erst Pius V. hat dann den Schlussteil mit dem Neueinsatz »Heilige Maria …« hinzugefügt. So kann noch Martin Luther sagen, man könne das Ave Maria nicht oft genug beten. Man könnte nun die so genannte »Ratzinger-Formel« auch auf das Ave Maria beziehen. Die Ratzinger-Formel erörtert das, was den getrennten Christen im Falle der Versöhnung zumutbar ist. Der Ostkirche ist der Rechtszustand des ersten Jahrtausends zumutbar. Und jetzt auf das Ave Maria bezogen: Den Protestanten müsste zumutbar sein, die rein biblische Form der älteren Fassung dieses Gebets zu übernehmen. Man müsste sie den Menschen nur ans Herz legen. Die Katholiken haben ja sogar den unbiblischen Zusatz zum Vaterunser (»Denn dein ist das Reich …«) von den Protestanten übernommen.

Passionsfrömmigkeit und Marienverehrung waren zentrale Elemente der mittelalterlichen Spiritualität, an denen evangelische Christen intensiv Anteil haben. Noch Paul Gerhards Lied »O Haupt voll Blut und Wunden …« ist die Nachdichtung des mittelalterlichen *»Salve caput cruentatum, totum spinis coronatum …«*. Der ökumenische gemeinsame Bestand an Kirchenliedern (im Gesangbuch am Kürzel »ö« erkennbar) weist daher in eine ganz bestimmte Richtung von Frömmigkeit. Wer sie pflegt, muss nach Verbindendem nicht lange suchen.

Auf dem Weltjugendtag in Köln (2005) hat man eine der größten Wallfahrten aller Zeiten erlebt; es wäre sogar die größte gewesen, wüsste man nicht, dass es beim Weltjugendtag 1996 in Manila sogar 4 Millionen (!) junger Menschen gewesen waren, die sich zusammenfanden. Von den eine Million Teilnehmern in Köln waren etwa zehn Prozent Protestanten. Die uralte biblische Form der Wallfahrt hat eine geradezu archetypische Bedeutung. So ist es mit vielen Formen alter Volksfrömmigkeit. Sie sind einfach und uralt, und sie sind anthropologisch so weise, dass man sie erfinden müsste, gäbe es sie nicht bereits.

Was ich damit sagen möchte: Wenn wir nicht wieder konkrete Formen der Frömmigkeit für jedermann finden, sie *wiederfinden*, wenn wir nicht Altes und Neues aus dem Schatzhaus des Spirituellen hervorholen und in den Alltag katholischer und evangelischer Christen (vor allem auch den eigenen) einpflanzen, wird Ökumene bald nur noch auf dem Papier stattfinden. Sie ist nun einmal Begegnung in der Tiefe gelebten Glaubens. Wir kommen nie zusammen im Reden »über« – wir kommen zusammen im Leben »aus«. Nur müssen wir sehen, dass die konfessionell geprägten Formen der Volksfrömmigkeit all ihrer polemischen Beimischungen entkleidet und ökumenisch als gegenseitige Bereicherung geöffnet werden. Wer über den Rosenkranz lächelt und ihn noch immer für heidnisches Geplapper hält, hat nichts verstanden. Und wer Wallfahren noch immer für Werkgerechtigkeit hält, soll zeigen, dass er sich anders auf den Weg macht, um den es geht. Niemand muss wallfahren, um ein Christ zu sein. Aber uns auf den Weg machen, das müssen wir alle.

11.4 Zum Beispiel ein Stück Kreuzweg

So könnte ich mir es ökumenisch vorstellen. Dass man sich findet bei der Station: »Jesus fällt zum dritten Male unter dem Kreuz«.

Jesus leidet aus Liebe. Er hält gegenüber dem Hass der Menschen daran fest, die Liebe Gottes zu verkündigen. Er läuft nicht weg, er weicht nicht, er bleibt standhaft, weil er die Gegenwart Gottes unter den Menschen nicht aufhören lassen will. Alles liegt daran, den Hass nicht so weit Raum greifen zu lassen, dass die Lie-be deswegen verschwindet. Es ist eine leidende, letztlich eine gekreuzigte Liebe.

Der Hass macht Jesus »fertig«. Was immer die Menschen einander antun im Namen Jesu, im Namen der Glaubensspaltung, es ist ein brutaler Angriff gegen ihn selbst. Sich auf Jesus zu berufen, um den anderen fertig zu machen, das ist der infamste Missbrauch seines Namens. Es ist genau das, was der Hebräerbrief (6,6) mit dem Ausdruck meint: Christus noch einmal kreuzigen.

Glaubensstreit im Namen Jesu ist infame Verdrehung der Eucharistie. Denn Eucharistie meint Jesu Leib als das, was in der Einheit der Christen vollendete Wirklichkeit wird. Auch die dritte Station des Kreuzwegs handelt von Jesu Leib. Sie stellt dar, was wir tun, wenn wir den Leib Christi spalten: Wir quälen ihn selbst, den Herrn. Erbarmungslos, wie wir sind. Zweimal Leiblichkeit, bei der Eucharistie und bei der Spaltung.

Soll man wünschen, er wäre lieber nicht gekommen, bei so viel Hass in seinem Namen? Aber es war schon immer so: Angesichts des Heiligen bricht Hass hervor. Das ist heute noch so in Jerusalem: Dort, wo wir erlöst wurden, treffen sich die Hasslinien der ganzen Welt. Jesus selbst löst den Hass von einigen Juden und vielen Römern aus. In der Gemeinde von Korinth kristallisiert sich die Gemeindespaltung genau beim Herrenmahl heraus, und es gibt Krankheit und Tod. Und das heiligste Zentrum der Kirche, das Herrenmahl, ist seit Jahrhunderten Gegenstand intensiver Feindschaft. Das Verhalten der Menschen angesichts des Kreuzes, an dem Jesus hing, war schon vom selben Kaliber. So ist der Hass beim Heiligen konzentriert; Gott soll mit Gewalt aus der Welt gedrängt werden. Das ist kein nur allgemeiner geistiger Vorgang; er geht auf die Knochen, den Leib. Denn die leibhaftige Gegenwart ist seine höchste Herausforderung.

Der Streit um die Spaltung ist – nach den Kriegen, Vertreibungen und Massenmorden des 20. Jahrhunderts sowie der Tötung Ungeborener – die schwerste Schuld der Christen. Sie bringt Jesus erneut zum Tod und zermalmt ihn. So sieht unsere Antwort auf seine Liebe aus.

So könnte man im Stil der Improperien (Vorwürfe, Klagen des Gekreuzigten) vom Karfreitag sagen:

- »Ich habe dir den Heiligen Geist geschenkt. Du hast die Heiligkeit und die Versöhnung mit kaltem Herzen blockiert. Was habe ich dir getan? Antworte mir!
- Ich habe dich geliebt bis in den Tod. Du hast aus vorgeblichen Glaubensgründen Menschen getötet. Was habe ich dir getan? Antworte mir!
- Ich habe für dich das Mahl der Einheit gestiftet. Du hast es zum Mahl der Spaltung gemacht. Was habe ich dir getan? Antworte mir!
- Ich bin für dich Mensch geworden. Du aber hast Menschen gehasst in Jesu Namen. Was habe ich dir getan? Antworte mir!
- Ich habe dich geehrt und geschmückt wie eine Braut. Du hast dem Messias einen ganzen Harem zugemutet. Was habe ich dir getan? Antworte mir!
- Ich habe dir die Hoffnung auf das kommende Jerusalem gegeben. Du aber hast Stacheldrähte und Grenzzäune schon zwischen deinen irdischen Behausungen errichtet. Was habe ich dir getan? Antworte mir!
- Ich habe dir den Glauben als eine wunderbare Kraft geschenkt. Du aber hast ihn wütend zerteilt und so aller Kraft beraubt. Was habe ich dir getan? Antworte mir!
- Ich wollte dir mich selbst geben. Du aber wolltest die Freiheit von der Kirche. Was habe ich dir getan? Antworte mir!
- Ich war mir nicht zu schade, Sklave zu sein. Du aber hieltest Selbstbestimmung für das Höchste und stelltest dich gegen den Himmel. Was habe ich dir getan? Antworte mir!«

Wer sein Leben gibt, schafft Raum für das Handeln des himmlischen Vaters. Der Märtyrer ist deshalb der geborene Verkündiger des Evangeliums, weil er mit seiner Liebe bis in die Vernichtung hinein geht. Denn so verkündet er die Liebe als Antwort des Menschen und gibt sein Leben ganz in die Hand Gottes, der ihn mit dem Leben krönt.

So gibt die Betrachtung Jesu auf dem Kreuzweg uns Einsicht in die ökumenische Dimension des Martyriums. Der Märtyrer ist der radikale Zeuge der Wahrheit. Denn er lässt Gott selbst zum Zuge kommen. Er weicht zurück vor dem sich offenbarenden Gott. Ein Aspekt dieses Geschehens ist auch die Enthüllung der Mörder als derjenigen, die sie sind. So wird im Konflikt des Martyriums Gott deutlicher sichtbar als sonst jemals, aber auch die menschlichen Tyrannen und schließlich auch der Glaube des Märtyrers in seiner Echtheit. Die Radikalität des Lebensstils und die Wahrheitsfrage kommen hier zur Deckung.

Wenn Menschen Streit haben im Namen des Glaubens, mögen sie sich vor dem Bild des Gekreuzigten treffen – und dann weiter streiten. Es wird ihnen nicht gelingen.

11.5 Ökumene der Herrlichkeit

Der bekannte Theologe Hans Urs von Balthasar (1905–1988) plante als letzten Teil seines monumentalen Werkes »Herrlichkeit« einen Band über Ökumene. Wie er sich das vorgestellt hat, kann man nur erahnen. Wir versuchen das hier.

11.5.1 Bunt ist schön

Bunt ist eine ökumenische Farbe, denn »bunt« meint Vielfalt. Und für den internationalen Geschmack zur Zeit des Neuen Testaments ist »bunt« auch schön, und das heißt: herrlich, bestaunenswert und in der Vielfalt die Widerspiegelung des reinen Lichts des einen Gottes. Die einfache Reinheit des klaren Lichtes heißt *candidus*, und jede Buntheit ist komplementär dazu.

In Ps 44,10 wird der Königssohn angeredet: »Königstöchter bilden dein Ehrengeleite; zu deiner Rechten steht die Königin in goldenem Gewand, in bunte Pracht gehüllt (lat.: *circumdata varietate*)«. Die *varietas* meint: Herrlichkeit durch verschiedene Kleider, die in ihrer Verschiedenheit ein prachtvolles Gesamtbild ergeben. Nach Offenbarung 22 ist die himmlische Stadt für das königliche Priestervolk eine Stadt aus bunten Edelsteinen. Die Auffächerung in die vielen reinen Farben (etwa unseres Regenbogens) ist die Art, in der das eine helle unvermischte Licht, das Gott selbst ist, als differenzierte Fülle in Erscheinung tritt und für Menschen, die dem reinen Licht nicht begegnen können, greifbar wird.

Nach Eph 3,10 gilt: »(Die Heidenchristen) können auf diese Weise den Machthabern und Gebietern die bunte Weisheit Gottes (d. h.: die bei jedem Volk eine andere Gestalt hat) entgegenhalten.« Das Attribut »bunt« ist zu dieser Zeit beliebt, weil es der Erfahrung der Einfachheit in der Mannigfaltigkeit dient. Das gilt auch für Gottheiten, die – so werden sie interpretiert – in verschiedenen Völkern in unterschiedlichem Gewand und mit je anderem Namen auftreten. Wenn daher Zeus bei den Römern Jupiter und bei den Semiten der »Höchste« heißt, dann ist er »bunt«, vielfältig, international und allen Völkern bekannt. So ist nach Eph 3 auch die Weisheit Gottes, deren Inhalt Jesus Christus ist, den Völkern bekannt.

»Bunt« bedeutet daher alles andere als Zerrissenheit, ist auch nicht »schreiend«, sondern beim Kleid, bei der himmlischen Stadt und bei der Weisheit Gottes ausdrücklich die bunt sinnliche, vielfältige Einheit.

11.5.2 Ineinander statt nebeneinander

Die Entfaltung des Lichtes in seinen Spektralfarben, die ich mir im Anschluss an eine biblische Lichttheologie als Leitidee künftiger Einheit vorstelle, unterscheidet sich von der bloßen Summation, die heute unter dem Begriff »versöhnte Vielfalt« kursiert und multikulti *in oecumenicis* meint. Da spricht man von der Einheit des Verschiedenen, aber die findet sich auch im Parkhaus. Oder man beschwört die Komplementarität und meint, die verschiedenen Christentümer ergänzten einander. Oder man spricht von den Chancen der Vielfalt. Das alles ist Bürosprache oder Marketing-Deutsch. Diese Begriffe sind abstrakt und spiegeln nichts Faszinierendes.

Ganz ähnlich, aber noch schlimmer ist es mit der Rede von der Gleichberechtigung im Verhältnis der streitenden Parteien. Die ist vor Gericht unabdingbar, aber sie führt oft nur zum pragmatischen Vergleich: Jeder zahlt ein bisschen drauf und man kann wieder in schiedlich-friedlicher Äquidistanz weiterwursteln, immer auf der Lauer, ob der Wettbewerber nicht doch wieder in die qua Konsens verbotene Trickkiste greift. Gleichberechtigung ist gerecht (und nötig), aber nichts mehr. Wer wäre nicht für mehr Gerechtigkeit, aber das Problem ist, dass Gerechtigkeit zwar einen Ausgleich, aber keine positive Vision schafft. Wir müssen doch über den Punkt hinausgelangen, wo alles Leben erstarrt und nur noch juristisch ins konfliktfreie Nebeneinander zu bringen ist. Auch die Begriffe Einheit und Vielfalt oder Vielheit sind abstrakt und eher mathematisch oder verwaltungstechnisch.

Gleichberechtigung ist die Basis, aber kann doch nicht das erstrebte Ziel sein. Was das sein könnte, kann man an Kunstwerken lernen.

11.5.3 Das Bild der Rosette

Eines der architektonischen Merkmale der Romanik und Gotik sind Glasfenster in Rosettenform. Ihr Merkmal: Einzelne gleichgroße Segmente umschließen ein kreisrundes mittleres Segment. Das mittlere Segment enthält häufig eine Christus-Darstellung oder ein ähnliches zentrales Symbol. Am Abend, bevor ich dieses aufschrieb, stand ich unter dem Rosettenfenster von St. Marien in Herford. Ein Rosettenfenster hat jeweils eine Gesamtaussage, so zum Beispiel das große Fenster im Westchor der Kathedrale in Chartres, das wichtige Figuren der gesamten Heilsgeschichte darstellt. So haben die Rosetten ein Thema, das sie verkünden. Keines der Segmente ist gleich oder dürfte gleich sein. Und nicht jedes Glasbild lässt sich in eine Rosette einfügen; denn es benötigt eine gewisse Form, um im Gefüge zu stehen.

Die geeinte zukünftige Christenheit ist für mich im Bild der Rosette greifbar. Das zentrale runde Mittelfenster stellt Jesus Christus selbst dar, den Herrn und das Haupt der Kirche. Die einzelnen Segmente sind die unterschiedlichen Christentümer. Diese sind wie kleine bunte Glasfenster, im Prinzip einander ähnlich, nach derselben Technik hergestellt.

Doch damit sie in die Rosette eingefügt werden können, müssen mehrere Bedingungen erfüllt sein:

- Es geht um das Gesamtthema Jesus Christus, das durch das zentrale Fenster vorgegeben ist. Dem darf grundsätzlich kein Teilfenster widerstreben oder nicht darauf hingeordnet sein.
- Die Rosette hat eine Botschaft im Ganzen: um diese geht es, nicht um eine Formel. Das ganze Fenster kann durchaus auch eine Geschichte darstellen und abbilden.
- Das, was eint, ist die zugewiesene Rolle, die jedes Teilfenster wahrnimmt und ausfüllt. Alle zusammen vermitteln eine Botschaft, jedes Teilfenster hat Ähnlichkeit mit den anderen (in Stil, Material und Technik) und trotzdem seine unersetzliche Rolle an seinem Ort im Drama des Ganzen.
- Das Fenster hat daher im Ganzen nicht ein abstraktes Muster, das sich nur in den Teilfenstern leicht abwandelt, sondern jedes Segment ist ein unersetzliches Teilstück mit einer ganz besonderen Geschichte und einem besonderen Thema im Rahmen des Ganzen. Dieser besondere Charakter ist das Profil des Teilstücks.
- Die einzelnen Teilstücke müssen sich farblich und vor allem, was die Ränder betrifft, den Bedingungen des Miteinanders einfügen. Als unangepasste Teilstücke verweigern sie sich dem Fenster. Je stärker die Darstellung auf die Mitte hingeordnet ist, umso leichter lässt sich das Teilstück einfügen.
- Hinter dem gesamten Miteinander und Zueinander der Teilfenster muss schon ein Entwurf stehen. Denn es geht nicht um eine statische, sondern um eine dynamische Ordnung. Überschneidungen und Gemeinsamkeiten sind dennoch erwünscht.
- Die Rosette kann im Gesamt der Kathedrale nur faszinieren, wenn alle Teilfenster vorhanden und gleich »schön« sind.
- Nun ist ein älteres Fenster zu Bruch gegangen, viele Teile sind neu erstellt worden. Es besteht daher durchaus die Aufgabe, das Fenster neu zu organisieren.
- Die wichtigste Aufgabe bei der Restaurierung der unterschiedlich alten Teile ist, die Fensterteile wieder für das Licht (Gottes) durchgängig zu machen. Dieses beides zusammen macht die kirchliche Qualität aus: das Licht Gottes in der je eigenen Farbigkeit durchzulassen und sich einzufügen in das christuszentrierte Ganze.
- Das, was man »Freiheit« nennt, zeigt sich in der Individualität

jedes Teilstücks. Doch die Einfügbarkeit in das Ganze ist im Zweifelsfalle wichtiger. Das Gleichgewicht ist erreicht, wenn jedes Teilstück seinen Beitrag liefert für das ganze Fenster.

❖ Nicht das Petrusamt ist die Mitte, sondern Christus, das Haupt. Es gibt aber ein lebendiges Formalprinzip, nach dem sich das Fenster organisiert, damit die Einzelsegmente nicht an falschen Maßen, falschen Zuordnungen scheitern, sondern sich im Ganzen der Einheit wiederfinden. Hier, beim Petrusamt, ist also das gemeinschaftliche Anliegen aufgehoben. Damit meine ich nicht: die anderen zu beherrschen, sondern für die Gesamtheit unabdingbare Funktionen wahrzunehmen. So, wie es in einer Fakultät stets Leute gibt, die gerne Dekan sind und dieses auch können. Andere dagegen sind stärker Lehrer, wieder andere stille Gelehrte und hauptsächlich Forscher. Ich selbst zum Beispiel war weder willens noch in der Lage, solche unabdingbaren Sprecher-Funktionen wahrzunehmen. Ich gebe aber gerne zu, dass Dekane notwendig sind, auch zum Beispiel um Termine für alle festzusetzen, die sich nur dann nicht überschneiden, wenn einer sie festsetzt.

11.5.4 Herrlichkeit, nicht Rechthaberei

Im Verhältnis der Teilsegmente zueinander zählt nicht deren je eigene Selbstentfaltung, sondern alles liegt daran, dass das Ganze »schön« und aussagekräftig ist. Alles, aber auch alles dient dazu, auf diesem Wege die Herzen der Adressaten zu gewinnen. Denn das Ganze ist doch nicht L'art pour l'art, sondern versteht sich als beauftragt und zu einer Mission bestimmt. Das, was bei einem Kunstwerk die bezwingende Ausstrahlung des Ganzen ist, nennt man in der biblischen Theologie »Herrlichkeit«. Ich erlaube mir hier ausnahmsweise, die Botschaft, welche die eine Kirche auszurichten hat, ästhetisch zu fassen und »Doxa«, Herrlichkeit, zu nennen. Ich weiß mich dabei in guter Gesellschaft des Evangeliums nach Johannes.

Die Bibel meint mit Herrlichkeit die Ausstrahlung Gottes, deren Ziel es ist, die Menschen zu gewinnen, zu ergreifen, zu verwandeln und sich ähnlich zu gestalten. Ähnlich wie eine Kerze dazu dient, zu leuchten und zu wärmen. Das ist mehr als »Einheit des Verschiedenen« oder »Gleichberechtigung untereinander«. Hier wird die Ordnung untereinander vom Ziel her gedacht. Es gibt kein anderes Ziel der Kirche, als dass sie die Herrlichkeit Gottes abbildet und weitergibt. Es ist die spezifische Herrlichkeit des einen Gottes, und weil das so ist, kann die Herrlichkeit nur in Ausrichtung und Sichtbarmachen von Einheit bestehen. Aber das ist nicht durch Zwang, diktatorisch oder faschistoid im Sinne blauer Ameisen zu verstehen, sondern so: Wo immer Menschen einig werden und sofern das geschieht, wird es von Gott geschenkt, ist ihm ähnlich und ist »schön«, ein Stück Herrlichkeit.

11.5.5 Herrlichkeit und Einheit nach dem Johannes-Evangelium

Benennen wir die große Stelle, die immer wieder angeführt wird, wenn es um Einheit geht – und die merkwürdigerweise fast nie in dem bedacht wird, wovon sie ausgeht, nämlich dem Begriff »Herrlichkeit«. In Joh 17,22f. heißt es: *»Ich habe ihnen die Herrlichkeit, die du mir gegeben hast, weitergegeben, damit sie eins sind, wie auch wir eins sind. Ich bin eins mit ihnen, und du bist eins mit mir, dann wird auch ihre Einheit vollkommen sein. So kann die Welt erkennen, dass du mich gesandt und sie geliebt hast, wie du mich geliebt hast.«*

Wir fragen: Warum besteht Herrlichkeit im Einssein? Weshalb ist das herrlich, wenn zwei eins sind, wenn die Jünger untereinander eins sind?

Antwort 1: Es ist die Bedingung, damit Gott in der Welt erkannt wird. Wo Einheit nicht ist, kann die Doxa Gottes nicht erstrahlen, die in der Liebe besteht, die von Gott ausgeht und sich in der Liebe derer darstellt, die sie ergriffen haben. Nicht-Einheit ist Nicht-Liebe, ist Nicht-Erkennen. Nur die versöhnte Christenheit leuchtet ein. Mehr noch: Nur in der versöhnten Christenheit leuchtet der menschgewordene Gott ein.

Antwort 2: Das biblische Wort »Herrlichkeit« bedeutet ebenso (Licht-)Glanz wie Ansehen voreinander, es bezeichnet weniger eine optische Qualität, als vielmehr – entsprechend dem genuin sozial ausgerichteten Denken des Judentums – die Würde, die einer in den Augen der anderen haben kann und hat. Gottes Herrlichkeit ist die Zusammenschau seiner Würde, seines Ranges, seiner Großartigkeit – das worum wir im Vaterunser beten, wenn wir sagen: »Dein Name werde geheiligt!« (Mt 6,9b). Aber diese Qualität »Herrlichkeit« wird immer in Beziehung zum Gegenüber gedacht.

Daher heißt »Gott verherrlichen«: Gott gebührend lobpreisen. Und wenn Menschen eins sind, dann unter der Bedingung, dass einer die Würde des anderen gebührend respektiert. »Einssein« und »Liebe« ist nach dem Johannes-Evangelium eng gebunden an die soziale Wertschätzung im Miteinander.

Die Herrlichkeit Gottes besteht in dem Ansehen, das er findet. Da seine Herrlichkeit zugleich seine Ausstrahlung ist, verwandelt sie auch diejenigen, die Gott ehren. Denn wenn Gott Menschen mit seiner Herrlichkeit krönt, verschafft er diesen Würmchen königliche Würde. Weil wir das im erlösten und befreiten Menschen wahr-nehmen können, dürfen wir auch diese Menschen ehren, schätzen, hochachten und lieben. Nach dem Satz des Apostels Paulus Röm 8,30 (»Gott hat uns schon verherrlicht«) hat Gott uns füreinander liebenswert gemacht.

Ökumenisch gesprochen heißt das: Je mehr wir Gott (allein, als die Mitte) ehren, umso liebenswerter werden wir füreinander. Denn Gott ehren macht schön. Je mehr wir uns einig sind, den einen Gott zu loben, umso einiger werden wir miteinander. Denn den Einen zu ehren, färbt ab.

Im späteren Christentum heißt es dann: »Seht, wie sie einander lieben« (Tertullian). Auch hier ist die Basis ästhetisch, denn man kann das Miteinander der Christen sehen. Insofern ist Tertullian hier Ausleger des Vierten Evangeliums.

Wir nehmen noch Joh 14 hinzu, denn hier spricht Jesus von der ungeheuren Verheißung der Einheit: *»Ihr müsst mir glauben, wenn ich sage, dass ich eins bin mit dem Vater und der Vater mit mir. Wenn ihr meinen Worten nicht glauben könnt, dann glaubt wegen dem, was ich tue. Amen, Amen, ich sage euch: Wer an mich glaubt, der wird auch selbst solche Taten vollbringen wie ich und noch größere als diese. Denn ich gehe zum Vater«* (Joh 14,11–12).

Die Einheit Jesu mit dem Vater ist die intimste, herzlichste Einheit des Willens, des Gehorsams und des Kampfes. Diese Einheit geht so weit, dass Jesus sagen kann: »Ich und der Vater sind eins« (14,11). So wie der Sohn Licht vom Licht ist, trübt nichts die Reinheit der Darstellung Gottes in Jesus und durch ihn. Es ist nicht irgendeine Botschaft, es sind nicht irgendwelche Ansichten, sondern nur dieses eine ist es: den Willen des Vaters tun, die Gebote bewahren, gegenüber einander praktische Solidarität üben. Damit reiht sich das Vierte Evangelium ein in die Reihe der Verfassungsentwürfe der Antike, wie sie seit Plato immer wieder konzipiert wurden.

Die enge Gemeinschaft des Sohnes mit dem Vater legitimiert den Anspruch des Sohnes. Nur auf dieser Grundlage kann er sich den Gesandten des Vaters nennen. Doch diese Einheit betrifft nicht nur Vater und Sohn. Sie ist der Maßstab für alle Wirkgemeinschaft und Einheit überhaupt. Aus dem Neuen Testament kann man die johanneische und die paulinische Theologie in die Reihe der antiken Verfassungsentwürfe stellen. Auch das Problem der Ökumene ist mit den Fragen solcher Entwürfe zu vergleichen.

Joh 14,12 verheißt dem Jünger »noch größere Wundertaten«, als Jesus sie getan hat. Damit ist etwas angedeutet, was an anderen Stellen eine »Wundermacht des Einsseins« genannt werden könnte; ein Religionswissenschaftler würde – ohne zu bewerten – von einer Magie der Einheit sprechen. Immer wieder hören wir das auch aus den ersten drei Evangelien und dem apokryphen Thomas-Evangelium: Wenn Mensch und Mensch oder Mensch und Gott einig sind, folgt daraus schier unglaubliche Wundermacht.

Für die Einheit der Menschen untereinander sagt zum Beispiel das Thomas-Evangelium (Logion 48): »Wenn zwei Frieden machen miteinander in einem Haus, werden sie sagen zum Berg: Fall um! und er wird umfallen«; in Logion 106 heißt es: »Wenn ihr die zwei zu einem macht ... und wenn ihr sagt: Berg, fall um!, so wird er umfallen.«

Das heißt: Wenn zwei eins sind in einem Haus, dann können sie um alles bitten, und es wird geschehen. Für Einigkeit oder Vergebung unter den Menschen wird ihnen dann sichere Erhörung versprochen (so auch schon Mt 18,19–20: »Wenn zwei übereinstimmen ... alles Erbetene wird ihnen zuteil«). Und wer mit

Gott eins ist im Glauben, der kann Berge und Bäume versetzen (Mt 17,20; Mt 21,21; Mk 11,22f.; Lk 17,6).

Zweifellos hat derjenige, der Einheit darstellt, eine Macht, die der des Schöpfers vergleichbar ist. Und eben weil Jesus mit dem Vater so eins ist, weil er so rein den Willen des Vaters tut, ist er der Schöpfungsmittler. Und umgekehrt: Weil er den Logos Gottes in sich trägt, durch den alles geworden ist, besitzt er diese Kraft, Wunder zu tun. Denn die Heilung des Blindgeborenen und die Auferweckung des Lazarus (Joh 9,11) sind Schöpfungswunder.

Hier ergibt sich eine auffällige Parallele zum Konzept der kontrollierten Kernfusion in der modernen Atomphysik. Denn diese – technisch noch immer nicht mögliche – Fusion von zwei Atomkernen setzt ungeheure Energie frei. Zuletzt hat der Kieler Physiker Kurt Hübner von derartigen Analogien zwischen Theologie und Naturwissenschaft gesprochen. Die johanneische Christologie und das Programm der Einheit von zweien in den Evangelien nimmt auf erstaunliche Weise im Bereich der Theologie die Möglichkeit der Kernfusion gedanklich analog kühn vorweg.

Das könnte für die Ökumene bedeuten: Auch nur ein Hauch von Einssein bedeutet ungeheure Kraft zur Lösung der Probleme der Welt. Oder anders: Die Kraft der paradiesischen Einigkeit unter Menschen (und mit Gott) ist ein besonderer und schier unglaublicher Aspekt der Botschaft Jesu. Er ist so sperrig wie die Bergpredigt oder der Glaube an die Auferstehung. Daher trägt er die ganz besondere Handschrift Jesu. Wieder etwas, das schier unmöglich ist und das doch die größte Verheißung in sich trägt.

Wer diese Aufforderung und diese Verheißung nicht ernst nimmt, vergeht sich gegen einen elementaren Bestandteil der Botschaft Jesu.

11.6 Die Alternative

Eigentlich gibt es keine Alternative. Die Rosette lässt keine zu. Darum ist mein Vorschlag der gegenseitigen Unterwerfung, die eine Unterwerfung unter Gott ist, keine Zumutung, sondern sachorientierter, freilich biblisch begründeter Pragmatismus. Wie man die Positionierung der Konfessionen, deren Eigencharakter und relativer Wert im Bild der christus-(nicht petrus-)zentrierten Rosette gewahrt bleibt, in unterschiedlichen Riten einer Kirche konkret zur Darstellung bringt, ist die Aufgabe, die den Rahmen des Buches, auch die Kompetenz des Autors sprengt.

Dass von den Ostkirchen und den Kirchen der Reformation ein Sprung verlangt wird, ist deutlich, doch vom ergangenen Wort her unabdingbar. Es geht nicht an, dass das Petrusamt im ökumenischen Diskurs – mehr noch im Affektiven und Emotionalen des Milieus – ausgeklammert, umschifft, minimalisiert und marginalisiert wird, als sei eine Einheit möglich ohne ein aktives Prinzip des Findens in der Mitte und des Sammelns auf die Mitte hin.

Aber der größere Sprung wird von der römisch-katholischen Kirche verlangt, die sich in der Breite noch lange nicht darauf eingestellt hat, dass die Entwicklung der Konfessionen nach den Trennungen *nicht nichts* ist, sondern Reichtum, der nur in Riten und Facetten gebündelt werden müsste auf Einheit in der Herrlichkeit, Herrlichkeit in der Einheit hin. Wo es auf die Mitte und das Licht zugeht, muss *ein* Glaube bekannt werden. An den Rändern der Facetten, wo es um spirituelle Tradition, um ein Mehr oder Weniger an Heiligenverehrung, um Gottesdienst und etwa auch um Frauenordination geht, darf *varietas* sein; da darf und soll das Gewachsene weiter wachsen, solange es Frucht in Form lebendigen Glaubens trägt und soweit es nicht polemisch gegen andere gerichtet ist.

Der römische Ritus wird erst dann katholisch (das heißt allumfassend) werden, wenn auch die anderen Riten in der Rosette katholisch sind.

Wenn es also um die Rosette geht und damit um das Licht Gottes, das strahlend in die Welt fallen könnte, müssen wir uns endlich entscheiden: Wollen wir weiterhin den Scherbenhaufen verklären, den Skandal perennisieren und das Chaos zum Prinzip stilisieren – oder bauen wir um und an, in »sklavischer« Treue zum Plan, in ständiger Fühlungnahme mit dem Baumeister, in demütiger gegenseitiger Achtung? Die Vision ist verlockend: Ein herrliches, durchscheinendes Bauwerk, das jenes Licht in die Welt lässt, das wir ihr noch immer freventlich versagen. Wir Verräter Gottes.